高等职业教育教学改革融合创新型教材 · 金融类

FINANCIAL
BIG DATA

ANALYSIS AND APPLICATION OF
FINANCIAL BIG DATA

金融大数据
分析与应用

傅建源　主编

孙文娟　周虹　副主编

东北财经大学出版社　大连
Dongbei University of Finance & Economics Press

图书在版编目（CIP）数据

金融大数据分析与应用 / 傅建源主编 . —大连：东北财经大学出版社，
2023.6（2025.5重印）

（高等职业教育教学改革融合创新型教材·金融类）

ISBN 978-7-5654-4835-5

Ⅰ.金… Ⅱ.傅… Ⅲ.互联网-应用-金融-数据处理-高等职业教育-
教材 Ⅳ.F830.41

中国国家版本馆CIP数据核字（2023）第081655号

东北财经大学出版社出版

（大连市黑石礁尖山街217号 邮政编码 116025）

网 址：http://www.dufep.cn

读者信箱：dufep@dufe.edu.cn

大连日升彩色印刷有限公司印刷 东北财经大学出版社发行

幅面尺寸：185mm×260mm 字数：496千字 印张：22.5

2023年6月第1版 2025年5月第2次印刷

责任编辑：魏 巍 徐 群 责任校对：王 娟

宋雪凌 田玉海

封面设计：原 皓 版式设计：原 皓

定价：49.80元

前　言

在数字化经济时代，随着大数据、云计算、AI人工智能等科技水平的提高和推广应用，金融大数据的分析处理能力正在成为金融机构现在和未来发展的核心竞争力。金融大数据的应用可以帮助金融机构全面了解市场现状和自身经营情况，预测市场价格波动、客户消费行为和企业经营前景，从而为金融机构优化经营决策提供重要依据。

行业的变革引发了岗位设置及岗位素质能力要求的变革。在数字化时代，金融从业者不但要对金融业务有深入理解，而且要具备很强的数据建模、数据挖掘、数据分析和数据呈现能力。金融大数据人才要学会利用大数据平台和大数据分析工具从海量数据中提取有价值的数据，并将数据快速转化为决策依据，帮助金融机构及时应对市场变化。基于此，我们编写了《金融大数据分析与应用》一书，以期为培养金融大数据人才贡献一份力量。

具体来说，本书具有以下特色：

1.强化价值引领，实现德才兼修

党的二十大报告提出："坚持为党育人、为国育才，全面提高人才自主培养质量。"本书以习近平新时代中国特色社会主义思想为指导，坚持落实立德树人根本任务，积极推进党的二十大精神进教材，设有"素养目标"和"价值引领"栏目，通过丰富的思政案例，融入思政元素，对学生进行社会主义核心价值观和中国梦教育，坚定学生对中国特色社会主义的道路自信、理论自信、制度自信、文化自信，提升学生的工匠意识、信息网络安全意识和金融职业道德等，实现德才兼修。

2.项目任务式设计，涵盖典型金融业务场景

本书以金融大数据分析原理为基础，以大数据在金融行业的分析应用场景为主线，采用"项目导向、任务驱动"的方式，由浅入深地介绍了金融大数据基础知识及金融大数据的处理流程和技术。全书共包括三个篇章、八个项目、29个教学任务。其中，第一篇为"基础篇"，包括项目一和项目二，主要介绍金融大数据基础知识和金融大数据的处理流程、处理技术。第二篇为"进阶篇"，包括项目三和项目四，主要介绍Python数据分析软件的基础知识和初级、进阶级操作技巧。第三篇为"实务篇"，包括项目五至项目八，主要介绍金融大数据在银行、保险、证券三大领域的应用和11个金融业务场景下的大数据分析处理技巧。

3.校企双元开发，深化课岗融合

本书坚持校企双元合作开发，注重吸收行业企业技术人员深度参与教材编写，通过

大量的行业应用前沿案例介绍金融大数据领域的新业态、新知识、新技能，帮助学生拓宽视野，把握行业发展趋势。同时，本书的内容设计与目标岗位的工作任务紧密对接。具体来说，每个教学任务下都设置了"学习情境"栏目，通过导入真实工作场景，激发学生"学前思考"，明确学习要点；"知识储备"和"实操演练"栏目介绍了完成工作所需的专业知识和基本技能，使学生在掌握基础知识的同时，能够在典型工作场景下进行金融大数据分析；最后布置实训任务以及填写相应的任务评价表，提高学生的信息搜索能力、表达能力、思辨能力和操作能力，实现"课岗融合"及"理实一体化"教学。

4.工作手册式编排，突出实践应用性

本书以学生为中心，按照技术技能人才的成长特点和教学规律，采用工作手册式的编排形式呈现教学内容，为学生提供完成工作项目的指导信息，全面支持学生在典型工作场景下的自主学习、自主操作、自主检测学习成效。全书的"项目目标""任务要点""学前思考""知识储备""价值引领""学习课件""行业视窗""项目小结"等栏目可以组成一本实用的知识手册，支持学生自主学习；"学习情境""实操演练""实操演示""任务实训与评价""项目测试"等栏目可以组成一本丰富的实训手册，支持学生自主操作、自主检测学习成效，实现知识技能的迁移提升。

5.数字资源丰富，打造立体化教材

本书配备了丰富的教学资源，包括"行业视窗""在线课堂""学习课件""实操演示""项目测试"等，从而形成了一本可学、可练、可视的立体化教材。学生通过扫描书中的二维码即可直接查看学习或检测学习效果，开启个性化学习之旅。

本书由傅建源任主编，孙文娟、周虹任副主编，具体编写分工如下：广州科技贸易职业学院傅建源负责全书内容架构的设计，并编写项目一、项目六和项目八；南宁职业技术学院孙文娟负责编写项目五和项目七；东莞职业技术学院周虹负责编写项目二和项目三；深圳市天择教育科技有限公司胡留所、吴欣亭、徐波负责编写项目四，并提供本书大数据分析处理的全部实操案例和实操演示视频。

此外，长江职业学院刘熠老师和武汉交通职业学院王珏老师对本书的撰写提出了宝贵指导意见，本书在编写过程中还参考了许多资料和文献，我们对以上两位老师以及资料和文献的作者们表示深深的谢意。

本书适合高职金融类专业学生以及本科金融学类专业学生学习，也适合希望从事经济金融研究、金融大数据分析应用方面的读者使用。

大数据技术在金融行业的应用与发展突飞猛进，大数据金融业务也日新月异，由于编者水平有限，编写时间仓促，书中难免存在不足和疏漏之处，恳请广大专家、读者批评指正，以便今后进一步修改和完善。

编 者

2023年2月

目　录

第三篇　实务篇

数字资源目录

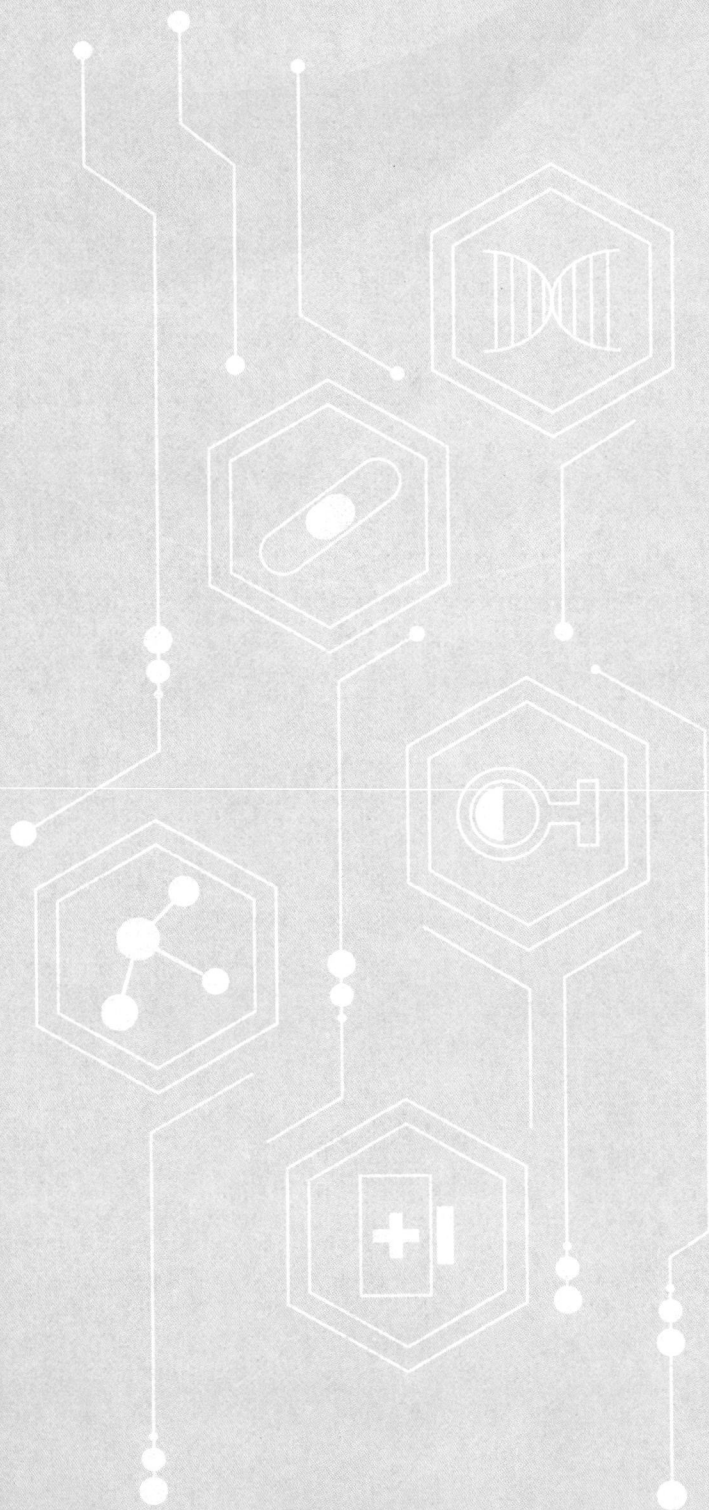

第一篇

基础篇

项目一

大数据及金融大数据

知识目标

- 掌握大数据的含义及大数据的基本特征；
- 了解大数据的常见类型；
- 掌握金融大数据的含义和具体内容范畴；
- 了解金融大数据的发展趋势；
- 了解金融大数据时代金融岗位的素质要求及变化。

能力目标

- 提高信息收集整理能力；
- 提高演讲与思辨能力；
- 能够通过特定案例，分析说明大数据在经济社会的应用价值；
- 能够通过特定案例，辨析金融大数据给金融业发展带来的机遇和挑战。

素养目标

- 认识数据的重要性，形成基于数据作出决策判断的科学思维理念；
- 了解我国关于数据保护和隐私保护的法律法规，提升数据法规意识；
- 明确大数据背景下金融岗位的道德规范内容，树立金融职业道德；
- 明确大数据背景下金融岗位的职业素质要求，形成职业发展规划。

任务一　认知大数据

【任务要点】

➢ 解释大数据的含义，并能描述大数据的基本特征；
➢ 能阐述大数据和传统大数据的区别；
➢ 列举大数据的常见类型；
➢ 概括描述大数据的应用价值。

【学习情境】

在计算机和网络技术快速发展，"万物皆互联、无处不数据"的时代，网上购物、手机支付、网络社交、佩戴可穿戴智能设备、使用智能家电等已成为越来越多人日常生活的一部分。人们每天的衣、食、住、行，甚至娱乐社交行为都会产生大量数据。根据IBM调研的说法，人类每天生成的数据涵盖我们发送的文本、上传的照片、各类传感器数据、设备与设备之间通信的所有信息等，相当于从地球到月球的距离。面对这些海量的图片、音频、视频等结构化和半结构化数据，传统的数据处理技术对此已经无法应对。如何处理、如何有效应用这些海量数据去创造更强的生产力，早已引起了全球各界专家的广泛关注。

2008年9月，美国权威期刊杂志《自然》（Nature）率先在一篇名为《下一个谷歌》（The next google）的文章中正式提出"大数据（big data）"这个概念。2011年5月，麦肯锡研究院发布著名的研究报告《大数据：创新、竞争和生产力的下一个前沿》（Big data：the next frontier for innovation，competition，and productivity），报告指出：大数据已经渗透到当今每一个行业和业务职能领域，成为重要的生产因素。人们对于海量数据的挖掘和运用，预示着新一波生产率增长和消费者盈余浪潮的到来。2012年2月，《纽约时报》更是在一篇专栏中宣称，人类的"大数据"时代已经来临，在商业、经济及其他领域，人类的决策将日益基于数据和分析而作出，而并非基于经验和直觉。哈佛大学社会学教授加里·金对此评价道："这是一场革命，庞大的数据资源使得各个领域开始了量化进程，无论学术界、商界还是政府，所有领域都将开始这种进程。"

小张是一名金融专业的大学生，面对"大数据"这个被广泛提及的重要概念，小张觉得熟悉而又陌生，他很想弄清楚"大数据"到底是怎样的数据，它和传统数据到底有什么区别，它对我们的工作和生活到底会产生什么影响。

【学前思考】

➢ 什么是大数据？
➢ 大数据具有怎样的特征和形式？
➢ 大数据和传统数据有什么区别？
➢ 为什么说大数据已经成为一种生产力要素？
➢ 大数据正在如何影响我们的世界？

【知识储备】

一、大数据的定义和特征

1.大数据的定义

关于大数据的定义，很多学者从不同角度进行了描述，但尚未有统一的定论。维克托·迈尔-舍恩伯格及肯尼斯·库克耶在其编写的《大数据时代》中指出，大数据是指不用随机分析法（抽样调查）这样的捷径，而采用对所有数据进行分析处理。所谓"所有数据"，是指人类当前能力下可获取的数据的总和。

麦肯锡咨询公司则通过对大数据和传统数据进行比较，提出定义：大数据是指数量巨大、结构复杂，超出了传统数据处理能力，无法在可承受的时间范围内用常规软件工具进行捕捉、管理和处理的数据集合。

美国信息技术研究机构——高德纳咨询公司从大数据的属性角度提出定义：大数据是需要新处理模式才能具有更强的决策力、洞察发现力和流程优化力的海量、高增长率和多样化的信息资产。

从大数据的来源角度来看，大数据是指产生于互联网、计算机系统以及各类数据设备的大量的复杂的纵向数据或者分布式数据的集合。

综上所述，所谓大数据，就是来自互联网、计算机系统以及各类数据设备，数量巨大、结构复杂以至于无法用传统数据分析技术去处理的数据集合。它的形式非常多样，既包含结构化数据（可以用二维表结构来逻辑表达实现的数据）、半结构化数据（如 HTML 文档），还包含各类非结构化数据（如文本、图片、音频、视频、超媒体等）。

大数据是自有人类以来就存在的但直到工业化后期才出现的概念，该概念既包括数字化数据，也包括非数字化数据；既包括人类社会活动留下的所有痕迹，也包括自然界所有现象的痕迹。同时，它不仅包括已发生事件的历史数据，还包括正在发生事件的现期数据和将会发生事件的未来数据。我们现今描述和论证的大数据，主要是针对人类活动而言的，如工业大数据、农业大数据、消费大数据、金融大数据、投资大数据、社交媒体大数据以及人们衣、食、住、行各种分类的大数据等。人类正在努力通过各种新技术、新方法对这些海量数据进行采集和分析处理，以求更有效地洞悉规律，提高数据使用者的决策力。

此外，大数据和计算机技术、互联网技术的发展是互相作用、互相促进、共同发展的关系。正是因为计算机和互联网技术的迅猛发展，才为大数据的产生、采集、传输、储存、管理以及挖掘分析提供了技术基础；人们对大数据的分析应用改变了社会生活以及各行各业的运作决策模式，也对计算机和互联网技术提出了更高的要求，推动这两项技术的不断发展。

2.大数据的特征

作为数据，大数据具有以下三大特征：一是来源的广泛性，大数据的来源非常广泛，可以来自企业、政府等各类机构，也可以来自个人行为或者机器设备，它可以通过遍布全球的各类信息管理系统、网络信息系统、物联网系统、科学实验系统等产生、采集、传输；二是非独占性，同一数据可以被多次反复使用，尤其是公开数据可以被多个主体使用；三是多认知性，由于分析的角度和技术存在差异，不同的数据使用者对同一数据会产生不同的理解和使用方式。

作为有别于传统数据的信息资源，IBM、高德纳咨询公司等世界机构认为它通常具有四个典型特征：大体量（volume）、多样性（variety）、时效性（velocity）、价值性（value），这四个特征又被简称为4V特征，如图1-1所示。

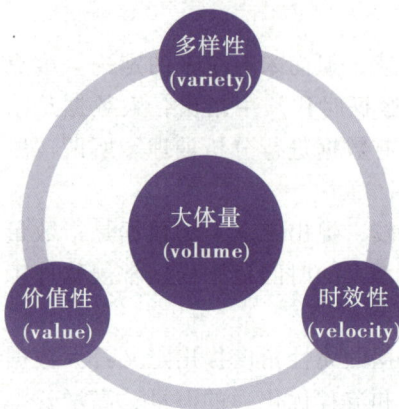

图1-1　大数据的4V特征

（1）大体量

大数据的采集、计算、存储量都非常庞大，一般是10TB以上（1TB=1 024GB）的数据量，有些甚至达到PB（1PB=1 024TB）、EB（1EB=1 024PB）、ZB（1ZB=1 024EB）级别，并且每天数据的增长量也非常大。淘宝网近4亿的会员每天产生的商品交易数据约20TB，脸书约10亿的用户每天产生的日志数据超过300TB，而百度导航每天提供的数据超过1.5PB。相比之下，人类生产的所有印刷资料的数据量仅为200PB。据IDC统计，2021年全球数据总量达到了84.5ZB，预计到2026年，全球结构化与非结构化数据总量将达到221.2ZB。

（2）多样性

大数据的多样性既表现为数据类型的多样性，又表现为来源的多样性。如前所述，大数据除了包含结构化数据之外，还包含大量的HTML文档、文本、图片、音频、视频等半结构化和非结构化的数据，而且随着互联网和传感设备的发展，半结构化和非结构化的数据将逐渐占据主导地位，数据的处理难度会加大。大数据可以来自个人、企业、政府等各类主体，也可以来自计算机系统、传感设备等。

（3）时效性

大数据具有产生速度快、要求处理速度快的特点。大数据时代下，数据的产生、采集和处理都是每时每刻地进行的，数据的处理响应要达到毫秒级别。只有实现对数据的实时创建采集、实时传输存储、实时处理分析，才能及时有效地从大数据中获得高价值信息并加以应用。例如，客户在浏览商品页面时的行为数据会被立刻采集，并被高速处理分析，所以客户浏览完一件商品之后，网站会立刻推荐客户可能感兴趣的类似商品以供选择。

（4）价值性

大数据的价值性有两个方面的含义：一是只要用正确的方法去挖掘分析大数据，必将有助于我们认识潜在规律和事物特征，帮助数据使用者提高生产效率、优化决策效率、推进科学研究，甚至改善社会治理，这就是大数据蕴藏的巨大价值。二是大数据的价值密度较低，数据体量在呈指数级增长的同时，蕴藏在数据中的有用信息没有同比例增加。例如，几个小时的无间断监控视频，有价值的信息可能只是几秒钟；海量的网页访问数据，有价值的信息可能只是其中几行文本，但是一旦我们掌握这些有用信息就可以迅速确定客户的行为特征或兴趣爱好，锁定目标客户，进行精准营销。大数据价值的两面性对数据挖掘分析技术提出了更高的要求。

（5）其他特征

除了以上特征之外，研究学者们还总结出其他典型特征，如数据的真实性（veracity），在大数据时代，样本更加趋同于总体，虽然数据的价值密度降低了，但是每个数据都是对真实世界的无偏差描述和记录，数据的真实性确保数据用户能够作出准确高效的决策判断。此外，在线性（online）也是大数据的一个显著特征，在互联网高速发展的时代，大数据在产生的同时即可通过互联网被迅速采集、传输和处理，帮助数据用户及时掌握最新动态。例如，在大数据时代，电视台或视频网站可以通过互联网技术直接从智能电视、智能手机和计算机终端获取全部数据，并即时获得电视节目的收视率、好评度等分析结果。

大数据的特征表明，大数据体量巨大、类型多样，因此对它的分析技术将更加复杂，我们需要对它进行更快、更有效的采集、筛选、整合、分析，只有及时识别新的知识、规律，才能将大数据资源转换为"大知识"，实现"大发展"，创造"大价值"。

3.大数据和传统数据的区别

大数据与传统数据之间，除了在以上分析的数据体量、数据类型、数据价值密度等方面存在区别之外，还在数据获取方式、储存技术和处理方式上有很大区别。

（1）数据采集方式的区别

传统数据是根据研究需要被动采集的数据，而且大部分是以人工采集的方式获取的，其采样密度较低，采样数据有限。大数据属于主动生成的数据，采集方式多样化，包括爬虫抓取、用户留存、用户上传、数据交易和数据共享等，人们可对需要分析的事件进行高密度采样，精确获取事件全局的数据。

（2）数据储存技术的区别

传统数据通常通过关系型数据库技术来储存，如 MySQL、Oracle、SQL Server 等。这些数据库在储存传统数据时，具有结构简单易于维护等优点，但是面对实时产生的类型复杂的海量大数据，传统储存技术就难以应对。大数据需要通过分布式文件系统、分布式数据库等技术，在低延迟的情况下访问大量的小文件，使用大量的电脑或者储存单元，储存性能和容量能在一定条件下进行扩展，如横向扩展（scale-out）NAS 或对象储存技术。

（3）数据处理分析方式的区别

传统数据大多采用离线方式、集中分析方式处理，通常不对实时产生的数据进行处理。在处理大数据时，对于体量较大、响应时间要求低的大数据可以采取批处理方式集中计算；但对于响应时间要求高的实时大数据，则应采用流式处理方式，实现数据的实时采集入库、实时计算，并通过对历史数据的分析进行预测分析。

行业视窗1-1

第五届数字中国建设峰会：2021年我国数据产量位居世界第二

二、大数据的类型

大数据的类型可按照不同维度进行划分：按数据的处理响应性能划分，可分为实时数据、非实时数据和准实时数据；按数据的关系划分，可分为简单关系数据（如 Web 日志数据）和复杂关系数据（如社交网络数据）；按数据的结构特征划分，可分为结构化数据、非结构化数据和半结构化数据。

1.结构化数据

结构化数据是指存储在数据库中，可以用二维表结构来逻辑表达实现的数据。通常我们用到的可以进行"加、减、乘、除"四则运算的数字也是非常典型的结构化数据。大多数人都熟悉结构化数据的工作原理，结构化数据是高度组织和整齐格式化的数据，是可以放入表格中的数据。它可能不是人们最容易找到的数据类型，但与非结构化数据相比，无疑是更容易被使用的数据类型。另外，计算机可以轻松地搜索它。数据的结构事先通过数据模型的定义确定下来，在处理过程中不会发生改变。结构化数据范例见表 1-1。

表 1-1　　　　　　　　　　　　　　　结构化数据范例

序号	姓名	性别	年龄
1	小张	男	12
2	小明	男	13
3	小李	女	11

结构化数据又称定量数据，是能够用数据或统一的结构加以表示的信息，如数字、符号。在项目中，保存和管理这些数据的一般为关系数据库，当使用结构化查询语言或 SQL 时，计算机程序很容易搜索这些术语。结构化数据具有的明确关系使得这些数据运用起来十分方便，不过在商业上的可挖掘价值就比较差了。

典型的结构化数据包括信用卡号码、日期、财务金额、电话号码、地址、产品名称等。

2.非结构化数据

相对于结构化数据，非结构化数据是指没有结构的数据，无法用数据库的二维逻辑结构来表现，无法进行结构化处理的数据，具体包括所有格式的办公文档、文本、图片、XML、HTML、各类报表、图像和音频/视频信息等。非结构化数据库是指其字段长度可变，并且每个字段的记录又可以由可重复或不可重复的子字段构成的数据库，用它不仅可以处理结构化数据（如数字、符号等），还可以处理非结构化数据（如文本、图像、声音、影视、超媒体等）。

非结构化数据本质上是结构化数据之外的一切数据。它不符合任何预定义的模型，因此它存储在非关系数据库中，并使用 NoSQL 进行查询。它可能是文本的或非文本的，也可能是人为的或机器生成的。简单地说，非结构化数据就是字段可变的数据。

非结构化数据不是那么容易组织或格式化的。收集、处理和分析非结构化数据也是一项重大挑战。这产生了一些问题，因为非结构化数据构成了网络上绝大多数可用数据，并且它每年都在增长。随着更多信息在网络上可用，并且大部分信息都是非结构化的，找到使用它的方法成为许多企业的重要战略。更传统的数据分析工具和方法还不足以完成工作。

典型的人为生成的非结构化数据包括：

- 文本文件：文字处理、电子表格、演示文稿、电子邮件、日志。
- 电子邮件：电子邮件由于其元数据而具有一些内部结构，我们有时将其称为半结构化。但是，消息字段是非结构化的，传统的分析工具无法解析它。
- 社交媒体：来自新浪微博、微信、QQ、Facebook等平台的数据。
- 网站：照片共享网站的数据。
- 移动数据：手机短信、位置轨迹等数据。
- 通信：聊天、即时消息、电话录音等数据。
- 媒体：MP3、数码照片、音频文件、视频文件。
- 业务应用程序：Microsoft Office文档等应用程序产生的数据。

典型的机器生成的非结构化数据包括：

- 卫星图像：卫星监测到的天气数据、地形、军事活动等数据。
- 科学数据：石油和天然气勘探、空间勘探、地震图像、大气数据。
- 数字监控：监控设备产生的照片和视频数据。
- 传感器数据：交通、天气、海洋传感器采集产生的数据。

3.半结构化数据

半结构化数据是介于结构化数据和非结构化数据之间的数据，它一般是自描述的，数据的结构和内容混在一起，没有明显的区分。相对于结构化数据"先有结构，再有数据"的特点，半结构化数据是先有数据，再有结构。半结构化数据通常表现为XML或HTML等形式。XML范例如图1-2所示。

三、大数据的应用价值

大数据是人类对现实世界的数字化虚拟映像，这个映像承载了现实世界的运行规律。在拥有充足的计算能力和高效的数据分析方法的前提下，对这个数字化虚拟映像的深度分析，将有可能理解和发现现实世界复杂系统的运行行为、状态和规律。从这个角度来看，大数据的应用价值本质上体现为：它为人类提供了认识复杂系统的全新的思维方式和探知客观规律、改造自然和社会的新手段。

按照数据开发应用深入程度的不同，可将众多的大数据应用分为三个层次：

第一层，描述性分析应用。它是指从大数据中总结、抽取相关的信息和知识，帮助人们分析发生了什么，并呈现事物的发展历程。例如，美国的DOMO公司从其企业客户的各个信息系统中抽取、整合数据，再以统计图表等可视化形式，将数据蕴含的信息推送给不同岗位的业务人员和管理者，帮助其更好地了解企业现状，进而作出判断和决策。

第二层，预测性分析应用。它是指从大数据中分析事物之间的关联关系、发展模式等，并据此对事物发展的趋势进行预测。例如，微软公司纽约研究院研究员David Rothschild通过收集和分析赌博市场、好莱坞证券交易所、社交媒体用户发布的帖子等大量公开数据，建立预测模型，对多届奥斯卡奖项的归属进行预测。2014年和2015年，均准确预测了奥斯卡共24个奖项中的21个，准确率达87.5%。

```xml
▼<breakfast_menu>
  ▼<food>
    <name>Belgian Waffles</name>
    <price>$5.95</price>
    ▼<description>
      Two of our famous Belgian Waffles with plenty of real maple syrup
    </description>
    <calories>650</calories>
  </food>
  ▼<food>
    <name>Strawberry Belgian Waffles</name>
    <price>$7.95</price>
    ▼<description>
      Light Belgian waffles covered with strawberries and whipped cream
    </description>
    <calories>900</calories>
  </food>
  ▼<food>
    <name>Berry-Berry Belgian Waffles</name>
    <price>$8.95</price>
    ▼<description>
      Light Belgian waffles covered with an assortment of fresh berries and whipped cream
    </description>
    <calories>900</calories>
  </food>
  ▼<food>
    <name>French Toast</name>
    <price>$4.50</price>
    ▼<description>
      Thick slices made from our homemade sourdough bread
    </description>
    <calories>600</calories>
  </food>
  ▼<food>
    <name>Homestyle Breakfast</name>
    <price>$6.95</price>
    ▼<description>
      Two eggs, bacon or sausage, toast, and our ever-popular hash browns
    </description>
    <calories>950</calories>
  </food>
</breakfast_menu>
```

图 1-2　XML 范例

行业视窗1-2

大数据前景分析：大数据可以应用在这些行业

第三层，指导性分析应用。它是指在前两个层次的基础上，分析不同决策将导致的后果，并对决策进行指导和优化。例如，无人驾驶汽车分析的高精度地图数据和海量的激光雷达、摄像头等传感器的实时感知数据，对车辆不同驾驶行为的后果进行预判，并据此指导车辆的自动驾驶。

价值引领

党的二十大报告提出："我们要善于透过历史看现实、透过现象看本质，把握好全局和局部、当前和长远、宏观和微观、主要矛盾和次要矛盾、特殊和一般的关系，不断提高战略思维、历史思维、辩证思维、系统思维、创新思维、法治思维、底线思维的能力，为前瞻性思考、全局性谋划、整体性推进党和国家各项事业提供科学思想方法。"严谨科学的数据分析是帮助我们认清历史、认清全局和事实的重要思维工具之一。

所谓数据分析，是指用适当的统计方法对收集的大量数据进行分析，将它们加以汇总和理解并消化，以求最大化地开发数据的功能，发挥数据的作用。数据分析是为了从数据中心提取有用信息和形成结论，是对数据加以详细研究和概括总结的过程。

目前，我们正处于一个飞速发展的信息时代，随着大数据时代的来临，在企业的日常经营中，数据无处不在，各类数据的汇总、整合、分析、研究对企业的发展、决策有着十分重要的作用。

只有掌握了数据收集和分析的有效方法，并不间断地对市场和竞争对手进行分析，才能发现市场变化和竞争者行动的趋势，制定出有效的竞争战略，使企业的决策更加科学。过去企业的发展取决于领导的正确决策。随着信息化的到来，传统意义上的管理分析和决策手段发生了微妙的变化，似乎这一切已经不能再靠旧的思维模式去做决策，而新的决策手段已经应运而生，也就是我们所常说的"用数据说话"。

资料来源 佚名. 数据分析在企业经营管理中的重要性［EB/OL］.［2021-02-10］. https：//baijiahao.baidu.com/s？id=1691187700536479779&wfr=spider&for=pc.

思政元素：职业素养 科学思维

请阅读以上材料并思考：

（1）大数据时代下，从业人员应具有什么样的素质能力？

（2）大数据时代下，下我们应该形成怎样的决策思维模式？

任务实训与评价

以学习小组为单位，通过查阅线上线下资料，收集整理一个有关大数据的具体应用案例，以PPT展示形式向大家分享介绍，并回答老师和同学们的相关提问。

本任务评价表见表1-2。

表1-2　　　　　　　　　　　　任务评价表

序号	评价内容	分值	得分
1	仪容仪表	20	
2	PPT美观度	20	
3	案例内容翔实度	20	
4	表达的清晰度和条理性	20	
5	问答环节的表现	20	
6	合计	100	

任务二　认知金融大数据

【任务要点】

➤ 解释金融大数据的含义和具体内涵范畴；

➤ 解释金融大数据和大数据金融的区别之处；

➤ 描述金融大数据在金融行业的应用场景。

学习课件1-2

认知金融
大数据

【学习情境】

某天，小张看到一则新闻，新闻的标题是《大数据助力银行普惠金融业务发展》，这让小张十分感兴趣。

2019年3月21日至22日，由城银清算服务有限责任公司、《金融电子化》杂志社、厦门国际银行主办的第十二届中国城市商业银行信息化发展创新座谈会在厦门召开。来自中国人民银行和中国银保监会的领导、商业银行代表及专家学者结合城商行信息技术重点工作，对城商行在IT关键基础设施与管理、网络信息安全、新技术应用、IT与业务深度融合等领域的难点、热点问题，人工智能、大数据、云计算、物联网等新技术的应用方面展开了深入探讨与交流。

中国金融认证中心（CFCA）大数据产品总监樊令受邀出席此会议，并以"大数据助力普惠金融风险识别与监测服务"为题发表重要演讲。樊令表示，为了更好地响应国家政策，更有效地通过大数据等科技手段解决中小微企业普遍存在融资难、融资贵的问题，CFCA整合多方数据资源，借助多年在身份认证、反欺诈、支付及大数据等金融科技领域的经验积累，打造了大数据金融综合服务平台——"中金融信"。

"中金融信"大数据金融综合服务平台作为连接中小微企业与银行的中间平台，清晰描绘了中小微企业的客户画像，结合大数据、人工智能、云计算等最新技术，借助大数据资源和数据分析能力，构建中小微企业的风险评价模型，探索出中小微企业数据金融的最佳实践。

通过这则新闻，小张感受到了金融大数据对金融业务的重塑、优化和助推作用，但是他也产生了一系列的疑惑：金融大数据和大数据金融，是一回事吗？大数据到底给我们的金融行业带来了哪些变革影响？它对金融行业来说具体的应用价值又包括哪些呢？

【学前思考】

➤ 金融大数据和大数据金融是一回事吗？它们有什么区别？
➤ 金融大数据的行业应用价值有哪些？
➤ 金融大数据将会给金融业带来哪些变革影响？

【知识储备】

一、金融大数据的内涵

1.金融大数据的内涵

从本质上来讲，金融大数据与工业大数据、农业大数据、社交媒体大数据、商业大数据等一样，都是大数据的一种数据类型，属于从大数据的应用行业场景角度对大数据的一种分类。从狭义上来讲，它可以理解为大数据中蕴含的反映人们金融交易行为互动的基本信息，它是一切可以反映有关主体在金融交易行为中基本信息的数据集合，它包含了银行、保险公司、证券公司等金融机构、政府监管机关、机构和个人等各类经济主体在投资、融资、储蓄、理财、证券交易过程中的一切信息，这些信息的形式既可以是结构化数据、非结构化数据，也可以是半结构化数据。从广义上来讲，它泛指金融机构为了更好地分析客户、分析市场、管理风险、优化运营所采集分析的各类大数据，数据来源并不仅限于金融机构、金融市场和相关监管机构，它还包括各类跨行业大数据，如电商消费大数据、社交媒体大数据、公共事业部大数据等。

以银行大数据为例，银行电子系统中保存的所有客户信息资料，客户所有的网银浏览记录、APP使用记录和各类金融业务交易记录，甚至一切与银行经营业务相关的政策法规、同业竞争对手的相关信息等，都是金融大数据的组成部分。

2.金融大数据的获取方式

金融机构获取大数据的方式主要有两类：一是自身产生归集；二是外部主动获取。其中，外部获取又可分为公开数据采集、行业数据共享和专业数据采购等具体方式。

（1）自身产生归集

金融机构自营业开始就开展着各项金融业务，这些金融业务在办理过程中就会产生大量的交易历史数据和与交易相关的客户信息数据，金融机构通过自身的信息系统将这些海量数据进行归集加工处理，就成为金融机构获取大数据的最主要方式。

（2）公开数据采集

公开数据包括政府部门、公共事业部门等组织机构发布的各项数据信息，如国家统计数据，各地方政府公开数据，上市公司的年报、季报，研究机构的调研报告及各种信息平台提供的零散数据等。这些数据广泛分布在不同的网站平台，具有不同的数据结构和类型。金融机构可通过网站平台下载数据或通过爬虫等数据挖掘技术采集数据。

（3）行业数据共享

这种方式是由金融行业机构之间达成协议，实现特定数据的共享，如银行之间共享企业和个人客户的征信行为数据。同行业共享的数据往往具有较强的行业专业性，因此这是获取高附加值信息的比较有效的手段。目前行业内的数据合作范围还是比较广泛的，当然数据合作本身也存在一定的风险，通常数据在交换的过程中往往会经过一系列技术操作，最常见的操作就是"脱敏操作"。对于一些涉及个人隐私的数据，脱敏是必须进行的操作，但是脱敏操作并不会影响大数据分析的进行，所以脱敏并不意味着数据价值的降低。实际上，在脱敏的过程中，还可以对数据进行一定的整理操作（如清洗、归并等），从而方便进行数据分析。

（4）专业数据采购

专业数据采购是指有针对性地向合法合规的特定数据源平台机构购买所需的大数据。随着市场主体对大数据需求的增加，市场上催生了一些产品化数据交易平台，提供多领域的付费数据资源，可以按需购买使用。这种获取方式相对便捷高效，节约了采集数据所需的大量时间和人力成本。此外，数据源平台机构的数据往往都是来自优质数据源而且经过清洗处理的数据，种类齐全，具有较高的质量，可以直接使用现成的数据或数据分析结果。

3.金融大数据的分类

根据不同划分维度，金融大数据可分为不同类型：按数据的来源，可分为自有金融

行业视窗1-3

贵阳大数据交易所——全球第一家大数据交易所

大数据和外来金融大数据；按数据的结构形式，可分为结构化金融数据、非结构化金融大数据和半结构化金融大数据；按数据的具体应用领域，可分为银行大数据、证券大数据、保险大数据、互金大数据等；按数据的内容，可分为客户信息大数据、交易大数据、资产负债大数据。金融大数据的具体应用领域在本书后续还将详细阐述，在此先介绍按数据内容进行的分类。

（1）客户信息大数据

客户信息大数据是指描述客户背景情况、自身特点的大数据。例如，个人客户信息数据包括姓名、性别、年龄、身份信息、联系方式、职业、生活城市、工作地点、家庭地址、所属行业、具体职业、收入、社会关系、婚姻状况、子女信息、教育情况、工作经历、工作技能、账户信息、个人爱好等数据。企业客户信息数据包括企业名称、关联企业、所属行业、销售金额、注册资本、账户信息、企业规模、企业地点、分公司情况、客户和供应商、信用评价、主营业务、法人信息等数据。

（2）交易大数据

交易大数据主要是指反映客户发生的金融或非金融交易以及现金流信息的大数据。例如，个人客户交易大数据包括工资收入、其他收入、个人的衣食住行等各类消费、水电煤气等公共事业缴费、信贷还款、转账交易、委托扣款、信用卡还款，以及购买理财、保险、基金产品等数据。企业客户交易大数据包括供应链应收款项、供应链应付款项、员工工资、企业运营支出、同分公司之间的交易、同总公司之间的交易、税金支出、贷款申请与偿还、理财产品买卖、外汇产品买卖、金融衍生产品买卖、公共费用支出、其他转账等数据。

（3）资产负债大数据

资产负债大数据主要是指能反映客户资产和负债信息的大数据。例如，个人客户资产负债大数据包括购买的理财产品、定期存款、活期存款、信用贷款、抵押贷款、信用卡负债、抵押房产、企业年金等数据。企业客户资产负债大数据包括企业定期存款、活期存款、信用贷款、抵押贷款、担保额度、应收账款、应付账款、理财产品、票据、债券、固定资产等数据。

二、大数据金融的内涵

1.大数据金融与金融大数据的关系

初学者很容易将两个概念混淆——"金融大数据"和"大数据金融"，事实上，这是两个不同的概念。如前所述，从本质上来讲，金融大数据是应用于金融领域的一种大数据，属于大数据的一种行业应用分类。而大数据金融主要是指金融机构、个人等经济主体基于大数据技术和大数据平台，充分应用大数据优化开展金融活动和金融服务的方法和过程。大数据金融是金融经济主体运用云平台、云计算、机器学习等人工智能、信息化技术手段，采集和处理海量的金融大数据，对客户行为习惯、金融市场、金融风险进行更全面分析和更精准预测，将大数据技术有机融入各项金融业务中，从而达到改善金融服务营销质量，提高金融机构运作效率，控制金融风险的目的。具体来讲，大数据金融可根据业务领域不同，进一步细分为大数据银行、大数据保险、大数据证券和大数据普惠金融等。

"金融大数据"和"大数据金融"虽然在内涵上存在区别，但又彼此密切关联。我们开展大数据金融的基础正是金融大数据和金融大数据的分析处理技术。可以说，大数据金融是金融大数据的具体应用体现，是大数据和现代金融业有机结合的产物，是现代数字技术赋能金融业的积极探索。

2.大数据金融的特点

与传统金融相比，大数据金融存在以下特点：

（1）金融科技的广泛应用

数据管理能力、计算能力、算法能力成为实现金融和大数据的有机融合的关键法宝。除了大数据技术之外，金融机构还需要借助人工智能、云计算、互联技术和安全技术等底层技术，才能实现各项业务和日常运营对应的数据基础设施建设。因此，在大数据金融时代，金融科技的广泛应用成为金融行业发展的新特征。

（2）数据处理实时化

开展大数据金融首先要求金融机构具备实时采集并分析处理海量大数据的能力。因为无论是精准营销、客户服务、实时风控还是定价交易，都需要以大数据实时处理技术作为支撑。例如，金融产品的精准营销就要求机构在客户浏览网页、操作APP或与业务人员交流的短暂时间内迅速调取并处理客户的交易行为、资产负债等各类大数据，及时发现客户风险偏好和消费倾向，为其推荐适合的金融产品。因此，目前流式计算框架的实时计算大数据平台已在金融机构得到广泛应用，以满足低延时的复杂应用场景需求。

（3）金融服务的网络化

在大数据金融时代，大量的金融产品和服务通过网络来展现，包括固定网络和移动网络。其中，移动网络将会逐渐成为大数据金融服务的一个主要通道。随着金融机构业务网络化转型的加快，各类传统金融业务如支付结算、信贷、理财管理、证券投资交易、投保索赔、金融咨询等都可以通过网络渠道实现。金融机构的实体网点不断减少，其功能也从业务办理逐渐向营销咨询转型。

（4）风险管理的数据化

在大数据金融时代，经济主体的各类行为、交易、经营、信用情况等信息都通过大数据的方式呈现。基于大数据挖掘的客户识别和分类将成为风险管理的主要手段，动态、实时的监测而非事后的回顾式评价将成为风险管理的常态性内容。此外，基于大数据分析的风险定价模型也有了革命性变化。

（5）金融业务效率显著提高

大数据金融与传统金融相比，业务效率得到显著提升。业务网络化使许多业务流程和交易活动都是在线上发起和完成的，有些交易活动是自动实现的。精准营销让金融机构能在合适的时间和地点，把合适的产品以合适的方式提供给合适的消费者。同时，强大的数据分析能力可以将金融机构的运营保持在极高的效率水平上，交易成本也会大幅度降低。

（6）金融服务边界被扩展

随着金融机构运营效率的提升，经营成本的降低，其成本曲线形态也会发生变化，长期平均成本曲线的底部会更快来临，也会更平坦、更宽。另外，借助互联网、大数据、云计算等金融科技，金融业务的便利性显著提升，可触达的客户地域、客户数量都显著增加。

（7）普惠金融数字化

大数据金融的高效率性及服务边界的扩展性，使金融机构的服务对象和范围也大大扩展，能够更高效地满足中小微经济主体的金融需求。例如，极小金额的存款、理财、支付结算服务，甚至数字化小微信贷、互联网消费金融都得到蓬勃发展。传统的普惠金融业务也开始向数字普惠金融方向转型升级。

三、金融大数据的应用场景

随着大数据技术的发展成熟，金融大数据的推广应用成为金融行业重要的发展趋势。大数据技术在交易欺诈识别、精准营销、消费信贷、信贷风险评估、供应链金融、股市行情预测、股价预测、智能投顾、骗保识别、风险定价等涉及银行、证券、保险等众多金融业务中均得到广泛深入的应用。大数据分析应用能力正成为金融机构未来发展的核心竞争力。

概括来讲，金融大数据的应用场景主要集中在五个领域：精准营销、客户服务、风险管理、定价交易和运营优化。

1.基于大数据的精准营销

金融机构可通过大数据分析平台，导入客户社交网络、电子商务、终端媒体产生的各类大数据，构建客户画像，对客户行为进行跟踪分析，对其消费心理进行预测，进而获取客户的金融消费习惯、消费需求、风险收益偏好等。有了大数据平台分析结果的支撑，业务人员在营销之前就能够清晰地知道"客户是谁？客户到底是什么样的？客户有什么产品偏好？"等一系列问题的答案，从而能更好地实现金融产品的精准推介、精准营销。

例如，中信银行引入 Greenplum 数据仓库解决方案，建立数据库营销平台。结合实时、历史数据，中信银行进行全局数据挖掘分析，建立统一的客户全景视图，充分了解客户显性和隐性的金融需求，更有针对性地为客户推荐产品，提高营销效率。

贵阳银行通过引入亿信华辰的 BI 数据平台，实现了对客户风险统计报表、标准库、举证反馈、即席分析财务报表、固定报表、客户关系网、担保链、领导驾驶舱八大模块的建设，系统覆盖了客户风险月报的常用固定报表、分析报表、综合查询等业务需求；为了满足业务人员能够灵活便捷地对财政收支数据进一步分析的需求，开发实现了自助分析功能，为绘制客户画像、规划营销重点等工作提供数据支撑。

2.基于大数据的客户服务

为了提升客户服务质量，金融机构每天都会从不同渠道接收海量的客户反馈信息，包括客户的建议、投诉、抱怨等。然而，对客户反馈信息的处理往往都是通过监测分析人员的随机抽样分析来完成，这种处理方式不仅容易遗漏一些重要的建议和投诉，而且其庞大的工作量也难以保证这些建议和投诉被合理分类和正确处理。只有更高效地处理这些结构化、非结构化的数据，全面认知客户的真正需求，才能提高服务质量，提高客户满意度和忠诚度。

借助大数据技术，一般可以通过以下三种方式来实现客户需求的深度洞察：

一是对客户意见进行分类，给客户各类意见打上标签。比如，这类意见反映的是哪类产品，如银行卡、自助服务等；还可以分析各类意见的发生频率、发展趋势等，提升各部门处理信息的效率。

二是对客户反馈意见进行热词分析。热词分析就是要从客户反馈中提取最频繁使用且意义较明确的词汇，从而形成可视化的意见词云。因为有时候客户可能表述了很多，但无法准确表达意见，存在一词多义和多词一义的情况，所以需要将纷繁杂乱的描述语句进行归并、抽象、提炼，从而形成统一精准的表述。

三是预测客户的流失率。大数据平台可以在对个体客户反馈意见全景分析的基础上，对客户的流失可能性进行预测，为工作人员及时调整服务策略、改进服务质量提供数据依据，有效降低客户的流失率。

3.基于大数据的金融风险管理

风险管理一直是金融业务的核心关键。利用互联网大数据挖掘技术、文本数据分析技术以及风险欺诈数据挖掘模型技术，金融机构可将网络舆情、监管信息与客户的信用行为记录、财务数据进行全面关联分析，客观评价客户征信状况甚至健康状况，实时监控金融业务的风险水平，建立覆盖客户信用风险、财务风险、声誉风险、经营风险等各类风险的预警系统，对风险事件进行及时干预管理。

广东发展银行引入申请计分机制，建立大数据挖掘分析模型，对信用卡新申请客户或已有客户进行信用评分，根据信用评分结果可初步对客户信用状况进行评估，识别客户是优质客户还是高风险客户，缩短了审核时间，提升了批核新卡的效率。此外，银行还利用大数据平台对每个客户的行为、消费模式和还款数据进行跟踪和监控，根据大数据风险评估模型的测算结果，对客户信贷额度进行智能调整，对客户风险进行及时跟进处理。

在支付结算领域，目前金融系统的支付服务操作十分便捷，客户已经可以做到随时、随地进行转账操作。面对银行卡盗刷和金融诈骗案件频发的现状，金融机构在支付交易诈骗识别上的挑战巨大。借助大数据技术，金融机构可以综合分析客户账户基本信息、交易历史、位置历史、历史行为模式、正在发生的行为模式等，结合智能规则引擎进行实时的交易反欺诈分析。整个流程包括实时采集行为日志、实时计算行为特征、实时判断欺诈等级、实时触发风控决策、案件归并形成闭环，极大地提高了对支付交易诈骗识别的效率。

保险公司也可以借助大数据手段，建立保险欺诈识别模型，寻找客户诈骗规律，显著提升骗保识别的准确性与及时性。利用大数据分析平台，保险公司还可以大规模地识别过滤近年来发生的所有赔付事件，并从中挑出疑似的诈骗索赔事件，然后再对疑似诈骗索赔事件展开调查，有效提高公司防欺诈工作的效率。

4.基于大数据的定价交易

在证券市场中，交易者可利用大数据技术对交易资金、交易报价、财务指标、市场舆情等海量数据进行批量对比分析，找出证券价格的运动规律，并根据这种规律进行量化投资交易，以获取最大收益，基于大数据的量化交易成为市场的主流选择。诺贝尔经济学奖得主罗伯特·席勒设计的投资模型至今仍被业内沿用。在他的模型中，主要参考了三个变量：投资项目计划的现金流、公司资本的估算成本、股票市场对投资的反应（市场情绪）。大数据技术可以帮助证券交易者收集并分析社交网络如微博、朋友圈、专业论坛等渠道上的结构化和非结构化数据，了解市场对特定企业的观感，使得感知市场情绪成为可能。

大数据技术还被应用于保险产品定价。保险公司通过大数据分析可以充分了解客户的行为特征、性格特征和健康状况等，从而对客户的投保风险作出更精准的评价，再根据定价模型对其所投产品核定合理保费。比如，在车险业务中，保险公司通过智能监控装置收集驾驶者的行车数据，如行车频率、行车速度、急刹车和急加速频率等；通过社交媒体收集驾驶者的行为数据，如在网上吵架频率、性格情况等；通过医疗系统收集驾驶者的健康数据。以这些数据为出发点，对特定驾驶者的驾驶风险进行评估，如果驾驶者的综合驾驶风险很低，那么他可以获得比大部分人节省20%~40%的保费。

5.基于大数据的运营优化

随着数据技术的发展，金融机构的传统运营工作也开始趋向数据化。所谓数据化运营，是指借助数据技术手段优化和提升业务的运营效率，用数据指导业务运营的各项决策，提升业务运营的效率，更好地实现业务增长的目标。金融机构的运营工作具体包括用户运营、产品运营、活动运营、渠道运营、市场运营、服务运营等。

一个数据化运营体系包含四个层次，分别为数据收集、数据产品、数据运营和运营触达，如图1-3所示。具体来说，金融机构首先要收集海量的客户行为数据、流量数据、自身业务数据和外部数据，并用大数据处理技术分析产生数据指标、数据报表和用户画像等数据分析结果（我们也将其统称为数据产品），以此判断现有运营工作的成效和问题，进一步制定和实施运营优化策略，最终形成能提升客户感知度、满意度、使用活跃度的产品、广告和服务等。

行业视窗1-4

华夏银行：大数据技术服务业务需求，实现销售高速增长

运营触达	SMS/PUSH/EDM	个性化推荐	广告	呼叫中心/KOL
数据运营	风险	券/卡营销	活动运费	电商运营
	CRM	积分中心	用户运营	内容运营
数据产品	用户画像		数据指标/Dashboard	
	机器学习/算法模型		BI/ETL	
数据收集	行为数据	流量数据	业务数据	外部数据

图1-3　数据化运营体系示意图

价值引领

2019年5月23日，数字金融"一贷通"平台正式落地安徽省六安市。该平台由浪潮公司负责运营，利用"互联网+大数据"模式，搭建银企对接平台，创新金融服务，破解"融资难、融资贵"难题，助力实体经济高质量发展。

从现实情况来看，小微企业"贷款难"，金融机构"放贷难"，银企双方间横亘着鸿沟，市场一直在寻找更好的破解之策。浪潮公司为"互联网+大数据"的探索带来了突破，构建起数字金融"一贷通"平台生态。数字金融"一贷通"通过搭建线上服务平台，聚合金融服务力量，引导企业在线申贷，在依法合规、主体授权的前提下，利用政府大数据及互联网数据，通过云计算、大数据、AI等关键技术，构建信用决策体系，实现企业、个人融资合理配置，帮助金融机构为企业、个人提供一站式金融服务。

六安市融资信用信息服务平台建设包括平台门户（含移动端）、银行受理系统、政府管理端及数据服务管理系统。其建设实施内容包括数据共享开放实施、数据治理与分析处理、应用系统开发及配套的硬件、网络设施。

相比传统信贷模式，融资信用信息服务平台中的数据采集、征信、评级、定额能达秒级，并且实时预警，解决了时间、效率、成本的问题。六安市融资信用信息服务平台能为融资企业、个人和银行搭建快速放款的通道，最终达到以数定信、以信换贷的目标。

资料来源　佚名. 数字金融"一贷通"落地六安 助力破解"融资难、融资贵"问题［EB/OL］.［2019-05-24］. https://www.prnasia.com/story/247063-1.shtml.

思政元素：守正创新

请阅读以上材料并思考：

（1）金融大数据对金融行业创新发展的重要性体现在哪里？

（2）你还能举出其他例子说明金融大数据对金融业的促进作用吗？

任务实训与评价

以学习小组为单位，通过查阅线上线下资料，解释金融大数据的含义，找到金融大数据的具体应用案例，并以PPT展示形式向大家分享介绍。

本任务评价表见表1-3。

表1-3　　　　　　　　　　　　　　　任务评价表

序号	评价内容	分值	得分
1	仪容仪表	20	
2	PPT美观度	20	
3	案例内容翔实度	20	
4	表达的清晰度和条理性	20	
5	问答环节的表现	20	
6	合计	100	

任务三　探究金融大数据的发展趋势

【任务要点】

➢ 阐述金融大数据的近期发展趋势；

➢ 列举金融大数据为金融业发展带来的机遇和挑战。

学习课件1-3

探索金融大数据的发展趋势

【学习情境】 ▰▰▰▬▬▬▬▬▬▬▬▬▬▬▬▬▬▬▬▬▬▬▬▬▬▬▬

小张经过前期的学习，对金融大数据的应用价值有了一定的理解。有一次，他和从事证券工作的师兄聊起这个话题。师兄很认同他的观点，并且告诉他，证券行业的竞争越来越激烈。

随着互联网公司的迅猛发展和证券监管要求的持续攀高，佣金下滑和新客户的减少成为各大券商面临的现实挑战，只有借助大数据技术加速公司转型才能抢占市场先机，稳住市场份额。

现在证券公司正在开展的数字化转型可分为业务转型、技术转型、组织转型三个层面。从业务上来看，证券行业的通道向非通道转型，线下开户向线上开户转型，经纪业务向财富管理转型，业务模式向综合性发展，致力于满足客户多层次的需求；从技术上来看，证券行业逐渐引入APP平台化建设、数据中台建设、智能化工具等，侧重于加强数据驱动以及互联网模式；从组织上来看，越来越多的证券公司设立互联网金融部、财富管理部、数据分析团队，为业务转型和技术转型提供了坚实的组织基础。

由此可见，基于大数据技术的数字化运营是证券业未来发展的必然趋势。

小张听完师兄的一番介绍，深深感受到大数据技术对金融行业的变革式影响。同时，他心中也产生了一些新的疑问，金融大数据带来的金融变革方兴未艾，不知道这场变革将走向何方？这项新技术将给金融行业带来什么样的机遇和挑战？

【学前思考】 ▰▰▰▬▬▬▬▬▬▬▬▬▬▬▬▬▬▬▬▬▬▬▬▬▬▬▬

➤ 金融大数据背景下，金融行业变革发展对趋势有哪些？
➤ 大数据技术会给金融行业带来哪些机遇和挑战？

【知识储备】 ▰▰▰▬▬▬▬▬▬▬▬▬▬▬▬▬▬▬▬▬▬▬▬▬▬▬▬

一、金融大数据的发展趋势

随着大数据、云计算、人工智能等新兴数据处理技术的快速发展，金融行业已经出现了越来越多的金融大数据成功应用案例。科技赋能之下的金融行业也开始向数字金融、新金融方向华丽转身，并与传统金融形成鲜明的特色对比。传统金融最重要的资源是资金，新金融最重要的资产是数据；传统金融的技术架构是信息时代的中心化思想，新金融的架构则是数字时代的分布式思想，未来以云计算、分布式数据库和区块链为代表的"云库链"会成为支撑新金融的核心技术。在大数据技术赋能之下，金融行业的发展呈现出多个新趋势、新特征。

1.大数据成为金融行业的重要资产

众所周知，金融机构通过对大数据进行合理、科学的计算分析，就可从中发现客户交易行为、市场价格运行、自身经营运作和风险管理等多维度的全面信息和规律，掌握了这些信息和规律就可以对其未来发展作出合理预测和科学决策，甚至触发金融业务模式的变革，实现大数据向商业价值的转换。例如，传统贷款机构由于对借款客户的信用信息难以全面掌握，开展贷款业务时长期以来都是以抵质押、担保贷款为主，不敢贸然发放信用贷款。这就让大量无法提供抵质押或不满足担保条件的中小微企业很难获得贷款资金，这也成为国家推广普惠金融的一大难点。现在借助多方平台大数据共享，贷款机构可获取借款客户的海量数据，除了客户的身份信息和资产负债数据外，还包括客户的资金流动、商品流转、日常交易、供应链上下游的评价和投诉等商业经营数据。这些数据被导入信用评级数学模型中进行分析，并辅以在线视频调查和第三方验证等风控手段，让贷款机构对优质中小微企业的纯信用贷款变成可能。以上金融业务模式的变革都是基于金融机构对金融大数据这一全新资产的充分利用。

大数据资产已经俨然成为继土地、劳动力、资本之后的一种新型资产，成为金融机构发展创新及核心竞争力提升的关键要素。可以说，谁掌握了大数据，谁就掌握了打开现代金融大门的一把钥匙。而且，随着业务发展和风控能力不断提升的需要，金融机构对数据容量、数据内容、数据细分颗粒度、数据传输和储存设施等的要求也越来越高。

2.大数据的共建共享、融合开放

数据越关联越有价值，越开放越能发挥威力，为了更全面了解客户和市场，金融机构需要掌握更多维度的大数据，特别是来自其他行业、其他企业、各个政府部门的数据。随着各国政府和企业逐渐认识到数据共享带来的社会效益和商业价值，各国政府均在大力推动数据开放。一方面，政府牵头数据公开，实现金融机构与国家税务、财政、审计、宏观经济统计、社保、国土、农业、水利、质检、司法等多个政府职能部门通过统一平台实现数据共享融合；另一方面，国家通过推动建设各类大数据服务交易平台，为数据使用者提供丰富的数据来源。

除了政企数据融合，行业企业之间也在努力实现大数据的共建共享。例如，金融机构与电信、零售、医疗、交通服务、教育等其他行业企业的数据融合共享已越来越普遍。大数据融合共享的趋势帮助金融机构的营销和风控更加精细，而且数据的跨行业融合也会催生业务的融合，衍生出更多场景化金融业务，如家装金融、汽车金融、旅游出行金融等。

3.对金融大数据的处理能力成为金融机构核心竞争力

金融行业是一个数据密集型的行业，大数据蕴藏的商业价值是非常大的，但是如何将其价值充分挖掘出来则取决于各金融机构的大数据处理分析能力。目前，金融机构已经意识到有效管理、应用数据资产的重要性，正在加大对数据资产治理项目的投入，结合大数据平台建设，构建统一的数据池，通过跨行业共享和自身深度挖掘，丰富数据来源，建立全方位数据化运营体系，实现对大数据资产的穿透式管理。专业化的大数据分析处理技术，特别是大数据实时分析处理技术已成为引领金融服务优化升级的重要力量，是金融机构迎接市场挑战的核心竞争力。

4.人工智能和金融大数据的深度融合

人工智能（AI）是研究、开发用于模拟、延伸和扩展人的智能的理论、方法、技术及应用系统的一门新的技术科学。人工智能是计算机科学的一个分支，它企图了解智能的实质，并生产出一种新的能以人类智能相似的方式作出反应的智能机器，该领域的研究包括机器人、语言识别、图像识别、自然语言处理和专家系统等。从技术视角出发，我们习惯将人工智能应用分为基础 AI 和行业 AI 两种。基础 AI 代表行业发展的前沿程度，并且能够整合到应用系统中，如人脸识别、语音识别等。对于基础 AI，核心技术掌握在少数公司手中，金融应用更多是使用商业化的技术组件。行业 AI 更具业务属性，如反欺诈、风险监控、智能投顾等。

大数据与人工智能是相生相伴、相得益彰的两项技术。因为不管是哪种人工智能，本质上来讲都属于数据驱动的机器智能，其应用基础都是海量的大数据。同时，大数据技术强调数据的采集、存储、处理和展现，人工智能的深度学习、机器学习、知识图谱等技术都可以极大地提高以上各个环节的数据计算分析效率，并通过智能可视化技术实现数据的实时监控和可视化呈现。随着人工智能和大数据技术的深度融合，金融行业正进入一个由大数据驱动的人工智能时代。

人工智能与大数据在金融行业的融合应用简单分为三个阶段：业务自动化、大数据智能和全渠道智能决策。业务自动化是指通过 AI 技术实现产品和流程革新，逐步简化、替代那些重复性的操作环节，使金融业务效率得到持续的改进与提升。例如，在手机银行、智能柜台等业务渠道中引入人脸识别、图像识别、文字识别、语音识别等技术能够解决客户验证的关键问题，从而极大地提升了用户体验。大数据智能是指通过人工智能技术实现大数据的智能化多场景应用，为客户提供更优质的智能化服务。例如，通过机器学习、深度学习、复杂网络等技术将大数据运用于信用卡反欺诈、互联网信贷反欺诈等风控强化场景中，通过文字识别、图像识别技术将大数据运用于信贷审批和贷后风险预警场景中。全渠道智能决策就是将客户识别、行为预测与各种渠道无缝对接，同时根据客户响应进行动态的优化更新，最终的目标是实现各种渠道的有机协同整合，实现客户多点触达的智能化体验。

5.金融大数据的安全问题日益凸显

随着大数据的商业价值越来越被认可，越来越多的金融机构开始建设自己的大数据平台。但当下的大数据相较于传统数据，呈现出使用频率更高、内外交互实时化、数据种类复杂化等特征，数据安全成为金融机构和监管部门急需解决的重大问题。

金融大数据的安全问题大致包括三个层次：数据库安全、数据平台安全和网络安全。

在大数据时代，金融信息逐渐向数据化、系统化、集中化方向不断发展，大数据集群库内部存储的数据相对比较集中，因此成为网络病毒、网络黑客、不法分子重点攻击的目标。如果金融机构忽视了对金融信息安全保障体系的优化和完善，导致金融信息泄露，那么将产生重大信任危机，严重影响金融机构的可持续发展。中国信息通信研究院发布了《2018—2019 年度金融科技安全分析报告》。所有的被调研企业均表示发生过不同类型的网络安全事件，其中，针对客户资料及企业重要业务数据的安全事件成为发生频率最高的安全事件类别，合计高达 44% 的比例（造成"客户资料泄露""企业敏感信息泄露"的各占 22%），成为持续影响金融科技企业最主要的网络安全风险。71% 的被调研企业表示，"数据安全及隐私保护"是企业目前及未来最需要加强的领域。

就大数据平台安全而言，首先要考虑自身基础设施的安全性。由于大数据平台具有较多的集群服务器，因此需要在运维安全上考虑加固，使用统一的、最小化权限的版本进行自动化配置。其次，大数据平台的账户管理也是重要的一部分。对密码强度控制、离职及休假员工账户回收、登录失败限制、账户监控等日常工作都需要定期审查，最核心的内容是做好安全域管理、做好边界防控，让大数据平台在内部盒子里运转。再者，需要做好各类数据的分级保护。大型金融集团的大数据平台上会有来自各种内外部机构的数据，可能会有保险、银行、证券等多种机构，而每个机构都面临不同的行业监管要求。其中，各种数据的行业要求，每个数据表甚至字段的访问，都需要建立在个案分析的基础上进行安全控制。最后，大数据平台中包含了大量敏感数据，如何能够既不影响业务开发，又能保障安全性，这就需要进行数据脱敏。所谓脱敏，是指隐去客户的敏感信息。首先是关键表和关键字段的脱敏。例如，用户的银行卡号码、身份证等信息都需要脱敏。但脱敏不能简单地将关键信息用星号脱敏，如果一张表的姓名字段全是*号，业务分析就无法进行了，这就需要有一个替换或映射。例如，真实的信息是：张三，手机13900000000，身份证999999999999999999，替换或映射后信息变为：李四，手机13999999999，身份证111111111111111111。

随着金融科技不断升级应用，我国金融行业引入了大量智能终端设备，这些智能终端设备内部存储海量的金融信息数据，而且各种智能终端与整个金融信息系统紧密相连，已成为金融信息传输和共享的重要环节。因此，各类智能终端设备及其连接的网络均成为网络病毒、网络黑客、不法分子恶意攻击和窃取金融信息的重要渠道。

6.客户隐私保护问题日益受到关注

在大数据广泛应用的背景下，消费者个人数据的隐私保护是一个复杂的问题，涉及道德、法律、技术等诸多领域。首先，我国金融大数据行业的发展甚至金融科技的发展在很大程度上都得益于互联网应用场景的发展。而大数据从互联网应用场景向金融领域的转移往往发生在一些金融科技企业的集团内部，这个过程如果缺乏监管和规范，可能会侵犯到用户的知情权、选择权和隐私权。其次，因为金融大数据的来源渠道复杂，存在多重交易和多方接入的可能性，隐私数据保护的边界不清晰，而且各种大数据采集技术的应用也加大了信息获取的隐蔽性，一旦出现用户隐私信息泄露纠纷，用户将面临取证难、诉讼难的问题。最后，各个渠道的数据采集操作标准不一，用户的知情权、隐私权有可能遭到侵犯。

行业视窗1-5

谁在泄露和收集你的个人金融信息？预警来了！

二、金融大数据带来的新机遇

金融大数据的深入应用对我国金融机构发展意义重大，大数据可用于描述现在和过去，帮助金融机构全面了解市场现状和经营情况，从历史数据中发现规律，预测市场和企业经营前景，为其经营决策提供依据。具体而言，金融大数据的应用可为金融机构带来以下好处：

1.更广阔的业务发展空间

金融大数据时代下，来自线下网点、智能终端机、线上网页、网络媒体等各种渠道产生的海量大数据，可以帮助金融机构全面深入了解客户、了解市场，有效实施精准营销和交叉营销，促进金融产品围绕市场需求变化而快速迭代更新，助力金融机构在市场营销中形成先发竞争优势和核心竞争力，为其业务推广打开广阔的发展空间。

2.更高效的决策判断

在信息化、数字化时代，如何更好地利用各类信息数据辅助决策成为各类金融机构面临的重大挑战。大数据技术可以帮助金融机构更精准客观地评估风险、分析客户、预测市场、评价自身经营状况，让金融机构的决策从"经验依赖"转向"数据依赖"，提高决策判断的准确率。

3.更便捷的业务流程

随着互联网、云计算、数据实时处理技术的提升和应用，金融机构可在极短时间内掌握客户的消费偏好和信用状况等各类信息数据，金融机构的风险识别和定价决策能力大大增强，因此传统金融的业务流程和风控流程也被极大地精简。例如，传统的信贷业务从客户申请到调查审批再到放款，整个流程可能需要几天甚至几个星期才能完成，在大数据时代，这个过程可以被缩短到几秒钟的时间。

4.更精细的经营管理

大数据技术已经掀起金融机构精细化管理的革命。如前所述，金融机构通过搭建数字化运营系统，充分挖掘并利用资产负债、客户行为、员工行为、市场信息等各类大数据，让其风险控制、绩效考核、资源配置、市场运营等各项经营管理工作的方式、方法得以改进优化，管理效率得以提升，逐步形成"大数据–商业智能"的定量化、精细化管理发展路径。

行业视窗1-6

金融大数据行
业市场现状及
市场前景

三、金融大数据带来的新挑战

虽然金融大数据的应用具有诸多好处，但对金融机构，特别是传统金融机构和监管机构来说，它也意味着多重挑战。

1.数据采集工作的挑战

金融机构的数据来源日益多元化，如何及时、完整地采集所需的大数据成为一大难点。在金融业务链内部，随着金融外包和专业细分的趋势愈加明朗，关键业务数据被一家或少数几家金融机构掌握的时代已经过去，业务数据产生、流转于业务链条的各个节点。以支付业务链为例，一笔支付业务可以分为交易前、交易、清算、结算和交易后5个阶段，进一步可以细分为10多个环节，目前主要业务环节都有独立机构从事相关服务，支付业务数据和客户行为数据不会自动集成到单一金融机构中，这对大数据的采集提出了挑战。在金融业务链之外，网络社交媒体、电商平台和移动网络设备等非金融渠道产生了丰富的实时化、包含地理位置的用户行为数据，这些数据对于客户精细画像意义重大。如金融机构要实施大数据工程，则需有意识地捕捉、获取这些外来网络数据。例如，VISA从网络论坛中搜寻用户对其相关金融产品的反馈和建议的同时，与商户合作，捕捉带有地理位置的客户刷卡信息，并将其推荐给附近的相关商户。

2.业务创新的挑战

金融大数据的广泛应用会引发新型金融模式、金融机构的兴起，使金融市场结构发生转变，对传统金融机构形成竞争压力。信息通信技术的进步、金融业开放竞争的市场格局，客观上降低了金融业的准入门槛，越来越多非金融机构进入到金融服务链中，并且利用自身技术优势和市场嗅觉占得一席之地。例如，近年来迅速崛起的互联网平台金融科技公司——微众银行、百度金融、京东金融科技、蚂蚁金服等，还有大量的互联网消费金融公司——招联金融、马上金融等。面对新兴金融机构的挑战，如果传统金融机构囿于既有的组织架构和条块分割的内部数据结构，无法打破"信息孤岛"格局，无法挖掘出有价值的信息，则会在竞争中渐落下风。例如，PayPal、支付宝、微信支付等分别在世界市场和中国市场成为了移动支付业务、网络支付业务的领头羊，而许多传统银行推出的POS机等支付产品都受到了巨大冲击。在大数据时代，数据分析处理能力将成为金融机构的核心竞争力，金融机构必须尽快拥抱此项技术，并据此创新业务模式、服务营销模式，以更好地赢得市场，站稳脚跟。如何构建强大的大数据挖掘和处理能力，并据此开展金融创新是目前金融机构亟待解决的难题。

3.数据和网络安全的挑战

大数据让金融数据安全问题的严重性愈发突出，一旦出现问题，必然给社会、个人以及金融机构造成巨大损失。网络为针对金融数据的犯罪提供了开放性渠道，降低了犯罪成本。虽然金融机构一直在数据安全方面追加投资，但业务链条的拉长、云计算模式的普及、自身系统复杂度的提升增加了安全管理的难度，加上有些机构自身对数据安全管理疏忽和不当利用，都增加了金融大数据的风险敞口。现代金融机构通常采用集中存储的方式保存数据，但随着机构采集数据体量的爆炸式增长，这种存储方式增加了数据管理的难度，也加大了数据泄露的风险。此外，传统的漏洞扫描技术的更新速度也跟不上数据量爆炸式增长的速度，导致大数据库的漏洞极可能暴露在互联网上。大数据时代下，社会对金融机构的数据安全、网络安全提出了更高的技术要求。

4.金融监管的挑战

随着大量创新金融模式的涌现，特别是以互联网平台为背景的新型金融企业创造的去中心化、注重交互、客户体验的新型金融模式，在创新之余也造成了一定的风险隐患。由于现有的金融监管制度、监管机构设置的更新速度未必能及时跟上这种市场创新的脚步，因此会在一段时间内造成监管真空，进而引发潜在的金融风险。例如，蚂蚁金服的网络小额贷款业务在2020年之前一度超常扩张，集聚了不小的流动性风险和合规风险。

5.金融大数据分析人才培养的挑战

大数据时代下，数据作为"新世纪的石油"需要不断挖掘。为解决大数据衍生的各类问题，金融机构需要在系统架构、存储设备、人工智能、数据仓库、数据挖掘处理等方面实现更多突破，因此对从业者的大数据素质技能提出更高要求。新时代的金融从业者不仅要对金融业务有深入理解，还要具备很强的数据建模、数据挖掘、数据分析和数据呈现能力。金融业人才能够利用大数据平台和大数据分析工具从海量数据中提取有价值的数据，并将数据快速转化为决策依据，帮助金融机构及时应对市场变化。如何培养具备大数据技能的复合型金融人才对金融机构而言也是一项重大挑战。

价值引领

党的二十大报告指出："法治社会是构筑法治国家的基础。弘扬社会主义法治精神，传承中华优秀传统法律文化，引导全体人民做社会主义法治的忠实崇尚者、自觉遵守者、坚定捍卫者。建设覆盖城乡的现代公共法律服务体系，深入开展法治宣传教育，增强全民法治观念。推进多层次、多领域依法治理，提升社会治理法治化水平。发挥领导干部示范带头作用，努力使尊法、学法、守法、用法在全社会蔚然成风。"由此可见，我们每个人、每个企业主体都是社会主义法治社会的重要组成部分，在生活和企业生产经营过程中一定要树立法治观念，知法学法，尊法守法。

国家互联网信息办公室依法对某全球股份有限公司涉嫌违法行为进行立案调查。经查实，该公司违反《中华人民共和国网络安全法》《中华人民共和国数据安全法》《中华人民共和国个人信息保护法》的违法违规行为事实清楚、证据确凿、情节严重、性质恶劣。

2022年7月21日，国家互联网信息办公室依据《中华人民共和国网络安全法》《中华人民共和国数据安全法》《中华人民共和国个人信息保护法》《中华人民共和国行政处罚法》等法律法规，对该公司处人民币80.26亿元罚款，对公司董事长兼CEO、总裁各处予人民币100万元罚款。

公司主要有以下违规违法行为：

一是违法收集用户手机相册中的截图信息1 196.39万条；

二是过度收集用户剪切板信息、应用列表信息83.23亿条；

三是过度收集乘客人脸识别信息1.07亿条、年龄段信息5 350.92万条、职业信息1 633.56万条、亲情关系信息138.29万条、"家"和"公司"打车地址信息1.53亿条；

四是过度收集乘客评价代驾服务、APP后台运行、手机连接桔视记录仪设备时的精准位置（经纬度）信息1.67亿条；

五是过度收集司机学历信息14.29万条，以明文形式存储司机身份证号信息5 780.26万条；

六是在未明确告知乘客的情况下分析乘客出行意图信息539.76亿条、常驻城市信息15.38亿条、异地商务/异地旅游信息3.04亿条；

七是在乘客使用顺风车服务时频繁索取无关的"电话权限"；

八是未准确、清晰说明用户设备信息等19项个人信息处理目的。

资料来源　佚名.国家互联网信息办公室对滴滴全球股份有限公司依法作出网络安全审查相关行政处罚的决定［EB/OL］.［2022-07-21］. https://baijiahao.baidu.com/s？id=1738937180141299145&wfr=spider&for=pc.

思政元素：法治意识　信息安全

请阅读以上材料并思考：

1.为什么在大数据时代，国家监管机构特别强调网络安全、数据安全和个人信息安全？

2.作为从业者，我们应该怎么做才能更好地维护国家所提倡的网络及数据安全？

任务实训与评价

以学习小组为单位，围绕金融大数据带来的行业变革、挑战以及金融机构的应对措施（具体辩题可自行拟定），开展课堂主题辩论。

本任务评价表见表1-4。

表1-4　　　　　　　　　　　　　　任务评价表

序号	评价内容	分值	得分
1	开篇立论	20	
2	攻辩	20	
3	自由辩论	20	
4	总结陈词	20	
5	仪容仪表	10	
6	团队配合及临场应变能力	10	
7	合计	100	

任务四　大数据背景下金融职业道德规范和岗位素质要求

【任务要点】

➤ 明确大数据背景下金融岗位的道德规范内容；
➤ 树立金融职业道德规范意识；
➤ 认知大数据背景下相关金融岗位的素质技能新要求；
➤ 形成适应金融行业新时代发展要求的职业规划。

学习课件1-4

大数据背景下
金融职业道德
规范和岗位
素质要求

【学习情境】

大数据时代下，客户的信息数据本身就是重要的资产。小张最近在新闻中时不时会看到有些互联网公司利用客户的数据信息进行精准营销，以及最近常常听到的大数据杀熟，还有些公司非法出售客户隐私信息，导致客户被陌生推销电话反复骚扰。

对此，小张不禁思考，在激烈的金融竞争中，金融从业者是否会在道德边缘游走？金融从业者应该遵守哪些道德规范，才算是具有职业操守的金融从业者呢？另外，在大数据时代，金融岗位的设置发生了什么变化？这些岗位对人才的素质能力要求是怎样的呢？

【学前思考】

➤ 大数据时代下，我们应该遵守哪些法律法规、道德规范和业务规范？
➤ 大数据时代下，金融专业的学生需要具备什么样的专业知识技能，才能适应行业企业的人才需求？

【知识储备】

一、大数据背景下的金融职业道德规范

1.金融职业道德规范的内涵

金融职业道德规范，是指金融从业者在从业活动中必须遵循的、体现金融职业特征的、调整金融从业者的职业行为的准则和规范，能够促进金融从业者遵循社会责任和诚信原则。

金融职业道德规范是社会职业道德原则在金融职业活动中的具体反映，用来评价金融从业者工作行为的道德标准。

2.金融职业道德规范的基本原则

（1）严守信用，维护形象

诚实守信，是良好的道德品质，也是道德规范的普遍要求。在金融道德中，诚实守信占有非常重要的地位，无论是中国人民银行对金融系统的职业道德要求还是各金融机构自身提出的职业道德规范，都把信用放在首位。严守信用的基本要求主要表现在：

第一，要求金融从业者必须牢固树立"信誉至上"的金融道德观念。金融从业者必须自觉地按照"信誉至上"的职业道德规范约束自己的行为，用讲信誉、守信用的原则指导自己的工作，努力在自己所从事的各项具体活动中去实践它，维护它。

第二，要坚持公开、公正、公平的原则。金融工作本身具有较强的专业性，许多具体细节并不为群众所熟悉和了解，金融从业者在工作中应主动宣传有关的金融政策和法规，实事求是，不蒙蔽、不欺骗群众，树立诚信第一、童叟无欺的职业道德意识，处理问题要公正客观，不偏不倚，以客观事实为依据，以高度负责的精神赢得顾客的信任和支持。

第三，要养成严谨的工作作风。金融从业者必须努力防止金融差错，保证工作质量，取信顾客，要认真执行规章制度和操作规程，养成严谨的工作作风，认真细致，精力集中。金融从业者必须做到不轻率、不松弛、不懒散，给服务对象树立严谨、规范、紧张、有序的职业形象。

（2）优化服务，提高素质

优质服务是金融职业道德的核心内容，是金融业职业责任和义务的集中体现，也是金融从业者必须具备的道德意识和必须履行的职业责任。金融业作为特殊的服务行业，每天都与客户和群众保持着密切的联系。服务质量的优劣，直接关系到金融业的前途与发展，关系到社会经济的稳定。如果金融从业者不能为社会提供优质高效的服务，金融业就失去了信誉，就失去了赖以生存的基础。

优质服务除了要有高标准的服务质量、快捷的服务效率之外，最重要的就是要有良好的服务态度。它要求金融从业者必须做到：

第一，文明礼貌待人，热情周到服务。对顾客要主动接待，和气礼貌，有问必答，百问不厌，要想顾客之所想，急顾客之所急，帮助顾客解决各种具体问题，以自己的良好服务态度赢得顾客的信赖和支持。

第二，要钻研业务，提高技能。高质量的服务来源于高超的业务技能，所以钻研业

务、提高技能是优质服务的前提和基本要求。熟悉业务，要有对技术精益求精的金融工匠精神，在此基础上提高服务质量，是金融职业道德的重要内容。

实践证明，金融从业者只有刻苦学习文化科学知识，努力钻研业务知识，才能真正为顾客提供优质服务，为经济发展作出贡献。

（3）热爱本职，尽职尽责

热爱金融事业，努力做好本职工作，是每一位金融从业者从各方面遵守金融道德的基础。金融从业者只有深刻认识自己所从事职业的重要性，才能自觉地从各方面遵守职业道德，做好本职工作。热爱本职，尽职尽责就要求每个金融从业者必须做到：

第一，要培养热爱本职的道德情感。一个人对于本职工作抱着积极的态度，他就会产生浓厚的兴趣，就会优先把自己的注意力集中于本职工作上来，就会从这种工作中体验到某种浓厚的、积极的情感，并且会全身心地做好本职工作，一个人对事业的追求，必须以真挚的情感和强烈的热爱作为动力。因此，不论是金融从业者还是金融专业的大学生，都应注重在工作实践中培养热爱金融事业的道德情感，正确处理好本职工作与个人的爱好、志趣之间的关系，处理好国家需要与个人利益之间的关系。

第二，要培养对工作极端负责的精神和诚实劳动的工作态度。对金融工作的热爱体现在实际工作中，就要求金融从业者必须具备对工作极端负责的精神和诚实劳动的工作态度。在工作中做到态度认真，一丝不苟，尽职尽责。要严格按规章制度办事，认真履行自己的权利和义务。同时，要有诚实劳动的工作态度。工作中要勇于吃苦，不怕困难，牢固树立爱岗敬业、忠于职守的主人翁精神。

（4）遵纪守法，严守秘密

金融从业者既是国家金融法律法规的具体执行者，又是财经纪律的监督者。国家的许多经济政策、金融法律法规都要通过金融从业者去执行。

金融政策、法规和金融职业道德在内容与要求上都是一致的。一般来说，金融政策所要求的内容，也是金融工作应该贯彻执行的内容；金融法规所禁止的行为，也是违背金融道德的行为。严格遵守金融法律法规是金融职业道德的最低要求。

作为金融从业者必须严守法纪，坚持原则，百折不挠地贯彻执行党的路线、方针、政策，严格遵守金融法律法规，具体要做到以下方面：

第一，认真学习，深刻领会国家有关金融政策、法律法规，增强执法、守法的自觉性。严格按照有关规定办事，要坚决杜绝一切有法不依，有章不循，随意"变通"的违法违章行为，努力使自己成为遵纪守法的模范。要坚持秉公办事，以维护国家、人民利益为最高原则。

第二，要清正廉洁，不谋私利。金融从业者掌握着一定的权力，每天与金钱接触，时时受到金钱的诱惑。在这种环境下，能否保持清醒的头脑，保持清正廉洁就显得格外重要，稍有放松，就会给国家造成巨大损失，自己也将受到法律的制裁。因此，清正廉洁、不谋私利就成为金融从业者头脑中的第一道防线。为了使这道防线不被冲垮，就要求金融从业者充分认识清正廉洁的重要意义，提高自我约束、自我控制的能力，时刻保持清醒的头脑，彻底摒弃"金钱万能""金钱至上"等拜金主义、利己主义价值观，自觉抵制各种不正之风的侵蚀，爱惜自己作为金融管理人员的身份，爱惜自己的品格和荣誉，当一名真正的金融战线的"卫士"。

第三，要提高对金融安全、网络安全、数据安全的认识，增强信息数据保密意识。金融被誉为国民经济的神经中枢，国家各类经济金融数据都能够通过金融机构得以归集和反映。一旦一个国家的金融系统出现重大问题，国家的经济发展及人民群众的生活将遭受巨大损失，甚至会影响社会的稳定。规范的金融市场与稳健经营的金融机构对于国家经济的持续健康发展至关重要。

在"大数据"和"互联网+"时代，数据资源成为企业新的生产要素，金融业务无时无刻不与海量数据和网络有关，而且数据的流转使用越来越凸显其价值。有价数据在生产、采集、存储、加工、分析、使用等各个环节的安全性显得尤为重要，一旦发生网络安全事件和数据破坏、数据泄露事件，将带来巨大的经济和社会负面影响。因此，近年来国家对网络安全、数据安全的重视程度也越来越高。2017年，我国正式实施《中华人民共和国网络安全法》，以全面保障网络安全，维护网络空间主权和国家安全，保护公民合法权益。2021年，我国正式实施《中华人民共和国数据安全法》《中华人民共和国个人信息保护法》，以维护我国的数据主权，这不仅增强了个人对个人信息转移与再利用行为的控制，而且对国内企业数据合规提出了新的要求。新时代的金融从业者，一定要有相关的安全意识、法规意识和数据保密意识。

总之，热爱本职、尽职尽责、遵纪守法、严守秘密，是金融职业道德规范的重要内容，也是金融从业者义不容辞的道德责任。金融从业者要在工作中严格要求自己，锤炼自己的品格，陶冶自己的情操，不断培养良好的道德品质，牢记"唯有超越金钱，才能管理好金钱"的人生哲理，努力追求在金融这一崇高的职业中做到"随心所欲而不逾矩"的道德境界。

二、大数据背景下的金融岗位素质要求

1.金融岗位的技能要求

金融行业要求的岗位技能大致可划分为两个方面：

一是硬技能。硬技能是金融从业者必须具备，易于测量评估的技能集，这种技能也容易通过课堂学习、阅读书籍材料或在工作中练习获得。例如，财务分析、数据分析、金融业务操作、金融服务和金融营销等技能。

二是软技能。软技能是不易看见，也很难测量和评估的技能集，它无法在课堂或培训项目中短时间获得，而是需要个人随着时间的推移慢慢获得。软技能是一种个人属性，包括人际交往能力、沟通技巧、性格或人格特质、态度、职业属性、情商、高效思维能力和解决问题冲突的能力等。它使人们能更好地适应环境，能与他人融洽相处，表现出色并通过结合硬技能来实现目标。

2.金融大数据分析处理类岗位的技能要求

随着大数据与金融业务的日益结合，金融业出现了很多与大数据分析处理相关的新岗位，如金融数据分析师、金融数据挖掘工程师、数据产品经理和数据研发工程师等。具体来说，这些岗位大致可分成初、中、高三个层级，不同层级岗位的工作内容对从业

者数据分析处理能力的要求是不一样的。

初级金融数据处理岗位人员（如数据分析助理、数据运营助理等）主要是在技术主管的指导下，完成数据的初级采集清洗、数据存储、数据统计汇总、数据初级分析、初级咨询和初级运营应用等工作。这要求从业者能熟悉数据指标，找到数据源，合规地对数据进行采集并对数据进行有效筛选、质检，针对数据有缺失值、重复值和异常值等不同情况，对数据进行初步清洗，再根据业务场景需求，将数据储存为不同类型格式。在初级数据分析时，能整理数据需求文档，绘制数据图表，撰写简单的数据分析报告。

中高级金融数据处理岗位人员（如金融数据分析师、金融数据挖掘工程师、数据产品经理等），要能独立、熟练地完成数据采集接口设置、数据清洗、数据分析，并在所产出的数据结果中，提炼出来更有价值的深度数据分析报告，最后将分析结果高效应用于企业经营管理决策之中。该岗位层级的从业者要能处理更大量、更复杂的数据，并能对数据构建恰当模型，加入不同算法加以深度分析。

行业视窗 1-7

大数据时代，金融科技人才成抢手"香饽饽"

行业视窗 1-8

各类金融大数据处理岗位的工作内容和技能要求

价值引领

在"2020中国网络诚信大会——互联网金融领域诚信建设论坛"上，中国互联网金融协会信用专委会主任委员、中国人民银行原参事室主任、国务院参事室原金融研究中心主任刘萍出席论坛，并以"大数据视野下的金融发展与监管"为题发表演讲。刘萍首先指出，当前以数字化经济和数字化金融引领的浪潮为第四次工业革命创造了新机遇，"自然人"变成了"数据人"。特别是在新型冠状病毒感染的背景下，线上、无接触、云计算等成为常态，颠覆了人们以往的生活方式和行为模式。

大数据催生了金融新场景，金融普惠性得到提升，线上金融机构经营模式日趋成熟，实现了传统银行服务场景的无缝对接。但是，大数据技术也给金融监管带来了考验。"第一个是数据的资产属性问题，在数字经济时代下数据是有价值的，数据也是可以变卖的资产，因此我们要关注数据的隐私保护。第二个是数据安全问题，如何防范个人敏感的金融信息被泄露，特别是核心的金融信息不被泄露。第三，大数据时代下监管要穿透所有应用场景，直达核心层，这是当前监管面临的最主要考验。"

刘萍在最后表示，数据是技术中立的，需要用监管制度来保证从业者的诚信，因此诚信建设特别是数字经济时代下的诚信建设任重道远，需要市场各方和监管部门共同携手努力。

资料来源 佚名. 2020中国网络诚信大会举办互联网金融领域诚信建设论坛 [EB/OL]. [2020-12-07]. https：//baijiahao.baidu.com/s? id=1685427023026206661&wfr=spider&for=pc.

思政元素：诚实守信 职业素养

请阅读以上材料并思考：

（1）大数据背景下，金融相关岗位的道德规范有哪些？

（2）大数据背景下，金融相关岗位的职业素质要求是什么？

任务实训与评价

以小组为单位，查阅资料，讲解大数据金融场景下，我们作为从业人员需要具备的道德规范和岗位素质，并谈谈自己的相关职业发展规划。可以用PPT形式呈现，也可以用小剧场的方式进行演绎。

本任务评价表见表1-5。

表1-5　　　　　　　　　　　　　　　　**任务评价表**

序号	评价内容	分值	得分
1	仪容仪表	20	
2	PPT美观度/剧情演绎完整性	20	
3	内容翔实度	20	
4	表达的清晰度和条理性	20	
5	问答环节的表现	20	
6	合计	100	

项目小结

● 大数据就是来自互联网、计算机系统以及各类数据设备，数量巨大、结构复杂以至于无法用传统数据分析技术去处理的数据集合，它的形式非常多样，既包含结构化数据（可以用二维表结构来逻辑表达实现的数据）、半结构化数据（如HTML文档），又包含各类非结构化数据（如文本、图片、音频、视频、超媒体等）。

● 作为数据，大数据具有以下三大特征：一是来源的广泛性；二是非独占性；三是多认知性。作为有别于传统数据的信息资源，IBM、高德纳咨询公司等世界科研机构认为它通常具有四个典型特征：大体量（volume）、多样性（variety）、时效性（velocity）、价值（value），这四个特征又被简称为4V特征。

● 大数据的类型可按照不同维度进行划分：按数据的处理响应性能，可分为实时数据、非实时数据和准实时数据；按数据的关系，可分为简单关系数据（如Web日志数据）和复杂关系数据（如社交网络数据）；按数据的结构特征，可分为结构化数据、非结构化数据和半结构化数据。

● 从狭义上来讲：金融大数据可以理解为大数据中蕴含的反映人们金融交易行为互动的基本信息，它是一切可以反映有关主体在金融交易行为中基本信息的数据集合。从广义上来讲，金融大数据是指金融机构为了更好地分析客户、分析市场、管理风险、优化运营所采集分析的各类数据，数据来源并不仅限于金融机构、金融市场和相关监管机构，它还包括各类跨行业数据，如电商消费数据、社交媒体数据、公共事业部数据等。

● 金融大数据的推广应用已经成为金融行业必然的发展趋势。大数据技术在交易欺诈识别、精准营销、消费信贷、信贷风险评估、供应链金融、股市行情预测、股价预测、智能投顾、骗保识别、风险定价等涉及银行、证券、保险等众多金融业务中均得到了广泛深入的应用。大数据分析应用能力正成为金融机构未来发展的核心竞争力。

● 在大数据技术赋能之下，金融行业的发展呈现出多个新趋势、新特征。大数据可用于描述现在和过去，帮助金融机构全面了解市场现状和经营情况，金融机构还可以从历史数据中发现规律，预测市场和企业经营前景，为其经营决策提供依据。但对金融机构，特别是传统金融机构和监管机构来说，金融大数据的应用也意味着多重挑战。

● 金融职业道德规范，是指金融从业者在从业活动中必须遵循的、体现金融职业特征的、调整金融从业者的职业行为的准则和规范。金融职业道德规范的基本原则包括：严守信用，维护形象；优化服务，提高素质；热爱本职，尽职尽责；遵纪守法，严守秘密。在大数据时代，金融从业者特别要提高对金融安全、网络安全、数据安全的认识，增强信息数据保密意识。

● 金融行业要求的岗位技能大致可划分为两个方面：一是硬技能。例如，财务分析、数据分析、金融业务操作、金融服务和金融营销等技能。二是软技能。软技能是一种个人属性，包括人际交往能力、沟通技巧、性格或人格特质、态度、职业属性、情商、高效思维能力和解决问题冲突的能力等。

📝 项目测试

一、单选题

1.大数据的形式非常多样，它包括（　　）。

A.结构化数据　　　　　　B.半结构化数据　　　　C.非结构化数据　　　　D.以上都是

2.对于体量较大、响应时间要求低的大数据可以采取（　　）方式处理。

A.离线　　　　　　　　　B.批处理集中计算　　　C.流式处理　　　　　　D.预测

3.大数据成为金融行业的重要（　　）。

A.资产　　　　　　　　　B.负债　　　　　　　　C.经营活动　　　　　　D.利润

4.人工智能与大数据在金融行业的融合应用可分为三个阶段：（　　）、大数据智能和全渠道智能决策。

A.业务网络化　　　　　　B.业务简便化　　　　　C.业务自动化　　　　　D.业务平台化

5.属于岗位硬技能的是（　　）。

A.人际交往能力　　　　　B.沟通技巧　　　　　　C.性格　　　　　　　　D.数据分析能力

项目测试1-1

单选题

二、多选题

1.大数据的特征包括（　　）。

A.大量性　　　　　　　　B.多样性　　　　　　　C.价值性

D.时效性　　　　　　　　E.非线性

2.金融大数据的获取方式主要包括（　　）。

A.自身产生归集　　　　　B.公开数据采集　　　　C.行业数据共享

D.专业数据采购　　　　　E.隐私数据采集

3.金融大数据的应用场景包括（　　）。

A.精准营销　　　　　　　B.客户服务　　　　　　C.风险管理

D.定价交易　　　　　　　E.运营优化

4.与传统金融相比，大数据金融存在的特点有（　　）。

A.金融科技的广泛应用　　B.数据处理实时化　　　C.金融服务的线下实体化

D.风险管理的数据化　　　E.金融业务效率显著提高

5.金融职业道德规范的基本原则包括（　　）。

A.严守信用，维护形象　　　　　　B.优化服务，提高素质

C.热爱本职，尽职尽责　　　　　　D.遵纪守法，严守秘密

E.追求利润，客户至上

项目测试1-2

多选题

三、判断题

1.大数据和计算机技术、互联网技术的发展是互相作用、互相促进、共同发展的关系。　　（　　）

2.大数据属于主动生成的数据，主要靠人工方式采集。　　（　　）

3.结构化数据是指有结构的数据，但无法用数据库的二维逻辑结构来表现。　　（　　）

4.从广义来讲，金融大数据是大数据中蕴含的反映人们金融交易行为互动的基本信息，它是一切可以反映有关主体在金融交易行为中基本信息的数据集合。　　（　　）

5.大数据金融是金融大数据的具体应用体现，是大数据和现代金融业有机结合的产物。　　（　　）

项目测试1-3

判断题

项目二

金融大数据的处理技术

项目目标

知识目标

- 了解金融大数据的处理流程；
- 掌握金融大数据的常见分析方法；
- 认识金融大数据的常见处理工具。

能力目标

- 具有金融大数据处理能力；
- 具有演讲与思辨能力；
- 能够通过特定案例，分析说明金融大数据在经济社会的处理流程；
- 能够通过特定案例，辨析金融大数据处理方法的优劣。

素养目标

- 树立金融大数据处理的科学流程思维和团队合作意识；
- 提高个人数据保护意识。

任务一　认知金融大数据的处理流程

【任务要点】

学习课件2-1

认知金融大数
据的处理流程

> ➤ 掌握金融大数据的处理流程；
> ➤ 了解常用的数据来源；
> ➤ 理解金融大数据的清洗与优化内容；
> ➤ 了解金融大数据的存储内容；
> ➤ 了解金融大数据分析常用模型；
> ➤ 了解金融大数据呈现与应用的图表。

【学习情境】

大数据时代下，数据可以说是金融行业的根，在整体中最具养分。

利用大数据这种新型的信息处理方式，通过收集、处理庞大而复杂的数据信息，从中获得知识和洞见，提升能力，探索并发现新的商机、对客户和市场进行新的洞察，实现业务创新和流程创新，这就是大数据的价值。

同时，在社交化网络大发展的背景下，金融行业中各企业所面临的内外部环境在不断改变，影响企业决策和行为的数据也跟着改变，这些企业面临"大交易数据"和"大交互数据"的双重数据环境。大数据分析的目的，是要实现这两类数据的集成与融合，增强企业的洞察力。

小张不禁思考，大数据分析的作用越来越重要，那么在实际的应用场景中金融大数据的处理流程是怎么样的呢？

【学前思考】

> ➤ 金融大数据的处理流程都有哪些？
> ➤ 常见的金融大数据网站有哪些？
> ➤ 清洗和优化大数据的方法有哪些？
> ➤ 常用数据库都有哪些？
> ➤ 金融大数据呈现与应用常见的图表都有哪些？

【知识储备】

一、金融大数据预处理总体流程

金融大数据预处理总体流程如图2-1所示。

| 数据采集 | → | 数据清洗与优化 | → | 金融大数据存储 | → | 金融大数据分析 | → | 金融大数据呈现与应用 |

图2-1　金融大数据预处理总体流程

1.数据采集

数据采集是指根据系统自身的需求和用户的需要收集相关的数据。收集过程主要为以下步骤：第一步是对于数据的收集，这往往需要做大量的工作，一般过程为明确调查的目的，确定调查对象；第二步是选择合适的调查方式；第三步是展开调查活动，收集数据。

数据源（data source），即数据的来源，是提供某种所需要数据的器件或原始媒体。在数据源中存储了所有建立数据库连接的信息。就像通过指定文件名称可以在文件系统中找到文件一样，通过提供正确的数据源名称，你可以找到相应的数据库连接。数据量虽大，但对有价值数据的获取非常困难。

下面我们列举一些常用的数据源，读者可根据实际情况筛选自己所需要的数据。

（1）常用数据公开网站

①UCI：该网站目前维护了436个经典的机器学习、数据挖掘数据集，包含分类、聚类、回归等问题下的多个数据集。

②国家数据：数据来源中华人民共和国国家统计局，包含了我国经济民生等多个方面的数据，并且在月度、季度、年度都有覆盖，较为全面。

③CEIC：涵盖超过195个国家400多万个时间序列的数据源，最完整的一套超过128个国家的经济数据，能够精确查找国内生产总值、消费者物价指数、进口、出口、外资直接投资、零售、销售以及国际利率等深度数据。

④万得：被誉为中国的Bloomberg，在金融业有着全面的数据覆盖，金融数据的类目更新非常快，据说很受国内商业分析者和投资人的青睐。

⑤搜数网：已加载到搜数网站的统计资料达到7 874本，涵盖1 761 009张统计表格和364 580 479个统计数据，汇集了中国资讯行自1992年以来收集的44个行业所有的统计和调查数据。

⑥中国统计信息网：国家统计局的官方网站，汇集了全国各级政府各年度的国民经济和社会发展统计信息，建立了以统计公报为主，统计年鉴、阶段发展数据、统计分析、经济新闻、主要统计指标排行等为辅助的多元化统计信息资料库。

⑦亚马逊：来自亚马逊的跨科学云数据平台，拥有免费且开源的数据库，包含化学、生物、经济等多个领域的数据集。

⑧figshare：研究成果共享平台，这里向全世界开放免费的研究成果及科学数据。

⑨GitHub：一个非常全面的数据获取渠道，包含各个细分领域的数据库资源，自然科学和社会科学的覆盖都很全面，适合做研究和数据分析的人员使用。

（2）政府开放数据

①北京市政务数据资源网：包含交通、医疗、天气等数据。

②深圳市政府数据开放平台：包含交通、文娱、就业、基础设施等数据。

③上海市政务数据服务网：覆盖经济建设、文化科技、信用服务、交通出行等12个重点领域数据。

④贵州省政府数据开放平台：贵州省在政务数据开放方面做得确实不错。

（3）数据竞赛网站

竞赛的数据集通常干净且科研性非常高。

①DataCastle：专业的数据科学竞赛平台。

②Kaggle：全球最大的数据竞赛平台。

③天池：阿里旗下数据科学竞赛平台。

④DataFountain：CCF大数据竞赛平台。

2.数据清洗与优化

数据清洗与优化是指发现并纠正数据文件中可识别错误的最后一道程序，包括检查数据一致性，处理无效值和缺失值等。与问卷审核不同，录入后的数据清理一般是由计算机完成，而不是人工完成。

数据清洗与优化对数据进行重新审查和校验的过程，目的在于删除重复信息、纠正存在的错误，保障数据的一致性。

数据清洗与优化从名字上也看得出就是把"脏数据"清洗掉。因为数据库中的数据是面向某一主题的数据集合，这些数据从多个业务系统中抽取而来，且包含历史数据，这样就避免不了有的数据是错误的，有的数据相互之间是有冲突的，这些错误的或有冲突的数据显然是我们不想要的，称为"脏数据"。

3.金融大数据存储

金融数据存储的对象包括数据流在加工过程中产生的临时文件或加工过程中需要查找的信息。数据以某种格式记录在计算机内部或外部存储介质上。数据存储要命名，这种命名要反映信息特征的组成含义。数据流反映了系统中流动的数据，表现出动态数据的特征；金融数据存储反映系统中静止的数据，表现出静态数据的特征。在存储数据的过程中，可以了解不同数据库的应用方法。

4.金融大数据分析

金融数据分析的目的是把隐藏在一大批看来杂乱无章的数据中的信息集中和提炼出来，从而找出所研究对象的内在规律。在实际应用中，数据分析可帮助人们作出判断，以便采取适当行动。数据分析是有组织、有目的地收集数据、分析数据，使之成为信息的过程。这一过程是质量管理体系的支持过程。在产品的整个寿命周期，包括从市场调研到售后服务和最终处置的各个过程都需要适当运用数据分析过程，以提升有效性。我们在进行数据分析的过程中，可以借助相应的模型，调用算法分析数据。

5.金融大数据呈现与应用

金融大数据呈现，主要通过相关的工具处理后，我们将数据整理为图文报告的形式呈现，编辑对应的数据注释，总结数据背后的潜在价值规律。

金融大数据价值创造的关键在于金融大数据的应用，随着大数据技术飞速发展，大数据应用已经融入各行各业。金融大数据产业正快速发展成为新一代信息技术和服务业态，即对数量巨大、来源分散、格式多样的数据进行采集、存储和关联分析，并从中发现新知识、创造新价值、提升新能力。

行业视窗2-1

数据分析在金融领域的应用

二、金融大数据采集

1.金融大数据的数据来源

有目的地收集数据，是确保数据分析过程有效的基础。组织需要对收集数据的内容、渠道、方法进行策划。策划时应考虑：第一，将识别的需求转化为具体的要求，如评价供方时，需要收集的数据可能包括其过程能力、测量系统不确定度等相关数据；第二，明确由谁在何时何处，通过何种渠道和方法收集数据；第三，数据记录表应便于使用；第四，采取有效措施，防止数据丢失和虚假数据对系统的干扰。

以下是列举常用的数据来源：

（1）数据网站

利用爬虫可以获得有价值的数据。这里给出了一些网站平台，我们可以使用爬虫抓取网站上的数据，某些网站上也给出获取数据的API接口，但需要付费。所获取的数据，需要合规。

第一类：财经数据。①新浪财经：免费提供接口，可在新浪财经上获取历史和实时股票数据。②东方财富网：可以查看财务指标或者根据财务指标选股。③中财网：提供各类财经数据。④黄金头条：各种财经资讯。⑤StockQ：国际股市指数行情。⑥Quandl：金融数据界的维基百科。⑦Investing：投资数据。⑧tushare：通过积分可以获取一定行情数据。

第二类：公司年报。①巨潮资讯：各种股市咨询，公司股票、财务信息。②http：//SEC.gov：美国证券交易数据。③HKEx news披露易：年度业绩报告和年报。

第三类：创投数据。①36氪：最新的投资资讯。②投资潮：投资资讯，上市公司信息。③IT桔子：各种创投数据。

第四类：社交平台。①新浪微博：评论、舆情数据，社交关系数据。②知乎：优质问答、用户数据。③微信公众号：公众号运营数据。④百度贴吧：舆情数据。

第五类：就业招聘。①拉勾招聘网：人才需求数据。②中华英才网：招聘信息数据。③智联招聘：招聘信息数据。④猎聘网：高端职位招聘数据。

第六类：餐饮食品。①美团外卖：区域商家、销量、评论数据。②百度外卖：区域商家、销量、评论数据。③饿了么：区域商家、销量、评论数据。④大众点评：点评、舆情数据。

第七类：交通旅游。①12306：铁路运行数据。②携程：景点、路线、机票、酒店等数据。③去哪儿：景点、路线、机票、酒店等数据。④途牛：景点、路线、机票、酒店等数据。⑤猫途鹰：世界各地旅游景点数据，来自全球旅行者的真实点评。类似的平台还有同程、驴妈妈、途家等。

第八类：电商平台。①亚马逊：商品、销量、折扣、点评等数据。②淘宝：商品、销量、折扣、点评等数据。③天猫：商品、销量、折扣、点评等数据。④京东：3C产品为主的商品信息、销量、折扣、点评等数据。⑤当当：图书信息、销量、点评数据。类似的平台还有唯品会、聚美优品、1号店等。

第九类：影音数据。①豆瓣电影：国内最受欢迎的电影信息、评分、评论数据。②时光网：最全的影视资料库，评分、影评数据。③猫眼电影专业版：实时票房数据、电影票房排行数据。④网易云音乐：音乐歌单、歌手信息、音乐评论数据。

第十类：房屋信息。①58同城房产：二手房数据。②安居客：新房和二手房数据。③Q房网：新房信息、销售数据。④房天下：新房、二手房、租房数据。⑤小猪短租：短租房源数据。

第十一类：购车租车。①网易汽车：汽车资讯、汽车数据。②人人车：二手车信息、交易数据。③中国汽车工业协会：汽车制造商产量、销量数据。

第十二类：新媒体数据。①新榜：新媒体平台运营数据。②清博大数据：微信公众号运营榜单及舆情数据。③微问数据：一个针对微信的数据网站。④知微传播分析：微博传播数据。

（2）网络指数

①百度指数：指数查询平台，可以根据指数的变化查看某个主题在各个时段受关注的情况，对趋势分析、舆情预测有很好的指导作用。除了关注趋势之外，还有需求分析、人群画像等精准分析的工具，对市场调研来说具有很好的参考意义。同样搜狗、360搜索引擎也有类似的产品，都可以作为参考。

②阿里指数：国内权威的商品交易分析工具，可以按地域、行业查看商品搜索和交易数据，基于淘宝、天猫和1688平台的交易数据基本能够看出国内商品交易的概况。

③友盟+全域罗盘：友盟在移动互联网应用数据方面具有较为全面的统计和分析，对研究移动端产品、做市场调研、分析用户行为很有帮助。除了友盟指数，友盟的互联网报告同样是了解互联网趋势的优秀读物。

④爱奇艺指数：爱奇艺指数是专门针对视频的播放行为、趋势进行分析的平台，对互联网视频的播放有着全面的统计和分析，涉及播放趋势、播放设备、用户画像、地域分布等多个方面。由于爱奇艺庞大的用户基数，该指数基本可以说明实际情况。

⑤微指数：微指数是新浪微博的数据分析工具，微指数通过关键词的热议度，以及行业/类别的平均影响力来反映微博舆情或账号的发展走势。微指数分为热词指数和影响力指数两大模块。此外，微指数还可以查看热议人群及各类账号的地域分布情况。

除了以上指数外，还有谷歌趋势、搜狗指数、360趋势、艾漫指数等。

2.金融大数据的采集方法

（1）软件接口方式

通过各软件厂商开放数据接口，实现不同软件数据的互联互通。这是目前最为常见的一种数据对接方式。

优势：接口对接方式的数据可靠性与价值较高，一般不存在数据重复的情况；数据可通过接口实时传输，满足数据实时应用要求。

劣势：①接口开发费用高；②需协调多个软件厂商，工作量大且容易烂尾；③可扩展性不高，如由于新业务需要各软件系统开发出新的业务模块，因此与大数据平台之间的数据接口也需要做相应修改和变动，甚至要推翻以前的所有数据接口编码，工作量大、耗时长。

（2）软件机器人采集

软件机器人是目前比较前沿的软件数据对接技术，既能采集客户端软件数据，也能采集网站中的软件数据。常见的是博为小帮软件机器人，产品设计原则为"所见即所得"，即在不需要软件厂商配合的情况下，采集软件界面上的数据，输出的结果是结构化的数据库或者 Excel 表。如果只需要界面上的业务数据，或者遇到软件厂商不配合/倒闭、数据库分析困难等情况，利用软件机器人采集数据更可取，尤其是详情页数据的采集功能比较有特色。

优势：①无须原软件厂商配合；②兼容性强，可采集汇聚 Windows 平台各种软件系统数据；③输出结构化数据；④即配即用，实施周期短、简单高效；⑤配置简单，不用编程，每个人都可以 DIY 一个软件机器人；⑥价格相对人工和接口，降低不少。

劣势：采集软件数据的实时性有一定限制。

（3）网络爬虫

网络爬虫是模拟客户端发出网络请求，并接收请求响应，是一种按照一定的规则自动地抓取万维网信息的程序或者脚本。

爬虫采集数据的缺点：①输出数据多为非结构化数据；②只能采集网站数据，容易受网站反爬机制影响；③使用人群狭窄，需要有专业编程知识才能操控。

（4）开放数据库方式

数据的采集融合，开放数据库是最直接的一种方式。

优势：开放数据库方式可以直接从目标数据库中获取需要的数据，准确性高，实时性也有保证，是最直接、便捷的一种方式。

劣势：开放数据库方式也需要协调各软件厂商开放数据库，这需要看对方的意愿，一般出于安全考虑，不会开放；一个平台如果同时连接多个软件厂商的数据库，并实时获取数据，这对平台性能也是巨大挑战。

行业视窗 2-2

一张图片就能"活化"成视频？警惕 AI 深度合成击穿风险底线

三、金融大数据清洗与优化

数据清洗所研究的清洗对象是比较广泛的，如果按照来源领域和产生原因，则可将其进一步细分。

1.金融大数据清洗优化的原因

（1）从来源领域进行细分

搜索引擎是作为一种信息检索工具，为用户在互联网上找寻信息提供了很大的便利。然而，对于海量信息的时代，到底哪些部分是真实可靠并且会被关注的，哪些部分是可以被清洗掉的，是搜索引擎的关键所在。在搜索引擎的底层，如果按照数据清洗所针对的不同粒度元素进行划分，可以将其分成两大类，分别是页面粒度和元素粒度。对于页面粒度的清洗，主要有 Google 公司提出的 PageRank 算法和 BM 公司的 HITS 算法；

对于元素粒度的清洗，主要有MSN搜索引擎的VIPS算法。

在金融和保险领域中，往往存在大量重复的数据，以及格式错误、违反业务规范的数据，统称这些数据为"脏数据"。例如，未经验证的号码信息、未经验证的日期等。比如，进行交易操作的员工号不存在，账户开户日期晚于用户销户日期，性别不在设定范围等。

（2）从产生原因进行细分

按产生原因，可将数据清洗的对象分为三类：一是由于格式与系统规定不符合所导致的错误对象；二是由于校验不准确所导致的不完整对象；三是由于存在判断的问题所导致的重复对象。对于错误对象，其产生的主要原因是该业务系统的开发还不够完善。对于用户所输入的内容缺乏规范性的校验，则是当出现数据超出指定范围等错误后，并没有给用户反馈让其进行修改，就直接录入到了后台的数据库中。例如，对于一些数值型元素的录入，没有给用户格式提示，也没有对输入字符进行数值格式校验，就会出现英文全角符号、空格间隙、非法字符等问题；对于日期元素的录入，没有给用户提供日期插件或者格式提示，也没有对输入的日期进行格式校验，导致出现日期不匹配的问题；对于一些有区间元素的录入，由于没有对其是否在区间内进行校验，导致元素出现在区间外的问题，如性别在男女之外，年龄在正常区间之外等。错误对象不仅包括原始数据录入时候错误操作和校验疏忽所造成的，也有未及时更新所造成的，如人事变动和户口变迁等客观事实的改变。

2.金融大数据数据清洗和优化的方法

对于不完整对象，主要表现在对一条记录应该有的元素产生了缺失，如对用户信息记录而言，用户姓名或者用户性别等这样的关键信息产生了缺失。对于重复对象，主要表现在对同一条结果却用两条或者两条以上的记录来表示。虽然这些记录可能在表现形式上有所不同，如用英文或者拼音来表示一个人的姓名，这样的重复记录在数据库中是不能被判断出来的，但是确实有两条记录是表示同一个结果的。对于这样的记录，称其为相似重复数据，而如何才能准确地判断出这些相似重复的数据，一直困扰着数据方面的从业人员，因此这也是数据清洗领域研究的一个很核心、很关键的问题。

（1）错误检测算法

在相对早期的研究中，研究者在数据清洗算法中将"脏数据"当作奇异值来处理，详细介绍了清洗过程针对奇异值的错误检测算法，并介绍了利用传统的数理统计方法以及机器学习中基于距离、分离度、密度等度量方法的算法检测奇异值，还对各个算法的特点进行对比分析。重复记录的检测对于数据集成和清理具有非常现实的意义。相似度所涉及的概念和算法，包括文中提到的余弦相似度、欧几里得距离、编辑距离和曼哈顿距离等概念，Levenshtein和SmithWaterMan算法，并简要介绍了这些算法的核心思想。

（2）数据修复算法

数据修复算法，一般是指利用不同的检测策略评估所有的对象，对判定为重复值的对象进行删除。修复缺失值的目标是使用最准确的值填补。此算法可对以下五种插补方法进行分析和对比：均值插补、中位数插补、K近邻算法和均值梯度回归法。

（3）数据聚合算法

该算法的主要目的是将相似重复的数据进行聚合，从而方便用户进行修改错误数据和删除重复数据，以达到清洗效果。

数据聚合主要有三种算法：一是传统相似聚合算法，即不做任何操作两两进行相似度比较，产生相似重复数据聚合的结果；二是局部分割相似聚合算法，由于传统方法的性能在处理大数据量级时不够理想，因此通过观察发现了数据的规律，并通过部分截取的方法来缩短文本长度，从而达到更好的性能；三是基于词频逆文本频率分割相似聚合算法，通过词频和逆文本频率将文本切分成小文本，然后在文本内进行相似度比较后进行聚合。

行业视窗 2-3

数据治理：数据清洗的5个步骤和最佳实践

四、金融大数据存储

大数据的兴起，看起来似乎也就是这几年的工夫，但是实际上，只是因为大数据技术走向成熟，才推动了大数据在各个行业落地，才有了大家所看到的大数据火热发展的现象。因为大数据规模大、类型多样、新增速度快，所以在存储和计算上，都需要技术支持，依靠传统的数据存储和处理工具，已经很难实现高效处理了。大数据的火热，带来的是大数据相关技术的火热，大数据处理面临的第一道障碍就是关于大数据存储的问题。

针对大数据存储问题，我们还需要思考大数据的存储方式有哪些，在这些大数据存储方式上又该如何选择。大数据存储方式的选择，其实也跟大数据的数据特征有很大的关系。以往的数据存储主要是基于关系型数据库，而关系型数据库在面对大数据时，存储设备所能承受的数据量是有上限的，当数据规模达到一定的量级之后，数据检索的速度就会急剧下降，对后续的数据处理来说，也带来了困难。为了解决这个问题，主流的数据库系统都纷纷给出了解决方案，如 MySQL 提供了 MySQL proxy 组件，实现了对请求的拦截，结合分布式存储技术，从而可以将一张很大的表中的记录拆分到不同的节点上去进行查询。对每个节点来说，数据量不会很大，从而提升了查询效率。但是，这样的方式没有从根本上解决问题。而后来的非关系型数据库，如 MongoDB、HBase 等，由于摆脱了表的存储模式，再加上起步较晚，因此对大数据的响应要比关系型数据库快得多。

MongoDB 和 HBase 天生都支持分布式存储，即将数据分散到不同的机器上进行存储，从而降低了单个节点的存取压力，这就使得大数据存储和处理都得到了比较好的解决。

1.金融大数据存储方式

（1）块存储

块存储就好比硬盘一样，直接挂载到主机，一般用于主机的直接存储空间和数据库应用的存储。它可分以下形式：

DAS：一台服务器一个存储，多机无法直接共享，需要借助操作系统的功能，如共享文件夹。

SAN：金融电信级别，高成本的存储方式，涉及光纤和各类高端设备，虽可靠性和性能很高，但运维成本高。

云存储的块存储：具备SAN的优势，而且成本低，不用自己运维，且提供弹性扩容，随意搭配不同等级的存储等功能，存储介质可选普通硬盘和SSD。

（2）文件存储

文件存储与较底层的块存储不同，上升到了应用层，一般指的就是NAS，一套网络存储设备，通过TCP/IP进行访问，协议为NFSv3/v4。由于通过网络，且采用上层协议，因此开销大，延时肯定比块存储高。文件存储一般用于多个云服务器共享数据，如服务器日志集中管理、办公文件共享。

（3）对象存储

对象存储具备块存储的高速以及文件存储的共享等特性，较为智能，有自己的CPU、内存、网络和磁盘，比块存储和文件存储更上层，云服务商一般提供用户文件上传下载读取的Rest API，方便应用集成此类服务。

在这里对几种存储方式进行总结：块存储是和主机打交道的，如插一块硬盘。文件存储是NAS，即网络存储，用于多个主机共享数据。对象存储是跟自己开发的应用程序打交道，如网盘。

2.金融大数据常用语句

对于数据存储设计、数据库概念和数据库语言，不一定要深钻研，但至少要理解数据的存储方式、基本结构和类型。SQL查询语言必不可少，可从常用的select查询、update修改、delete删除、insert插入的基本结构和读取入手。

①数据读取：一般可以获取本地文件，也可以通过连接数据库的模式进行数据读取。在Python中主要是通过不同的函数读取本地文件或者数据库中的数据。

②数据插入：向表中插入新的记录，通过这种方式可以为表中增加新的数据。对应的数据库操作，一般采用insert语句插入新的数据。

③数据更新：更新表中已经存在的记录。通过这种方式可以改变表中已经存在的数据，如银行数据中，客户储蓄额发生变化，会自动进行数据更新。数据库一般使用update语句来更新数据。

④数据删除：删除表中已经存在的记录。通过这种方式可以删除表中不再使用的记录，如用户注册了会员，但后续需要进行会员注销的操作，我们可以对会员名单数据进行删除。数据库一般用delete语句来删除数据。

五、金融大数据分析

金融行业一直较为重视大数据技术的发展。相比常规商业分析手段，大数据可以使业务决策具有前瞻性，让企业战略的制定过程更加理性化，实现生产资源优化分配。例如，可以依据市场变化迅速调整业务策略，提高用户体验以及资金周转率，降低库存积压的风险，从而获取更高的价值和利润。

1.大数据对金融行业的影响

金融大数据的出现使得金融行业得到了转型，主要体现在实现严格有效的监管、机构精细化管理、业务创新提高竞争力三大方面，而大数据技术正是实现这些目标的基础。当然，金融大数据不仅为金融机构掌握客户全方位信息提供了可能，通过大数据技术分析挖掘客户的历史交易记录，掌握客户的消费行为与习惯，也为金融机构准确地预测客户需求，有方向性地提供推荐和服务，以提升客户的满意度。

金融大数据技术能够通过跟踪新闻、微博等典型的非结构化、半结构化数据来收集政治、经济等方面的变化及其对市场的影响。这些非结构化数据、半结构化数据经过处理后能够转化成结构化数据，并参与自动交易的决策辅助。由此可见，大数据为金融行业的转型带来了极大的帮助。

2.金融大数据常用模型

常用的模型包括分类模型、回归模型、预测模型、聚类模型、关联规则挖掘模型等。它们分别解决不同的任务以及不同的数据处理方式，并且每种模型有着众多不同的算法，每种算法适用于不同的场景。

（1）分类模型

分类是指存在一些实例，但我们不知道它所属的离散类别，每个实例都是一个特征向量，并且类别空间已知，分类将这些未标注类别的实例映射到所属的类别上。分类模型是一种监督式学习模型，即分类需要使用一些已知类别的样本集去学习一个模型，用学习得到的模型来标注那些未知类别的实例。在构建分类模型时，需要用到训练集与测试集，训练集用来对模型的参数进行训练，而测试集则用来验证训练出来的模型的效果，即用来评价模型的好坏程度，常用的评价指标有准确率与召回率。针对不同的分类任务、不同的数据以及不同的适应场景，有着不同的分类方法。常见的分类方法包括决策树、贝叶斯、K近邻、支持向量机、基于关联规则、集成学习、人工神经网络等。

（2）回归模型

回归模型是指通过对数据进行统计分析，得到能够对数据进行拟合的模型，确定两种或两种以上变量间相互依赖的定量关系。与分类模型的区别是，回归模型的结果是连续的，包括线性回归和非线性回归。线性回归模型是假设自变量与因变量之间是一种线性关系，即自变量最高次是一次，然后使用训练集对模型中的各个参数进行训练学习，得到自变量与因变量之间的定量关系方程，最后将未知结果的实例代入方程得到结果，常用的算法是线性回归算法、L2正则的岭回归与L1正则的Lasso回归。而非线性回归则相反，是假设自变量与因变量之间的关系是非线性的，即自变量的最高次大于一次。常用的非线性回归算法有逻辑回归、softmax回归、神经网络、支持向量机以及CART等。若在回归结果上面加一层，则可以达到分类的效果。

（3）预测模型

预测模型是指用于预测的，用数学语言或公式描述事物间的数量关系。它在一定程度上揭示了事物间的内在规律性，预测时把它作为计算预测值的直接依据。预测方法的种类很多，各有相应的预测模型。预测模型包括分类模型与回归模型，二者的区别在于前者是对离散值进行预测，后者是对连续值进行预测。同时，在与时间有关的预测模型中，是根据历史的状态预测将来一段时间内的状态，如设备故障预测等。常用的算法包括自回归积分滑动平均模型（ARIMA）、灰度预测模型、循环神经网络以及深度学习模型等。使用分类模型、回归模型对设备的故障进行预测以便在设备故障发生之前就进行维修，还可以对设备采购需求、设备技改、设备剩余寿命进行预测，或者对设备的故障进行分类等。

（4）聚类模型

聚类分析是数据挖掘的重要研究内容与热点问题。它由来已久，国外可以追溯到亚里士多德时代。在中国，很久之前便流传着"物以类聚，人以群分"的聚类思想，从而可知聚类问题伴随着人类社会的产生与发展而不断深化。人们通过事物之间的区别性与相似性来认识与改造世界，将相似的对象聚集到一起。

聚类模型便是按照某种相似性度量方法对一个集合进行划分形成多个类簇，使得同一个类簇之间的相似性高，不同类簇之间不相似或者相似性低。同一类簇中的任意两个对象的相似性要大于不同类簇的任意两个对象。从学习的角度来看，聚类中事先并不需要知道每个对象所属的类别，即每个对象没有类标进行指导学习，也不知道每个类簇的大小，而是根据对象之间的相似性来划分的，因此聚类分析属于一种无监督学习方法，又被称为"无先验知识学习方法"。它目的是在数据中寻找相似的分组结构和区分差异的对象结构。

目前，聚类模型已经被应用于科学与工程领域的方方面面，如在电子商务方面进行消费群体划分与商品主题团活动等；在生物信息学方面进行种群聚类，便于识别未知种群以及刻画种群结构等；在计算机视觉方面应用聚类算法进行图像分割、模式识别与目标识别等，在社交网络方面进行社区发现等，在自然语言处理方面进行文本挖掘等。

（5）关联规则挖掘模型

关联规则挖掘模型是根据寻找最能解释数据变量之间关系的规则，在大量多元数据集中找到有用的关联规则，这是一种从大量数据中找出各种数据之间关系的方法。此外，它还可以挖掘基于时间序列的各种数据之间的关系。

六、金融大数据呈现与应用

在金融业务场景中，当我们进行一些市场情况的汇报时，大部分还是采取图文报表、PPT形式进行演示。制作这些精美的数据图表，让数据更直观地表明市场运行规律，就成了我们所需要掌握的技能之一。在演示的过程中，不同的数据会用不同的图表进行展示，如行情数据，适合用条形图展示；收益率的分布，适合用直方图查看分布。

1.图表的表达特性

图表设计有着自身的表达特性，尤其对时间、空间等概念的表达和对一些抽象思维的表达具有文字和语言无法取代的传达效果。图表表达的特性有：一是具有表达的准确性，对所示事物的内容、性质或数量等的表达应该准确无误；二是信息表达的可读性，即对图表的认识应该通俗易懂，尤其是用于向大众传达的图表；三是图表设计的艺术性，图表是通过视觉传递来完成的，必须考虑人们的欣赏习惯和审美情趣，这也是区别于文字表达的艺术特性。

2.图表分类

柱状图、折线图、饼图和条形图是图表中四种最常用的基本类型。按照 Microsoft

Excel对图表类型的分类，还包括散点图、面积图、圆环图、雷达图、气泡图、股价图等图表类型。此外，可以通过图表间的相互叠加来形成复合型的图表类型。

不同类型的图表可能具有不同的构成要素，如折线图一般要有坐标轴，而饼图一般没有。归纳起来，图表的基本构成要素有标题、刻度、图例和主体等。

①柱形图：排列在工作表的列或行中的数据可以绘制到柱形图中。柱形图用于显示一段时间内的数据变化或显示各项之间的比较情况。在柱形图中，通常沿水平轴组织类别，而沿垂直轴组织数值。

②折线图：排列在工作表的列或行中的数据可以绘制到折线图中。折线图可以显示随时间（根据常用比例设置）而变化的连续数据，适用于显示在相等时间间隔下数据的趋势。在折线图中，类别数据沿水平轴均匀分布，数值数据沿垂直轴均匀分布。

③饼图：排列在工作表的一列或一行中的数据可以绘制到饼图中。饼图显示一个数据系列（数据系列：在图表中绘制的相关数据点，这些数据源自数据表的行或列。图表中的每个数据系列具有唯一的颜色或图案且在图表的图例中表示，可以在图表中绘制一个或多个数据系列。饼图只有一个数据系列。）中各项的大小与各项总和的比例。饼图中的数据点（数据点：在图表中绘制的单个值，这些值由条形、柱形、折线、饼图或圆环图的扇面、圆点和其他被称为数据标记的图形表示。相同颜色的数据标记组成一个数据系列。）显示为整个饼图的百分比。

④条形图：排列在工作表的列或行中的数据可以绘制到条形图中。条形图显示各个项目之间的比较情况。

⑤面积图：排列在工作表的列或行中的数据可以绘制到面积图中。面积图强调数量随时间而变化的程度，也可用于引起人们对总值趋势的注意。例如，表示随时间而变化的利润数据可以绘制在面积图中以强调总利润。

⑥散点图：排列在工作表的列或行中的数据可以绘制到散点图中。散点图显示若干数据系列中各数值之间的关系，或者将两组数据绘制为x和y坐标的一个系列。

⑦股价图：以特定顺序排列在工作表的列或行中的数据可以绘制到股价图中。顾名思义，股价图经常用来显示股价的波动。然而，这种图表也可用于科学数据。例如，可以使用股价图来显示每天或每年温度的波动。需要注意的是，必须按正确的顺序组织数据才能创建股价图。

⑧曲面图：排列在工作表的列或行中的数据可以绘制到曲面图中。例如，要找到两组数据之间的最佳组合，可以使用曲面图。就像在地图中一样，颜色和图案表示具有相同数值范围的区域。当类别和数据系列都是数值时，可以使用曲面图。

⑨圆环图：仅排列在工作表的列或行中的数据可以绘制到圆环图中。像饼图一样，圆环图显示各个部分与整体之间的关系，但是它可以包含多个数据系列。

⑩气泡图：排列在工作表的列中的数据（第一列中列出x值，在相邻列中列出相应的y值和气泡大小的值）可以绘制在气泡图中。

⑪雷达图：排列在工作表的列或行中的数据可以绘制到雷达图中。雷达图用于比较若干数据系列的聚合值。

价值引领

为什么说数据治理难？

一是存在数据孤岛。在大多数企业中，不同的部门使用不同的应用程序并将信息存储在单独的数据库中，这些单独的数据库可能包含类似的信息，但数据从一个数据库到另一个数据库并不总是一致的。

二是不断增长的数据存储。管理大数据也很困难，因为所涉及的数据规模庞大，而且数据量不断增大。对客户较少的公司来说，修复客户记录相当容易，在这种情况下，可以查看所涉及的记录并修复它们。

三是数据和架构的复杂性。企业数据不仅存储在不同的孤岛中，而且不断增长。如今的数据也非常复杂，通常有结构化数据（驻留在数据库中的数据）和非结构化数据（包含在文本、图像、视频、声音文件、演示文稿中），并且数据存在于各种不同的格式中。单个企业可能在其系统上拥有数千个应用程序，并且每个应用程序可以读取和写入许多不同的数据库。因此，简单地编目组织在其存储系统中具有哪些类型的数据可能是一项非常困难的工作。

四是组织架构与部门隔阂带来的配合。部分组织在数据治理的过程中速度过慢，成效不好，其中一个很重要的原因是在权责、部门配合等方面存在问题。很多情况下，生产数据、使用数据、分析数据的工作人员分布在不同的职能线与部门中，角色不同，立场也不同，这些客观存在的影响因素都会影响整个数据治理的最终结果。

资料来源　佚名．数据治理难？8个关键步骤告诉你怎么做［EB/OL］．［2021-11-04］．https://new.qq.com/rain/a/20211104A09I4700.

思政元素：职业素养　团队意识

请阅读以上材料并思考：

1.数据的日益复杂化对我们从业者提出怎样的素质要求？

2.大数据处理需要多部门协同作业，这对你来说有什么启示？

任务实训与评价

以小组为单位，查阅资料，制作案例，列举大数据金融场景下涉及哪些金融数据处理流程，可以用PPT形式描述案例。

本任务评价表见表2-1。

表2-1　　　　　　　　　　　　　　　　任务评价表

序号	评价内容	分值	得分
1	仪容仪表	20	
2	PPT美观度	20	
3	案例内容翔实度	20	
4	表达的清晰度和条理性	20	
5	问答环节的表现	20	
6	合计	100	

任务二 金融大数据的常见处理工具

学习课件2-2

金融大数据的
常见处理工具

【任务要点】

➢ 了解金融大数据常见处理工具的类型；
➢ 了解金融大数据常见处理工具的主要功能。

【学习情境】

工欲善其事，必先利其器，我们了解了金融大数据的重要性，以及金融大数据处理流程的步骤。那么，在实际的应用场景中，我们就必不可少地需要借助对应的工具去处理金融数据。

面对复杂的金融大数据，小张不禁思考，有哪些工具可以帮助我们处理这些数据呢？事实上，在数据采集、数据清洗、数据存储、数据分析与呈现方面都对应着不同的处理工具，对此你需要花些时间去了解和熟悉。

【学前思考】

➢ 金融大数据常见处理工具都有哪些？
➢ 这些处理工具都有哪些功能？各自有什么技术优势？

【知识储备】

一、金融大数据常用工具

金融大数据的处理与呈现，是一个和金融数据交互的过程。在认知层面上，我们需要掌握对应的学科知识。我们可以从一些文献、博客和公开课网站中获取所需要的学习资源。在实践层面上，我们可以将维度划分为以下层次：数据采集层、数据存储层、数据处理层、数据报表层、数据展现层。

数据采集层主要是可以使用网络采集器、问卷、实地考察等形式去获取所需要的数据。数据存储层主要是不同数据库的使用，如 Access、SQL Server、DB、Oracle、MongoDB。数据处理层主要是使用 Excel、SPSS、SAS、Python、Hadoop 等工具。Tableau、Qlikview、Finereport、FineBI这类 BI 工具，可分别在数据报表层和数据展示层使用，它们涵盖了数据整合、数据分析和数据展现的功能。FineBI 和 Tableau 同属于近年来非常出色的软件，可作为可视化数据分析软件，常用FineBI从数据库中取数进行报表和可视化分析。如果你是为了减少重复工作，自动更新图表数据，注重数据的美观，Tableau 比 FineBI 强。如果你的数据很复杂，要创建很多自定义的分析指标、自定义的报表、满足各种奇思妙想，可以选用FineBI。数据展现层可以用 PPT、Xmind 和百度脑图等软件。

1.金融大数据采集工具

采集工具大体分为两类：一是网络采集器；二是采用编程的形式抓取数据。

（1）网络采集器

网络采集器是通过软件的形式实现简单快捷采集网络上分散的内容，具有很好的内容收集作用，而且不需要技术成本，被很多用户作为初级的采集工具。

①造数：它是新一代智能云爬虫，是爬虫工具中最快的，比其他同类产品快9倍。拥有千万IP，可以轻松发起无数请求，数据保存在云端，安全方便、简单快捷。

②火车采集器：它是一款专业的互联网数据抓取、处理、分析，挖掘软件，可以灵活迅速地抓取网页上散乱分布的数据信息。

③八爪鱼：它是简单实用的采集器，功能齐全，操作简单，不用写规则。它是特有的云采集，关机状态下也可以在云服务器上运行采集任务。

（2）抓取数据工具

①爬虫：它是指一段自动抓取互联网信息的程序，从互联网上抓取有价值的信息。在获取数据的过程中，可以通过学习Python爬虫架构，进行数据采集。

②Python爬虫架构：它主要由五个部分组成，分别是调度器、URL管理器、网页下载器、网页解析器、应用程序（抓取的有价值数据）。

A.调度器：它相当于一台电脑的CPU，主要负责调度URL管理器、下载器、解析器之间的协调工作。

B.URL管理器：它包括待抓取的URL地址和已抓取的URL地址，防止重复抓取URL和循环抓取URL，主要通过内存、数据库、缓存数据库三种方式来实现。

C.网页下载器：它是通过传入一个URL地址来下载网页，将网页转换成一个字符串。网页下载器有urllib2（Python官方基础模块），在网页下载器中需要填写用户登录信息，下载器可以获取到网页的代理、cookie和requests（第三方包）。

D.网页解析器：它是对一个网页字符串进行解析，并按照要求提取有用的信息，或根据DOM树的解析方式来解析。网页解析器有正则表达式（直观，将网页转成字符串通过模糊匹配的方式来提取有价值的信息，当文档比较复杂时，此方法提取数据就会非常困难）、html.parser（Python自带的）、Beautiful Soup（第三方插件，可以使用Python自带的html.parser进行解析，也可以使用lxml进行解析，相对于其他插件来说要强大一些）、lxml（第三方插件，可以解析xml和HTML），html.parser和Beautiful Soup以及lxml都是以DOM树的方式进行解析的。

E.应用程序：它是从网页中提取有用数据组成的一个应用。

2.金融大数据清洗工具

残缺数据、错误数据和重复数据的数据清洗与优化的方法，通常是使用相关函数方法进行，这里我们将介绍不同数据的通用清洗工具。

（1）Excel

Excel是许多数据相关从业者的主要分析工具，它可以处理各种数据，统计分析和辅助决策操作。如果不考虑性能和数据量，可以处理大部分数据的清洗工作。例如，文本型数据转换为数值型数据、规范日期数据、快速填充数据等方法可以在其中使用。

（2）Python

Python语言简洁、易读、可扩展。它是一种面向对象的动态语言。它最初被设计用来编写自动化脚本。它越来越多地被用来开发独立的大型项目，因为版本不断更新，语言新功能也在增加。例如，可以使用duplicated方法检测重复值、isnull检测是否为缺失值、dropna删除缺失值、fillna插补缺失值等。

（3）VBA（Visual Basic宏语言）

VBA主要用于扩展Windows的应用功能，是应用程序视觉化的Basic脚本。VBA可以使现有的应用程序自动化，并通过自定义创建解决问题的方案。例如，使用ClearContents、clear、delete等不同方式清除数据。

掌握几种数据清洗工具是非常必要的，这不仅可以提高我们对数据的理解，还可以引导我们分析数据之间的关系，挖掘数据的潜在价值。

3.金融大数据存储工具

大数据存储常用工具为数据库，以下是不同数据库的相关介绍。

①Access2003、Access07等数据库都是最基本的个人数据库，经常用于个人或部分基本的数据存储。另外，MySQL数据库对于部门级或者互联网的数据库应用是必要的，需要掌握数据库的库结构和SQL语言的数据查询能力。

②SQL Server2005或更高版本的数据库，一些大型企业也可以采用SQL Server数据库，因为除了数据存储外，还包括了数据报表和数据分析，甚至是数据挖掘工具也在其中。

③DB2、Oracle数据库都是大型数据库，主要用于企业级，特别是大型企业或者对数据海量存储有需求的企业，一般大型数据库公司都提供非常好的数据整合应用平台。

④BI级别，实际上这个不是数据库，而是建立在前面数据库基础上的企业级应用的数据仓库（data warehouse），建立在DW机上的数据存储基本上都是商业智能平台，整合了各种数据分析、报表分析，BI级别的数据仓库结合BI产品也是近几年的大趋势。

⑤MongoDB是一个介于关系数据库和非关系数据库之间的产品，是非关系数据库当中功能最丰富，最像关系数据库的。它支持的数据结构非常松散，是类似JSON的BSON格式，因此可以存储比较复杂的数据类型。MongoDB最大的特点是它支持的查询语言非常强大，其语法有点类似于面向对象的查询语言，几乎可以实现类似关系数据库单表查询的绝大部分功能，而且支持对数据建立索引。

4.金融大数据分析工具

我们在进行数据分析的过程中，一般是需要对数据进行统计分析，还可以借助模型算法对数据进行研究。下面列举常用的数据分析工具：

①Excel：Excel是Microsoft Office System中的电子表格程序。可以使用Excel创建工作簿（电子表格集合）并设置工作簿格式，以便分析数据和作出更明智的业务决策。特别是可以使用Excel跟踪数据，生成数据分析模型，编写公式以对数据进行计算，以多种方式透视数据，并以各种具有专业外观的图表来显示数据。简而言之，Excel是用来更方便处理数据的办公软件。Excel的一般用途包括会计专用、预算、账单和销售、报

表、计划跟踪、使用日历等。Excel中大量的公式函数可以应用选择，使用Microsoft Excel可以执行计算，分析信息并管理电子表格或网页中的数据信息列表与数据资料图表制作，可以实现许多功能，带给使用者方便。

②SPSS：SPSS是世界上最早采用图形菜单驱动界面的统计软件，它最突出的特点就是操作界面极为友好，输出结果美观漂亮。它将几乎所有的功能都以统一、规范的界面展现出来，使用Windows的窗口方式展示各种管理和分析数据方法的功能，对话框展示出各种功能选择项。用户只要掌握一定的Windows操作技能，精通统计分析原理，就可以使用该软件为特定的科研工作服务。SPSS采用类似Excel表格的方式输入与管理数据，数据接口较为通用，能方便地从其他数据库中读入数据。其统计过程包括常用的、较为成熟的统计过程，完全可以满足非统计专业人士的工作需要。

③SAS：SAS（Statistical Analysis System）是一个模块化、集成化的大型应用软件系统。它由数十个专用模块构成，功能包括数据访问、数据储存及管理、应用开发、图形处理、数据分析、报告编制、运筹学方法、计量经济学与预测等。SAS基本上可分为四大部分：SAS数据库部分、SAS分析核心、SAS开发呈现工具、SAS对分布处理模式的支持及其数据仓库设计。SAS主要完成以数据为中心的四大任务：数据访问、数据管理、数据呈现和数据分析。

④Python：Python由荷兰数学和计算机科学研究学会的Guido van Rossum于1990年设计，作为一门ABC语言的替代品。Python不仅提供了高效的高级数据结构，还能简单有效地面向对象编程。Python语法和动态类型以及解释型语言的本质，使它成为多数平台上写脚本和快速开发应用的编程语言，随着版本不断更新和语言新功能的添加，逐渐被用于独立的、大型项目的开发。

⑤Hadoop：Hadoop是一个由Apache基金会所开发的分布式系统基础架构。用户可以在不了解分布式底层细节的情况下，开发分布式程序。充分利用集群的威力进行高速运算和存储。Hadoop最核心的设计就是：HDFS和MapReduce。HDFS为海量的数据提供了存储，而MapReduce则为海量的数据提供了计算。

5.金融大数据呈现与应用工具

在金融大数据呈现与应用上，如果是借助编程工具，我们可以用Python中的matplotlib和seaborn两个第三方库进行可视化操作，也可以采取markdown语法对图文进行排版编辑。除了采取编程的方式外，还可以借助以下工具进行金融大数据呈现与应用。

①Tableau：它是用于可视分析数据的商业智能工具。用户可以创建和分发交互式可共享的仪表板，以图形和图表的形式描绘数据的趋势、变化和密度。Tableau可以连接到文件、关系数据源和大数据源，来获取和处理数据。该工具允许数据混合和实时协作，这使它非常独特。它被企业、学术研究人员和许多政府用来进行视觉数据分析。它还被定位为Gartner魔力象限中的领导者商业智能和分析平台。

②QlikView：它是QlikTech的旗舰产品，近年来成为全球增长率最快的BI产品。它是一个完整的商业分析软件，使开发者和分析者能够构建和部署强大的分析应用。

③FineReport报表软件：它是一款纯Java编写的、集数据展示（报表）和数据录入（表单）功能于一身的企业级Web报表工具，具有"专业、简捷、灵活"的特点和无码理念，仅需简单的拖拽操作便可以设计复杂的中国式报表，搭建数据决策分析系统。

④FineBI：它是帆软软件有限公司推出的一款商业智能产品，它可以通过最终业务用户自主分析企业已有的信息化数据，帮助企业发现并解决存在的问题，协助企业及时调整策略作出更好的决策，增强企业的可持续竞争性。

⑤PPT：Microsoft Office PowerPoint是一种演示文稿图形程序，PowerPoint是功能强大的演示文稿制作软件，也被称为幻灯片。它增强了多媒体支持功能，利用PPT制作的文稿，可以通过不同的方式播放，也可以将演示文稿打印成一页一页的幻灯片，使用幻灯片机或投影仪播放，还可以将演示文稿保存到光盘中以进行分发，并可在幻灯片放映过程中播放音频或视频。

⑥XMind：它是一款全球领先的开源思维导图和头脑风暴软件，应用全球最先进的Eclipse RCP软件架构，拥有优秀的用户体验，凭借简单易用、功能强大的特点，XMind在2013年被互联网媒体Lifehacker评选为全球最受欢迎的思维导图软件。此刻，XMind正服务于全球200万用户，为他们提供更高的生产力及创造力。

⑦百度脑图：它是一款在线便捷的脑图编辑工具。

行业视窗2-7

欧盟报告：大数据工具成网络风险重灾区

价值引领

党的二十大报告提出，要健全国家安全体系；坚持党中央对国家安全工作的集中统一领导，完善高效权威的国家安全领导体制；强化国家安全工作协调机制，完善国家安全法治体系、战略体系、政策体系、风险监测预警体系、国家应急管理体系，完善重点领域安全保障体系和重要专项协调指挥体系，强化经济、重大基础设施、金融、网络、数据、生物、资源、核能、太空、海洋等安全保障体系建设。其中，金融安全、网络安全、数据安全都被重点提及。

大数据时代的特征决定了数据只有流动起来才能发挥其最大的价值。当数据孤岛被打破，企业业务线条复杂化，个人信息既可能在特定的业务服务流程中使用，也可能在不同的业务之间流动使用。因此，在数据流动中保护个人信息，是个人信息保护的重点。这要求企业建立一致性的数据安全策略，保证数据无论是在数据库、服务器、终端抑或是被调用时，都能不留死角地评估数据处理过程的安全风险并执行对应的防护措施。与此同时，安全防护不应该以牺牲业务的顺利开展为代价，深入业务执行内嵌进行防护，同时与业务解耦，是大数据时代个人信息保护的目标。

当下，个人信息保护正逐渐跨过"盲人摸象"的草莽阶段，开始朝着"看见风险、看清风险、灵活管控风险"的路径发展，需要大力推进研发数据安全诊疗一体的解决方案，让企业的个人信息保护不再囿于产品堆叠、各自为阵的割裂状态。在一体化方案中，围绕一致性安全策略的原则，使用无感数据安全沙箱、微隔离存储等技术，可为企业建立自适应的数据使用环境，无须对现有网络及应用做任何改造，既不影响业务的流程，也将促进数据快速流转及安全协作共享，让企业数据安全建设及运营从成本支出项转变为降本增效的有利举措。

未来的个人信息保护需要注重公共利益与个人隐私保护的平衡，个人隐私的让渡应当基于保障社会公共利益，在合理的限度内限制个人权力的行使，但不意味着个人信息可以被无限度、无规则地使用。筑牢个人信息保护的安全边界，除了企业保护责任的建立和落实外，还离不开监管要求与用户意识等层面的共同推进。监管机构应加大监管和处罚力度，并为用户提供便利的维权渠道；用户则应提升自身个人信息保护意识，提升数字素养。

资料来源　王剑桥. 大数据时代个人信息保护的困境与思考［EB/OL］.［2021-11-19］. https：//3g.163.com/dy/article/GP67GT9R0511ALHJ.html.

思政元素：信息安全　网络安全

请阅读以上材料并思考：

1.请谈谈你对信息安全的认识。

2.如何在使用数据工具的过程中，降低个人信息泄露的风险？

任务实训与评价

以小组为单位，查阅资料，比较分析我们所学的金融大数据分析工具的优劣特点，并用PPT形式描述。

本任务评价表见表2-2。

表2-2　　　　　　　　　　　　　任务评价表

序号	评价内容	分值	得分
1	仪容仪表	20	
2	PPT美观度	20	
3	案例内容翔实度	20	
4	表达的清晰度和条理性	20	
5	问答环节的表现	20	
6	合计	100	

项目小结

● 数据采集是指根据系统自身的需求和用户的需要收集相关的数据。金融大数据采集常用来源有数据网站和网络指数，常用的采集工具有软件接口方式、软件机器人采集、网络爬虫和开放数据库方式。

● 金融大数据清洗可以从来源领域和产生原因细分。一般来讲，数据清洗的算法分为错误检测算法、数据修复算法（如均值插补、中位数插补、K近邻算法和均值梯度回归法）、数据聚合算法（如传统相似聚合算法、局部分割相似聚合算法、基于词频逆文本频率分割相似聚合算法）。

● 金融大数据的存储方式有块存储、文件存储、对象存储。块存储是和主机打交道的，如插一块硬盘。文件存储是NAS，即网络存储，用于多个主机共享数据。对象存储是跟自己开发的应用程序打交道，如网盘。常用数据库有 Access2003、Access07、MySQL 数据库、DB2、Oracle 数据库、MongoDB。

● 金融大数据的数据类型分为结构化数据和非结构化数据，金融数据分析包括分类模型、回归模型、聚类模型、预测模型、关联挖掘模型等。它们分别解决不同的任务以及不同的数据处理方式，并且每种模型中有着众多不同的算法，每种算法适用于不同的场景。常用的分析工具包括 Excel、SPSS、SAS 和 Python 等。

● 金融大数据的呈现与应用，可以采用编程工具绘图，也可以选择 Tableau、FineBI、PPT、XMind 等工具呈现。条形图、柱状图、折线图和饼图是图表中四种最常用的基本类型。按照 Microsoft Excel 对图表类型的分类，图表类型还包括散点图、面积图、圆环图、雷达图、气泡图、股价图等。此外，可以通过图表间的相互叠加来形成复合图表类型。不同类型的图表可能具有不同的构成要素，如折线图一般要有坐标轴，而饼图一般没有。归纳起来，图表的基本构成要素有标题、刻度、图例和主体等。

项目测试

一、单选题

1.金融大数据的来源非常多样，它包含（　　）。

A.财经数据　　　　　　　B.公司年报　　　　　　　C.电商平台　　　　　　　D.以上都是

2.以下选项中，不属于网络爬虫的缺点的是（　　）。

A.输出为结构化数据　　　　　　　　　　B.兼容性低

C.受到网站反爬机制影响　　　　　　　　D.需要专业编程知识

3.以下选项中，不属于数据插补方法的是（　　）。

A.均值插补　　　　　　　　　　　　　　B.传统相似聚合算法

C.K近邻算法　　　　　　　　　　　　　D.均值梯度回归法

4.以下选项中，属于非结构化数据的是（　　）。

A.声音　　　　　　　　　　B.地址　　　　　　　　C.日期　　　　　　　　D.产品名称

5.以下选项中，属于分类算法的是（　　）。

A.线性回归　　　　　　　　B.神经网络　　　　　　　C.支持向量机　　　　　　　D.决策树

项目测试2-1

单选题

二、多选题

1.金融大数据采集方法技术包括（　　）。

A.软件接口方式　　　　　B.软件机器人采集　　　　C.网络爬虫　　　　　　D.开放数据库

2.金融大数据清洗和优化算法包括（　　）。

A.错误检测算法　　　　　B.数据修复算法　　　　　C.数据聚合算法　　　　D.线性回归算法

3.金融大数据的常用数据库包括（　　）。

A.Access 2003　　　　　　B.SQL Server 2005　　　　　　C.Oracle

D.Mongo DB　　　　　　　E.DB2

4.金融大数据分析常用模型包括（　　）。

A.分类模型　　　　　　　B.回归模型　　　　　　　　C.聚类模型

D.预测模型　　　　　　　E.关联挖掘模型

5.金融大数据常用的呈现图表包括（　　）。

A.折线图　　　　　　　　B.饼图　　　　　　　　　C.条形图

项目测试2-2

多选题

D.面积图　　　　　　　　　E.柱形图

三、判断题

1.金融大数据的出现使得金融行业得到了转型，主要体现在实现严格有效的监管、机构精细化管理、业务创新提高竞争力三大方面。　　　　　　　　　　　　　　　　　　　　（　　　）

2.金融数据分析的目的是把隐藏在一大批看来杂乱无章的数据中的信息集中和提炼出来，从而找出所研究对象的内在规律。　　　　　　　　　　　　　　　　　　　　　　　　（　　　）

3.金融数据来源，一般只通过网络指数获取。　　　　　　　　　　　　　　　　　（　　　）

4.Access2003、Access07等都是最基本的个人数据库，经常用于个人或部分基本的数据存储。　　　　　　　　　　　　　　　　　　　　　　　　　　　　　　　　　　　（　　　）

5.预测模型包括分类模型与回归模型，二者的区别在于前者是对离散值进行预测，而后者是对连续值进行预测。　　　　　　　　　　　　　　　　　　　　　　　　　　　　　　（　　　）

项目测试2-3

判断题

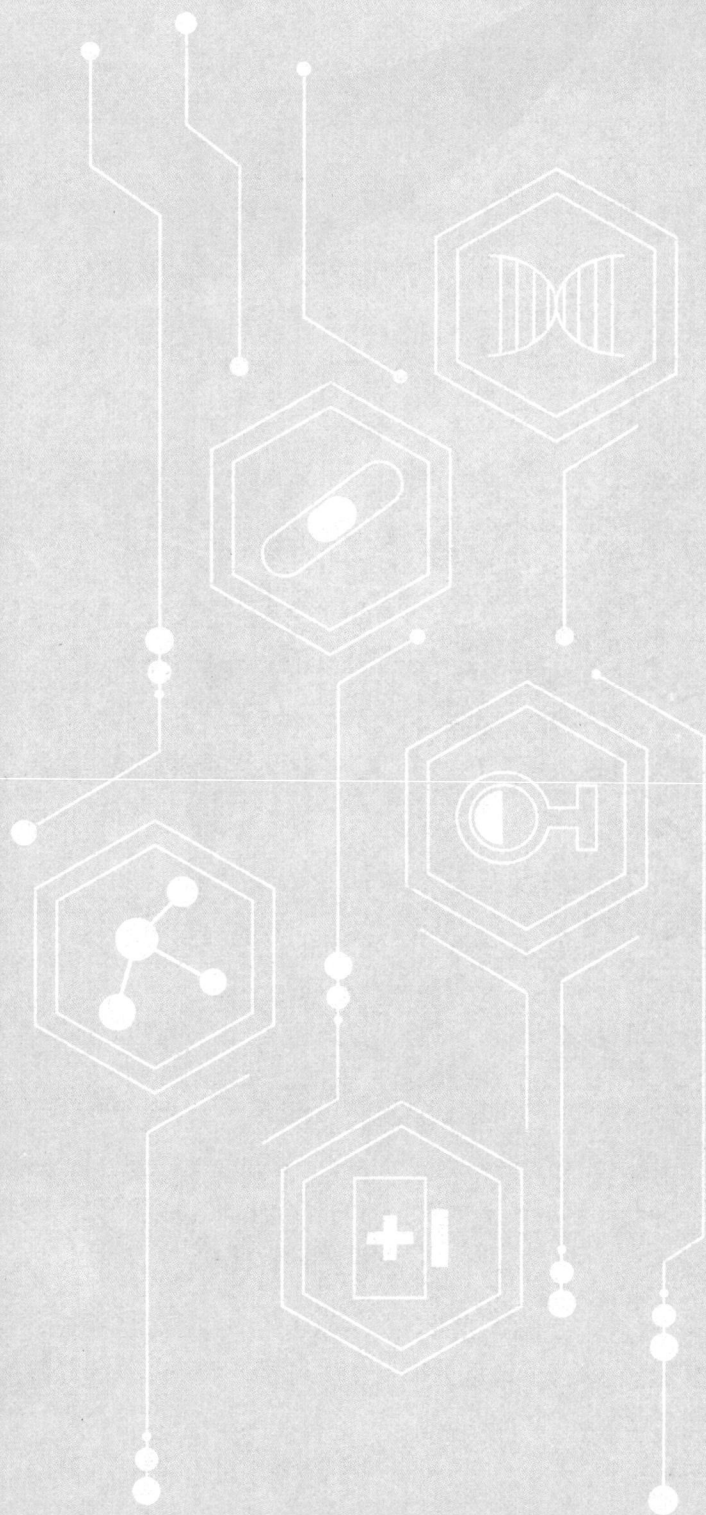

第二篇

进阶篇 II

项目三

走进 Python 数据分析

项目目标

知识目标

- 了解 Python 软件并列举其主要功能；
- 掌握 Python 的基础概念及数据类型；
- 掌握 Python 的函数和库的功能；
- 掌握 Python 语言的循环语法。

能力目标

- 能够在计算机上配置编程语言环境；
- 能够查看和更改数据类型；
- 能够调用 Python 工具库，编写相关的函数；
- 能够编写 Python 典型语句。

素养目标

- 具有较强的解决问题的能力；
- 具有独立思考的习惯；
- 具有较强的职业素养。

任务一　认知与安装 Python 软件

【任务要点】

➢ 阐述 Python 的来源；
➢ 理解 Python 的主要功能；
➢ 安装 Python。

【学习情境】

目前，计算机已应用在人类日常生活的各个场景，由 C 语言、Java 等编写的程序控制着，可以说，掌握编程语言才算是走进计算机的内部世界，才能掌握更高级别的生产力。对初次接触编程的小伙伴而言，Python 无疑是最为简洁、最易上手的编程语言。

小张最近在学校学习数据处理课程，采用 Excel 函数进行数据处理。在处理数据的过程中，小张看到室友小刘总是能很快地完成课程作业，不禁好奇地向小刘咨询学习方法。小刘说："我们现在学习的 Excel 函数能完成数据处理的基础工作，但是我最近还接触到了 Python 编程语言，发现它能够结合 Excel 函数进行数据处理。我将需要重复处理的数据，用函数进行编写后，能够提高数据处理效率，所以我最近完成课程作业比较快。"

小张听了后，说道："原来我们还可以借助编程语言工具完成数据处理工作，在一定程度上提高我们的数据处理效率。那我也要花些时间，给自己充电学习，接触一下这一门编程语言。"

为了学习 Python 编程语言，小张在宿舍准备下载和安装 Python，发现 Python 在下载的过程中，可以选择在软件官网或一些镜像站中下载。若镜像站中下载，可以稍微快一些完成下载。在安装的过程中，小张发现 Python 是需要进行环境配置的。

小张向小刘咨询："为什么 Python 需要配置环境后才能使用？"小刘回应道："配置环境后，我们能够调取 Python 中第三方库的函数进行使用，提高数据处理效率。如果不太熟悉配置环境，我们可以选择 Anaconda 进行安装，它是集成发行版本，可以节省我们环境配置的时间。"

小张不禁感叹，没想到学习 Python，要先学会熟悉配置环境，才能正式上手练习。

【学前思考】

➢ Python 的特点有什么？
➢ 我们可以在什么方面应用 Python？
➢ Python 为什么受欢迎？
➢ 如何下载与安装 Python？

■ 【知识储备】 ■

一、Python软件简介

1989年圣诞节期间，Guido van Rossum 自觉假日无趣，想起自己曾参与设计的一种优美与强大并存，但最终惨遭失败的语言 ABC，寻思不如开发一个新的脚本解释程序作为 ABC 语言的继承，于是 Python 诞生了。

Python 语法很多来自 C 语言，但又受到 ABC 语言的强烈影响。自诞生开始，Python已经具有了类（class）、函数（function）、异常处理（exception）、列表（list）和词典（dict）在内的核心数据类型，以及以模块为基础的拓展系统。Python 的发展历程如图 3-1 所示。

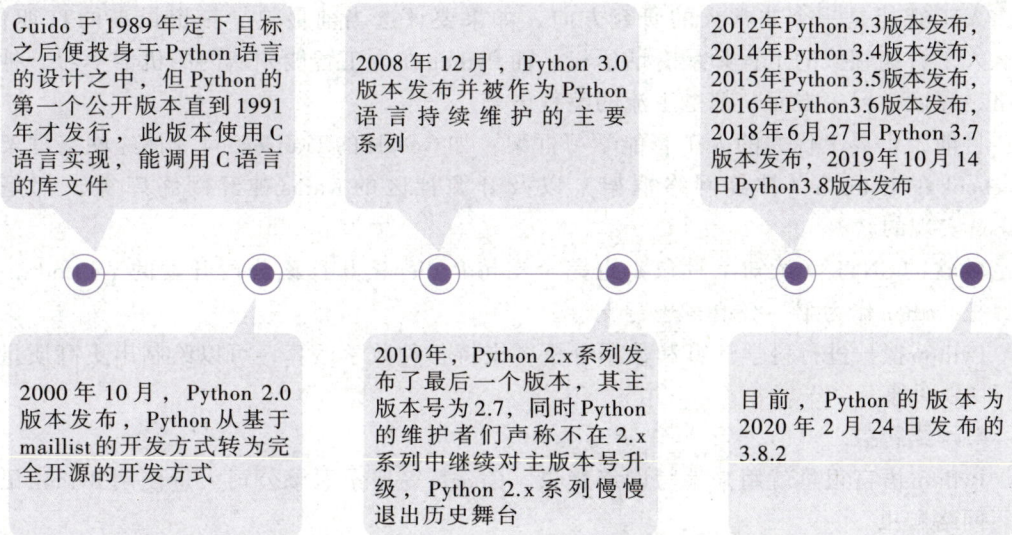

Guido 于 1989 年定下目标之后便投身于 Python 语言的设计之中，但 Python 的第一个公开版本直到 1991 年才发行，此版本使用 C 语言实现，能调用 C 语言的库文件

2008 年 12 月，Python 3.0 版本发布并被作为 Python 语言持续维护的主要系列

2012年Python 3.3版本发布，2014年Python 3.4版本发布，2015年Python 3.5版本发布，2016年Python3.6版本发布，2018年6月27日Python 3.7版本发布，2019年10月14日Python3.8版本发布

2000 年 10 月，Python 2.0 版本发布，Python 从基于 maillist 的开发方式转为完全开源的开发方式

2010年，Python 2.x系列发布了最后一个版本，其主版本号为 2.7，同时 Python 的维护者们声称不在 2.x 系列中继续对主版本号升级，Python 2.x 系列慢慢退出历史舞台

目前，Python 的版本为 2020 年 2 月 24 日发布的 3.8.2

图 3-1　Python 的发展历程

二、Python软件的主要功能

1.Web 应用开发

Python 经常被用于 Web 开发，尽管目前 PHP、JS 依然是 Web 开发的主流语言，但Python 的上升势头更劲猛。随着 Python 的 Web 开发框架逐渐成熟（如 Django、Flask、TurboGears、Web2py 等），程序员可以更轻松地开发和管理复杂的 Web 程序。

例如，通过 mod_wsgi 模块，Apache 可以运行用 Python 编写的 Web 程序。Python 定义了 WSGI 标准应用接口来协调 HTTP 服务器与基于 Python 的 Web 程序之间的通信。

举个最直观的例子，全球最大的搜索引擎 Google，在其网络搜索系统中就广泛使用Python 语言。另外，我们经常访问的集电影、读书、音乐于一体的豆瓣网，也是使用Python 实现的。

不仅如此，全球最大的视频网站 YouTube 以及 Dropbox（一款网络文件同步工具）也都是用 Python 开发的。

2.自动化运维

很多操作系统中，Python 是标准的系统组件，大多数 Linux 发行版以及 NetBSD、OpenBSD 和 Mac OS X 都集成了 Python，可以在终端下直接运行 Python。

有一些 Linux 发行版的安装器使用 Python 语言编写，如 Ubuntu 的 Ubiquity 安装器、Red Hat Linux 和 Fedora 的 Anaconda 安装器等。

另外，Python 标准库中包含了多个可用来调用操作系统功能的库。例如，通过 pywin32 这个软件包，我们能访问 Windows 的 COM 服务以及其他 Windows API；使用 IronPython，我们能够直接调用 .Net Framework。

通常情况下，Python 编写的系统管理脚本，无论是可读性，还是性能、代码重用度以及扩展性方面，都优于普通的 shell 脚本。

3.人工智能领域

人工智能是一个非常火的研究方向，如果要评选当前最热、工资最高的 IT 职位，那么人工智能领域的工程师最有话语权。而 Python 在人工智能领域内的机器学习、神经网络、深度学习等方面，都是主流的编程语言。

目前，世界上优秀的人工智能学习框架，如 Google 的 Transorflow（神经网络框架）、Facebook 的 Pytorch（神经网络框架）以及开源社区的 Karas 神经网络库等，都是用 Python 实现的。

微软的 CNTK（认知工具包）也完全支持 Python，并且该公司开发的 VS Code，也已经把 Python 作为第一级语言进行支持。

Python 擅长进行科学计算和数据分析，支持各种数学运算，可以绘制出更高质量的 2D 和 3D 图像。

4.网络爬虫

Python 语言很早就用来编写网络爬虫。Google 等搜索引擎公司大量使用 Python 语言编写网络爬虫。

技术层面上，Python 提供了很多服务于编写网络爬虫的工具，如 urllib、Selenium 和 Beautiful Soup 等，还提供了一个网络爬虫框架 Scrapy。

5.科学计算

自 1997 年起，NASA 就大量使用 Python 进行各种复杂的科学运算。和其他解释型语言（如 shell、JS、PHP）相比，Python 在数据分析、可视化方面有相当完善和优秀的库，如 NumPy、SciPy、Matplotlib、Pandas 等，这可以满足 Python 程序员编写科学计算程序。

6.游戏开发

很多游戏使用 C++ 编写图形显示等高性能模块，而使用 Python 或 Lua 编写游戏的逻辑。和 Python 相比，Lua 的功能更简单，体积更小；而 Python 则支持更多的特性和数据类型，如游戏 Sid Meier's Civilization 就是使用 Python 实现的。

除此之外，Python 可以直接调用 OpenGL 实现 3D 绘制，这是高性能游戏引擎的技术基础。事实上，有很多 Python 语言实现的游戏引擎，如 Pygame、Pyglet、Cocos 2d 等。

三、Python特点

Python是一种面向对象的脚本语言：由荷兰研究员 Guido van Rossum 于1989年发明，并于1991年公开发行第一个版本。由于其功能强大和采用开源方式发行，Python发展迅猛，用户越来越多，逐渐形成了一个强大的社区力量。如今，Python已经成为最受欢迎的程序设计语言之一。随着人工智能与大数据技术的不断发展，Python的使用率正高速增长。

Python具有简单易学、开源、解释性、面向对象、可扩展性和丰富的支撑库等特点。其应用也非常广泛，包括科学计算、数据处理与分析、图形图像与文本处理、数据库与网络编程、网络爬虫、机器学习、多媒体应用、图形用户界面、系统开发等。目前，Python有两个版本：Python2和Python3，但是它们之间不完全兼容，而且Python3功能更加强大，代表了Python的未来，建议学习Python3。

Python开发环境众多：不同的开发环境其配置难度与复杂度也不尽相同，最常用的有 PyCharm 和 Spyder。特别是 Spyder，它在成功安装了 Python 的集成发行版本 Anaconda之后就自带上了，而且界面友好。对于初学者或者不想在环境配置方面花太多时间的使用者，可以选择 Anaconda 安装，本书也是采用 Anaconda。

四、Python安装与启动

Python安装入门基本操作如图3-2所示。这里推荐 Python 的发行版 Anaconda，它集成了众多Python常用包，并自带简单易学且界面友好的集成开发环境 Spyder。Anaconda安装包可以从官网或者清华镜像站点中下载。下面介绍如何从清华镜像站点中获取安装包并进行安装及启动。

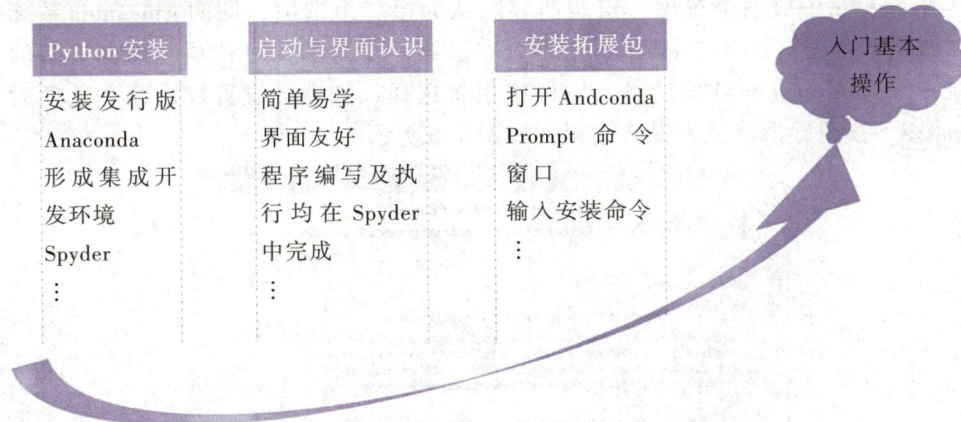

Python安装	启动与界面认识	安装拓展包
安装发行版 Anaconda 形成集成开发环境 Spyder ⋮	简单易学 界面友好 程序编写及执行均在 Spyder 中完成 ⋮	打开 Andconda Prompt 命令窗口 输入安装命令 ⋮

入门基本操作

图3-2　Python安装入门基本操作

1.Python安装及启动——安装

①登录清华镜像站点网址，如图3-3所示。从图3-3中可以看出 Anaconda 有众多版本，也支持常见的操作系统。本书选择 Anaconda3-5.0.1-Windows-x86.exe 这个版本，32位操作系统。

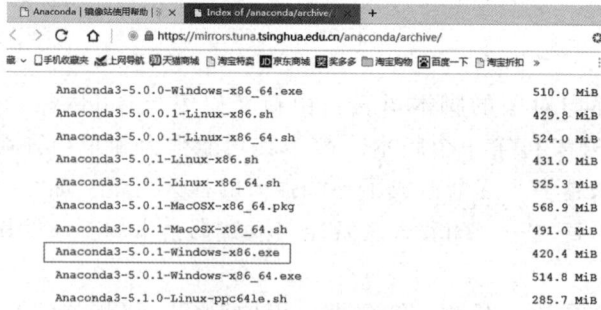

图 3-3　清华镜像站点网址登录并下载安装包

②对下载成功的安装包进行安装。双击下载成功的安装包，在弹出的安装向导界面中单击"Next"按钮，如图 3-4 所示。

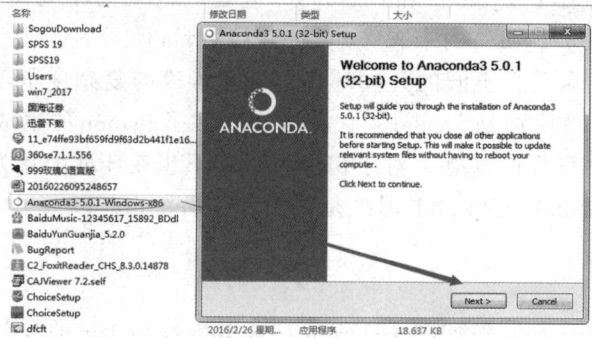

图 3-4　根据安装向导进行安装

③根据安装向导，选择同意安装协议单击"I Agree"按钮，选择安装类型"All Users"，设置好安装路径，继续单击"Next"按钮，如图 3-4 所示。

④在该步骤中有两个选项，安装向导默认为第二个选项，即向 Anaconda 系统中安装 Python 的版本号，图 3-5 中为 3.6 这个版本。第一个选项为可选项，即向安装的计算机系统中添加 Anaconda 环境变量，建议使用者选择该选项。设置好这两个选项后，单击"Install"按钮，即可进入安装进程，如图 3-5 所示。

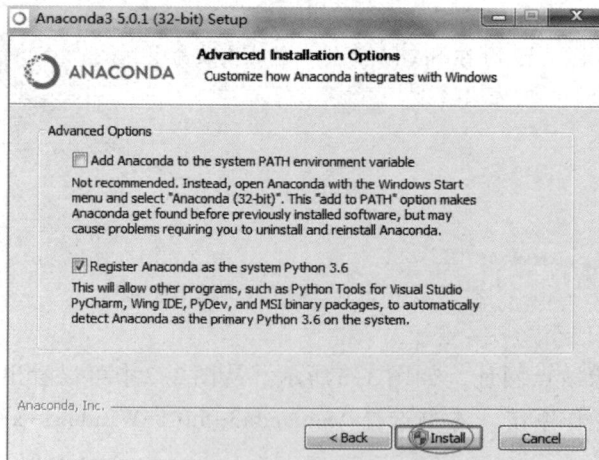

图 3-5　设置安装路径继续安装

　　⑤安装进程中，动态显示了目前安装的进度，如图3-6所示。安装完成后，单击"完成"按钮，关闭安装向导相关窗口，即可完成Anaconda安装。安装完成后，可以在电脑开始菜单栏中查看，如图3-7所示。

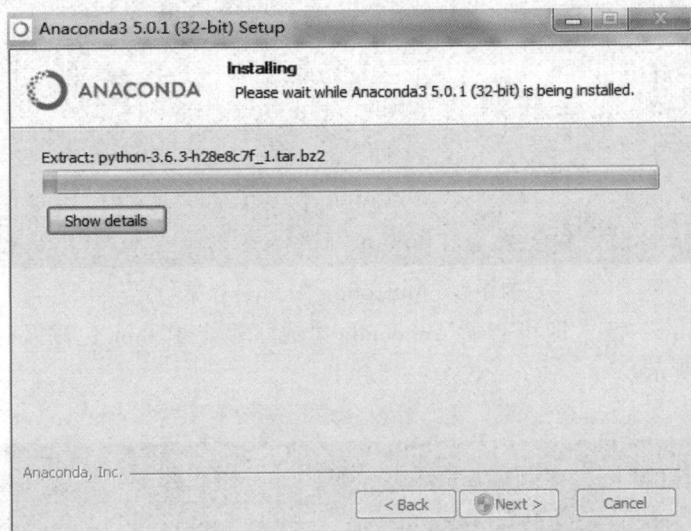

图3-6　安装进程

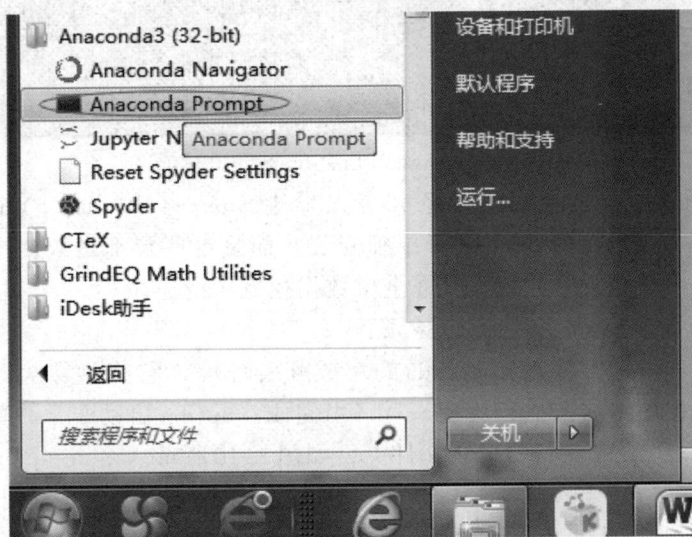

图3-7　菜单栏显示

　　⑥图3-7中显示电脑成功安装了Anaconda3（32-bit），它类似一个文件夹，下面有两个常用的部件：Anaconda Prompt和Spyder。其中，Anaconda Prompt是Anaconda安装需要的包或者查看系统集成包经常用到的界面；Spyder则是Anaconda的集成开发环境，下一节将详细介绍如何使用Spyder进行Python程序编写。前文已经提到，Anaconda3集成了大部分Python常用包，可以通过打开Anaconda Prompt界面，输入conda list命令来查看。其中，Anaconda Prompt界面类似于原始的计算机DOS操作界面，而conda list也类似于DOS操作命令，如图3-8所示。

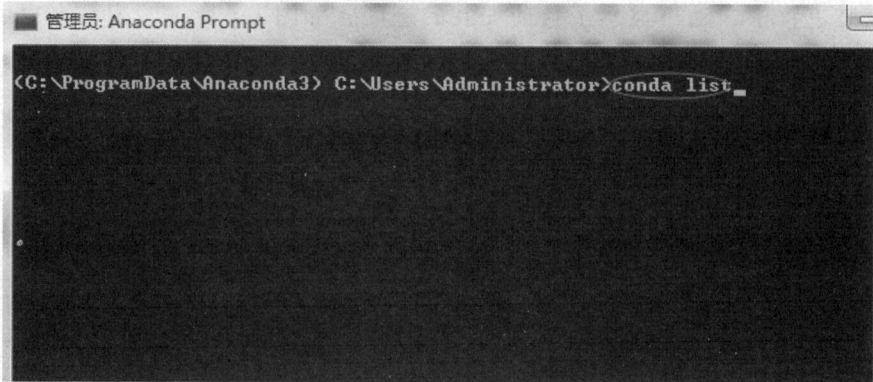

图 3-8　Anaconda Prompt界面

⑦按下"Enter"键，即可查看 Anaconda集成了哪些 Python包以及这些包对应的版本号，如图3-9所示。

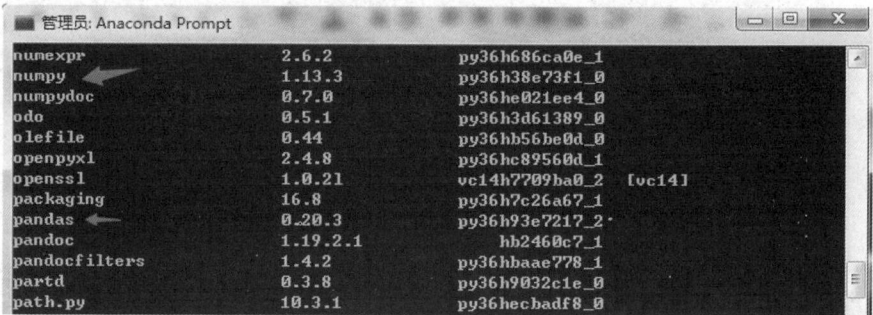

图 3-9　Anaconda Prompt输出显示

通过滑动图 3-9 中所示的滚动条，可以发现 Numpy、Pandas、Matplotlib、Scikit-learn这些包均已经存在，无须再进行单独安装，而且这些包都是数据挖掘分析中经常用到的包。本书主要介绍这些包及其在金融数据挖掘中的应用。

2.Python安装及启动——启动及界面认识

①Spyder是 Python 发行版 Anaconda 的集成开发环境，它简单易学且界面友好。本书所有的 Python程序编写及执行均在 Spyder中完成。Spyder启动非常简单，在开始菜单"所有程序"中找到 Anaconda的安装文件夹，如图3-10所示。

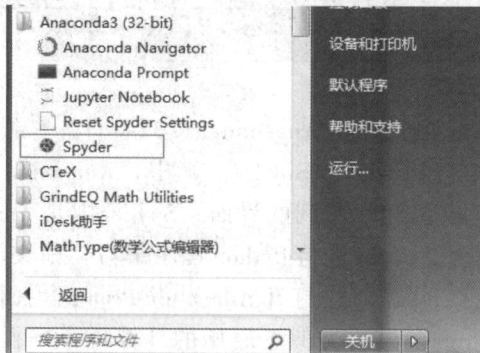

图 3-10　Anaconda 安装文件夹显示

②鼠标单击"Spyder"图标，即可启动。Spyder启动完成后，即可得到默认的界面，如图3-11所示。

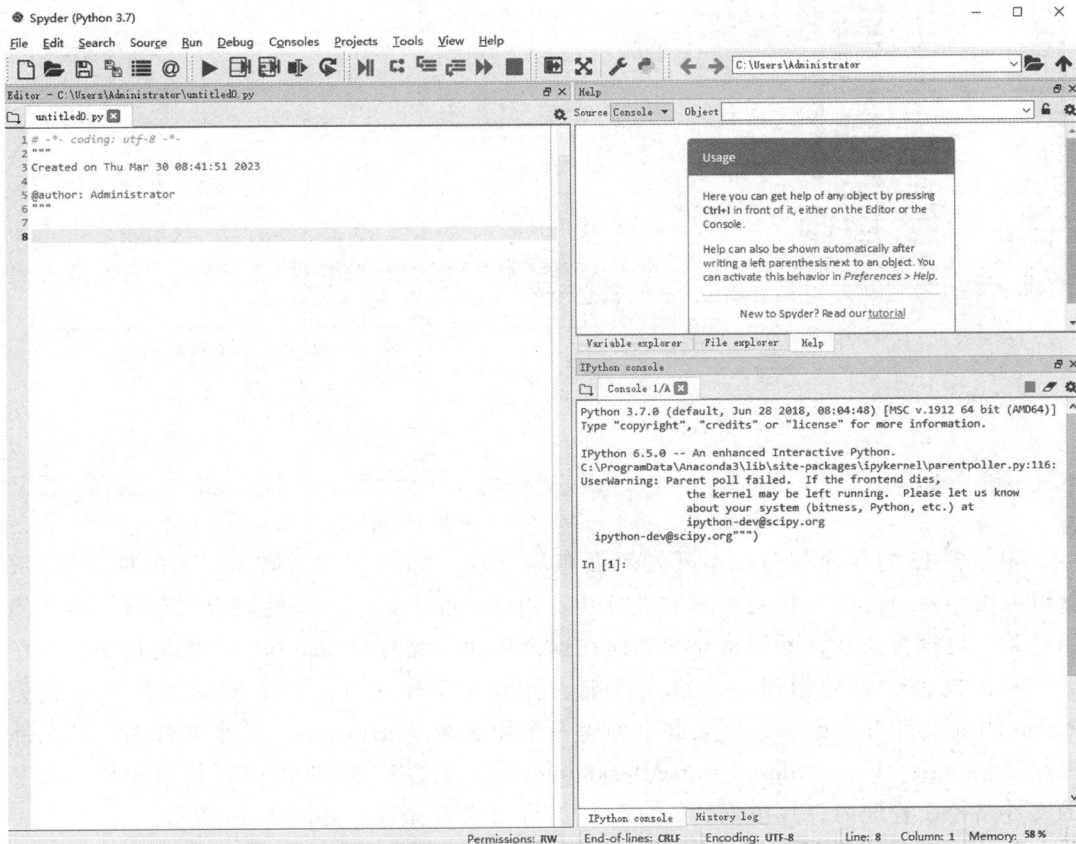

图3-11 Spyder启动界面

③有些读者对Matlab或者R语言系统的开发界面比较熟悉，在Python中也可以进行类似界面的设置。比如，按照Matlab开发界面进行布局，可以在默认界面的任务栏中单击视图"View"，并在弹出的菜单中选择窗体布局"Window Layouts"下的"Matlab Layout"选项，如图3-12所示。

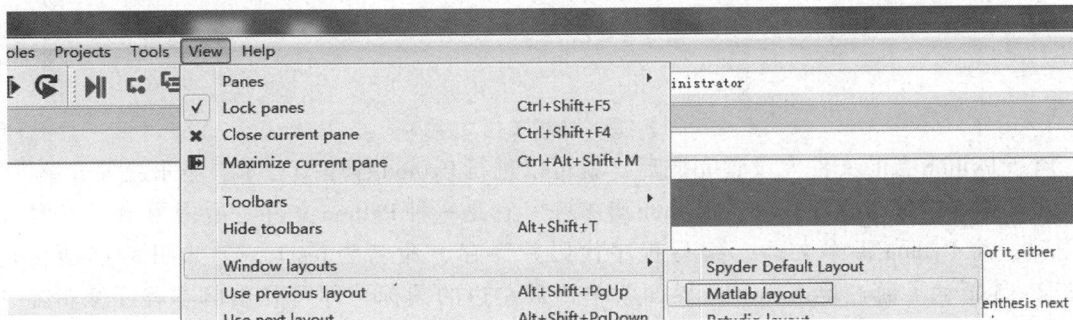

图3-12 界面设置

④最终得到类似于Matlab开发界面的布局，如图3-13所示。

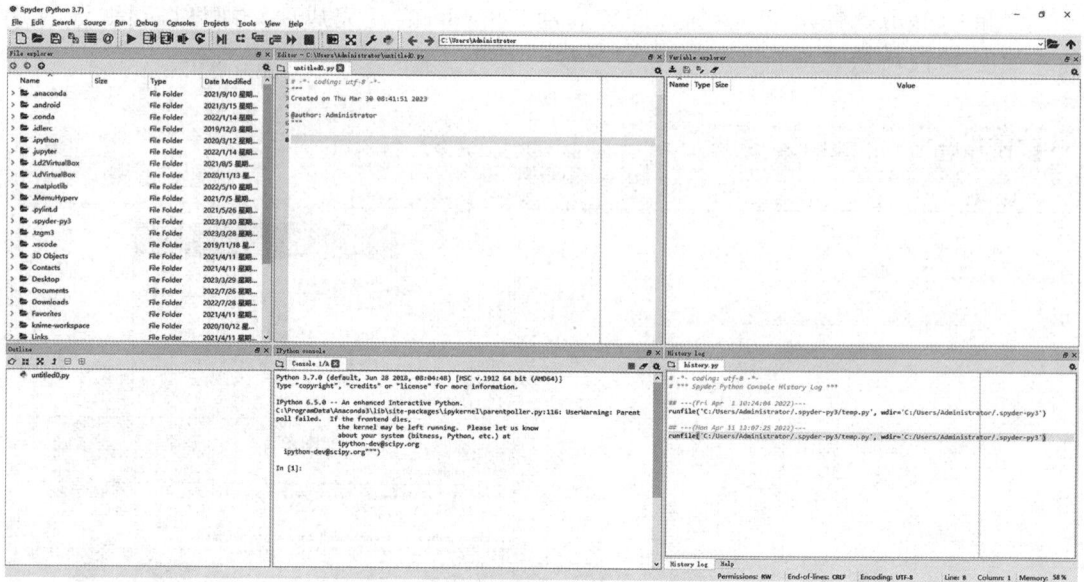

图 3-13 类似于 Matlab 开发界面的布局

⑤图 3-13 的界面与 Matlab 开发界面布局一致。如果使用者有 Matlab 的使用经验，就可以按照 Matlab 的一些使用习惯进行开发 Python 程序了。如果使用者没有 Matlab 的使用经验，也没有关系，下面将介绍如何在这个界面上编写 Python 程序。作为初学者，在编写程序之前，首先创建一个空文件夹，称其为工作文件夹，并将该文件夹设置为 Python 当前文件夹。比如，在桌面上创建一个命名为"mypython"的空文件夹，其文件夹路径为：C:\Users\Administrator\Desktop\mypython，将该文件夹路径拷贝至 Spyder 中的文件路径设置框内，并按下"Enter"键，即可设置完成，如图 3-14 所示。

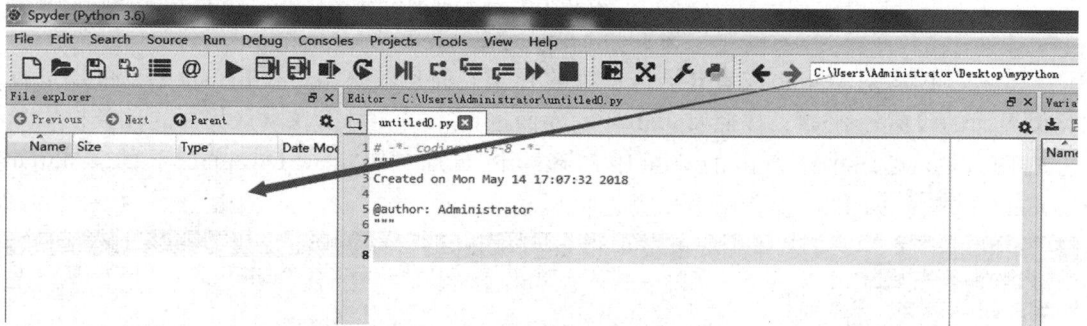

图 3-14 创建工作文件夹

⑥Python 当前文件夹设置完成后，就可以进行 Python 程序编写了。本书主要介绍在 Python 脚本中编写程序。何为 Python 脚本呢？它是一种 Python 文件，后缀为 .py。比如，创建一个 Python 脚本文件，编写程序代码并保存，命名为 test1.py，如图 3-15 所示。图 3-15 显示了通过单击 Spyder 界面菜单栏最左边的图标，即可弹出脚本程序编辑器，并输入两行 Python 程序，单击菜单栏中的"保存"按钮，在弹出的文件保存对话框中输入文件名 test1 并保存，即可完成 Python 脚本文件的保存。

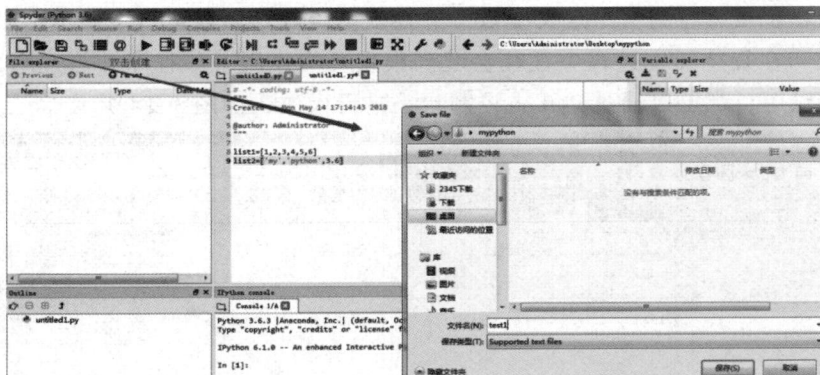

图 3-15　Python脚本文件的保存

⑦保存完成后，Python 当前文件夹中就会显示刚才创建的脚本文件 test1.py，如图 3-16所示。那么如何执行该脚本程序呢？有两种方法：一是将鼠标放在脚本文件上单击右键，在弹出的选择菜单中单击"Run"键；二是双击脚本文件并打开，这时打开的脚本文件名及内容在右边以高亮状态显示，单击菜单栏上的三角运行符号即可运行。这两种方法也在图 3-16中显示了。

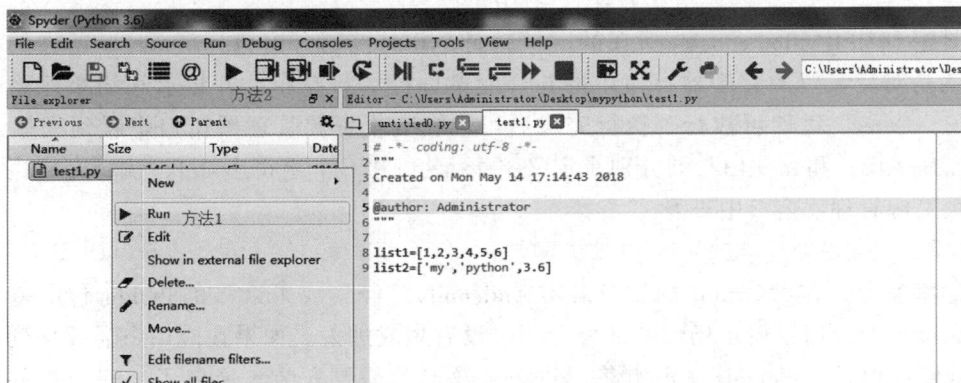

图 3-16　执行脚本程序

⑧执行完成后，可以在Spyder最右边的变量资源管理器窗口（variable explorer）查看脚本程序中定义的相关变量结果，包括变量名称、数据类型和详细信息，如图 3-17所示。

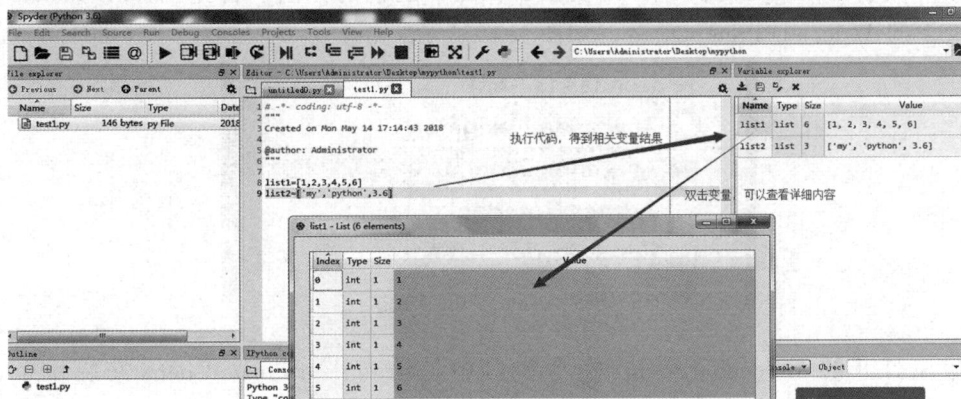

图 3-17　查看相关变量结果

⑨可以在Python控制台中定义变量，并在变量资源管理器窗口中显示出来。这些功能及应用技巧在程序开发过程中往往会起到很重要的作用，如程序计算逻辑是否正确、变量结果测试等，都可以通过Python控制台来进行操作，如图3-18所示。

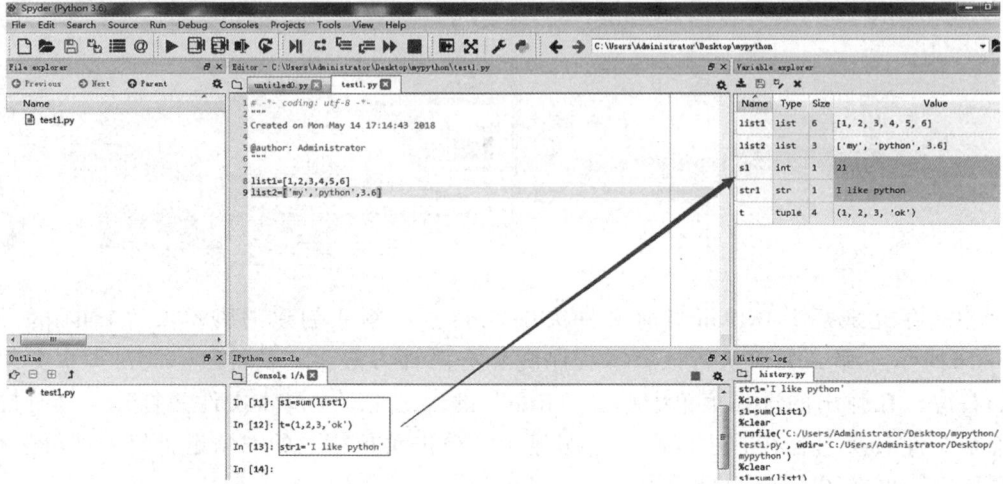

图3-18　Python控制台

图3-18中IPython console所在的区域就是Python控制台窗口，In［11］所在的程序命令就是对变量资源管理器窗口中的list1变量进行求和操作，并将求和结果赋给变量s1，按"Enter"键即可执行，执行完成后可以在变量资源管理器窗口中看到变量s1的结果。In［12］和In［13］则分别是定义一个元组t和一个字符串str1，执行完成也可以在变量资源管理器窗口中查看。

3.Python安装及启动——安装扩展包

①事实上，作为Python的发行版本Andconda已经集成了众多的Python包，基本能满足大部分的应用，但是仍然有部分专用包没有集成进去。如果在应用中需要用到某个Python包，但是Andconda又没有集成进去，这时就需要安装扩展包了。安装扩展包的方法为：打开Andconda安装文件夹下的Andconda Prompt命令，并在打开的命令窗口中输入以下安装命令：pip install +安装包名称，按下"Enter"键即可安装。下面以安装文本挖掘专用包"jieba"为例，介绍安装Python扩展包的方法。首先打开Andconda安装文件夹下的Andconda Prompt命令，如图3-19所示。

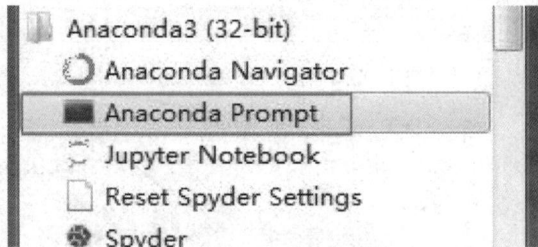

图3-19　安装扩展包

②在打开的Andconda Prompt命令窗口中，输入：pip install jieba安装命令，如图3-20所示。

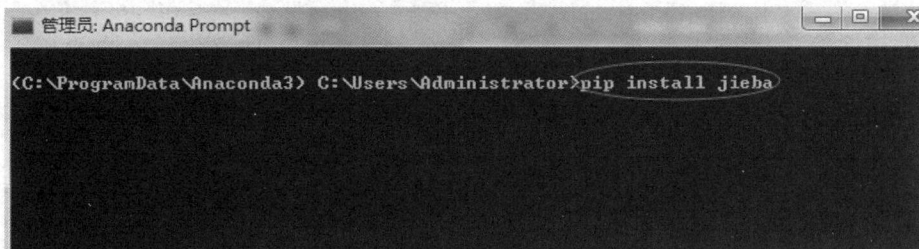

图3-20　输入安装命令

③图3-17中框起来的内容就是安装jieba包的安装命令，按下"Enter"键就进入安装jieba包的进程，如图3-21所示。

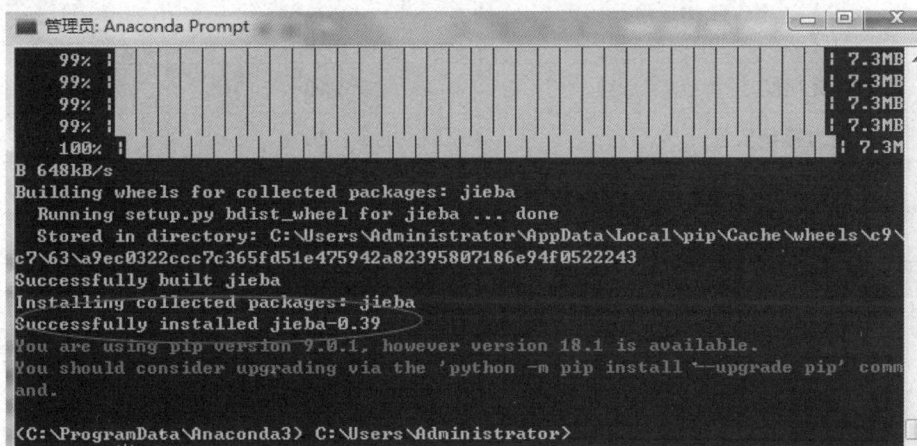

图3-21　进入安装进程

图3-21中椭圆框起来的内容显示成功安装了jieba包，其版本号为0.39。

价值引领

　　Python应用的领域很多，在近年来受欢迎程度上升。Python非常适合初学者入门。相比较其他不少主流编程语言，有更好的可读性，因此上手相对容易。自带的各种模块加上丰富的第三方模块，免去了很多"重复造轮子"的工作，可以更快地写出东西。

　　遇到很多初学者，环境不会安装，导入模块包错误，直接卡在了第一步，因为一个很简单的问题，浪费自己过多的时间，其实检索一下就能茅塞顿开。大家一定要养成多问、多沟通的习惯。如果不好意思询问，自己也可以百度，查阅相关文章，一般遇到的问题，90%以上已经有人遇到过了，看看人家最后的一些解决办法。初学者需要多尝试，一定要有意识地培养自己解决问题的能力，我觉得这点是学习Python语言的一项基本素养。

　　思政元素：职业素养　工匠精神

　　请阅读以上材料并思考：

1.在接触一门新的编程语言时，我们应该养成什么好习惯？

2."工欲善其事，必先利其器"，请结合以上材料，谈谈你对这个道理的理解。

行业视窗3-1

"赛博一代"，
将把我们带向
何方？

任务实训与评价

实训1：以学习小组为单位，通过查阅线上线下资料，解释Python特点的含义，找到Python的具体应用案例，并以PPT展示形式向大家分享介绍。

实训2：下载并安装Anaconda，在命令窗口中输入conda list，查看当前已有的Python包和版本号。

本任务评价表见表3-1。

表3-1　　　　　　　　　　　　　　任务评价表

序号	评价内容	分值	得分
1	仪容仪表	10	
2	PPT美观度	10	
3	案例内容翔实度	20	
4	表达的清晰度和条理性	10	
5	问答环节的表现	10	
6	下载Anaconda	10	
7	安装Anaconda	20	
8	在命令窗口查看Python包和版本号	10	
9	合计	100	

任务二　认知Python基础概念

【任务要点】

➢ 阐述Python的数据类型；
➢ 认识Python的运算符。

【学习情境】

学习课件3-2

认知Python
基础概念

小张在编写代码的过程中，发现Python中有很多不同的数据类型，不禁好奇地问小刘同学，为什么会存在不同的数据类型。小刘同学给小张解惑，数据类型是变量存储在内存中的值。这就意味着在创建变量时会在内存中开辟一个空间。基于变量的数据类型，解释器会分配指定内存，并决定什么数据可以被存储在内存中。因此，变量可以指定不同的数据类型，这些变量可以存储整数、小数或字符，也能够实现一些运算操作。根据不同的场景需求，我们也会更换自己所需要的数据类型。

在不同的场景之下，Python也能调用缩进、注释和运算符进行使用，有的运算符，如+=的写法，就是为了让代码更加简洁。小张说："原来善用这些代码规则和运算符，能够让自己的代码可读性更高。"

在线课堂3-1

认知 Python
基础概念

【学前思考】 ◾ ┈┈┈┈┈┈┈┈┈┈┈┈┈┈┈┈┈┈┈┈┈┈┈┈┈┈┈┈┈┈┈┈┈┈

➤ Python是如何进行代码缩进的？

➤ Python中有哪些数据类型？

【知识储备】 ◾ ┈┈┈┈┈┈┈┈┈┈┈┈┈┈┈┈┈┈┈┈┈┈┈┈┈┈┈┈┈┈┈┈┈┈

一、变量、行、缩进与注释

1.变量

程序在运行期间用到的数据会被保存在计算机的内存单元中，为了方便存取内存单元中的数据，Python使用标识符来标识不同的内存单元，这样标识符与数据便建立了联系。

标识内存单元的标识符又称变量名，Python通过赋值运算符"="将内存单元中存储的数值与变量名建立联系，即定义变量，具体语法格式如下：变量=值。

2.行

Python官方建议每行代码不超过79个字符，若代码过长应该换行。Python会将圆括号、中括号和大括号中的行进行隐式连接，我们可以根据这个特点实现过长语句的换行显示。

```
string=("Python是一种面向对象、解释型计算机程序设计语言,"
        "由 Guido van Rossum 于 1989年底发明。"
        "第一个公开发行版发行于 1991年,"
        "源代码同样遵循 GPL(General Public License)协议。")
```

3.缩进

Python代码的缩进可以通过Tab键控制，也可使用空格控制。空格是Python3首选的缩进方法，一般使用4个空格表示一级缩进；Python3不允许混合使用Tab键和空格，如图3-22所示。

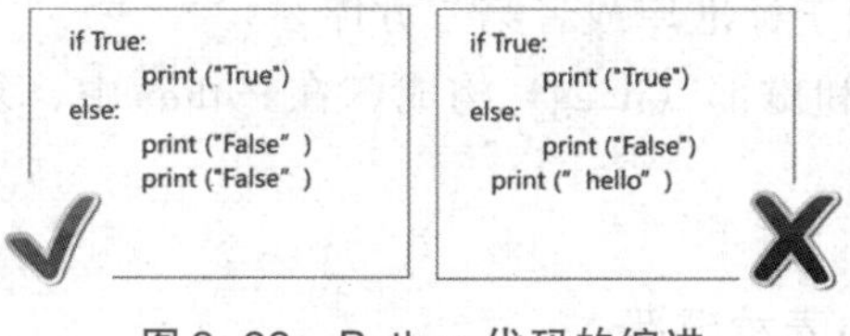

图3-22 Python代码的缩进

4.注释

单行注释以"#"开头，用于说明当前行或之后代码的功能。单行注释既可以单独占一行，也可以位于标识的代码之后，与标识的代码共占一行。

```
# 第一个注释
print("Hello,Python!")        # 第二个注释
```

多行注释是由三对双引号或单引号包裹的语句，主要用于说明函数或类的功能。

```
"""
print(value,...,sep=' ',end='\n',file=sys.stdout,flush=False)
"""
```

二、数据类型：数字与字符串

1.数字

（1）Python小数/浮点数（float）

在编程语言中，小数通常以浮点数的形式存储。浮点数和定点数是相对的：小数在存储过程中，如果小数点发生移动，就称为浮点数；如果小数点不动，就称为定点数。

Python中的小数有两种书写形式：

①十进制形式。这种就是我们平时看到的小数形式，如34.6、346.0、0.346。书写小数时必须包含一个小数点，否则会被Python当作整数处理。

②指数形式。Python小数的指数形式的写法为：

aEn 或 aen

a为尾数部分，是一个十进制数；n为指数部分，是一个十进制整数；E或e是固定的字符，用于分割尾数部分和指数部分。整个表达式等价于a×10n。

指数形式的小数举例：

2.1E5=2.1×105，其中2.1是尾数，5是指数。

3.7E-2=3.7×10-2，其中3.7是尾数，-2是指数。

0.5E7=0.5×107，其中0.5是尾数，7是指数。

需要注意的是，只要写成指数形式就是小数，即使它的最终值看起来像一个整数。例如，14E3等价于14 000，但14E3是一个小数。

Python只有一种小数类型，就是float。C语言有两种小数类型，分别是float和double：float能容纳的小数范围比较小，double能容纳的小数范围比较大。

（2）Python复数类型

复数（complex）是Python的内置类型，直接书写即可。换句话说，Python语言本身就支持复数，而不依赖于标准库或者第三方库。

复数由实部（real）和虚部（imag）构成，在Python中，复数的虚部以j或者J作为后缀，具体格式为：

a+bj

其中，a表示实部，b表示虚部。

2.字符串

若干个字符的集合就是一个字符串（string）。字符串是一个由单引号、双引号或者三引号包裹的、有序的字符集合。示例如下：

使用单引号包含：'Python123￥'

使用双引号包含："Python4*&%"

使用三引号包含：'''Python s1 ~（（ ）） '''

Python长字符串由三个双引号"""或者三个单引号'''包围，语法格式如下：

```
"""长字符串内容"""
'''长字符串内容'''
```

在长字符串中放置单引号或者双引号不会导致解析错误。

如果长字符串没有赋值给任何变量，那么这个长字符串就不会起到任何作用，和一段普通的文本无异，相当于被注释掉了。

注意，此时Python解释器并不会忽略长字符串，也会按照语法解析，只是长字符串起不到实际作用而已。

当程序中有大段文本内容需要定义成字符串时，优先推荐使用长字符串形式，因为这种形式非常强大，可以在字符串中放置任何内容，包括单引号和双引号。

三、数据结构：列表与字典、元组与集合

1.列表

在实际开发中，经常需要将一组（不止一个）数据存储起来，以便后边的代码使用。说到这里，一些读者可能听说过数组（array），它可以把多个数据挨个存储到一起，通过数组下标可以访问数组中的每个元素。

需要明确的是，Python中没有数组，但是加入了更加强大的列表。如果把数组看作一个集装箱，那么Python的列表就是一个工厂的仓库。

大部分编程语言都支持数组，如C语言、C++、Java、PHP、JavaScript等。

从形式上来看，列表会将所有元素都放在一对中括号里面，相邻元素之间用逗号分隔。示例如下：

```
[element1,element2,element3,...,elementn]
```

格式中，element表示列表中的元素，个数没有限制，只要是Python支持的数据类型就可以。

从内容上来看，列表可以存储整数、小数、字符串、列表、元组等任何类型的数据，并且同一个列表中元素的类型也可以不同。示例如下：

```
["http://c.biancheng.net/Python/",1,[2,3,4],3.0]
```

可以看到，列表中同时包含字符串、整数、列表、浮点数这些数据类型。

需要注意的是，在使用列表时，虽然可以将不同类型的数据放入到同一个列表中，但通常情况下同一列表中只放入同一类型的数据，这样可以提高程序的可读性。

另外，在其他Python教程中，经常用list代指列表，这是因为列表的数据类型就是list，通过type（）函数就可以知道。示例如下：

```
type( ["http://c.biancheng.net/Python/",1,[2,3,4],3.0] )
<class 'list'>
```

可以看到，它的数据类型为list，就表示它是一个列表。

2.字典

Python字典（dict）是一种无序的、可变的序列，它的元素以"键值对（key-value）"的形式存储。相对地，列表（list）和元组（tuple）都是有序的序列，它们的元素在底层是挨着存放的。字典类型是Python中唯一的映射类型。"映射"是数学中的术语，简单理解，它指的是元素之间相互对应的关系，即通过一个元素，可以唯一找到另一个元素，如图 3-23 所示。

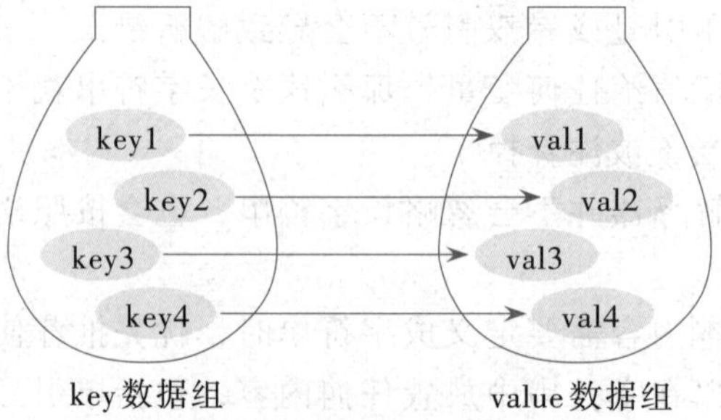

key 数据组　　　　　　value 数据组

图 3-23　映射关系示意图

字典中，习惯将各元素对应的索引称为键（key），各个键对应的元素称为值（value），键及其关联的值称为"键值对"。字典类型很像学生时代常用的《新华字典》。我们知道，通过《新华字典》中的音节表，可以快速找到想要查找的汉字。其中，字典里的音节表就相当于字典类型中的键，而键对应的汉字则相当于值。

总体来说，字典类型所具有的主要特征见表 3-2。

表 3-2　　　　　　　　　　　　Python 字典类型特征

主要特征	解释
通过键而不是通过索引来读取元素	字典类型有时也称为关联数组或者散列表（hash），是通过键将一系列的值联系起来的，这样就可以通过键从字典中获取指定项，但不能通过索引来获取
字典是任意数据类型的无序集合	和列表、元组不同，通常会将索引值 0 对应的元素称为第一个元素，而字典中的元素是无序的
字典是可变的，并且可以任意嵌套	字典可以在原处增长或者缩短（无须生成一个副本），并且它支持任意深度的嵌套，即字典存储的值也可以是列表或其他字典
字典中的键必须唯一	字典中，不支持同一个键出现多次，否则只会保留最后一个键值对
字典中的键必须不可变	字典中每个键值对的键是不可变的，只能使用数字、字符串或者元组，不能使用列表

Python 中的字典类型相当于 Java 或者 C++ 中的 Map 对象。

和列表、元组一样，字典也有自己的类型。Python 中，字典的数据类型为 dict，通过 type（）函数即可查看。示例如下：

```
a = {'one': 1,'two': 2,'three': 3} #a 是一个字典类型
type(a)
<class 'dict'>
```

3. 元组

元组（tuple）是 Python 中另一个重要的序列结构，和列表类似，也是由一系列按特定顺序排序的元素组成。元组和列表（list）的不同之处在于：列表的元素是可以更改的，包括修改、删除和插入元素，所以列表是可变序列；而元组一旦被创建，它的元素就不可更改了，所以元组是不可变序列。我们也可以将元组看作不可变的列表，通常情

况下，元组用于保存无须修改的内容。从形式上来看，元组的所有元素都放在一对小括号中，相邻元素之间用逗号分隔。示例如下：

```
(element1,element2,...,elementn)
```

其中，element表示元组中的各个元素，个数没有限制，只要是Python支持的数据类型就可以。

从存储内容上来看，元组可以存储整数、实数、字符串、列表和元组等任何类型的数据，并且在同一个元组中，元素的类型可以不同。示例如下：

```
("c.biancheng.net",1,[2,'a'],("abc",3.0))
```

在这个元组中，有多种类型的数据，包括整数、字符串、列表和元组。

另外，我们都知道列表的数据类型是list，那么元组的数据类型是什么呢？我们不妨通过type（）函数来查看一下：

```
type( ("c.biancheng.net",1,[2,'a'],("abc",3.0)))
```

```
<class 'tuple'>
```

可以看到，元组是tuple类型，这也是很多教程中用tuple指代元组的原因。

4.集合

Python中的集合和数学中的集合概念一样，用来保存不重复的元素，即集合中的元素都是唯一的，互不相同。

从形式上来看，和字典类似，Python集合会将所有元素放在一对大括号中，相邻元素之间用逗号分隔。示例如下：

```
{element1,element2,...,elementn}
```

其中，element表示集合中的元素，个数没有限制。

从内容上来看，同一集合中只能存储不可变的数据类型，包括整数、浮点数、字符串、元组，无法存储列表、字典、集合这些可变的数据类型，否则Python解释器会抛出TypeError错误。示例如下：

```
{{'a':1}}
Traceback（most recent call last）:
    File "<pyshell#8>",line 1,in <module>
        {{'a':1}}
TypeError:unhashable type:'dict'
{[1,2,3]}
Traceback（most recent call last）:
    File "<pyshell#9>",line 1,in <module>
        {[1,2,3]}
TypeError:unhashable type:'list'
{{1,2,3}}
Traceback（most recent call last）:
    File "<pyshell#10>",line 1,in <module>
        {{1,2,3}}
```

TypeError:unhashable type：'set'

需要注意的是，数据必须保证是唯一的，因为集合对每种数据元素只会保留一份。示例如下：

```
{1,2,1,(1,2,3),'c','c'}
{1,2,'c',(1,2,3)}
```

由于 Python 中的 set 集合是无序的，因此每次输出时元素的排序可能都不相同。

其实，Python 中有两种集合类型：一是 set 类型的集合；二是 frozenset 类型的集合。二者的区别是，set 类型集合可以做添加、删除元素的操作，而 forzenset 类型集合不行。

四、运算符

1.算术运算符

Python 常用的算术运算符见表 3-3。

表 3-3　　　　　　　　　　　Python 常用的算术运算符

运算符	说明	实例	结果
+	加	12.45+15	27.45
−	减	4.56−0.26	4.3
*	乘	5*3.6	18.0
/	除法（和数学中的规则一样）	7/2	3.5
//	整除（只保留商的整数部分）	7//2	3
%	取余，即返回除法的余数	7%2	1
**	幂运算/次方运算，即返回 x 的 y 次方	2**4	16，即 2^4

（1）加法运算符

加法运算符很简单，和数学中的规则一样，请看下面的代码：

```
m=10
n=97
sum1=m+n
x=7.2
y=15.3
sum2=x+y
print("sum1=%d,sum2=%.2f"%(sum1,sum2))
```

运行结果：

sum1=107，sum2=22.50

拼接字符串：当"+"用于数字时表示加法，但是当"+"用于字符串时，它还有拼接字符串（将两个字符串连接为一个）的作用，请看下面的代码：

```
name="C语言中文网"
url="http://c.biancheng.net/"
age=8
```

```
info=name+"的网址是"+url+",它已经"+str(age)+"岁了。"
print(info)
```

运行结果：

C语言中文网的网址是 http：//c.biancheng.net/，它已经8岁了。

str（）函数用来将整数类型的 age 转换成字符串。

（2）减法运算符

减法运算符也和数学中的规则相同，请看下面的代码：

```
n=45
m=-n
x=-83.5
y=-x
print(m,",",y)
```

运行结果：-45，83.5

求负："-"除了可以用于减法运算外，还可以用于求负运算（正数变负数，负数变正数），请看下面的代码：

```
n=45
n_neg=-n
f=-83.5
f_neg=-f
print(n_neg,",",f_neg)
```

运行结果：-45，83.5

注意，单独使用"+"是无效的，不会改变数字的值，例如：

```
n=45
m=+n
x=-83.5
y=+x
print(m,",",y)
```

运行结果：45，-83.5

（3）乘法运算符

乘法运算符也和数学中的规则相同，请看下面的代码：

```
n=4*25
f=34.5*2
print(n,",",f)
```

运行结果：100，69.0

重复字符串："*"除了可以用于乘法运算外，还可以用于重复字符串，即将n个同样的字符串连接起来，请看下面的代码：

```
str1 = "hello"
print(str1*4)
```

运行结果:hello hello hello hello

（4）"/"和"//"除法运算符

Python支持"/"和"//"两个除法运算符，但二者之间是有区别的：

"/"表示普通除法，使用它计算出来的结果和数学中的计算结果相同。

"//"表示整除，只保留结果的整数部分，舍弃小数部分。需要注意的是，直接丢掉小数部分，而不是四舍五入。

请看下面的例子：

①整数不能除尽。

```
print("23/5=",23/5)
print("23//5 =",23//5)
print("23.0//5=",23.0//5)
print("------------------")
```

②整数能除尽。

```
print("25/5 =",25/5)
print("25//5=",25//5)
print("25.0//5=",25.0//5)
print("------------------")
```

③小数除法。

```
print("12.4/3.5=",12.4/3.5)
print("12.4//3.5=",12.4//3.5)
```

运行结果：

23/5=4.6

23//5=4

23.0//5=4.0

25/5=5.0

25//5=5

25.0//5=5.0

12.4/3.5=3.542857142857143

12.4//3.5=3.0

从运行结果可以发现：

"/"的计算结果总是小数，不管是否能除尽，也不管参与运算的是整数还是小数。当有小数参与运算时，"//"运算结果才是小数，否则就是整数。

需要注意的是，除数始终不能为0，除以0是没有意义的，这将导致ZeroDivisionError错误。在某些编程语言中，除以0的结果是无穷大（包括正无穷大和负无穷大）的。

（5）Python2.x中的除法

Python2.x只提供了一种除法运算，即"/"，它的行为和大部分编程语言中"/"的行为是一样的：当"/"两边都是整数时，结果始终是整数；如果不能除尽，就直接舍弃小数部分。当"/"两边有一个是小数时，结果始终是小数；如果恰好除尽，小数部分就是0。

请看下面的代码：

①整数除法。

```
print"18/6=",18/6
print"47/7=",47/7
print"----------------"
```

②小数除法。

```
print"18.0/6=",18.0/6
print"47.0/7=",47.0/7
print"29.5/4.2=",29.5/4.2
```

运行结果：

```
18/6=3
47/7=6
----------------
18.0/6=3.0
47.0/7=6.71428571429
29.5/4.2=7.02380952381
```

你可以将Python2.x中的"/"看作Python3.x中"/"和"//"的结合体，因为Python2.x中"/"的行为有点奇怪，所以Python3.x增加了"//"运算符，用以规范除法运算的行为。

（6）求余运算符

Python中"%"运算符用来求得两个数相除的余数，包括整数和小数。Python使用第一个数字除以第二个数字，得到一个整数的商，剩下的值就是余数。对于小数，求余的结果一般也是小数。

需要注意的是，求余运算的本质是除法运算，所以第二个数字也不能是0，否则会导致ZeroDivisionError错误。

"%"运算符的使用示例：

```
print("-----整数求余-----")
print("15%6=",15%6)
print("-15%6=",-15%6)
print("15%-6=",15%-6)
print("-15%-6=",-15%-6)

print("-----小数求余-----")
```

```
print("7.7%2.2=",7.7%2.2)
print("-7.7%2.2=",-7.7%2.2)
print("7.7%-2.2=",7.7%-2.2)
print("-7.7%-2.2=",-7.7%-2.2)

print("---整数和小数运算---")
print("23.5%6=",23.5%6)
print("23%6.5=",23%6.5)
print("23.5%-6=",23.5%-6)
print("-23%6.5=",-23%6.5)
print("-23%-6.5=",-23%-6.5)
```

运行结果：

①整数求余。

15%6=3

-15%6=3

15%-6=-3

-15%-6=-3

②小数求余。

7.7%2.2=1.0999999999999996

-7.7%2.2=1.1000000000000005

7.7%-2.2=-1.1000000000000005

-7.7%-2.2=-1.0999999999999996

③整数和小数运算。

23.5%6=5.5

23%6.5=3.5

23.5%-6=-0.5

-23%6.5=3.0

-23%-6.5=-3.5

从运行结果可以发现两点：

第一，只有当第二个数字是负数时，求余的结果才是负数。换句话说，求余结果的正负和第一个数字没有关系，只由第二个数字决定。第二，"%"两边的数字都是整数时，求余的结果也是整数；但是只要有一个数字是小数，求余的结果就是小数。

本例中小数求余的四个结果都不精确，而是近似值，这和小数在底层的存储有关系，有兴趣的读者请查阅《小数在内存中是如何存储的，揭秘诺贝尔奖级别的设计》一文了解更多。

（7）次方（乘方）运算符

Python中"**"运算符用来求一个x的y次方，即次方（乘方）运算符。

由于开方是次方的逆运算，因此可以使用"**"运算符间接地实现开方运算。

"**"运算符的示例如下：

```
print('----次方运算----')
print('3**4=',3**4)
print('2**5=',2**5)
```

```
print('----开方运算----')
print('81**(1/4)=',81**(1/4))
print('32**(1/5)=',32**(1/5))
```

运算结果：

①次方运算。

3**4=81

2**5=32

②开方运算。

81**（1/4）=3.0

32**（1/5）=2.0

行业视窗3-2

如何提高
Python代码的
可读性？

价值引领

党的二十大报告提出："培养造就大批德才兼备的高素质人才，是国家和民族长远发展大计。功以才成，业由才广。加快建设国家战略人才力量，努力培养造就更多大师、战略科学家、一流科技领军人才和创新团队、青年科技人才、卓越工程师、大国工匠、高技能人才。"成为创新人才、科技人才、大国工匠和高技能人才，是党和国家对莘莘学子的殷切期盼，应该成为每位学子的学习奋斗目标。在成才的道路上，一定要有勇攀高峰、不畏艰难的进取精神。

对于完全没有编程经验的初学者，在学习Python时，面对的不仅仅是Python这门语言，还需要面临"编程"的一些普遍问题。比如，从零开始，不知道从何入手，找了本编程教材发现第二章开始就看不懂了；缺少计算机基础知识，被一些教程略过的"常识性"问题卡住；遇到问题不知道怎么寻找解决方案；看懂语法之后不知道拿来做什么，学完一阵子就又忘了数据结构、设计模式等编程基础知识，只能写出小的程序片段。

首先，要有信心。虽然可能你看了几个小时也没在屏幕上打出一段完整代码，或者压根儿就没能把程序运行起来。但请相信我，几乎所有程序员一开始都是这么折腾过来的。其次，选择合适的教程。有些书很经典，但未必适合你，可能你写了上万行代码之后再看它会比较好。最后，多写代码。光看教程，是编不出程序的。从书上的例程开始写，再写小程序片段，然后写完整的项目。除了学习编程语言，也兼顾补一点计算机基础和英语。学习Python的过程中，不但要学写代码，还要学会看代码，更要会调试代码。读懂你自己程序的报错信息，再去找些GitHub上的程序，读懂别人的代码。学会查官方文档，用好搜索引擎和开发者社区。

资料来源　佚名. 非编程人学Python，要注意哪些隐秘的错误认知？[EB/OL]. [2017-09-25]. https：//www.sohu.com/a/194351687_236714.

思政元素：工匠精神　职业素养

请阅读以上材料并思考：

1.如何提升自己的编程水平？

2.你认为一个优秀的程序员应该具备什么样的精神和素质？

任务实训与评价 ——————————————————————————

以个人为单位，任意选定两个数值完成以下运算。

本任务评价表见表3-4。

表3-4　　　　　　　　　　　　　　　　**任务评价表**

序号	评价内容	分值	得分
1	加法运算符	20	
2	减法运算符	20	
3	"/" 和 "//" 除法运算符	20	
4	求余运算符	20	
5	次方（乘方）运算符	10	
6	作业规范性	10	
7	合计	100	

任务三　认知函数与库

学习课件3-3

认知函数与库

【任务要点】

➤ 了解函数的概念及优势；

➤ 掌握函数的定义和调用、函数参数的传递；

➤ 理解变量作用域；

➤ 掌握局部变量和全局变量、递归函数和匿名函数。

【学习情境】

在使用代码的过程中，我们通常会应用一些统计函数，也会用上一些数学表达式。部分统计函数在 Python 内置函数里是已经存在的，我们可以直接调用。但是，如果内置函数中没有所需要的函数，这时候就需要我们额外去做函数的编写。在函数的编写过程中，还会涉及参数、变量、作用域等内容。

小张在学习的过程中，看到这些函数，好奇函数的语法格式都是由什么构成的，函数中的变量在划分上是否有区别，什么是局部变量，什么是全局变量呢？

小刘说："我们学习这些函数，作用可大着呢，函数能提高应用的模块性和代码的重复利用率。想了解更多函数的内容，可以结合前面接触过的运算符做一些表达式的编写，随着所学的知识增多，我们所编写的代码也结合了更多的内容。"

【学前思考】

➤ 函数的作用是什么？
➤ 什么是局部变量和全局变量？
➤ 递归函数和匿名函数的语法格式是什么？

【知识储备】

在线课堂3-2

认知函数与库

一、函数的定义和调用

1.定义函数

前面使用的print()函数和input()都是Python的内置函数，这些函数由Python定义。开发人员也可以根据自己的需求定义函数，Python中使用关键字"def"来定义函数，其语法格式如图3-24所示。

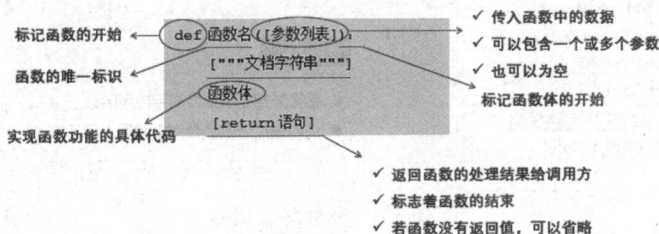

图3-24　def语法格式

例如，定义一个计算两个数之和的函数，代码如下：

无参函数：

```
def add():
result=11+22
print(result)
```

有参函数：

```
def add_modify(a,b):
result=a+b
print(result)
```

2.调用函数

函数在定义完成后不会立刻执行，直到被程序调用时才会执行。调用函数语法格式如图3-25所示。

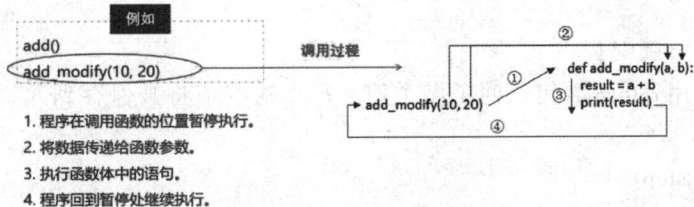

图3-25　调用函数语法格式

函数内部也可以调用其他函数，这被称为函数的嵌套调用。嵌套调用函数语法格式如图3-26所示。

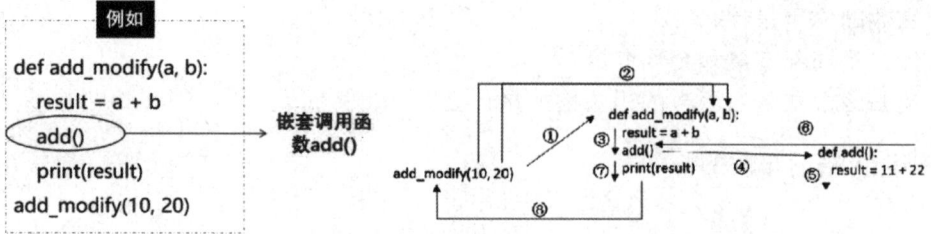

图3-26　嵌套调用函数语法格式

3.函数的嵌套定义

函数在定义时可以在其内部嵌套定义另一个函数，此时嵌套的函数称为外层函数，被嵌套的函数称为内层函数。嵌套定义函数如图3-27所示。

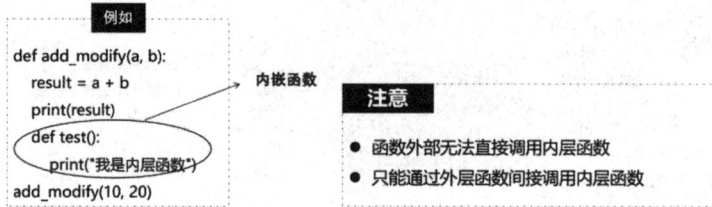

图3-27　嵌套定义函数

二、函数的返回值与作用域

1.返回值

函数中的return语句会在函数结束时将数据返回给程序，同时让程序回到函数被调用的位置继续执行。

定义：

```
def filter_sensitive_words(words):
    if "山寨" in words:
        new_words = words.replace("山寨","**")
return new_words
```

调用：

```
result = filter_sensitive_words("这个手机是山寨版吧!")
print(result)
```

结果：

这个手机是**版吧！

如果函数使用return语句返回了多个值，那么这些值将被保存到元组中。

定义：

```
def move(x,y,step):
nx = x + step
```

```
ny = y – step
    return nx,ny      #使用return语句返回多个值
```

调用：

```
result = move(100,100,60)
print(result)
```

结果：

```
(160,40)
```

2.作用域

（1）变量

变量并非在程序的任意位置都可以被访问，其访问权限取决于变量定义的位置，其所处的有效范围称为变量的作用域。

根据作用域的不同，变量可以划分为局部变量和全局变量。

①局部变量。函数内部定义的变量，只能在函数内部被使用。函数执行结束之后局部变量会被释放，此时无法再进行访问。不同函数内部可以包含同名的局部变量，这些局部变量的关系类似于不同目录下同名文件的关系，它们相互独立，互不影响。

②全局变量。全局变量可以在整个程序的范围内起作用，它不会受到函数范围的影响。全局变量在函数内部只能被访问，而无法直接修改。这是因为函数内部的变量number视为局部变量，而在执行"number+=1"这行代码之前并未声明过局部变量number。函数内部只能访问全局变量，而无法直接修改全局变量。

LEGB原则是程序中搜索变量时所遵循的原则，该原则中的每个字母指代一种作用域，具体如图3-28所示。

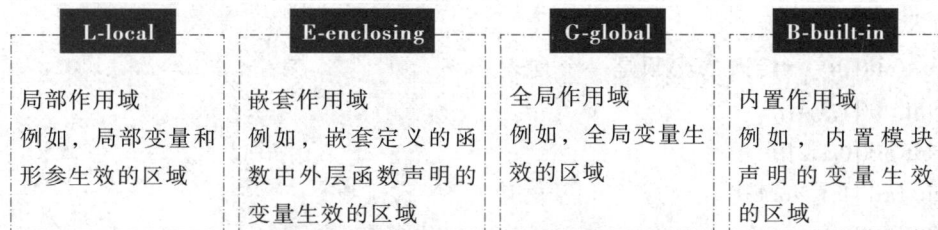

L-local	E-enclosing	G-global	B-built-in
局部作用域 例如，局部变量和 形参生效的区域	嵌套作用域 例如，嵌套定义的函数中外层函数声明的变量生效的区域	全局作用域 例如，全局变量生效的区域	内置作用域 例如，内置模块声明的变量生效的区域

图3-28 在搜索变量时所遵循的LEGB原则

Python在搜索变量时会按照"L-E-G-B"这个顺序依次在这四种区域中搜索变量：若搜索到变量，则终止搜索，使用搜索到的变量；若搜索完L、E、G、B四种区域仍无法找到变量，则程序将抛出异常提示。

（2）global和nonlocal关键字

函数内部无法直接修改全局变量或在嵌套函数的外层函数声明变量，但可以使用global或nonlocal关键字修饰变量以间接修改以上变量。

①global关键字。使用global关键字可以将局部变量声明为全局变量，其使用方法如下：

```
number = 10            #定义全局变量
```

```
def test_one():
    global number    # 使用 global 声明变量 number 为全局变量
number += 1
print(number)
test_one()
print(number)
```

②nonlocal关键字。使用nonlocal关键字可以在局部作用域中修改嵌套作用域中定义的变量，其使用方法如下：

```
def test():
number = 10
def test_in():
nonlocal number
number = 20
    test_in()
print(number)
test()
```

三、常用基本函数介绍

1.取绝对值（abs）

输入：

```
print(abs(-9))
```

2.布尔运算and运算（all）

输入：

```
print(all([]))    #传入的必须是一个列表
print(all([1,3,4]))
print(all([0,1,2]))
print(all([1,3,None]))
print(all([1,""]))
print(all(i for i in range(1,3)))    #当然传入一个列表生成器也是可以的
print(all([i for i in range(1,3)]))    #和上面一行是等效的,Python会自动帮助列表生成器补充"[]"
True
True
False
False
False
True
True
```

3.布尔运算or运算（any）

输入：

```
print(any(""))
print(any([0,"",()]))
print(any([0,1]))
```

```
False
False
True
```

4.二进制转换（bin）

输入：

```
print(bin(3))
```

```
0b11
```

5.布尔运算（bool）

输入：

```
print(bool(0))
print(bool(None))
print(bool(""))
print(bool("yinzhengjie"))
```

```
False
False
False
True
```

6.字符串转换（bytes）

输入：

```
Name = "yinzhengjie"
print(Name)print(bytes(Name,encoding="utf-8"))    #将字符串"yinzhengjie"转换成"utf-8"编码的字节

print（Name.encode（"utf-8"））      #这种方式和上面的执行方式一样
```

```
yinzhengjie
b'yinzhengjie'
b'yinzhengjie'
```

7.查看一个对象拥有哪些文件

输入：

```
import os
print(dir(os))
```

['DirEntry', 'F_OK', 'MutableMapping', 'O_APPEND', 'O_BINARY', 'O_CREAT', 'O_EXCL', 'O_NOINHERIT', 'O_RANDOM', 'O_RDONLY', 'O_RDWR', 'O_SEQUENTIAL', 'O_SHORT_LIVED', 'O_TEMPORARY', 'O_TEXT', 'O_TRUNC', 'O_WRONLY', 'P_DETACH',

'P_NOWAIT', 'P_NOWAITO', 'P_OVERLAY', 'P_WAIT', 'PathLike', 'R_OK', 'SEEK_CUR', 'SEEK_END', 'SEEK_SET', 'TMP_MAX', 'W_OK', 'X_OK', '_Environ', '__all__', '__builtins__', '__cached__', '__doc__', '__file__', '__loader__', '__name__', '__package__', '__spec__', '_execvpe','_exists','_exit','_fspath','_get_exports_list','_putenv','_unsetenv','_wrap_close','abc', 'abort', 'access', 'altsep', 'chdir', 'chmod', 'close', 'closerange', 'cpu_count', 'curdir', 'defpath', 'device_encoding','devnull','dup','dup2','environ','errno','error','execl','execle','execlp','execlpe', 'execv', 'execve', 'execvp', 'execvpe', 'extsep', 'fdopen', 'fsdecode', 'fsencode', 'fspath', 'fstat', 'fsync', 'ftruncate','get_exec_path','get_handle_inheritable','get_inheritable','get_terminal_size','getcwd', 'getcwdb', 'getenv', 'getlogin', 'getpid', 'getppid', 'isatty', 'kill', 'linesep', 'link', 'listdir', 'lseek', 'lstat', 'makedirs','mkdir','name','open','pardir','path','pathsep','pipe','popen','putenv','read','readlink', 'remove','removedirs','rename','renames','replace','rmdir','scandir','sep','set_handle_inheritable', 'set_inheritable', 'spawnl', 'spawnle', 'spawnv', 'spawnve', 'st', 'startfile', 'stat', 'stat_float_times', 'stat_result', 'statvfs_result', 'strerror', 'supports_bytes_environ', 'supports_dir_fd', 'supports_effective_ids', 'supports_fd', 'supports_follow_symlinks', 'symlink', 'sys', 'system', 'terminal_size', 'times','times_result','truncate','umask','uname_result','unlink','urandom','utime','waitpid','walk', 'write']

8. 查看对象的帮助信息（help）

```
print(help(bool))    #查看函数的帮助信息
Help on class bool in module builtins：
class bool（int）
| bool（x）-> bool
|
| Returns True when the argument x is true，False otherwise.
| The builtins True and False are the only two instances of the class bool.
| The class bool is a subclass of the class int，and cannot be subclassed.
…
None
```

9. 取商和余数（divmod（10, 3））

```
TotalCount = 10
PerCount = 3
res = divmod(TotalCount,PerCount) #可以用于分页的案例操作
if res[1] > 0:
page = res[0] + 1
print(page)
4
```

10. 计算 hash 值

```
s1 = "yinzhengjie"
```

```
s2 = "yinzhengjie"
print(hash(s1))
print(hash(s2))
```
2361151964049093383

2361151964049093383

11.判断数据类型（type）

```
Name = "刘德华"
print(type(Name))
```
<class 'str'>

12.取最大值（max）

```
print(max([100,200,300]))
```
300

13.算数运算（pow）

```
print(pow(3,2))    #计算3的2次方的值
```
9

14.四舍五入运算（round）

```
print(round(6.5568321,3))     #表示对"6.5568321"进行四舍五入保留三位小数点
```
6.557

15.计算int类型的之和（sum）

```
s1 = (i for i in  range(101))
s2 = [100,−200,300]
print(sum(s1))    #只能计算int类型的数字之和。
```
```
print(sum(s2))
```
5050

200

四、库

1.Python计算生态概述

Python计算生态涵盖网络爬虫、数据分析、文本处理、数据可视化、图形用户界面、机器学习、Web开发、网络应用开发、游戏开发、虚拟现实、图形艺术等多个领域，为各个领域的Python使用者提供了极大的便利。

网络爬虫是一种按照一定的规则自动从网络上抓取信息的程序或者脚本。通过网络爬虫可以代替手工完成很多工作。网络爬虫程序涉及HTTP请求、Web信息提取、网页数据解析等操作，Python计算生态通过Requests、Python-Goose、Re、Beautiful Soup、Scrapy和PySpider等库为这些操作提供了强有力的支持，这些库各自的功能见表3-5。

表 3-5　　　　　　　　　　　　　　　　抓取信息库的功能说明

库名	功能说明
Requests	Requests 提供了简单易用的类 HTTP 协议，支持连接池、SSL、Cookies，是 Python 最主要的、功能最丰富的网络爬虫功能库
Python-Goose	Python-Goose 专用于从文章、视频类型的 Web 页面中提取数据
Re	Re 提供了定义和解析正则表达式的一系列通用功能，除网络爬虫外，还适用于各类需要解析数据的场景
Beautiful Soup	Beautiful Soup 用于从 HTML、XML 等 Web 页面中提取数据，它提供一些便捷的、Python 式的函数，使用起来非常简单
Scrapy	Scrapy 支持快速、高层次的屏幕抓取，批量、定时的 Web 抓取以及结构性数据的抓取，是一款优秀的网络爬虫框架
PySpider	PySpider 也是一款爬虫框架，它支持数据库后端、消息队列、优先级、分布式架构等功能。与 Scrapy 相比，它灵活便捷，更适合小规模的抓取工作

　　数据分析是指用适当的统计分析方法对收集来的大量数据进行分析，将它们加以汇总、理解与消化，以求最大化地发挥数据的作用。Python 计算生态通过 Numpy、Pandas、SciPy 等库为数据分析领域提供支持，这些库各自的功能见表 3-6。

表 3-6　　　　　　　　　　　　　　　　数据分析库的功能说明

库名	功能说明
Numpy	数据分析离不开科学计算，Numpy 定义了表示 N 维数组对象的类型 ndarray，通过 ndarray 对象可以便捷地存储和处理大型矩阵；包含了成熟的用于实现线性代数、傅里叶变换和随机数生成的函数，能以优异的效率实现科学计算
Pandas	Pandas 是一个基于 Numpy 开发的、用于分析结构化数据的工具集，它为解决数据分析任务而生，同时提供数据挖掘和数据清洗功能
SciPy	SciPy 是 Python 科学计算程序中会使用的核心库，用于有效地计算 Numpy 矩阵，它既可以处理插值、积分、优化等问题，也可以处理图像和信号、求解常微分方程数值

　　文本是指书面语言的表现形式，从文学角度来说，文本是具有完整、系统含义的一个句子或多个句子的组合。文本处理即对文本内容的处理，包括文本内容的分类、文本特征的提取、文本内容的转换等。Python 计算生态通过 Jieba、NLTK、PyPDF2、Python-docx 等库为文本处理领域提供支持，这些库各自的功能见表 3-7。

表 3-7　　　　　　　　　　　　　　　　文本库的功能说明

库名	功能说明
Jieba	Jieba 是一个优秀的 Python 中文分词库，它支持精确模式、全模式和搜索引擎模式三种分词模式，支持繁体分词、自定义字典，可有效标注词性，从文本中提取关键词
NLTK	NLTK 提供了用于访问超过 50 个语料库和语汇资源的接口，支持文本分类、标记、解析和语法、语义分析等功能，简单、易用且高效，是最优秀的 Python 自然语言处理库
PyPDF2	PyPDF2 是一个专业且稳定的、用于处理 PDF 文档的 Python 库，它支持 PDF 文件信息的提取、文件内容的按页拆分与合并、页面裁剪、内容加密与解密等
Python-docx	Python-docx 是一个用于处理 Word 文件的 Python 库，它支持 Word 文件中的标题、段落、分页符、图片、表格、文字等信息的管理，上手非常简单

　　数据可视化是一门关于数据视觉表现形式的科学技术研究，它既要有效传达数据信息，也要兼顾信息传达的美学形式，二者缺一不可。Python 计算生态通过 Matplotlib、Seaborn、Mayavi 等库为数据可视化领域提供支持，这些库各自的功能见表 3-8。

表 3-8　　　　　　　　　　　　　数据可视化库的功能说明

库名	功能说明
Matplotlib	Matplotlib 是一个基于 Numpy 开发的 2D Python 绘图库，该库提供了上百种图形化的数据展示形式。Matplotlib 库中 pyplot 包内包含一系列类似 Matlab 中绘图功能的函数，利用 Matplotlib.pyplot，开发者编写几行代码便可生成可视化图表
Seaborn	Seaborn 在 Matplotlib 的基础上进行了更高级的封装，支持 Numpy 和 Pandas，但它比 Matplotlib 调用更简单，效果更丰富，多数情况下可利用 Seaborn 绘制具有吸引力的图表
Mayavi	Mayavi 是一个用于实现可视化功能的 3D Python 绘图库，它包含用于实现图形可视化和处理图形操作的 mlab 模块，支持 Numpy

　　机器学习是一门涉及概率论、统计学、逼近论、凸分析、算法复杂度理论等多门学科的多领域交叉学科，该学科旨在研究计算机如何模拟或实现人类的学习行为，以获取新的知识或技能、重新组织已有知识结构并不断改善自身。机器学习是人工智能的核心，是使计算机具有智能的根本途径。Python 计算生态通过 Scikit-learn、TensorFlow、MXNet 等库为机器学习领域提供支持，这些库各自的功能见表 3-9。

表 3-9　　　　　　　　　　　　　机器学习库的功能说明

库名	功能说明
Scikit-learn	Scikit-learn 支持分类、回归、聚类、数据降维、模型选择、数据预处理，它提供了一批调用机器学习方法的接口，是 Python 机器学习领域中最优秀的免费库
TensorFlow	TensorFlow 是一款以数据流图为基础，由谷歌人工智能团队开发和维护、免费且开源的机器学习计算框架，该框架支撑谷歌人工智能应用，提供了各类应用程序接口
MXNet	MXNet 是一个轻量级分布式可移植深度学习库，它支持多机、多节点、多 GPU 计算，提供可扩展的神经网络以及深度学习计算功能，可用于自动驾驶、语音识别等领域

　　图形用户界面（Graphical User Interface，GUI）是指采用图形方式显示的计算机操作用户界面，该界面允许用户使用鼠标、键盘等输入设备操纵屏幕上的图标或菜单选项，以选择命令、调用文件、启动程序或执行一些其他的日常任务。Python 计算生态通过 PyQt5、WxPython、PyGObject 等库为图形用户界面领域提供支持，这些库各自的功能见表 3-10。

表 3-10　　　　　　　　　　　　图形用户界面库的功能说明

库名	功能说明
PyQt5	PyQt5 库是 Python 与强大的 GUI 库——Qt 的融合，它提供了 Qt 开发框架的 Python 接口，拥有超过 300 个类、将近 6 000 个函数和方法，可开发功能强大的图形用户界面
WxPython	WxPython 是跨平台库 WxWidgets 的 Python 版本，该库开源、支持跨平台，允许 Python 开发人员创建完整的、功能健全的图形用户界面，是一个优秀的 GUI 库
PyGObject	PyGObject 绑定了 Linux 下最著名的图形库 GTK3+，该库简单易用、功能强大、设计灵活，具有良好的设计理念和可扩展性，是一个优秀的 GUI 库

Web 开发是指基于浏览器而非桌面进行的程序开发。Python 计算生态通过 Django、Tornado、Flask、Twisted 等库为 Web 开发领域提供了支持，这些库各自的功能见表 3-11。

表 3-11　　　　　　　　　　　Web 开发库的功能说明

库名	功能说明
Django	Django 是一个免费开源且功能完善的 Web 框架，它采用 MTV 模式，提供 URL 路由映射、Request 上下文和基于模板的页面渲染技术，内置一个功能强大的管理站点，适用于快速搭建企业级、高性能的内容类网站，是 Python 中最流行的 Web 开发框架
Tornado	Tornado 是一个高并发处理框架，它常被用作大型站点的接口服务框架，而非如 Django 建立完整网站的框架。Tornado 同样提供 URL 路由映射、Request 上下文和基于模板的页面渲染技术。此外，它还支持异步 I/O、提供超时事件处理，内置可直接用于生产环境的 HTTP 服务器
Flask	Flask 是 Python Web 领域一个新兴框架，它吸收了其他框架的优点，功能简单，且具有可扩展性，一般用于实现小型网站的开发
Twisted	Django、Tornado 和 Flask 是基于应用层协议 HTTP 展开的框架，而 Twisted 是一个由事件驱动的网络框架。Twisted 支持多种传输层和应用层协议，支持客户端和服务器双端开发，适用于开发追求服务器程序性能的应用

网络应用开发是指以网络为基础的应用程序的开发。Python 计算生态通过 WeRoBot、aip、MyQR 等库为网络应用开发领域提供支持，这些库各自的功能见表 3-12。

表 3-12　　　　　　　　　　　网络应用开发库的功能说明

库名	功能说明
WeRoBot	WeRoBot 库封装了很多微信公众号接口，提供了解析微信服务器消息及反馈消息的功能，该库简单易用，是建立微信机器人的重要技术手段
aip	aip 封装了百度 AI 开放平台接口，利用该库中封装的接口可快速开发各类网络应用，如天气预报、在线翻译、快递查询等
MyQR	MyQR 是一个用于生成二维码的 Python 库

Python 计算生态通过 PyGame、Panda3D 等库为游戏开发领域提供支持，这些库各自的功能见表 3-13。

表 3-13　　　　　　　　　　　游戏开发库的功能说明

库名	功能说明
PyGame	PyGame 是为开发 2D 游戏而设计的 Python 第三方跨平台库，开发人员利用 PyGame 中定义的接口，可以方便快捷地实现诸如图形用户界面创建、图形和图像的绘制、用户键盘和鼠标操作的监听以及播放音频等游戏中常用的功能
Panda3D	Panda3D 是由迪士尼 VR 工作室和卡耐基梅隆娱乐技术中心开发的一个 3D 渲染和游戏开发库，该库强调能力、速度、完整性和容错能力，提供场景浏览器、性能监视器和动画优化工具，并通过完善代码来有效降低开发者跟踪和分析错误的难度

图形艺术是一种通过标志来表现意义的艺术。标志是一些单纯、显著、易识别的具有指代性或具有表达意义、情感和指令等作用的物象、图形或文字符号，也是图形艺术的表现手段。Python 计算生态通过 Quads、ascii_art 和 turtle 等库为图形艺术领域提供支持，这些库各自的功能见表 3-14。

表 3-14 图形艺术库的功能说明

库名	功能说明
Quads	Quads 是一个基于四叉树和迭代操作的图形艺术库，其功能是以图像作为输入，将输入图像分为四个象限，根据输入图像中的颜色为每个象限分配平均颜色，误差最大的象限会被分成四个子象限以完善图像，以上过程重复 N 次
ascii_art	ascii_art 是一种使用纯字符表示图像的技术，Python 的 ascii_art 库提供了对该技术的支持，该库可对接收到的图片进行转换，以字符形式重构图片并输出
turtle	turtle 提供了绘制线、圆以及其他形状的函数，使用该库可以创建图形窗口，在图形窗口中通过简单重复动作直观地绘制界面与图形

图像处理一般是指数字图像（数字图像是指用工业相机、摄像机和扫描仪等设备经过拍摄得到的一个大的二维数组，这个数组的元素称为像素，其值称为灰度值）处理，图像处理技术一般包括图像压缩、增强、复原、匹配、描述和识别。Python 计算生态通过 Numpy、Scipy、Pillow、OpenCV-Python 等库为图像处理领域提供支持，这些库各自的功能见表 3-15。

表 3-15 图像处理库的功能说明

库名	功能说明
Numpy	数字图像的本质是数组，Numpy 定义的数组类型非常适用于存储图像；Numpy 提供基于数组的计算功能，利用这些功能可以很方便地修改图像的像素值
Scipy	Scipy 提供了对 N 维 Numpy 数组进行运算的函数，这些函数实现的功能，包括线性和非线性滤波、二值形态、B 样条插值等，都适用于图像处理
Pillow	Pillow 库是 PIL 库的一个分支，也是支持 Python3 的图像处理库，该库不仅提供了对不同格式图像文件的打开和保存操作，还提供了包括点运算、色彩空间转换等基本的图像处理功能
OpenCV-Python	OpenCV-Python 是 OpenCV 的 Python 版 API，OpenCV 是基于 BSD 许可发行的跨平台计算机视觉库，该库内部代码由 C/C++ 编写，实现了图像处理和计算机视觉方面的很多通用算法。OpenCV-Python 以 Python 代码对 OpenCV 进行封装，因此该库既方便使用，又非常高效

2.Python 生态库的构建与发布

库是 Python 中常常提及的概念，但事实上 Python 中的库只是一种对特定功能集合的统一说法而非严格定义。Python 库的具体表现形式为模块（Module）和包（Package），下面将介绍 Python 库的构建与使用，以及如何发布第三方库。

（1）模块的构建与使用

Python模块本质上是一个包含Python代码片段的.py文件，模块名就是文件名。也就是说，创建一个.py文件，在其中编写功能代码并保存，便可构建一个模块。

导入模块：

```
import 模块名
from … import …
```

（2）包的构建与导入

将模块放入一个文件夹，并在该文件夹中创建__init__.py文件，就构建了一个Python包。简单地说，Python中的包就是以目录形式组织起来的、具有层级关系的多个模块。Python包中可以包含子包。

此时若想在当前程序中导入以上包中的模块module_a，使用的导入语句如下：

```
import package.package_a.module_a                          # 方式一
from package.package_a import module_a                     # 方式二
```

（3）库的发布

Python中的第三方库是由Python使用者自行编写与发布的模块或包。同样，我们可以将自己编写的模块与包作为库发布。具体步骤如下：

第一步：在与待发布的包同级的目录中创建setup.py文件。

第二步：编辑setup.py文件，在该文件中设置包中包含的模块。

第三步：在setup.py文件所在目录下打开命令行，使用Python setup.py build命令构建Python库。

第四步：在setup.py文件所在目录下打开命令行，使用Python setup.py sdist命令创建库的安装包。

3.常用的内置Python库

（1）time库

time是最基础的时间处理库，该库本质上是一个模块，它包含的所有内容都定义在time.py文件中。该库中定义了time()、strftime()、localtime()、sleep()和一些用于实现时间格式转换的函数。

①time()函数。time()函数返回以浮点数表示世界标准时间从1970年1月1日00：00：00开始到现在的总秒数，即时间戳。

②localtime()函数与gmtime()函数。localtime()函数和gmtime()函数都可将时间戳转换为以元组表示的时间对象（struct_time），localtime()得到的是当地时间，gmtime()得到的是世界统一时间（Coordinated Universal Time，UTC），它们的语法格式如下：

```
localtime([secs])
gmtime([secs])
```

参数secs是一个表示时间戳的浮点数，若不提供该参数，默认以time()函数获取的时间戳作为参数。

struct_time元组元素的含义与取值见表3-16。

表 3-16　　　　　　　　　　　struct_time 元组元素的含义与取值

元素	含义	取值
tm_year	年	4位数字
tm_mon	月	1~12
tm_mday	日	1~31
tm_hour	时	0~23
tm_min	分	0~59
tm_sec	秒	0~61（60或61是闰秒）
tm_wday	一周的第几日	0~6（0为周一，依此类推）
tm_yday	一年的第几日	1~366
tm_isdst	夏令时	1：是夏令时 0：非夏令时 -1：不确定

③strftime()函数。strftime()函数借助时间格式控制符来输出格式化的时间字符串，该函数的语法格式如下：

strftime(format[,t])

参数 format 是指代时间格式的字符串。参数 t 为 struct_time 对象，默认为当前时间，即 localtime()函数返回的时间，该参数可以省略。

时间格式控制符见表 3-17。

表 3-17　　　　　　　　　　　时间格式控制符

时间格式控制符	说明
%Y	4位数的年份，取值范围为0001 ~ 9999
%m	月份（01 ~ 12）
%d	月中的一天
%B	本地完整的月份名称，如January
%b	本地简化的月份名称，如Jan
%a	本地简化的周日期
%A	本地完整周日期
%H	24小时制小时数（0 ~ 23）
%l	12小时制小时数（01 ~ 12）
%p	上下午，AM或PM
%M	分钟数（00 ~ 59）
%S	秒（00 ~ 59）

④asctime()函数。asctime()函数同样用于输出格式化的时间字符串，但它只将struct_time对象转化为Sat Jan 13 21：56：34 2018'这种形式。asctime()函数的语法格式如下：

asctime([t])

以上格式中的参数t与strftime()函数的参数t意义相同。

⑤ctime()函数。ctime()函数用于将一个时间戳（以秒为单位的浮点数）转换为'Sat Jan 13 21：56：34 2018'这种形式（结果同time.asctime()），若该函数未接收到参数，则默认以time.time()作为参数。

⑥strptime()函数。strptime()函数用于将格式化的时间字符串转化为struct_time，该函数是strftime()函数的反向操作。strptime()函数的语法格式如下：

strptime(string,format)

以上格式中的参数string表示格式化的时间字符串，format表示时间字符串的格式，string与format必须统一。

⑦sleep()函数。sleep()函数可让调用该函数的程序进入睡眠状态，即让其暂时挂起，等待一定时间后再继续执行。sleep()函数接收一个以秒为单位的浮点数作为参数，使用该参数控制进程或线程挂起的时长。

⑧时间计算。时间计算通常指时间的加减，时间可以时间戳形式进行加减运算。若要对非时间戳形式表示的时间进行计算，在计算之前可以先将其转换为时间戳形式。各形式之间的转换方式如图3-29所示。

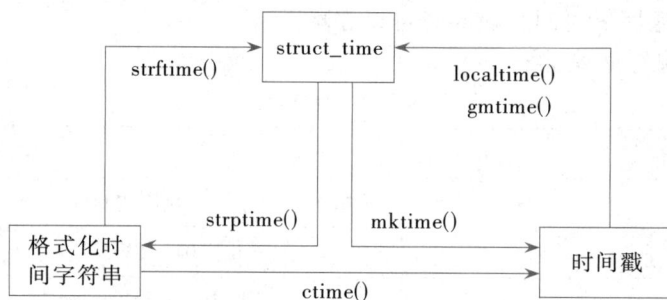

图3-29　时间格式转换方式

（2）random库

random是Python内置的标准库，在程序中导入该库，可利用库中的函数生成随机数据。random库中常用的函数见表3-18。

（3）turtle库

turle绘图模块。是Python内置的一个标准模块，它提供了绘制线、圆以及其他形状的函数，使用该模块可以创建图形窗口，在图形窗口中通过简单重复动作直观地绘制界面与图形。turtle的使用主要分为三个方面：创建窗口、设置画笔、绘制图形。

第一，创建窗口：图形窗口也称画布。控制台无法绘制图形，使用turtle模块绘制图形化界面，需要先使用setup()函数创建图形窗口。

表 3-18　　　　　　　　　　　　　　　　random 库使用说明

函数	功能说明
random.random()	用于生成一个随机浮点数 n，0<=n<1.0
random.uniform(a,b)	用于生成一个指定范围内的随机浮点数 n，若 a<b，则 a<=n<=b；若 a>b，则 b<=n<=a
random.randint(a,b)	用于生成一个指定范围内的整数 n，a<=n<=b
random.randrange([start,]stop[,step])	生成一个按指定基数递增的序列，再从该序列中获取一个随机数
random.choice(sequence)	从序列中获取一个随机元素，参数 sequence 表示一个有序类型
random.shuffle(x[,random])	将序列 x 中的元素随机排列
random.sample(sequence,k)	从指定序列中获取长度为 k 的片段，随机排列后返回新的序列。该函数可以基于不可变序列进行操作

turtle.setup(width,height,startx=None,starty=None)

参数含义：

width：窗口宽度。

height：窗口高度。

startx：窗口在计算机屏幕上的横坐标。

starty：窗口在计算机屏幕上的纵坐标。

第二，设置画笔：画笔属性的设置（如尺寸、颜色的设置）和画笔状态的设置。

画笔属性函数：

turtle.pensize(<width>)　　# 设置画笔尺寸

turtle.speed(speed)　　　　# 设置画笔移动速度

turtle.color(color)　　　　# 设置画笔颜色

参数含义：

pensize()函数的参数 width 用于设置画笔绘制线条的宽度；

speed()函数的参数 speed 用于设置画笔移动的速度；

color()函数的参数 color 用于设置画笔的颜色。

画笔状态函数：

turtle.penup()　　　　　　# 提起画笔

turtle.pendown()　　　　　# 放下画笔

说明：

turtle 模块中为 penup()函数和 pendown()函数定义了别名；

penup()函数的别名为 pu()；

pendown()函数的别名为 pd()。

第三，绘制图形。在画笔状态为 down 时，通过移动画笔可以在画布上绘制图形，可以将画笔想象成一只海龟（这也是 turtle 模块名字的由来）：海龟落在画布上，它可以向前、向后、向左、向右移动，海龟爬动时在画布上留下痕迹，即所绘图形。

移动控制函数：

```
turtle.forward(distance)        # 向前移动
turtle.backward(distance)       # 向后移动
turtle.goto(x,y=None)           # 移动到指定位置
```

参数含义：

函数 forward() 和函数 backward() 的参数 distance 用于指定画笔移动的距离，单位为像素；

函数 goto() 用于将画笔移动到画布上指定的位置，该函数可以使用 x、y 分别接收表示目标位置的横坐标和纵坐标，也可以仅接收一个表示坐标向量的参数。

角度控制函数：

```
turtle.right(degree)            # 向右转动
turtle.left(degree)             # 向左转动
turtle.seth(angle)              # 转动到某个方向
```

参数含义：

函数 right() 和函数 left() 的参数 degree 用于指定画笔向右与向左的角度；

函数 seth() 的参数 angle 用于设置画笔在坐标系中的角度。

绘制函数：

```
turtle.circle(radius,extent=None,steps=None)
```

参数含义：

参数 radius 用于设置半径；

参数 extent 用于设置弧的角度。

当 radius 为正时，画笔以原点为起点向上绘制弧线；当 radius 为负时，画笔以原点为起点向下绘制弧线。

当 extent 为正时，画笔以原点为起点向右绘制弧线；当 extent 为负时，画笔以原点为起点向左绘制弧线。

图形填充：

```
turtle.begin_fill()             # 开始填充
turtle.end_fill()               # 结束填充
```

4.常用的第三方 Python 库

（1）jieba 库

中文分词是指将一个汉字序列切分成一个一个单独的词。也就是说，将连续的字序列按照一定的规范重新组合成词序列的过程，其作用就是将用户输入的中文语句或语段拆成若干汉语词汇。

①中文分词模块——jieba。

安装 jieba：

```
pip install jieba/pip3 install jieba
```

导入 jieba：

import jieba

jieba模块的分词模式：精确模式+全模式=搜索引擎模式

常用分词函数见表3-19。

表3-19 常用分词函数

函数	功能说明
jieba.cut(s)	采用精准模式对文本s进行分词，返回一个可迭代对象
jieba.cut(s,cut_all=True)	默认采用全模式对文本s进行分词，输出文本s中出现的所有词
jieba.cut_for_search(s)	采用搜索引擎模式对文本s进行分词
jieba.lcut(s)	采用精准模式对文本s进行分词，分词结果以列表形式返回
jieba.lcut(s,cut_all=True)	采用全模式对文本s进行分词，分词结果以列表形式返回
jieba.lcut_for_search(s)	采用搜索引擎模式对文本s进行分词，分词结果以列表形式返回

示例：分别采用三种模式对中文进行分词操作。

```
# 全模式
import jieba
seg_list = jieba.cut("我打算到中国科学研究院图书馆学习",cut_all=True)
print("【全模式】:" + "/ ".join(seg_list))          # 全模式
```

第一，全模式：我/ 打算/ 算到/ 中国/ 科学/ 科学研究/ 研究/ 研究院/ 图书/ 图书馆/ 图书馆学/ 书馆/ 学习。

```
# 精确模式
seg_list = jieba.lcut("我打算到中国科学研究院图书馆学习")
print("【精确模式】:" + "/ ".join(seg_list))          # 精确模式
```

第二，精确模式：我/ 打算/ 到/ 中国/ 科学/ 研究院/ 图书馆/ 学习。

```
# 搜索引擎模式
seg_list = jieba.cut_for_search("我打算到中国科学研究院图书馆学习")
print("【搜索引擎模式】:" + ",".join(seg_list))
```

第三，搜索引擎模式：我，打算，到，中国，科学，研究，研究院，图书，书馆，图书馆，学习。

②增加新词——add_word()。

示例：

```
jieba.add_word("好天气")
jieba.lcut("今天真是个好天气")
```

['今天', '真是', '个', '好天气']

（2）WordCloud库

Python的第三方库WordCloud是专门用于实现词云功能的库，该库能将文本中词语出现的频率作为参数来绘制词云，并支持对词云的形状、颜色和大小等属性进行设置。

　　生成词云的主要步骤如下：第一，利用WordCloud类的构造方法WordCloud()创建词云对象；第二，利用WordCloud对象的generate()方法加载词云文本；第三，利用WordCloud对象的to_file()方法生成词云。WordCloud()函数参数见表3-20。

表3-20　　　　　　　　　　　　WordCloud()函数参数

参数	说明
width	指定词云对象生成图片的宽度，默认为400像素
height	指定词云对象生成图片的高度，默认为200像素
min_font_size	指定词云中字体的最小字号，默认为4号
max_font_size	指定词云中字体的最大字号，默认根据高度自动调节
font_step	指定词云中字体字号的步进间隔，默认为1
font_path	指定字体文件的路径，默认为当前路径
max_words	指定词云显示的最大单词数量，默认为200
stop_words	指定词云的排除词列表，即不显示的单词列表
background_color	指定词云图片的背景颜色，默认为黑色
mask	指定词云形状，默认为长方形，需要引用imread()函数

　　①generate()方法。generate()方法需要接收一个字符串作为参数。需要注意的是，若generate()方法中的字符串为中文，在创建WordCloud对象时必须指定字体路径。

　　②to_file()方法。to_file()方法用于以图片形式输出的词云，该方法接收一个表示图片文件名的字符串作为参数，图片可以为.png或.jpg格式。

　　③imread()方法。matplotlib.image中定义的imread()函数用于加载图片文件，其语法格式如下：

```
imread(filename,flags=1)
```

　　利用imread()函数读取.png格式的图片，WordCloud会根据图片的可见区域生成相应形状的词云。

行业视窗

Python中的定义以数存在的

价值引领

　　函数的主要作用是结束重复编写代码，函数的编写更容易理解、测试代码。作为初学者，我们可以先从已有的基本函数开始学习，这些函数的使用能帮助我们节省额外编写算法的时间，提高我们的效率，降低我们的使用难度。我们在熟悉函数之后，还能发挥自主能动性，对函数进行修改，方便于函数功能上的拓展。这个部分需要我们学到一定程度，并且熟悉函数的结构和用法。其实，在学习过程中熟能生巧，便是如此。作为初学者，如果想要通过Python实现更多的功能，未来还可以自己定义算法函数。

另外，Python中包含了许多第三方库，这些是已经封装好的模块，我们可以直接进行调用，它们能实现不同的功能，提高了我们对数据处理的效率。这也正是Python开源的好处，程序员们能使用公开的模块，如果自己编写了一些模块，也能将它们进行发布与更新。同学们也可以通过使用这些库和函数，了解代码编写的规范，提高自己的代码语感。

思政元素：职业素养　工匠精神

请阅读以上材料并思考：

如果想让Python实现更多功能，我们可以通过哪些渠道进行自主学习？

任务实训与评价

以个人为单位，任意选定两个数值完成表3-21中的运算。本任务评价表见表3-21。

表3-21　　　　　　　　　　　　**任务评价表**

序号	评价内容	分值	得分
1	编写加法函数	20	
2	取绝对值	20	
3	计算最大值	20	
4	判断数据类型	20	
5	四舍五入运算	10	
6	作业规范性	10	
7	合计	100	

任务四　编写Python典型语句

【任务要点】

➤ 了解条件语句的基本用法；
➤ 掌握循环语句的使用；
➤ 了解异常处理语句的基本用法。

学习课件3-4

编写Python典型语句

【学习情境】

最近，小张看到数学表达式中的分段函数在遇到特定情境下可执行对应的算法公式，十分好奇分段函数该如何使用代码复现？小刘说："我们一般可以设置条件语句进行判断，符合条件的执行语句，不符合条件的执行其他语句。这样的写法会调用到对应的关键词进行语句判断，我们还会使用缩进表示代码之间的层次关系。"

小张又问道："小刘，我最近还遇到了一个情况。有一组数据，我希望能够实现不断计算和更新数值，如果自己是用一般的计算方式，需要计算很多次。Python中有没有比较便捷的方法，能够实现这个功能。"小刘回应说："你这问到点上了，在Python中有一种语句叫作循环语句，只要我们设定好表达式和循环条件，就能自动计算和更新数值结果。这个方法能很大程度地提高我们处理数据的效率，而且在遇到特定的异常情况时，我们还可以设置异常处理语句，将特殊情况的解决方法进行设置，处理好异常情况。"

小张表示，Python真是一个提高我们处理数据效率的好工具。

【学前思考】

➤ 条件语句的是如何使用的？

➤ 循环语句有哪些写法，用到什么关键字？

➤ 异常处理语句是如何编写的？

【知识储备】

在线课堂3-3

编写Python
典型语句

一、if条件语句

1.if基本用法

输入：

```
name = input(r'请输入你的姓名:')
if name == 'Python':        # 判断变量是否为 Python
    print("welcome boss")   # 条件成立时输出欢迎信息
    print("stranger")       # 条件不成立时输出 "stranger"
```

2.elif用法

输入：

```
num = 5
if num == 3:                # 判断 num 的值
print ('boss')
    elif num == 2:
print ('user')
    elif num == 1:
print ('worker')
    elif num < 0:           # 值小于零时输出
print ('error')
else:
    print ('roadman')       # 条件均不成立时输出
```

输出：

roadman

3.if语句多个条件

输入：

```
num = 9
if num >= 0 and num <= 10:          # 判断值是否在0~10之间
print ('hello')


num = 10
if num < 0 or num > 10:             # 判断值是否小于0或大于10
print ('hello')
else:
print ('undefine')


num = 8
if (num >= 0 and num <= 5)or (num >= 10 and num <= 15):          # 判断值是否为0~5或者
为10~15
print ('hello')
else:
print ('undefine')
```

输出：

hello

undefine

undefine

4.其他

输入：

```
var = 100
if ( var == 100 ):
    print ("变量 var 的值为 100")
    print ("Good bye!")
```

输出：

变量 var 的值为 100

Good bye！

计算器可以进行基础运算（加、减、乘、除），被除数不可为0，first = float(input("请输入第一个数:"))，second = float(input("请输入第二个数:"))，operator = input("请选择运算符：+ - * /:")if operator == '+'。

输入：

```
print(first + second)elif operator == '-':
print(first - second)elif operator == '*':
print(first * second)elif operator == '/':
```

```
if second == 0:
    print("除数不能为 0")
    else:
print(first / second)


guess_num = input("请设定要猜的数字:\n")for frequency in range(1,6):
    number = input("请输入第"+str(frequency)+"次猜测的数字:")
    if number.isdigit()is False:
        print('请输入一个正确的数字')
    elif int(number)< 0 or int(number)> 100:
        print("请输入 1-100 范围的数字")
    elif int(guess_num)== int(number):
        print("恭喜你用了%d次猜对了" % frequency)
break
    elif int(guess_num)> int(number):
        print("很遗憾,你猜小了")
    else:
        print("很遗憾,你猜大了")
    if frequency == 5:
        print("很遗憾,%d 次机会已用尽,游戏结束,答案为 % d" %(frequency,int
(guess_num)))
```

二、for 循环语句

for 语句一般用于实现遍历循环。遍历是指逐一访问目标对象中的数据,如逐个访问字符串中的字符;for 循环是一种迭代循环机制,而 while 循环是条件循环,迭代即重复相同的逻辑操作,每次操作都是基于上一次的结果而进行的。Python 中 for 循环可以遍历任何序列的项目。

1.基本语法

for 循环语法: for ... in

for iter_var in iterable:
    suite_to_repeat

每次循环,iter_var 迭代变量被设置为可迭代对象(如序列,迭代器、其他支持迭代的对象)的当前元素,提供给 suite_to_repeat 语句块使用,可循环序列包括 list、tuple、dict、set、str。

输入:

for item in [1,2,3,4,5]:

print(item)

输出:

```
1
2
3
4
5
```

输入：

```
a = (1,2,3,4,5,6)
print(a)
for item in a:
print(item)
```

输出：

```
(1,2,3,4,5,6)
1
2
3
4
5
6
```

输入：

```
b = {"name":"Tom","age":"13","sex":"boy"}
for item in b:
print(item)
```

输出：

```
name
age
sex
```

输入：

```
c = {"123","223","333"}
for item in c:
print(item)
```

输出：

```
223
123
333
```

输入：

```
#字符串
a1 = "你好,世界"
for item in a1:
```

```
print(item)
```

输出：

你

好

，

世

界

2.range函数的用法

range是Python中内置的一个对象，可以按照提供的参数生成一个整数序列，基本语法如下：

```
range(stop)
range(start,stop)
range(start,stop,step)
```

输入：

```
for item in range(100):
print(item)
```

输出：

0

1

2

3

⋮

97

98

99

输入：

```
for item in range(30,100):
print(item)
```

输出：

30

31

32

⋮

97

98

99

输入：

```
for item in range(30,100,10):
```

```
print(item)
```

输出：

30

40

50

60

70

80

90

输入：

for循环查找序列中的索引

```
a = ["q","w","e","r","t","y"]
# 通过元素查找索引
for i in a:
print(a.index(i))
```

输出：

0

1

2

3

4

5

输入：

```
# 通过索引输出元素
for i in range(len(a)):
print(a[i])
```

输出：

q

w

e

r

t

y

输入：

```
# break 达到自己的条件，不往下继续循环
# continue 达到自己的条件，跳过这一次循环，继续往下循环
# for、while循环使用 else 语句
# for ...else：for后的语句和普通的没有区别，else后的语句会在循环正常执行完
```

（即 for 不是通过 break 跳出而中断的）的情况下执行。while ...else 类似。

```
for num in range(10,20):        # 迭代 10 到 20 之间的数字
    for i in range(2,num):      # 根据因子迭代
        if num%i == 0:          # 确定第一个因子
            j=num/i             # 计算第二个因子
            print ("%d 等于 %d * %d" % (num,i,j))
            break               # 跳出当前循环
    else:                       # 循环 else 部分
        print (num,"是一个质数")
```

输出：

10 等于 2 * 5

11 是一个质数

12 等于 2 * 6

13 是一个质数

14 等于 2 * 7

15 等于 3 * 5

16 等于 2 * 8

17 是一个质数

18 等于 2 * 9

19 是一个质数

三、while 循环语句

while 语句一般用于实现条件循环，该语句由关键字 while、循环条件和冒号组成。Python 编程中 while 语句用于循环执行程序，即在某条件下，循环执行某段程序，以处理需要重复处理的相同任务。while 中执行语句可以是单个语句或语句块。判断条件可以是任何表达式，任何非零、或非空（null）的值均为 true。当判断条件为 false 时，循环结束。

1.基本语法

```
while expression：
    代码块
while true：
    print("一条语句")
```

循环在满足条件的情况下会一直执行，如果想彻底终止循环可以使用 break。如果只是想跳过本次循环执行，可以使用 continue。

输入：

```
a = 1
while a < 11:
    a += 1
```

```
        if a == 5:
break
print(a)
        print("条件判断")
```

输出：
2
条件判断
3
条件判断
4
条件判断

输入：

```
while a < 6:
    a += 1
    if a == 5:
continue
print(a)
        print("条件判断")
```

输出：
6
条件判断
for 循环实现 while 的结果

输入：

```
for item in range(1,6):
        if item == 2:
continue
print(item)
    print("条件判断")
```

输出：
1
条件判断
3
条件判断
4
条件判断
5
条件判断
for 循环实现 1 到 100

输入：

```
for item in range(1,101):
print(item)
# while 循环实现 1 加到 100
b = 1
while b <=100:
print(b)
    b += 1
```

输出：

1

2

3

...

98

99

100

1

2

3

...

98

99

100

2.while 循环使用 else 语句

在 Python 中，while … else 在循环条件为 false 时执行 else 语句块：

输入：

```
num = 0
while num < 3:
    print (num," 输出这个 ")
num = num + 1
else:
    print (num," 条件为 false")
```

输出：

0 输出这个

1 输出这个

2 输出这个

3 条件为 false

3.while无限对话机器人

你和机器人讲什么，机器人就和你讲什么。

实现方案：while + input

输入：

```
while true:
    # 接收用户输入的语句,并且增加退出条件
    a = input("请输入你想要对镜子机器人说的话(退出请输入 q):")
    # 如果用户输入 q,则结束循环
    if a == "q":
break
    print("镜子机器人说:",a)
```

四、循环嵌套语句

循环之间可以互相嵌套，进而实现更为复杂的逻辑。循环嵌套按不同的循环语句可以划分为 while 循环嵌套和 for 循环嵌套。

while 循环嵌套是指 while 语句中嵌套了 while 或 for 语句。以 while 语句中嵌套 while 语句为例。

格式：

```
while 循环条件1:        # 外层循环
代码段1
    while 循环条件2: # 内层循环
代码段2
……
```

for 循环嵌套是指 for 语句中嵌套了 while 或 for 语句。以 for 语句中嵌套 for 语句为例。

格式：

```
for 临时变量 in 目标对象:        # 外层循环
代码段1
    for 临时变量 in 目标对象:   # 内层循环
代码段2
……
```

五、跳转语句

1.break语句

break 语句用于结束循环，若循环中使用了 break 语句，程序执行到 break 语句时会结束循环；若循环嵌套使用了 break 语句，程序执行到 break 语句时会结束本层循环。

输入：

```
for word in "Python":
    if (word == 'o'):
break
    print(word,end="")
```

输出：

Pyth

2.continue语句

continue语句用于在满足条件的情况下跳出本次循环，该语句通常也与if语句配合使用。

输入：

```
for word in "Python":
    if (word == 'o'):
continue
print(word,end="")
```

输出：

Pythn

六、try/except异常处理语句

Python既可以直接通过try/except语句实现简单的异常捕获与处理的功能，也可以将try/except语句与else或finally子句组合实现更强大的异常捕获与处理的功能。

1.使用try-except语句捕获异常

语法格式：

try：

可能出错的代码

except [异常类型[as error]]：　#将捕获到的异常对象赋error

捕获异常后的处理代码

try/except语句可以捕获与处理程序的单个、多个或全部异常。

捕获单个异常：

```
num_one = int(input("请输入被除数:"))
num_two = int(input("请输入除数:"))
try:
    print("结果为",num_one / num_two)
except ZeroDivisionError:
    print("出错了")
```

说明异常原因：

```
num_one = int(input("请输入被除数:"))
num_two = int(input("请输入除数:"))
```

```
try:
    print("结果为",num_one / num_two)
except ZeroDivisionError as error:
    print("出错了,原因:",error)
```

捕获多个异常：

```
num_one = int(input("请输入被除数:"))
num_two = int(input("请输入除数:"))
try:
    print("结果为",num_one / num_two)
except (ZeroDivisionError,ValueError)as error:
    print("出错了,原因:",error)
```

捕获全部异常：

```
num_one = int(input("请输入被除数:"))
num_two = int(input("请输入除数:"))
try:
    print("结果为",num_one / num_two)
except Exception as error:
    print("出错了,原因:",error)
```

2.异常结构中的else子句

else子句可以与try/except语句组合使用，若try监控的代码没有异常，程序会执行else子句后的代码。

语法格式：

```
try:
可能出错的代码
except [异常类型 [as error]]:    # 将捕获到的异常对象赋值error
捕获异常后的处理代码
else:
未捕获异常后的处理代码
```

else子句示例：

```
first_num = int(input("请输入被除数:"))
second_num = int(input("请输入除数:"))
try:
res = first_num/second_num
except ZeroDivisionError as error:
    print('异常原因:',error)
else:
print(res)
```

3.异常结构中的 finally 子句

finally 子句可以与 try/except 语句结合使用。

语法格式：

try：

可能出错的代码

except [异常类型 [as error]]：　　　　　 # 将捕获到的异常对象赋值 error

捕获异常后的处理代码

finally：

一定执行的代码

无论 try 子句监控的代码是否产生异常，finally 子句都会被执行。

finally 子句多用于预设资源的清理操作，如关闭文件、关闭网络连接。

finally 子句示例：

```
try:
file = open('./file.txt',mode='r',encoding='utf-8')
print(file.read())
except FileNotFoundError as error:
print(error)
finally:
file.close()
    print('文件已关闭')
```

行业视窗3-4

for语句在
Python 中的
作用如何？

价值引领

　　Python 中有比较丰富的典型语句可以进行使用，这些语句能帮助我们提高代码的简洁性，生成所需要的数据。if条件语句能辅助我们进行条件对比判断，循环语句能减少我们的代码重复性，遇到异常情况时，还能使用 try/except 语句对异常情况进行检测。

　　在学习这些语句的过程中，我们需要有全局思维。比如，在代码的什么结构中加入对应的语句，使自己的代码可读性更高。在任意的代码节点上，如果有出现异常情况的可能，我们最好能尽量列举，并且及时处理。所以，在学习 Python 的过程中能锻炼我们的思维能力和动手能力。我们也要在编写代码的过程中不断试错，敢于面对困难，迅速得到成长。

思政元素：工匠精神　全局思维

请阅读以上材料并思考：

1.学习代码的时候，如果遇到调试不了的问题，我们用什么心态面对这些困难？

2.从以上材料可知，想要熟练掌握 Python 操作，我们必须具备哪些思维意识？

任务实训与评价

以小组为单位，完成表3-22中的语句。本任务评价表见表3-22。

表 3-22 任务评价表

序号	评价内容	分值	得分
1	If 条件语句	20	
2	for 循环语句	20	
3	while 循环语句	20	
4	循环嵌套语句	20	
5	跳转语句	10	
6	异常处理语句	10	
7	合计	100	

项目小结

● Python 的创始人 Guido van Rossum。1989 年圣诞节期间，他为了打发圣诞节的无趣，决心开发一个新的脚本解释程序，作为 ABC 语言的一种继承。之所以选中 Python（大蟒蛇的意思）作为该编程语言的名字，是取自英国 20 世纪 70 年代首播的电视喜剧《蒙提・派森的飞行马戏团》。

● Python 是一种跨平台的计算机程序设计语言，是一个高层次的结合了解释性、编译性、互动性和面向对象的脚本语言。最初被设计用于编写自动化脚本（shell），随着版本的不断更新和语言新功能的添加，越多被用于独立的、大型项目的开发。

● Python 软件主要功能有 Web 应用开发、自动化运维、人工智能领域、网络爬虫、科学计算、游戏开发。

● Python 数据类型有数字、字符串；数据结构有列表、字典、元组、集合。Python 常用的算术运算符有加减乘除、整除、取余、次方等。

● Python 常用函数有取绝对值（abs）、布尔运算 and 运算（all）、布尔运算 or 运算（any）、二进制转换（bin）、布尔运算（bool）、字符串转换（bytes）、查看对象的帮助信息（help）、判断数据类型（type）、取最大值（max）、四舍五入运算（round）、计算 int 类型的之和（sum）等。

● Python 典型语句有 if 条件语句、for 循环语句、while 循环语句、循环嵌套语句、跳转语句、try/except 异常处理语句。

项目测试

一、单选题

1. 下面关于 Python 的运算符号的使用说法错误的是（　　）。

A. 使两个数相乘，获取操作数的积的写法是 a*b

B. a+=3 的意思是变量增加 3，结果赋值给原变量

C. 两个变量 x 和 y，如果两个数不相等，则 x!=y 返回 false

D. 对于 not x，若操作数的 x 的布尔值为 true，则结果为 false

2. Python 不支持的数据类型有（　　）。

A.char   B.int   C.float   D.list

3.计算机中信息处理和信息储存用（　　）。

A.二进制代码   B.十进制代码   C.十六进制代码   D.ASCII代码

4.Python语言语句块的标记是（　　）。

A.分号   B.逗号   C.缩进   D./

5.下列选项中，不是Python合法的标识符有（　　）。

A.k2   B.5f   C.data   D.__name__

二、多选题

1.Python软件主要功能包括（　　）。

A.Web应用开发   B.自动化运维   C.网络爬虫   D.科学计算

2.Python的特点包括（　　）。

A.简单易学   B.开源   C.非开源   D.面向对象

3.Python数据类型有（　　）。

A.列表   B.字典   C.元组

D.集合   E.链表

4.Python典型语句包括（　　）。

A.if条件语句   B.for循环语句   C.while循环语句

D.循环嵌套语句   E.跳转语句

5.字符串是一个由（　　）包裹的、有序的集合。

A.单引号   B.双引号   C.三引号

D.四引号   E.五引号

三、判断题

1.标识内存单元的标识符又称变量名。   （　　）

2.Python代码的缩进可以通过Tab键控制，也可使用空格控制。   （　　）

3.在编程语言中，小数通常不以浮点数的形式存储。   （　　）

4.Python字典（dict）是一种有序的、可变的序列，它的元素以"键值对（key-value）"的形式
存储。   （　　）

5.循环嵌套按不同的循环语句可以划分为while循环嵌套和for循环嵌套。   （　　）

项目测试3-1
单选题

项目测试3-2
多选题

项目测试3-3
判断题

项目四

Python 进阶操作

知识目标

- 掌握数值计算的原理；
- 掌握统计分析的原理；
- 掌握聚类的概念和原理；
- 掌握回归的概念和原理。

能力目标

- 能够运用 Python 完成数值计算的基础操作；
- 能够运用 Python 完成统计分析基础操作；
- 能够运用 Python 完成图形绘制；
- 能够完成大数据的预处理；
- 能够运用 Python 进行数据的分类和回归。

素养目标

- 认识到数值计算的重要性，坚持实事求是的原则，客观解读数据信息；
- 在数据可视化中学会使用数据进行客观分析，保证数据真实性，培养正确的价值观、职业道德观；
- 形成科学思维，合理运用模型对数据进行分析。

任务一 掌握 NumPy 数值计算基础操作

学习课件 4-1

掌握 NumPy
数值计算基础
操作

【任务要点】

➤ 了解 NumPy 的数组对象；
➤ 理解 NumPy 的矩阵应用；
➤ 掌握 NumPy 的常用统计函数。

【学习情境】

在 Excel 文档中，有很多统计函数可以使用。小张不禁好奇，在 Python 中是不是也有对应的函数可以进行调用，这些函数的调用格式该如何进行拼写。

小刘说："我们想要调用函数，在代码的开始部分，就要学会导入 NumPy，之后才能顺利地获取所需要的统计函数。其实除了常用的统计函数，NumPy 这个模块还能创建一些数组和矩阵。"

小张问："矩阵中的转置、常规计算都能用 NumPy 实现吗？"小刘说："这些都是可以的，数学中的矩阵计算方式在 Python 里同样可以使用。另外，我们还可以设置等差、等比数组，查看数组的属性和个数。"

小张说："那接下来，我要试着去创建一些数组，并且用统计函数去测试一下，看是不是能得到和 Excel 一样的数值结果。"

【学前思考】

➤ 如何用 NumPy 创建数组和矩阵？
➤ 如何用 NumPy 进行矩阵计算？
➤ 如何用 NumPy 进行常规统计函数计算？

【知识储备】

在线课堂 4-1

Numpy 数值
计算基础

一、掌握 NumPy 数组对象 ndarray

NumPy（Numerical Python）是 Python 中用来存储和处理大型矩阵的工具库，可以有效支持大量的维度数组与矩阵运算，比自身嵌套列表的运算还要简洁高效，它已经成为数据科学领域最基础的工具库之一。

1.创建数组对象

（1）数组属性

ndarray（数组）是存储单一数据类型的多维数组。ndarray 数组属性及说明见表 4-1。

表 4-1 　　　　　　　　　　　　　　ndarray数组属性及说明

属性	说明
ndim	返回 int。表示数组的维数
shape	返回 tuple。表示数组的尺寸，对于n行m列的矩阵，形状为（n，m）
size	返回 int。表示数组的元素总数，等于数组形状的乘积
dtype	返回 data-type。描述数组中元素的类型
itemsize	返回 int。表示数组的每个元素的大小（以字节为单位）

（2）数组创建

numpy.array(object,dtype=None,copy=True,order='K',subok=False,ndmin=0)。ndarray 数组参数及说明见表4-2。

表 4-2 　　　　　　　　　　　　　　ndarray数组参数及说明

参数	说明
object	接收 array。表示想要创建的数组。无默认
dtype	接收 data-type。表示数组所需的数据类型。如果未给定，则选择保存对象所需的最小类型。默认为 None
ndmin	接收 int。指定生成数组应该具有的最小维数。默认为 None

创建数组并查看数组属性见表4-3。

表 4-3 　　　　　　　　　　　　　　创建数组并查看数组属性

In[1]	import numpy as np #导入 Numpy 库 arrl=np.array([1,2,3,4]) #创建一组数组
	 print('创建的数组为: ',arr1)

Out[1]	创建的数组为:[1 2 3 4]
In[2]	arr2=np.array([[1,2,3,4],[4,5,6,7],[7,8,9,10]])#创建二维数组
Out[2]	创建的数组为: [[1 2 3 4] [4 5 6 7] [7 8 9 10]]
In[3]	print('数组维度为: ',arr2.shape) #查看数组结构
Out[3]	数组维度为: (3,4)
In[4]	print('数组维度为: ',arr2.dtype) #查看数组类型
Out[4]	数组维度为: int32
In[5]	print('数组元素个数为: ',arr2.size) #查看数组元素个数
Out[5]	数组元素个数为:12
In[6]	print('数组每个元素大小为: ',arr2.itemsize) #查看数组每个元素大小
Out[6]	数组每个元素大小为: 4

重新设置数组的 shape 属性见表 4-4。

表 4-4　　　　　　　　　　　　重新设置数组的 shape 属性

In[7]	arr2.shape=4,3 #重新设置 shape
	print('重新设置 shape 后的 arr2 为: ',arr2)

Out[7]	重新设置 shape 维度后的 arr2 为: [[1 2 3] [4 4 5] [6 7 7] [8 9 10]]

使用 arange 函数创建数组见表 4-5。

表 4-5　　　　　　　　　　　　使用 arange 函数创建数组

In[8]	print('使用 arange 函数创建的数组为:\n',np.arange(0,1,0.1))
Out[8]	使用 arange 函数创建的数组为: [0. 0.1 0.2 0.3 0.4 0.5 0.6 0.7 0.8 0.9]

使用 linspace 函数创建数组见表 4-6。

表 4-6　　　　　　　　　　　　使用 linspace 函数创建数组

In[9]	print('使用 linspace 函数创建的数组为:',n.linspace(0,1,12))
Out[9]	使用 linspace 函数创建的数组为: [0. 0.09090909 ... 1.]

使用 logspace 函数创建等比数列见表 4-7。

表 4-7　　　　　　　　　　　　使用 logspace 函数创建等比数列

In[10]	print('使用 logspace 函数创建的数组为:',np.logspace(0,2,20))
Out[10]	使用 logspace 函数创建的数组为: [1. 1.27427499 1.62377674..., 61.58482111 78.47599704 100.]

使用 zeros 函数创建数组见表 4-8。

表 4-8　　　　　　　　　　　　使用 zeros 函数创建数组

In[11]	print('使用 zeros 函数创建的数组为:',np.zeros((2,3)))
Out[11]	使用 zeros 函数创建的数组为: [[0. 0. 0.] [0.0. 0.]]

使用 eye 函数创建数组见表 4-9。

表 4-9　　　　　　　　　　　　使用 eye 函数创建数组

In[12]	print('使用 eye 函数创建的数组为:',np.eye(3))
Out[12]	使用 eye 函数创建的数组为: [[1. 0. 0.] [0.1. 0.] [0.0. 1.]]

（3）数组数据类型

NumPy基本数据类型与其取值范围（只展示一部分）见表4-10。

表4-10 NumPy基本数据类型与其取值范围

类型	描述
Bool	布尔类型（值为TURE或FALSE）
Inti	由所在平台决定其精度的整数（一般为int32或int64）
Int8	整数，范围为−128至127
Int16	整数，范围为−32768至32767
Int32	整数，范围为-2^{31}至$2^{32}-1$
……	……

数组数据类型转换见表4-11。

表4-11 数组数据类型转换

In[15]	print('转换结果为: ',np.float64(42))#整型转换为浮点型
Out[15]	转换结果为:42.0
In[16]	print('转换结果为: ',np.int8(42.0))#浮点型转换为整型
Out[16]	转换结果为:42
In[17]	print('转换结果为: ',np.bool(42))#整型转换为布尔型
Out[17]	转换结果为:Ture
In[18]	print('转换结果为: ',np.bool(0))#整型转换为布尔型
Out[18]	转换结果为:False
In[19]	print('转换结果为: ',np.float(Ture))#布尔型转换为浮点型
Out[19]	转换结果为:1.0
In[20]	print('转换结果为: ',np.float(false))#布尔型转换为浮点型
Out[20]	转换结果为:0.0

创建一个存储餐饮企业库存信息的数据类型。首先用一个长度为40个字符的字符串来记录商品的名称，然后用一个64位的整数来记录商品的库存数量，最后用一个64位的单精度浮点数来记录商品的价格，具体步骤如下：

①创建数据类型见表4-12。

表4-12 创建数据类型

In[21]	df=np.dtype([("name",np.str_,40),("numitems",np.int64),("price",np.float64)]) print('数据类型为: ',df)
Out[21]	数据类型为:[('name','<U40'),('numitems','<i8'),('price','<f8')]

②查看数据类型，可以直接查看或者使用NumPy.dtype函数查看，见表4-13。

表4-13　　　　　　　　　　　　　　查看数据类型

In[22]	print('数据类型为：',df["name"])
Out[22]	数据类型为:<U40
In[23]	print('数据类型为：',np.dtype(df["name"]))
Out[23]	数据类型为:<U40

在使用array函数创建数组时，数组的数据类型默认是浮点型。自定义数组数据则可以预先指定数据类型，见表4-14。

表4-14　　　　　　　　　　　　　　自定义数组数据

In[24]	itemz=np.array([("tomatoes",42,4.14),("cabbages",13,1.72)]),dtype=df) print('自定义数据为：',itemz)
Out[24]	自定义数据为：[('tomatoes',42,4.14)('cabbages',13,1.72)]

2.生成随机数组

无约束条件下生成随机数组见表4-15。

表4-15　　　　　　　　　　　　无约束条件下生成随机数组

In[25]	print('生成的随机数组为：',np.random.random(100))
Out[25]	生成的随机数组为： [0.15343184 0.51581585 0.07228451...0.24418316 0.92510545 0.57507965]

生成服从均匀分布的随机数组见表4-16。

表4-16　　　　　　　　　　　　生成服从均匀分布的随机数组

In[26]	print('生成的随机数组为：\n',np.random.rand(10,5))
Out[26]	生成的随机数组为： [[0.39830491 0.94011394 0.59974923 0.44453894 0.65451838] ... [0.1468544 0.82972989 0.58011115 0.45157667 0.32422895]]

生成服从正态分布的随机数组见表4-17。

表4-17　　　　　　　　　　　　生成服从正态分布的随机数组

In[27]	print('生成的随机数组为：\n',np.random.randn(10,5))
Out[28]	生成的随机数组为： [[-0.60571968 0.39034908 -1.63315513 0.02783885 -1.84139301] ... [-0.27500487 1.41711262 0.6635967 0.35486644 -0.26700703]]

生成给定上下范围的随机数组，如创建一个最小值不低于2、最大值不高于10的2行5列数组，见表4-18。

表4-18　　　　　　　　　　　　　　创建数组

In[28]	print('生成的随机数组为：',np.random.randint(2,10,size=[2,5]))
Out[28]	生成的随机数组为： [[6 6 6 6 8] [9 6 6 8 4]]

random模块常用随机数生成函数说明见表4-19。

表4-19　　　　　　　　　　random模块常用随机数生成函数说明

函数	说明
seed	确定随机数生成器的种子
permutation	返回一个序列的随机排列或返回一个随机排列的范围
shuffle	对一个序列进行随机排序
binomial	产生二项分布的随机数
normal	产生正态(高斯)分布的随机数
beta	产生beta分布的随机数
chisquare	产生卡方分布的随机数
gamma	产生gamma分布的随机数
uniform	产生在[0,1)中均匀分布的随机数

3.通过索引访问数组

一维数组的索引见表4-20。

表4-20　　　　　　　　　　　一维数组的索引

In[29]	arr=np.arange(10) print('索引结果为:',arr[5])#用整数作为下标,可以获取数组中的某个元素
Out[29]	索引结果为:5
In[30]	print('索引结果为: ',arr[3:5])#A用范围作为下标获取数组的一个切片,包括arr[3]不包括arr[5]
Out[30]	索引结果为:[3 4]
In[31]	print('索引结果为: ',arr[:5]) #省略开始下标,表示从arr[0]开始
Out[31]	索引结果为:[0 1 2 3 4]
In[32]	print('索引结果为: ',arr[-1]) #下标可以使用负数,-1表示从数组后往前数的第一个元素
Out[32]	索引结果为:9
In[33]	arr[2:4]=100,101 print('索引结果为:',arr)#用下标还可以修改元素的值
Out[33]	索引结果为:[0 1 100 101 4 5 6 7 8 9]

In[34]	#范围中的第三个参数表示步长,2表示隔一个元素取一个元素
	print('转换结果为: ',arr[1:-1:2])

Out[34]	索引结果为:[1 101 5 7]
In[35]	print('索引结果为: ',arr[5:1:-2]) #步长为负数时,开始下标必须大于结束下标
Out[35]	索引结果为:[5 101]

多维数组的索引见表4-21。

表4-21　　　　　　　　　　　　多维数组的索引

In[29]	arr=np.arange(10) print('索引结果为:',arr[5])#用整数作为下标，可以获取数组中的某个元素
Out[29]	索引结果为:5
In[30]	print('索引结果为: ',arr[3:5])#A用范围作为下标获取数组的一个切片,包括arr[3]不包括arr[5]
Out[30]	索引结果为:[3 4]
In[36]	arr=np.arange([[1,2,3,4,5],[4,5,6,7,8],[7,8,9,10,11]]) print('创建的二维数组为:',arr)
Out[36]	创建的二维数组为: [[1 2 3 4 5] [4 5 6 7 8] [7 8 9 10 11]]
In[37]	print('索引结果为: ',arr[0,3:5]) #索引第0行中第3列和第4列的元素
Out[37]	索引结果为:[4 5]

In[38]	#索引第2行和第3行中第3~5列的元素
	print('索引结果为:',arr[1:,2:])

Out[38]	索引结果为: [[6 7 8] [9 10 11]]
In[39]	print('索引结果为: ',arr[:,2])#索引第2列的元素
Out[39]	索引结果为:[3 6 9]

In[40]	#从两个序列的对应位置取出两个整数来组成下标:arr[0,1],arr[1,2],arr[2,3]
	print('索引结果为: ',arr[[(0,1,2),(1,2,3)]])

Out[40]	索引结果为:[2 5 10]
In[41]	print('索引结果为: ',arr[1:,(0,2,3)])#索引第2、3行中的第0、2、3列的元素
Out[41]	索引结果为: [[4 6 7] [7 9 10]]

In[42]	mask=no.array([1,0,1],dtype=np.bool)#mask是一个布尔数组，它索引第1、3行中第2列的元素
	print('索引结果为: ',arr[mask,2])

Out[42]	索引结果为:[3 9]

4.变换数组的形态

改变数组形状见表4-22。

表4-22　　　　　　　　　　　　　改变数组形状

In[43]	arr=np.arange(12)#创建一维数组
	print('创建的一维数组为:',arr)

Out[43]	创建的一维数组为:[0 1 2 3 4 5 6 78 9 10 11]
In[44]	print('新的一维数组为：',arr.reshape(3,4) #设置数组形状
Out[44]	新的一维数组为： [[0 1 2 3] [4 5 6 7] [8 9 10 11]]
In[45]	print('新的一维数组为：',arr.reshape(3,4).ndim#查看数组维度
Out[45]	数组维度为:2

使用ravel函数展平数组见表4-23。

表4-23　　　　　　　　　　　　使用ravel函数展平数组

In[46]	arr=np.arange(12).reshape(3,4) print('创建的二维数组为:',arr)
Out[46]	创建的一维数组为： [[0 1 2 3] [4 5 6 7] [8 9 10 11]]
In[47]	print('数组展开后为：',arr.ravel()) #设置数组形状
Out[47]	数组展开后为:[0 1 2 3 4 5 6 7 8 9 10 11]

使用flatten函数展平数组见表4-24。

表4-24　　　　　　　　　　　　使用flatten函数展平数组

In[48]	print('数组展平为:',arr.flatten) #横向展平
Out[48]	数组展平为:[0 1 2 3 4 5 6 7 8 9 10 11]
In[49]	print('数组展平为：',arr.flatten('F')) #纵向展平
Out[49]	数组展平为:[0 4 8 1 5 9 2 6 10 3 7 11]

使用hstack函数实现数组横向组合：np.hstack((arr1,arr2))

使用vstack函数实现数组纵向组合：np.vstack((arr1,arr2))

使用concatenate函数实现数组横向组合：np.concatenate((arr1,arr2),axis = 1))

使用concatenate函数实现数组纵向组合：np.concatenate((arr1,arr2),axis = 0))

二、掌握NumPy矩阵与通用函数

1.创建NumPy矩阵

（1）创建与组合矩阵

使用mat函数创建矩阵：matr1 = np.mat("1 2 3;4 5 6;7 8 9")

使用matrix函数创建矩阵：matr2 = np.matrix([[123],[456],[789]])

使用bmat函数合成矩阵：np.bmat("arr1 arr2; arr1 arr2")

（2）矩阵的运算

矩阵与数相乘：matr1*3

矩阵相加减：matr1±matr2

矩阵相乘：matr1*matr2

矩阵对应元素相乘：np.multiply(matr1,matr2)

矩阵特有属性说明见表4-25。

表4-25　　　　　　　　　　　　　矩阵特有属性说明

属性	说明
T	返回自身的转置
H	返回自身的共轭转置
I	返回自身的逆矩阵
A	返回自身数据的2维数组的一个视图

2.认识ufunc函数

（1）ufunc函数

ufunc函数全称通用函数（universal function），是一种能够对数组中的所有元素进行操作的函数。

四则运算：加（+）、减（-）、乘（*）、除（/）、幂（**）。数组间的四则运算表示对每个数组中的元素分别进行四则运算，所以形状必须相同。

比较运算：>、<、==、>=、<=、!=。比较运算返回的结果是一个布尔数组，每个元素为每个数组对应元素的比较结果。

逻辑运算：np.any函数表示逻辑"or"，np.all函数表示逻辑"and"。运算结果返回布尔值。

（2）ufunc函数的广播机制

广播（broadcasting）是指不同形状的数组之间执行算术运算的方式。ufunc函数的广播机制需要遵循以下四个原则：一是让所有输入数组都向其中shape最长的数组看齐，shape中不足的部分都通过在前面加1补齐；二是输出数组的shape是输入数组shape的各个轴上的最大值；三是如果输入数组的某个轴和输出数组的对应轴的长度相同或者其长度为1时，这个数组能够用来计算，否则出错；四是当输入数组的某个轴的长度为1时，沿着此轴运算时都用此轴上的第一组值。一维组数和二维组数的广播机制如图4-1所示。

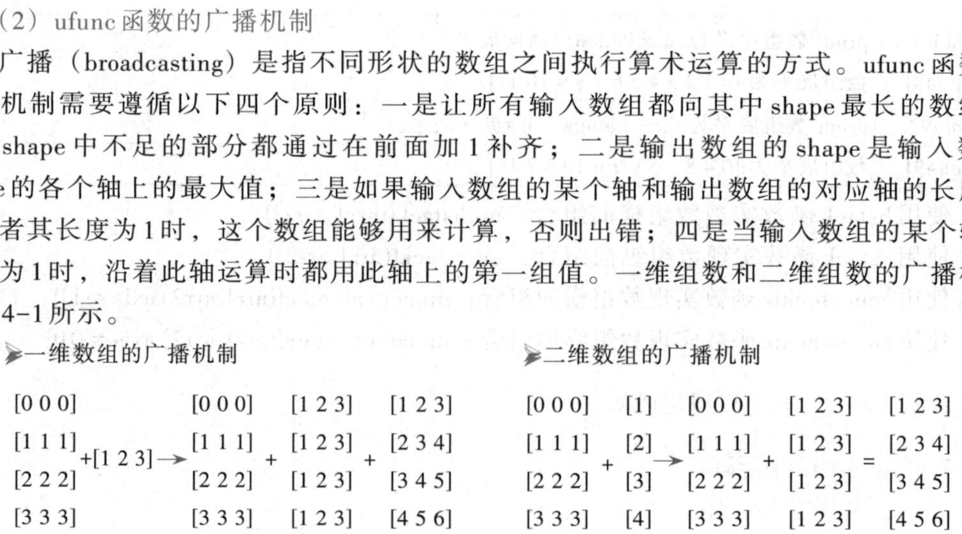

图4-1　一维组数和二维组数的广播机制

三、利用NumPy进行统计分析

1.读写文件

NumPy文件读写主要有二进制的文件读写和文件列表形式的数据读写两种形式。

save函数是以二进制的格式保存数据，如np.save("../tmp/save_arr",arr)。load函数是从二进制的文件中读取数据，如p.load("../tmp/save_arr.npy")。savez函数可以将多个数组保存到一个文件中，如np.savez('../tmp/savez_arr',arr1,arr2)。存储时可以省略扩展名，但读取时不能省略扩展名。NumPy也可以读取文本格式的数据。savetxt函数是将数组写到某种分隔符隔开的文本文件中，如np.savetxt("../tmp/arr.txt",arr,fmt="%d",delimiter=",")。loadtxt函数执行的是把文件加载到一个二维数组中，如np.loadtxt("../tmp/arr.txt",delimiter=",")。genfromtxt函数面向的是结构化数组和缺失数据，如np.genfromtxt("../tmp/arr.txt",delimiter = ",")。

2.使用数组进行简单统计分析

（1）直接排序

sort函数是最常用的排序方法，如arr.sort()。sort函数也可以指定一个axis参数，使得sort函数可以沿着指定轴对数据集进行排序。axis=1为沿横轴排序；axis=0为沿纵轴排序。

（2）间接排序

argsort函数返回值为重新排序值的下标，如arr.argsort()。lexsort函数返回值是按照最后一个传入数据排序的，如np.lexsort((a,b,c))。

（3）去重与重复数据

通过unique函数可以找出数组中的唯一值并返回已排序的结果。tile函数主要有两个参数，参数"A"指定重复的数组，参数"reps"指定重复的次数。

（4）np.tile(A,reps)

repeat函数主要有三个参数，参数"a"是需要重复的数组元素，参数"repeats"是重复次数，参数"axis"指定沿着哪个轴进行重复，axis = 0表示按行进行元素重复；axis = 1表示按列进行元素重复。

（5）numpy.repeat(a,repeats,axis=None)

这两个函数的主要区别在于：tile函数是对数组进行重复操作，repeat函数是对数组中的每个元素进行重复操作。

3.常用的统计函数

当axis=0时，表示沿着纵轴计算。当axis=1时，表示沿着横轴计算。默认时计算一个总值。常用统计函数说明见表4-26。

表4-26　　　　　　　　　　　　　　常用统计函数说明

函数	说明
sum	计算数组的和
mean	计算数组均值

续表

函数	说明
std	计算数组标准差
var	计算数组方差
min	计算数组最小值
max	计算数组最大值
argmin	返回数组最小元素的索引
argmax	返回数组最大元素的索引
cumsum	计算所有元素的累计和
cumprod	计算所有元素的累计积

价值引领

　　近些年，随着人工智能、大数据、自动化运维等行业的兴起，Python 在编程方向上得天独厚的优势也凸显出来。当你正在推进大项目的时候，库可以帮助你节约时间并减少开发周期。Python 拥有极好的可供选择的各种库。比如数据计算中使用到的 NumPy，它是 Python 数据分析和科学计算的核心软件包，提供了 Python 对多维数组对象的支持：ndarray 具有矢量运算能力，快速、节省空间。我们可以使用数组、矩阵计算、统计函数等对数据进行处理，其支持高级大量的维度数组与矩阵运算，此外也针对数组运算提供大量的数学函数库，便于我们进行统计分析。

　　NumPy 底层使用标准 C 语言编写，补充了 Python 语言所欠缺的数值计算能力，充分优化了 Python 的运行效率，也是其他数据分析及机器学习库的底层库。Numpy 的基本对象是 ndarray，最大的优势在于用其进行多维数组的计算，不用写多重 for 循环，直接可以进行矢量化的运算。更厉害的是其封装了 vectorize 函数，可以把处理标量的函数矢量化，从而极大地提高了计算速度。但是 ndarray 中的数据类型必须相同，于是有了 Pandas 可以处理不同数据类型的数据集，有效提高了我们处理不同数据的能力。

　　我们可以通过丰富的运算和数学函数库，构建数值计算的基本思维体系，从数学原理的部分进阶到代码复现公式这一步。这能提高我们对数学函数库的熟悉程度。

　　资料来源　佚名．NumPy、Pandas、Matplotlib 三者的利弊分析 ［EB/OL］．［2020-01-05］．https：//blog.csdn.net/qq_43435274/article/details/103845961.

　　思政元素：数学思维　数据处理能力

　　请阅读以上材料并思考：

　　NumPy 里可以实现哪些数值计算，我们要如何要学习 NumPy？

任务实训与评价

　　以小组为单位，读取 iris 数据集中的花萼长度数据（已保存为 csv 格式），并对其进行排序、去重，并求出和、累积和、均值、标准差、方差、最小值、最大值。

本任务评价表见表4-27。

表4-27   **任务评价表**

序号	评价内容	分值	得分
1	读取数据集	20	
2	对数据排序去重	20	
3	求数据的均值	20	
4	求标准差方差	20	
5	求数据的最小值和最大值	10	
6	作业规范性	10	
7	合计	100	

任务二 掌握Pandas统计分析基础操作

【任务要点】

> 了解Pandas读取不同数据源的方法；
> 掌握DataFrame的常规操作；
> 理解Pandas转换与处理时间序列数据的基本方法；
> 掌握Pandas分组聚合组内计算、创建透视表与交叉表的方法。

学习课件4-2

掌握Pandas
统计分析基础
操作

【学习情境】

小张对小刘说："我最近有些本地的数据文件，Python能和这些数据文件进行交互吗？我想对Excel文件进行透视表的处理。"

小刘说："可以的，Python里面有一个模块叫作Pandas，我们可以用它读取不同数据源的数据，其中一种就是可以读取Excel文件。除此之外，还可以读取表格、csv和数据库。读取成功后，可以对数据进行处理。例如，我们可以转换与处理时间序列数据、分组聚合组内计算、创建透视表和交叉表。这些在Excel中存在的功能，我们也能通过Pandas实现。"

小张说："Pandas原来可以读写这么多不同的数据，那我的其他数据文件也能通过同样的方式进行处理了。"

【学前思考】

> 如何用Pandas读取不同数据源？
> 如何用Pandas转换与处理时间序列数据？
> 如何用Pandas进行分组聚合组内计算？
> 如何用Pandas创建透视表与交叉表？

【知识储备】

一、不同数据源数据的读取与存储

在线课堂4-2

Pandas统计分析基础

1.数据库数据读取

对于数据库数据读取，Pandas提供了读取与存储关系型数据库数据的函数与方法。除了Pandas库外，还需要使用SQLAlchemy库建立对应的数据库连接。SQLAlchemy配合相应数据库的Python连接工具（例如，MySQL数据库需要安装mysqlclient或者pymysql库），使用create_engine函数，建立一个数据库连接。

creat_engine中填入的是一个连接字符串。在使用Python的SQLAlchemy时，MySQL和Oracle数据库连接字符串的格式如下：

数据库产品名+连接工具名://用户名:密码@数据库IP地址:数据库端口号/数据库名称？charset = 数据库数据编码

read_sql_table只能够读取数据库的某一个表格，不能实现查询的操作，示例如下：

pandas.read_sql_table(table_name,con,schema=None,index_col=None,coerce_float=True, columns=None)

read_sql_query则只能实现查询操作，不能直接读取数据库中的某个表，示例如下：

pandas.read_sql_query(sql,con,index_col=None,coerce_float=True)

read_sql是两者的综合，既能够读取数据库中的某一个表，也能够实现查询操作，示例如下：

pandas.read_sql(sql,con,index_col=None,coerce_float=True,columns=None)

Pandas三个数据库数据读取函数的参数几乎完全一致，唯一的区别在于传入的是语句还是表名。Pandas数据库参数说明见表4-28。

表4-28 Pandas数据库参数说明

参数名称	说明
sql or table_name	接收string。表示读取的数据的表明或者sql语句。无默认
con	接收数据库连接。表示数据库连接信息。无默认
index_col	接收int，sequence或者False.表示设定的列作为行名，如果是一个数列则是多重索引。默认为None
coerce_float	接收boolean。将数据库中的decimal类型的数据转换为Pandas中的float64类型的数据。默认为True
columns	接收list。表示读取数据的列名。默认为None

2.数据库数据存储

数据库数据读取有三个函数，但数据存储只有一个to_sql方法，具体如下：

DataFrame.to_sql(name,con,schema=None,if_exists='fail',index=True,index_label=None, dtype=None)

数据库数据存储说明见表4-29。

表4-29 **数据库数据存储说明**

数据名称	说明
name	接收 string。代表数据库表名。无默认
con	接收数据库连接。无默认
if_exists	接收 fail，replace，append。fail表示如果表明存在，则不执行写入操作；replace 表示如果存在，则将数据库表删除，重新创建；append表示在原数据库表的基础上追加数据。默认为fail
index	接收 boolean。表示是否将行索引作为数据传入数据库。默认Ture
index_lable	接收 string 或者 sequence。代表是否引用索引名称，如果 index 参数为 Ture，此参数为 None，则使用默认名称。如果为多重索引，则必须使用 sequence 形式。默认为 None
dtype	接收 dict。代表写入的数据类型（列名为 key，数据格式为 values）。默认为 None

3.文本文件的读取与存储

（1）文本文件读取

文本文件是一种由若干行字符构成的计算机文件，它是一种典型的顺序文件。csv 是一种逗号分隔的文件格式，因为其分隔符不一定是逗号，所以又被称为字符分隔文件，文件以纯文本形式存储表格数据（数字和文本）。

使用 read_table 来读取文本文件，其语法格式如下：

pandas.read_table(filepath_or_buffer,sep='\t',header='infer',names=None,index_col=None, dtype=None,engine=None,nrows=None)

使用 read_csv 函数来读取 csv 文件，其语法格式如下：

pandas.read_csv(filepath_or_buffer,sep='\t',header='infer',names=None,index_col=None, dtype=None,engine=None,nrows=None)

read_table 和 read_csv 常用参数及其说明见表4-30。

表4-30 read_table 和 read_csv 常用参数及其说明

数据名称	说明
filepath	接收 string。代表文件路径。无默认
sep	接收 string。代表分隔符。read_csv 默认为 ","，read_table 默认为制表符 "[Tab]"
header	接收 int 或 sequence。表示将某行数据作为列名。默认为 infer，表示自动识别
names	接收 array。表示列名。默认为 None
index_col	接收 int、sequence 或 false。表示索引列的位置，取值为 sequence 则代表多重索引。默认为 None
dtype	接收 dict。代表写入的数据类型（列名为 key，数据格式为 values）。默认为 None
engine	接收 c 或者 Python。代表数据解析引擎。默认为 c
nrows	接收 int。表示读取前 n 行。默认为 None

read_table 和 read_csv 函数中的 sep 参数是指定文本的分隔符，如果分隔符指定错误，在读取数据的时候，每一行数据将连成一片。header 参数是用来指定列名的，如果是 None 则会添加一个默认的列名。encoding 代表文件的编码格式，常用的编码有 utf-8、utf-16、gbk、gb2312、gb18030 等。如果编码指定错误数据，将无法读取，IPython 解释器会报解析错误。

（2）文本文件存储

文本文件的存储和读取类似，结构化数据可以通过 Pandas 中的 to_csv 函数，实现以 csv 文件格式存储文件，其语法格式如下：

DataFrame.to_csv(path_or_buf=None,sep=',',na_rep='',columns=None,header=True,index=True,index_label=None,mode='w',encoding=None)

本文件存储参数及其说明见表 4-31。

表 4-31　　　　　　　　　　　　　文本文件存储参数及其说明

参数名称	说明
path_or_buf	接收 string。代表文件路径。无默认
sep	接收 string。代表分隔符。默认为 ","
na_rep	接收 string。代表缺失值。默认为 ""
columns	接收 list。代表写出的列名。默认为 None
header	接收 boolean。代表写出的列名。默认为 None
index	接收 boolean。代表是否将行名（索引）写出。默认为 True
index_labels	接收 sequence。表示索引名。默认为 None
mode	接收特定 string。代表数据写入模式。默认为 w
encoding	接收特定 string。代表存储文件的编码格式。默认为 None

4.Excel 文件的读取与存储

（1）Excel 文件读取

Pandas 提供了 read_excel 函数来读取 "xls""xlsx" 两种 Excel 文件，其语法格式如下：

pandas.read_excel(io,sheetname=0,header=0,index_col=None,names=None,dtype=None)

Excel 文件读取参数及其说明见表 4-32。

表 4-32　　　　　　　　　　　　　Excel 文件读取参数及其说明

参数名称	说明
io	接收 string。表示文件路径。无默认
sheetname	接收 string、int。代表 Excel 表内数据的分表位置。默认为 0
header	接收 int 或 sequence。表示将某行数据作为列名。默认为 infer，表示自动识别
names	接收 array，表示列名，默认为 None
index_col	接收 int、sequence 或者 false。表示索引列的位置，取值为 sequence 则代表多重索引。默认为 None
dtype	接收 dict。代表写入的数据类型（列名为 key，数据格式为 values）。默认为 None

（2）Excel文件储存

将文件存储为Excel文件，可以使用to_excel方法，其语法格式如下：

DataFrame. to_excel(excel_writer=None, sheetname=None', na_rep= '', header=True, index=True,index_label=None,mode='w',encoding=None)

to_csv方法的常用参数基本一致，区别之处在于指定存储文件的文件路径参数名称为excel_writer，并且没有sep参数，增加了一个sheetnames参数用来指定存储的Excel sheet的名称，默认为sheet1。

二、掌握**DataFrame**的常用操作

1.DataFrame的基础属性

DataFrame的基础属性说明见表4-33。

表4-33　　　　　　　　　　　DataFrame的基础属性说明

函数	返回值
values	元素
index	索引
columns	列名
dtypes	类型
size	元素个数
ndim	维度数
shape	数据形状（行列数目）

2.查改 DataFrame 数据

（1）访问 DataFrame 中的数据——数据基本查看方式

①对单列数据的访问：DataFrame 的单列数据为一个 Series。根据 DataFrame 的定义可以知晓 DataFrame 是一个带有标签的二维数组，每个标签都相当于每一列的列名。有以下两种方式来实现对单列数据的访问：一是以字典访问某一个key的值的方式使用对应的列名，实现单列数据的访问；二是以属性的方式访问，实现单列数据的访问（不建议使用，易引起混淆）。

②对某一列的某几行访问：访问 DataFrame 中某一列的某几行时，单独一列的 DataFrame 可以视为一个 Series（另一种 Pandas 提供的类，可以看作只有一列的 DataFrame），而访问一个 Series 和访问一个一维的 ndarray 基本相同。

③对多列数据访问：访问 DataFrame 多列数据可以将多个列索引名称视为一个列表，同时访问 DataFrame 多列数据中的多行数据和访问单列数据的多行数据方法基本相同。

④对某几行访问：如果只需要访问 DataFrame 的某几行数据，实现方式则和上述访问多列多行相似，选择所有列，使用"："代替即可。head 和 tail 也可以得到多行数据，但是用这两种方法得到的数据都是从开始或者末尾获取的连续数据。默认参数为访问5行，只要在方法后方的"()"中填入访问行数即可实现对目标行数的查看。

⑤访问 DataFrame 中的数据——loc。loc 方法是针对 DataFrame 索引名称的切片方法，如果传入的不是索引名称，那么切片操作将无法执行。利用 loc 方法，能够实现所有单层索引切片操作。loc 的使用方法如下：

DataFrame.loc[行索引名称或条件,列索引名称]

iloc 和 loc 的区别是 iloc 接收的必须是行索引和列索引的位置。iloc 的使用方法如下：

DataFrame.iloc[行索引位置,列索引位置]

使用 loc 和 iloc 方法实现多列切片，其原理的通俗解释就是将多列的列名或者位置作为一个列表或者数据传入。使用 loc 方法和 iloc 方法可以取出 DataFrame 中的任意数据。在使用 loc 的时候，内部传入的行索引名称如果为一个区间，则前后均为闭区间；在使用 iloc 时，内部传入的行索引位置或列索引位置如果为一个区间，则为前闭后开区间。

loc 内部还可以传入表达式，结果会返回满足表达式的所有值。若使用 detail.iloc[detail['order_id']=='458', [1,5]]读取数据，则会报错，原因在于此处条件返回的是一个布尔值 Series，而 iloc 可以接收的数据类型并不包括 Series。根据 Series 的构成，只要取出该 Series 的 values 就可以了，需要改为 detail.iloc[(detail['order_id']=='458').values,[1,5]]。loc 灵活多变，代码的可读性高；iloc 的代码简洁，但可读性不高。具体在数据分析工作中使用哪一种方法，根据情况而定，大多数时候建议使用 loc 方法。

⑥访问 DataFrame 中的数据——ix。ix 方法更像是 loc 和 iloc 两种切片方法的融合。ix 方法在使用时既可以接收索引名称，也可以接收索引位置。ix 的使用方法如下：

DataFrame.ix[行索引的名称或位置或者条件,列索引名称或位置]

使用 ix 方法时应注意，当索引名称和位置存在部分重叠时，ix 默认优先识别名称；尽量保持行索引名称和行索引位置重叠，这样就无须考虑取值时区间的问题，一律为闭区间；使用列索引名称，而非列索引位置，主要用来保证代码的可读性；使用列索引位置时需要注解，同样要保证代码的可读性。

除此之外，ix 方法还有一个缺点，就是在面对数据量巨大的任务时，其效率会低于 loc 和 iloc 方法，所以在日常的数据分析工作中建议使用 loc 和 iloc 方法来执行切片操作。

（2）更改 DataFrame 中的数据

更改 DataFrame 中的数据，原理是将这部分数据提取出来，重新赋值为新的数据。

需要注意的是，数据更改直接针对 DataFrame 原数据更改，操作无法撤销；如果做出更改，需要对更改条件做确认或对数据进行备份。

（3）增加 DataFrame 中的数据

DataFrame 添加一列的方法非常简单，只需要新建一个列索引，并对该索引下的数据进行赋值操作即可。如果新增的一列值是相同的，则直接赋值一个常量即可。

（4）删除 DataFrame 中某列或某行数据

删除某列或某行数据需要用到 Pandas 提供的方法 drop，drop 的用法如下：

drop(labels,axis=0,level=None,inplace=False,errors='raise')

其中，axis 为 0 时表示删除行，axis 为 1 时表示删除列。

删除某列或某行数据常用参数说明见表 4-34。

表4-34 删除某列或某行数据常用参数说明

参数名称	说明
labels	接收string或array。代表删除的行或列的标签。无默认
axis	接收0或1。代表操作的轴向。默认为0
levels	接收int或者索引名。代表标签所在级别。默认为None
inplace	接收boolean。代表操作是否对原数据生效。默认为False

3.描述分析DataFrame数据

（1）数值型特征的描述性统计

①数值型特征的描述性统计——NumPy中的描述性统计函数。数值型特征的描述性统计主要包括计算数值型数据的完整情况、最小值、均值、中位数、最大值、四分位数、极差、标准差、方差、协方差和变异系数等。NumPy中的描述性统计函数明见表4-35。

表4-35 NumPy中的描述性统计函数说明

函数名称	说明	函数名称	说明
np.min	最小值	np.max	最大值
np.mean	均值	np.ptp	极差
np.median	中位数	np.std	标准差
np.var	方差	np.cov	协方差

②数值型特征的描述性统计——Pandas描述性统计方法。Pandas库基于NumPy，自然也可以用函数对数据框进行描述性统计。Pandas还提供了更加便利的方法来计算均值，如detail['amounts'].mean()。Pandas提供的describe能够一次性得出数据框所有数值型特征的非空值数目、均值、四分位数、标准差。Pandas描述性统计方法说明见表4-36。

表4-36 Pandas描述性统计方法说明

方法名称	说明	方法名称	说明
min	最小值	max	最大值
mean	均值	ptp	极差
median	中位数	std	标准差
var	方差	cov	协方差
sem	标准误差	mode	众数
skew	样本偏度	kurt	样本峰度
quantile	四分位数	count	非空值数目
describe	描述统计	mad	平均绝对离差

（2）类别型特征的描述性统计

描述类别型特征的分布状况，可以使用频数统计表。Pandas库中实现频数统计的方法为 value_counts。Pandas 提供了 categories 类，可以使用 astype 方法将目标特征的数据类型转换为 category 类别。describe 方法除了支持传统数值型以外，还能够支持对 category 类型的数据进行描述性统计，四个统计量分别为列非空元素的数目、类别的数目、数目最多的类别、数目最多类别的数目。

三、转换与处理时间序列数据

1.转换字符串时间为标准时间

（1）Pandas时间相关的类

在多数情况下，对时间类型数据进行分析的前提就是将原本为字符串的时间转换为标准时间类型。Pandas 继承了 NumPy 库和 Datetime 库的时间相关模块，提供了六种时间相关的类，见表4-37。

表4-37   Pandas 时间相关的类说明

类名称	说明
timestamp	最基础的时间类，表示某个时间点。在绝大多数场景中的时间数据都是 timestamp 形式的时间
period	表示单个时间跨度，或者某个时间段，如某一天、某一小时等
timedelta	表示不同单位的时间，如1天、1.5小时、3分钟、4秒等，而非具体的某个时间段
datetimeIndex	一组 timestamp 构成的 index，可以用来作为 Series 或者 Dataframe 的索引
periodtimeIndex	一组 period 构成的 index，可以用来作为 Series 或者 Dataframe 的索引
timedeltaIndex	一组 timedelta 构成的 index，可以用来作为 Series 或者 Dataframe 的索引

（2）Timestamp类型

Timestamp 是时间类中最基础的，也是最为常用的。在多数情况下，时间相关的字符串都会转换成为 Timestamp。Pandas 提供了 to_datetime 函数，能够实现这一目标。值得注意的是，Timestamp 类型时间是有限制的。

（3）DatetimeIndex 与 PeriodIndex 函数

除了将 DataFrame 中的数据直接转换为 Timestamp 格式外，还可以将数据单独提取出来将其转换为 DatetimeIndex 或者 PeriodIndex。转换为 PeriodIndex 的时候，需要通过 freq 参数指定时间间隔，常用的时间间隔有 Y 为年、M 为月、D 为日、H 为小时、T 为分钟、S 为秒。两个函数既可以用来转换数据，还可以用来创建时间序列数据，其参数非常类似。

DatetimeIndex 和 PeriodIndex 在日常使用过程中区别较小，其中 DatetimeIndex 用来指代一系列时间点的数据结构，PeriodIndex 则用来指代一系列时间段的数据结构。DatetimeIndex 与 PeriodIndex 函数及其参数说明见表4-38。

表4-38　　　　　　　　　　DatetimeIndex与PeriodIndex函数及其参数说明

参数名称	说明
data	接收array。表示DatetimeIndex的值。无默认
frep	接收string。表示时间的间隔频率。无默认
start	接收string。表示生成规则时间数据的起始点。无默认
periods	表示需要生成的周期数目。无默认
end	接收string。表示生成规则时间数据的终结点。无默认
tz	接收timezone。表示数据的时区。默认为None
name	接收int，string。默认为空。指定DatetimeIndex的名字

2.提取时间序列数据信息

在统计分析的过程中，需要提取时间中的年份、月份等数据，使用对应的Timestamp类属性就能够实现这一目的。结合Python列表推导式，可以实现对DataFrame中某一列时间信息数据的提取。Timestamp类常用属性说明见表4-39。

表4-39　　　　　　　　　　　Timestamp类常用属性说明

属性名称	说明	属性名称	说明
year	年	week	一年中第几周
month	月	quarter	季节
day	日	weekofyear	一年中第几周
hour	小时	dayofyear	一年中的第几天
minute	分钟	dayofweek	一周第几天
second	秒	weekday	一周第几天
date	日期	weekday_name	星期名称
time	时间	is_leap_year	是否闰年

在DatetimeIndex和PeriodIndex中提取对应信息可以以类属性方式实现。值得注意的是，PeriodIndex相比于DatetimeIndex少了weekday_name属性，所以不能够用该属性提取星期名称数据。若想要提取星期名称，可以先提取weekday属性，然后将0~6四个标签分别赋值为Monday至Sunday。

3.加减时间数据

Timedelta是时间相关类中的一个异类，不仅能够使用正数，而且能够使用负数表示单位时间，如1秒、2分钟、3小时等。使用Timedelta类，配合常规的时间相关类，能够轻松实现时间的算术运算。目前，Timedelta函数的时间周期中没有年和月。Timedelta类说明见表4-40。

表4-40　　　　　　　　　　　　Timedelta类说明

周期名称	单位	说明	周期名称	单位	说明
weeks	w	星期	seconds	s	秒
days	d	天	milliseconds	ms	毫秒
hours	h	小时	microseconds	us	微妙
minutes	m	分	nanoseconds	ns	纳秒

使用 Timedelta，不但可以很轻松地实现在某个时间上加减一段时间，而且能够直接对两个时间序列进行相减，从而得出一个 Timedelta。

四、使用分组聚合进行组内计算

1.使用 groupby 方法拆分数据

groupby 方法提供的是分组聚合步骤中的拆分功能，能根据索引或字段对数据进行分组，格式如下：

DataFrame. groupby(by=None, axis=0, level=None, as_index=True, sort=True, group_keys=True,squeeze=False,**kwargs)

groupby 方法的参数及其说明见表 4-41。

表 4-41　　　　　　　　　　groupby 方法的参数及其说明

参数名称	说明
by	接收 list，string，mapping 或 generator。用于确定进行分组的依据。无默认
axis	接收 int。表示操作的轴向，默认对列进行操作。默认为 0
level	接收 int 或者索引名。代表标签所在级别。默认为 None
as_index	接收 boolearn。表示聚合后的聚合标签是否以 DataFrame 索引形式输出。默认为 Ture
sort	接收 boolearn。表示是否对分组依据分组标签进行排序。默认为 Ture
group_keys	接收 boolearn。表示是否显示分组标签的名称。默认为 Ture
squeeze	接收 boolearn。是否在允许的情况下对返回数据进行降维。默认为 False

参数的特别说明：如果传入的是一个函数，则对索引进行计算并分组。如果传入的是一个字典或者 Series，则用字典或者 Series 的值做分组依据。如果传入一个 NumPy 数组，则将数据的元素作为分组依据。如果传入的是字符串或者字符串列表，则将这些字符串所代表的字段作为分组依据。

用 groupby 方法分组后的结果并不能直接查看，而是被存在内存中，输出的是内存地址。实际上分组后的数据对象 groupby 类似 Series 与 DataFrame，是 Pandas 提供的一种对象。groupby 对象常用的描述性统计方法说明见表 4-42。

表 4-42　　　　　　　　　　groupby 对象常用的描述性统计方法说明

方法名称	说明	方法名称	说明
count	计算分组的数目，包括缺失值	cumcount	对每个分组中的组员进行标记，0 至 n-1
head	返回每组的前 n 个值	size	返回每组的大小
max	返回每组的最大值	min	返回每组的最小值
mean	返回每组的均值	std	返回每组的标准差
median	返回每组的中位数	sum	返回每组的和

2.使用agg方法聚合数据

（1）agg和aggregate函数参数及其说明

agg，aggregate方法都支持对每个分组应用某函数，包括Python内置函数或自定义函数，同时这两个方法也能够直接对DataFrame进行函数应用操作。

在正常使用过程中，agg函数和aggregate函数对DataFrame对象操作时功能几乎完全相同，因此只需要掌握其中一个函数即可。

DataFrame.agg(func,axis=0,*args,**kwargs)

DataFrame.aggregate(func,axis=0,*args,**kwargs)

agg和aggregate函数参数及其说明见表4-43。

表4-43　　　　　　　　　　　agg和aggregate函数参数及其说明

参数名称	说明
func	接收list、dict、function。表示应用于每行/每列的函数。无默认
axis	接收0或1。代表操作的轴向。默认为0

（2）agg方法求统计量

可以使用agg方法一次求出当前数据中所有字段的总和与均值，格式如下：detail[['counts','amounts']].agg([np.sum,np.mean]))

对于某个字段希望只做求均值操作，而对另一个字段则希望只做求和操作，可以使用字典的方式，先将两个字段名分别作为key，然后将NumPy库的求和与求均值的函数分别作为value，格式如下：

detail.agg({'counts':np.sum,'amounts':np.mean}))

在某些时候还希望求出某个字段的多个统计量，某些字段则只需要求一个统计量，此时只需要将字典对应key的value变为列表，列表元素为多个目标的统计量即可，格式如下：

detail.agg({'counts':np.sum，'amounts':[np.mean,np.sum]}))

（3）agg方法与自定义的函数

使用agg方法可传入自定义函数。使用自定义函数需要注意的是NumPy库中的函数np.mean，np.median，np.prod，np.sum，np.std，np.var能够在agg中直接使用，但是在自定义函数中使用NumPy库中的这些函数，如果计算的时候是单个序列则无法得出想要的结果，如果是多列数据同时计算则不会出现这种问题。

使用agg方法能够实现对每一个字段、每一组使用相同的函数。如果需要对不同的字段应用不同的函数，则与在Dataframe中使用agg方法相同。

3.使用apply方法聚合数据

apply方法类似agg方法，能够将函数应用于每一列。不同之处在于apply方法相比agg方法传入的函数只能够作用于整个DataFrame或者Series，而无法像agg一样能够针对不同字段，应用不同函数获取不同结果。

使用apply方法对GroupBy对象进行聚合操作的方法与agg方法相同，只是使用agg方法能够实现对不同的字段应用不同的函数，apply方法则不行。使用apply方法聚合数

据格式如下:

DataFrame.apply(func,axis=0,broadcast=False,raw=False,reduce=None,args=(),**kwds)

apply 函数参数及其说明见表 4-44。

表 4-44   apply 函数参数及其说明

参数名称	说明
func	接收 functions。表示应用于每行/列的函数。无默认
axis	接收 0 或 1。代表操作的轴向。默认为 0
broadcast	接收 boolearn。表示是否进行广播。默认为 False
raw	接收 boolearn。表示是否直接将 ndarray 对象传递给函数。默认为 False
reduce	接收 boolearn 或者 None。表示返回值的格式。默认 None

4.使用 transform 方法聚合数据

transform 方法能够对整个 DataFrame 的所有元素进行操作,并且 transform 方法只有一个参数 "func",表示对 DataFrame 操作的函数。同时,transform 方法还能够对 DataFrame 分组后的对象 GroupBy 进行操作,可以实现组内离差标准化等操作。

若计算离差标准化的时候结果中有 NaN,则是因为根据离差标准化公式,最大值和最小值相同的情况下分母是 0,而分母为 0 的数在 Python 中用 NaN 表示。

五、创建透视表与交叉表

1.使用 povit_table 函数创建透视表

(1) pivot_table 函数常用参数及其说明

利用 pivot_table 函数可以实现透视表,格式如下:

pandas. pivot_table(data, values=None, index=None, columns=None, aggfunc= 'mean', fill_value=None,margins=False,dropna=True,margins_name='All')

pivot_table 函数的常用参数及其说明见表 4-45。

表 4-45   pivot_table 函数常用参数及其说明

参数名称	说明
data	接收 DataFrame。表示创建表的数据。无默认
values	接收字符串。用于指定想要聚合的数据字段名,默认使用全部数据。默认为 None
index	接收 String 或 list。表示行分组键。默认为 None
columns	接收 string 或 list。表示行分组键。默认为 None
aggfunc	接收 functions。表示聚合函数。默认为 mean
margins	接收 boolearn。表示汇总(Total)功能的开关,设为 Ture 后结果集中会出现名为 "ALL" 的行和列。默认为 True
dropna	接收 boolearn。表示是否删掉全为 NaN 的列。默认为 False

（2）pivot_table 函数主要的参数调节

在不特殊指定聚合函数 aggfunc 时，会默认使用 numpy.mean 进行聚合运算，numpy.mean 会自动过滤掉非数值类型数据，可以通过指定 aggfunc 参数修改聚合函数。与使用 groupby 方法分组相同，pivot_table 函数在创建透视表的时候分组键 index 可以有多个。

通过设置 columns 参数可以指定列分组。当全部数据列数很多时，若只想显示某列，可以通过指定 values 参数来实现。当某些数据不存在时，会自动填充 NaN，因此可以指定 fill_value 参数，表示当存在缺失值时，以指定数值进行填充。可以更改 margins 参数，查看汇总数据。

2. 使用 crosstab 函数创建交叉表

交叉表是一种特殊的透视表，主要用于计算分组频率，利用 Pandas 提供的 crosstab 函数可以制作交叉表。由于交叉表是透视表的一种，因此其参数基本保持一致，不同之处在于 crosstab 函数中的 index，columns，values 填入的都是从 Dataframe 中取出的某一列。crosstab 函数格式如下：

pandas. crosstab(index, columns, values=None, rownames=None, colnames=None, aggfunc=None,margins=False,dropna=True,normalize=False)

crosstab 函数常用参数及其说明见表 4-46。

表 4-46　　　　　　　　　　　crosstab 函数常用参数及其说明

参数名称	说明
index	接收 string 或 list。表示行索引键。无默认
columns	接收 string 或 list。表示列索引键。无默认
values	接收 array。表示聚合数据。默认为 None
aggfunc	接收 function。表示聚合数据。默认为 None
rownames	表示行分组键名。无默认
colnames	表示列分组键名。无默认
dropna	接收 boolearn。表示是否删掉全为 NaN 的列。默认为 False
margins	接收 boolearn。默认为 True。汇总（Total）功能的开关，设为 True 后结果会出现"ALL"的行和列
normalize	接收 boolearn。表示是否对值进行标准化。默认为 False

行业视窗 4-2

描述统计分析的意义

价值引领

在接触统计分析的过程中，我们会使用不同的工具读取数据，Pandas 可以协助我们读取数据，并进行相关的统计分析操作。

Pandas 是基于 Numpy 的一种工具，该工具是为了解决数据分析任务而创建的，能够高效地操作大型结构化数据集。最常用的数据结构是 Series 和 DataFrame。我们可以把 Series 理解为一个一维的数组，只是 index 名称可以自己改动。类似于定长的有序字典，有 index 和 value。而 DataFrame 是一个类似于表格的数据类型，可以理解为一个二维数组，索引有两个维度，可更改。一行一样本，一列一特征。每一行都可以看作一个样本，每一列都可以看作一个 Series。通过对其中的行和列执行算术运算，从而得出分析结果。还有一个很好用的功能是用其封装的 to_datetime 函数转换日期数据类型，其支持大多数的日期格式，而且转换后的 datetime 类型数据支持日期运算。

因此，使用 Pandas 可以使我们更好地做数据整理与清洗、数据分析与建模、数据可视化与制表等，使时间序列的数据分析更为便捷。

思政元素：工匠精神　科学思维

请阅读以上材料并思考：

1. 你从大数据整理清洗的操作中体会到了什么道理？

2. 不管 Pandas 如何便利，如果数据源出现问题，分析的结果也不可能准确，对此你可以获得什么启示？

任务实训与评价

以小组为单位，任选 50 只股票，搜集其价格波动数据，将数据的日期转化为时间序列数据，并计算每一只股票的平均价格和波动率；然后按照股票上市的所在区域进行分组，计算分组的平均价格与波动率。

本任务评价表见表 4-47。

表 4-47　　　　　　　　　　任务评价表

序号	评价内容	分值	得分
1	选择 50 只股票，读取数据集	10	
2	对数据排序去重	20	
3	求数据的均值、方差和标准差	20	
4	对 50 只股票按地域进行分组	20	
5	计算分组后的均值、方差和标准差	20	
6	作业规范性	10	
7	合计	100	

任务三　掌握 Matplotlib 数据可视化基础

学习课件 4-3

掌握 Matplotlib
数据可视化
基础

【任务要点】

➤ 理解 Matplotlib 基础语法与常用参数；

➤ 掌握分析特征间的关系；

➤ 理解特征内部数据分布与分散状况。

【学习情境】

在一些数据汇报的场景中，我们经常将数值结果以数据的形式呈现，相关的从业人员在拿到报表后，如果数据以图形的形式呈现，则我们能一目了然地从图形中知道数据的异常、数据的变化趋势、特征间关系和特征分布情况等。那么，一份报告就不仅仅是简单的数据罗列，而是一份有价值的图表。我们可以在报告中对图表进行补充说明，完善数据报告文档。

小张不禁思考，既然这么多场景中，数据报告文档里都会匹配相关的图表，那么Python可以实现绘图功能吗？如果我们想要进行绘图操作，该如何进行相关代码的编写呢？

【学前思考】

➤ Matplotlib 基础语法与常用参数是如何编写的？
➤ 如何用绘图分析特征间的关系？
➤ 如何用绘图表示特征内部数据的分布与分散状况？

【知识储备】

在线课堂4-3

Matplotlib数据
可视化基础

一、了解绘图基础语法与常用参数

1.掌握 pyplot 基础语法

绘图基本流程如图4-2所示。

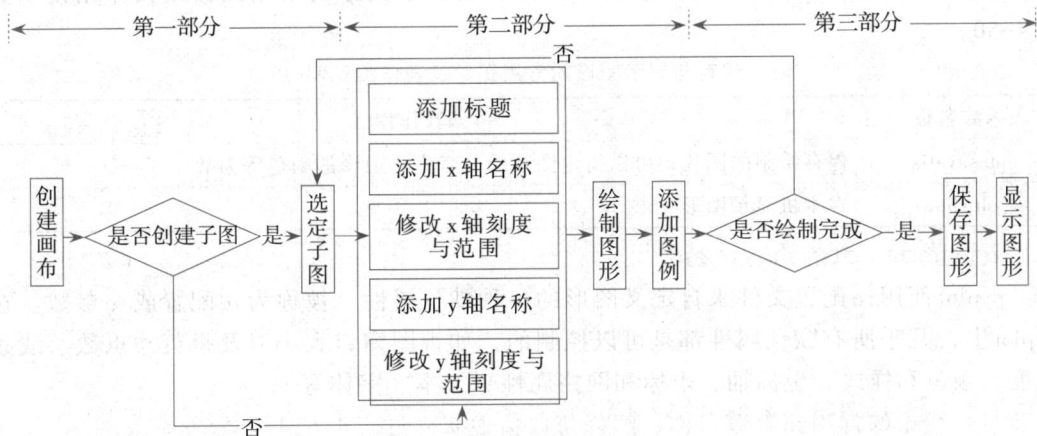

图4-2　绘图基本流程

（1）创建画布与子图

第一部分的主要作用是创建出一张空白的画布，并选择是否将整个画布划分为多个部分，以方便在同一幅图上绘制多个图形。最简单的绘图方法是可以省略第一部分，然后直接在默认的画布上进行图形绘制。创建画布与子图的常用函数及其作用说明见表4-48。

表 4-48   创建画布与子图的常用函数及其作用说明

函数名称	函数作用
plt.figure	创建一个空白画布，可以指定画布大小、像素
figure.add_subplot	创建并选中子图，可以指定子图的行数、列数，与选中图片编号

（2）添加画布内容

第二部分是绘图的主体部分。其中，添加标题、坐标轴名称，绘制图形等步骤是并列的，没有先后顺序，既可以先绘制图形，也可以先添加各类标签。但是添加图例一定要在绘制图形之后。添加画布内容的常用函数及其作用说明见表 4-49。

表 4-49   添加画布内容的常用函数及其作用说明

函数名称	函数作用
plt.title	在当前图形中添加标题，可以指定标题的名称、位置、颜色、字体大小等参数
plt.xlabel	在当前图形中添加 x 轴名称，可以指定位置、颜色、字体大小等参数
plt.ylabel	在当前图形中添加 y 轴名称，可以指定位置、颜色、字体大小等参数
plt.xlim	指定当前图形 x 轴的范围，只能确定一个数值区间，而无法使用字符串标识
plt.ylim	指定当前图形 y 轴的范围，只能确定一个数值区间，而无法使用字符串标识
plt.xticks	指定 x 轴刻度的数目与取值
plt.yticks	指定 y 轴刻度的数目与取值
plt.legend	指定当前图形的图例，可以指定图例的大小、位置、标签

（3）保存与显示图形

第三部分主要用于保存与显示图形。保存与显示图形的常用函数及其作用说明见表 4-50。

表 4-50   保存与显示图形的常用函数及其作用说明

函数名称	函数作用
plt.savefig	保存绘制的图片，可以指定图片的分辨率、边缘的颜色等参数
plt.show	在本机显示图形

2. 设置 pyplot 的动态 rc 参数

pyplot 使用 rc 配置文件来自定义图形的各种默认属性，被称为 rc 配置或 rc 参数。在 pyplot 中，几乎所有默认属性都是可以控制的，如视图窗口大小以及每英寸点数、线条宽度、颜色和样式、坐标轴、坐标和网格属性、文本、字体等。

（1）线条的常用 rc 参数名称、解释与取值说明（见表 4-51）

表 4-51   线条的常用 rc 参数名称、解释与取值说明

rc 参数名称	解释	取值
lines.linewidth	线条宽度	取 0～10 之间的数值，默认为 1.5
lines.linestyle	线条样式	可取 "-" "--" "-." ":" 四种。默认为 "-"
lines.marker	线条上点的形状	可取 "o" "D" "h" "." "," "S" 等 20 种，默认为 None
lines.markersize	点的大小	取 0～10 之间的数值，默认为 1

（2）常用线条类型解释（见表4-52）

表4-52　　　　　　　　　　　　　常用线条类型解释

linestyle取值	意义	linestyle取值	意义
-	实线	-.	点线
--	长虚线	:	短虚线

（3）线条标记解释（见表4-53）

表4-53　　　　　　　　　　　　　线条标记解释

marker取值	意义	marker取值	意义
'o'	圆形	'.'	点
'D'	菱形	's'	正方形
'h'	六边形1	'*'	星号
'H'	六边形2	'd'	小菱形
'-'	水平线	'v'	一角朝下的三角形
'8'	八边形	'<'	一角朝左的三角形
'p'	五边形	'>'	一角朝右的三角形
','	像素	'^'	一角朝上的三角形
'+'	加号	'\'	竖线
'None'	无	'x'	X

（4）注意事项

由于默认的pyplot字体并不支持中文字符的显示，因此需要通过设置font.sans-serif参数改变绘图时的字体，使图形可以正常显示中文。同时，由于更改字体后会导致坐标轴中的部分字符无法显示，因此需要同时更改axes.unicode_minus参数。除了设置线条和字体的rc参数外，还有设置文本、箱线图、坐标轴、刻度、图例、标记、图片、图像保存等rc参数。具体参数与取值可以参考官方文档。

二、分析特征间的关系

1.绘制散点图

（1）散点图

散点图（scatter diagram）又称散点分布图，是以一个特征为横坐标、另一个特征为纵坐标，利用坐标点（散点）的分布形态反映特征间的统计关系的一种图形，如图4-3所示。值是由点在图表中的位置表示，类别是由图表中的不同标记表示，通常用于比较跨类别的数据。

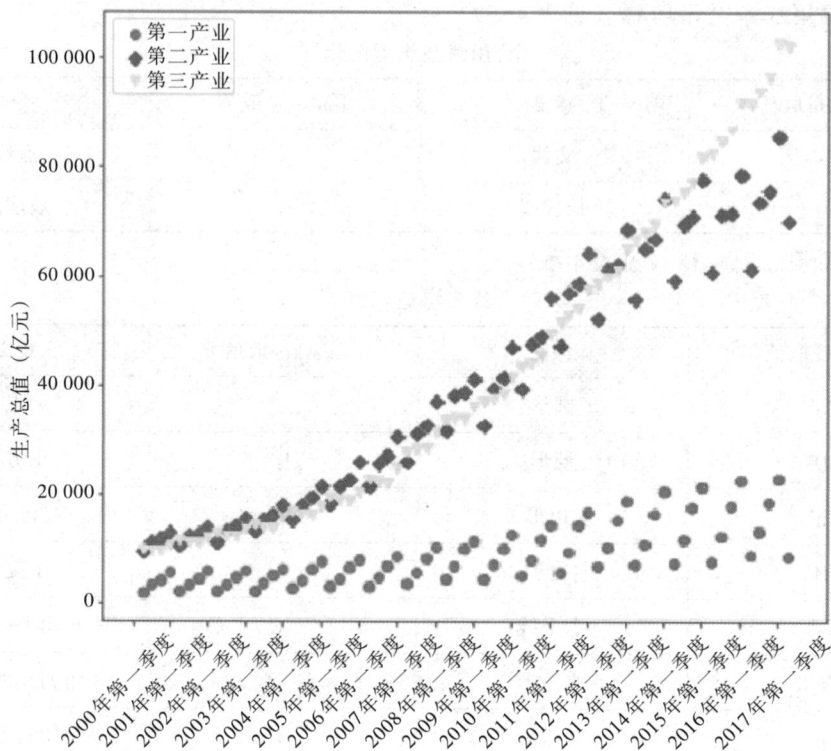

图4-3　2000—2017年各产业季度生产总值散点图

（2）scatter函数

matplotlib.pyplot.scatter(x,y,s=None,c=None,marker=None,alpha=None,**kwargs)

scatter函数常用参数及其说明见表4-54。

表4-54　　　　　　　　　　　　scatter函数常用参数及其说明

参数名称	说明
x,y	接收array。表示x轴和y轴对应的数据。无默认
s	接收数值或者一维的array。指定点的大小，若传入一维array则表示每个点的大小。默认为None
c	接收颜色或者一维的array。指定点的颜色，若传入一维array则表示每个点的颜色。默认为None
marker	接收特定string。表示绘制的点的类型。默认为None
alpha	接收0～1的小数。表示点的透明度。默认为None

2.绘制折线图

（1）折线图

折线图（line chart）是一种将数据点按照顺序连接起来的图形，它可以看作将散点图按照x轴坐标顺序连接起来的图形，如图4-4所示。折线图的主要功能是查看因变量y随着自变量x改变的趋势，最适合用于显示随时间（根据常用比例设置）而变化的连续数据，还可以看出数量的差异及增长趋势的变化。

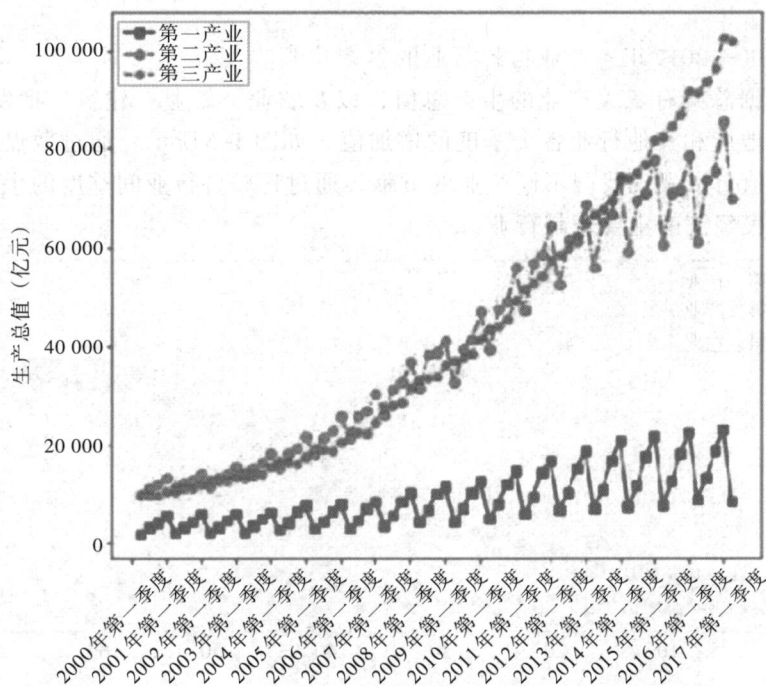

图4-4 2000—2017年各产业季度生产总值折线图

（2）plot函数

plot函数格式如下：matplotlib.pyplot.plot(*args,**kwargs)

plot函数在官方文档的语法中只要求填入不定长参数，实际可以填入的主要参数见表4-55。

表4-55 plot函数参数及其说明

参数名称	说明
x ,y	接收array。表示x轴和y轴对应的数据。无默认
color	接收特定string。指定线条颜色。默认为None
linestyle	接收特定string。指定线条颜色。默认为"-"
marker	接收特定string。表示绘制的点的类型。默认为None
alpha	接收0~1的小数。表示点的透明度。默认为None

color参数八种常用颜色的缩写及说明见表4-56。

表4-56 color参数八种常用颜色的缩写及说明

颜色缩写	代表颜色	颜色缩写	代表颜色
b	蓝色	m	品红
g	绿色	y	黄色
r	红色	k	黑色
c	青色	w	白色

3.任务实现

（1）绘制2000—2017年各产业与各行业的生产总值散点图

生产总值数据总共有三大产业的生产总值，以及农业、工业、建筑、批发、交通、餐饮、金融、房地产和其他行业各个季度的增加值，如图4-5所示。通过散点图分析三大行业的生产总值可以发现我国不同产业的贡献，通过比较各行业间季度的生产总值增加值可以发现国民经济的主要贡献行业。

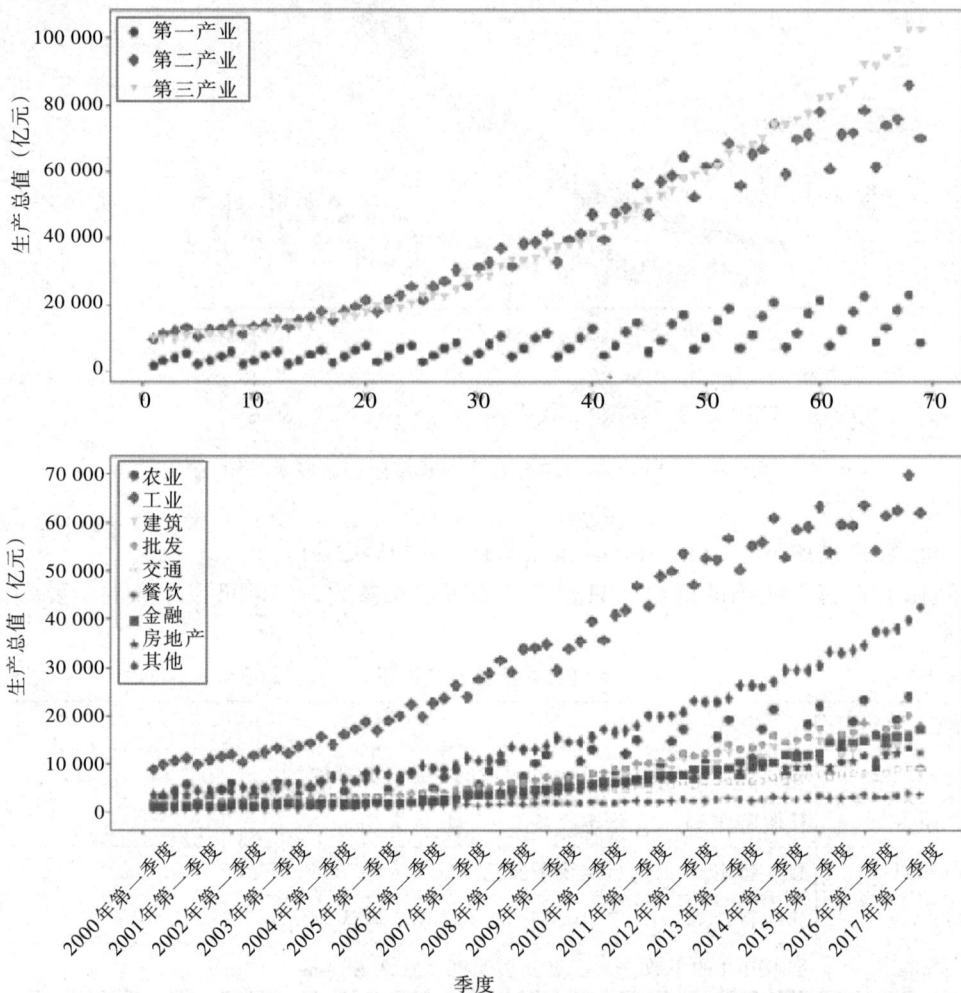

图4-5　2000—2017年各产业与各行业的生产总值散点图

（2）绘制2000—2017年各产业与各行业的生产总值折线图

通过绘制2000—2017年各产业与各行业的生产总值折线图，能够发现我国各产业与各行业的增长趋势，如图4-6所示。

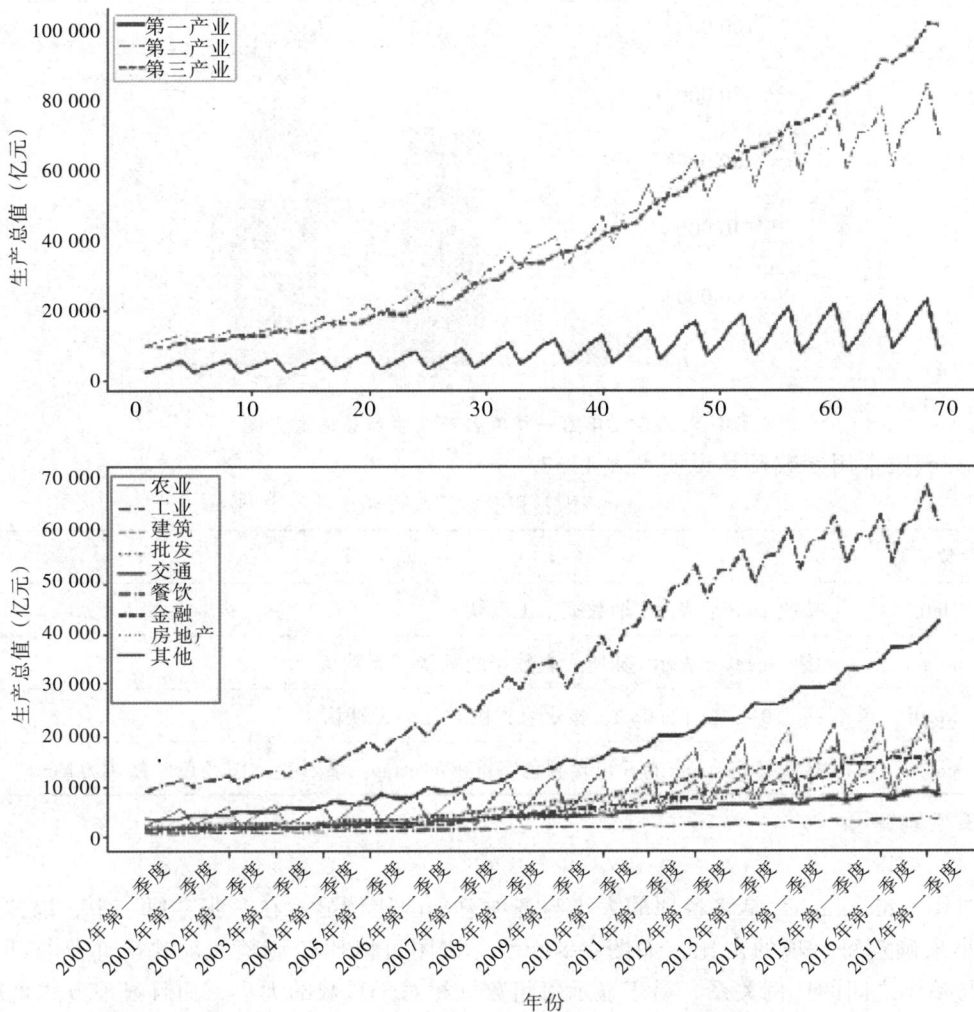

图 4-6 2000—2017年各产业与各行业的生产总值折线图

三、分析特征内部数据分布与分散状况

1.绘制直方图

（1）直方图

直方图（histogram）又称质量分布图，是统计报告图的一种，由一系列高度不等的纵向条纹或线段表示数据分布的情况，一般用横轴表示数据所属类别，用纵轴表示数量或者占比，如图4-7所示。用直方图可以比较直观地看出产品质量特性的分布状态，便于判断其总体质量分布情况，还可以发现分布表无法发现的数据模式、样本的频率分布和总体的分布。

（2）bar函数

bar函数格式如下：matplotlib.pyplot.bar(left,height,width = 0.8,bottom = None,hold = None,data = None,** kwargs)

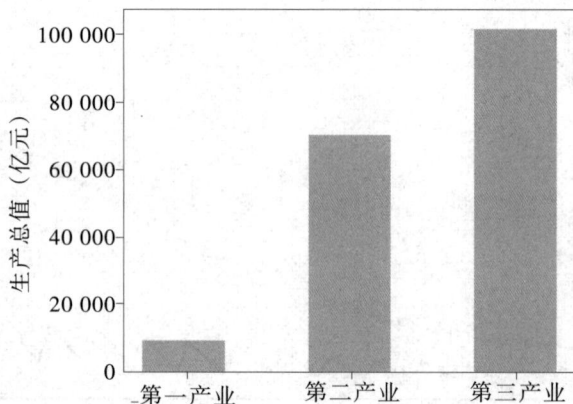

图4-7　2017年第一季度各产业生产总值直方图

bar函数常用参数及其说明见表4-57。

表4-57　　　　　　　　　　　　bar函数常用参数及其说明

参数名称	说明
left	接收array。表示x轴数据。无默认
height	接收array。表示x轴所代表数据的数量。无默认
width	接收0~1之间的float。指定直方图宽度。无默认
color	接收特定string或者包含颜色字符串的array。表示直方图颜色。默认为None

2.绘制饼图

（1）饼图

饼图（pie graph）是将各项的大小与各项总和的比例显示在一张"饼"中，以"饼"的大小来确定每一项的占比，如图4-8所示。饼图可以比较清楚地反映出部分与部分、部分与整体之间的比例关系，易于显示每组数据相对于总数的大小，而且显现方式直观。

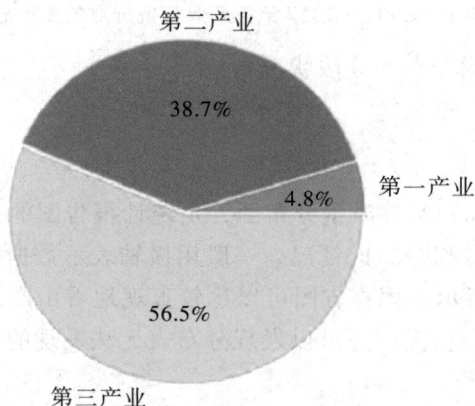

图4-8　2017年第一季度各产业生产总值饼图

（2）pie函数

pie函数格式如下：matplotlib.pyplot.pie(x,explode=None,labels=None,colors=None,autopct=

None,pctdistance=0.6,shadow=False,labeldistance=1.1,startangle=None,radius=None,...)

pie 函数常用参数及其说明见表4-58。

表4-58　　　　　　　　　　pie 函数常用参数及其说明

参数名称	说明	参数名称	说明
x	接收 array。表示用于绘制饼图的数据。无默认.	autopct	接收特定 string。指定数值的显示方式。默认为 None
explode	接收 array。指定项离饼图圆心为 n 个半径。默认为 None	pctdistance	接收 float。指定每一项的比例和距离饼图圆心多少个半径。默认为 0.6
labels	接收 array。指定每一项的名称。默认为 None	labeldistance	接收 float。指定每一项的名称和距离饼图圆心 n 个半径。默认为 1.1
color	接收特定 string 或者包含颜色字符串的 array。表示饼图颜色。默认为 None	radius	接收 float。表示饼图的半径。默认为 1

3.绘制箱线图

（1）箱线图

箱线图（boxplot）也称箱须图，其绘制需使用常用的统计量。箱线图能提供有关数据位置和分散情况的关键信息，尤其是在比较不同特征时，更可表现其分散程度差异，如图4-9所示。箱线图利用数据中的五个统计量（最小值、下四分位数、中位数、上四分位数和最大值）来描述数据，也可以粗略地看出数据是否具有对称性、分布的分散程度等信息，从而对几个样本进行比较。

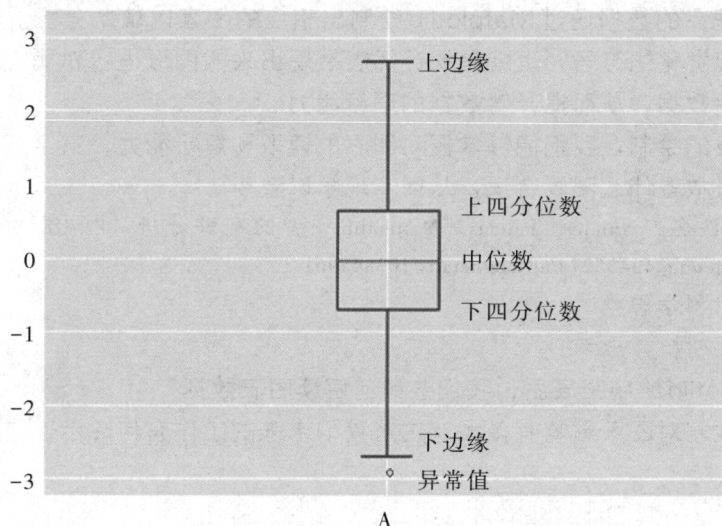

图4-9　箱线图

（2）boxplot 函数

boxplot 函数格式如下：matplotlib.pyplot.boxplot(x,notch=None,sym=None,vert=None, whis=None,positions=None,widths=None,patch_artist=None,meanline=None,labels=None,...)

boxplot 函数常用参数及其说明见表4-59。

表4-59 boxplot函数常用参数及其说明

参数名称	说明	参数名称	说明
x	接收 array。表示用于绘制箱线图的数据。无默认	positions	接收 array。表示图形位置。默认为 None
notch	接收 boolean。表示中间箱体是否有缺口。默认为 None	widths	接收 scalar 或者 array。表示每个箱体的宽度。默认为 None
sym	接收特定 string。指定异常点形状。默认为 None	labels	接收 array。指定每一个箱线图的标签。默认为 None
vert	接收 boolean。表示图形是纵向还是横向。默认为 None	meanline	接收 boolean。表示是否显示均值线。默认为 False

行业视窗4-3

什么是数据可
视化？有什么
作用？

价值引领

在接触统计分析的过程中，我们会使用不同的工具读取数据，Matplotlib 可以协助我们进行数据的可视化，让数据以更直观的形式呈现，以便于数据的展示。

Matplotlib 是 Python 的一个绘图库，使用它可以很方便地绘制出版质量级别的图形，通常配合 Numpy 和 Pandas 一起使用。在拿到一组数据样本后，我们一般会用 Matplotlib 绘制出几个关键的特征图，对总体数据有一个直观的感受，再根据描述性统计情况（Pandas 中的 describe 函数）进行具体的数据处理。在提交数据分析结果时，我们可以用处理完的数据通过 Matplotlib 绘制出相应的图表以辅助分析。将数据变成图片，我们透过视觉化的符号，也就是统计图表展现出来的图形进行对比，能够更快、更便捷地读取原始数据，从而提升对数据的理解能力。

通过对图表的绘制，我们能够掌握对图表的读取和解析能力，甚至还能进行自我思考，不同的场景放置什么图表合适，从而实现学以致用。

资料来源 佚名. Numpy、Pandas、Matplotlib 三者的利弊分析［EB/OL］.［2020-01-05］. https://blog.csdn.net/qq_43435274/article/details/103845961.

思政元素：科学思维

请阅读以上材料并思考：

1.用 Matplotlib 绘制图表后，我们该如何解读图表数据？

2.数据的误差对图表影响有多大？这对我们未来的工作有何启示？

任务实训与评价

第一，绘制直方图。通过直方图分析 2000 年第一季度和 2017 年第一季度三大产业的生产总值，发现各产业绝对数值之间的关系，并通过对比发现产业结构的变化，如图4-10所示。同理得出行业间的绝对数值关系以及行业的发展状况。

图 4-10　2000 年第一季度和 2017 年第一季度各产业与各行业的生产总值直方图

第二，绘制饼图。通过分析 2000 年与 2017 年各产业与各行业在生产总值中的占比，发现我国产业结构的变化和行业变迁，如图 4-11 所示。

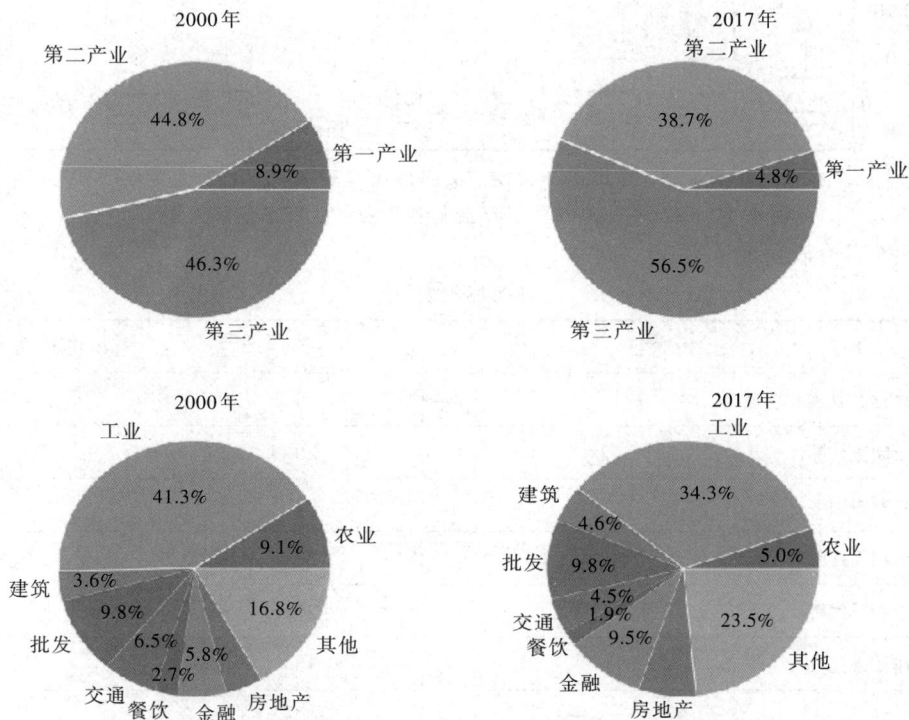

图 4-11　2000 年与 2017 年各产业与各行业的生产总值饼图

第三，绘制箱线图。通过分析 2000—2017 年各产业与各行业在生产总值中的分散情况，发现整体分散情况，从而判断整体增速是否加快，如图4-12所示。

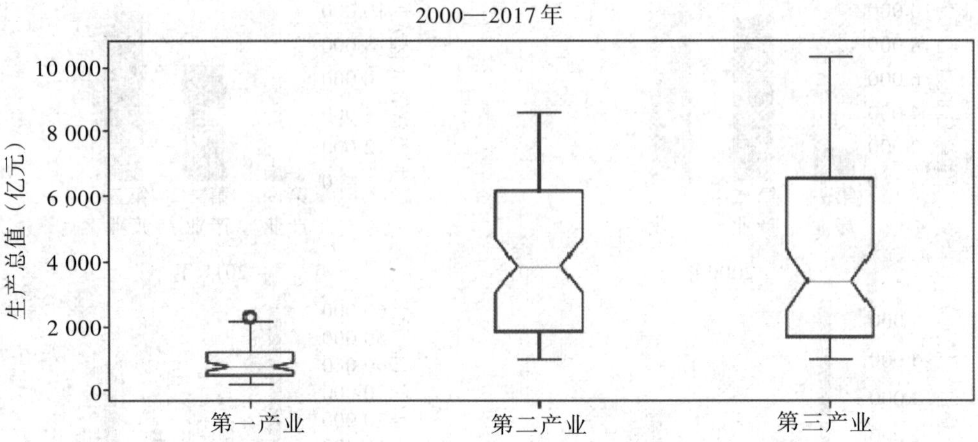

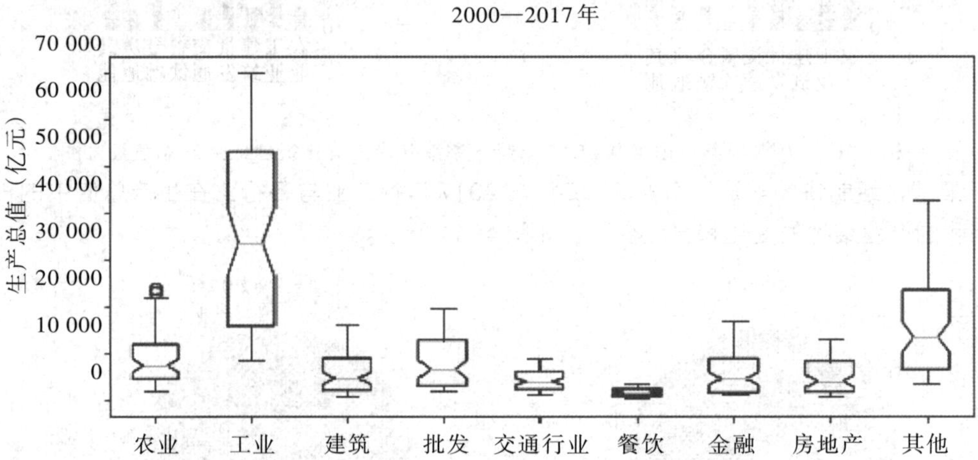

2000—2017年

2000—2017年

图4-12　2000—2017年各产业与各行业的生产总值箱线图

本任务评价表见表4-60。

表4-60　　　　　　　　　　　　任务评价表

序号	评价内容	分值	得分
1	数据的收集和整理	10	
2	绘制直方图	20	
3	绘制饼图	20	
4	绘制箱线图	20	
5	绘制折线图	20	
6	作业规范性	10	
7	合计	100	

任务四　使用 Pandas 进行数据预处理

【任务要点】

➢ 理解 Pandas 合并数据的模式；
➢ 掌握数据清洗的方法；
➢ 了解标准化数据和转化数据的意义。

学习课件4-4

使用Pandas进
行数据预处理

【学习情境】

每一份数据报表的背后，都需要进行预处理，这样数据分析得出的结果才更具有说服力。那么，我们现在来简单了解一下，数据在预处理阶段都包含哪些步骤。我们可以进行合并数据、清洗数据、标准化数据、转换数据等操作。在清洗数据的过程中，还存在缺失值、重复值、异常值等不同情况。

小张此时产生了一个疑问："这些处理数据的函数是 Pandas 模块自带的，还是需要我们额外编写呢？"

小刘说："Pandas 里面已经自带了比较丰富的数据预处理函数，我们能调用大部分函数进行基础处理。部分暂时还没有的函数，比如一些异常值识别的函数，则可以通过数学原理复现编写表达式。在这个过程中，会涉及之前我们所接触过的统计函数、定义函数、调用函数等知识点。其实讲到这里，我们也能发现，数据处理其实是一个综合性的应用，所以更要及时温习过往的知识，才能帮助我们更好地在场景中应用这些代码，提高我们处理数据的便捷性。"

【学前思考】

➢ 合并数据的模式都有哪些？
➢ 清洗数据包含哪几种数据情况？
➢ 标准化数据如何进行？
➢ 如何转换数据？

【知识储备】

在线课堂4-4

使用Pandas进
行数据预处理

一、合并数据

1.堆叠合并数据

（1）横向表堆叠

横向表堆叠，即将两个表在 x 轴向拼接在一起，可以使用 concat 函数完成，concat 函数的基本语法如下：

pandas. concat(objs, axis=0, join= 'outer', join_axes=None, ignore_index=False, keys=None, levels=None,names=None,verify_integrity=False,copy=True)

横向表堆叠常用参数及其说明见表4-61。

表4-61 横向表堆叠常用参数及其说明

参数名称	说明
objs	接收多个 Series，DataFrame，Panel。表示参与连接的 Pandas 对象的列表的组合。无默认
axis	接收0或1。表示连接的轴向。默认为0
join	接收 inner 或 outer。表示其他轴向上的索引是按交集（inner）还是并集（outer）进行合并。默认为 Outer
join_axes	接收 index 对象。表示用于其他 n-1 条轴的索引，不执行并集/交集运算
ignore_index	接收 boolean。表示是否不保留连接轴上的索引，产生一组新索引 range（total_length）。默认为 False
keys	接收 sequence。表示与连接对象有关的值，用于形成连接轴向上的层次化索引。默认为 None
levels	接收包含多个 sequence 的 list。表示在指定 keys 参数后，指定用作层次化索引各级别上的索引。默认为 None
names	接收 list。表示在设置了 keys 和 levels 参数后，用于创建分层级别的名称。默认为 None
verify_integrity	接收 boolean。表示是否检查结果对象新轴上的重复情况，如果发生则引发异常。默认为 False

当axis=1的时候，concat做行对齐，然后将不同列名称的两张或多张表合并。当两个表索引不完全一样时，可以使用join参数选择是内连接还是外连接。在内连接的情况下，仅仅返回索引重叠部分。在外连接的情况下，则显示索引的并集部分数据，不足的地方则使用空值填补。当两张表完全一样时，不论join参数取值是inner或者outer，结果都是将两个表完全按照x轴拼接起来，如图4-13所示。

表1

	A	B	C	D
1	A1	B1	C1	D1
2	A2	B2	C2	D2
3	A3	B3	C3	D3
4	A4	B4	C4	D4

表2

	B	D	F
2	B1	D1	F1
4	B2	D2	F2
6	B3	D3	F3
8	B4	D4	F4

合并后表3

	A	B	C	D	B	D	F
1	A1	B1	C1	D1	NaN	NaN	NaN
2	A2	B2	C2	D2	B2	D2	F2
3	A3	B3	C3	D3	NaN	NaN	NaN
4	A4	B4	C4	D4	B4	D4	F4
6	NaN	NaN	NaN	NaN	B6	D6	F6
8	NaN	NaN	NaN	NaN	D8	D8	F8

图4-13 横向表堆叠

（2）纵向表堆叠

①concat函数。使用concat函数时，在默认情况下，即 axis=0时，concat做列对齐，将不同行索引的两张或多张表纵向合并。在两张表的列名并不完全相同的情况下，join参数取值为inner时，返回的仅仅是列名交集所代表的列；取值为outer时，返回的是两者列名的并集所代表的列，如图4-14所示。不论join参数取值是inner还是outer，结果

都是将两个表完全按照y轴拼接起来。

表1

	A	B	C	D
1	A1	B1	C1	D1
2	A2	B2	C2	D2
3	A3	B3	C3	D3
4	A4	B4	C4	D4

表2

	B	D	F
2	B2	D2	F2
4	B4	D4	F4
6	B6	D6	F6
8	B8	D8	F6

合并后表3

	A	B	C	D	F
1	A1	B1	C1	D1	NaN
2	A2	B2	C2	D2	NaN
3	A3	B3	C3	D3	NaN
4	A4	B4	C4	D4	NaN
2	NaN	B2	NaN	D2	F2
4	NaN	B4	NaN	D4	F4
6	NaN	B6	NaN	D6	F6
8	NaN	B8	NaN	D8	F8

图4-14 纵向表堆叠

②append方法。append方法也可以用于纵向合并两张表。但是append方法实现纵向表堆叠有一个前提条件，就是两张表的列名需要完全一致。append方法的基本语法如下：

pandas.DataFrame.append(self,other,ignore_index=False,verify_integrity=False)。

append方法常用参数及其说明见表4-62。

表4-62 append方法常用参数及其说明

参数名称	说明
other	接收 DataFrame 或 Series。表示要添加的新数据。无默认
ignore_index	接收 boolean。如果输入 True，会对新生成的 DataFrame 使用新的索引（自动产生）而忽略原来数据的索引。默认为 False
verify_integrity	接收 boolean。如果输入 Ture，那么当 ignore_index 为 False 时，会检查添加的数据索引是否冲突；如果冲突，则会添加失败。默认为 False

2.主键合并数据

主键合并，即通过一个或多个键将两个数据集的行连接起来，类似于SQL中的join。针对同一个主键存在两张包含不同字段的表，将其根据某几个字段一一对应拼接起来，结果集列数为两个元数据的列数和减去连接键的数量，如图4-15所示。

（1）merge函数

和数据库的join一样，merge函数也有左连接（left）、右连接（right）、内连接（inner）和外连接（outer）之分。此外，merge函数还有其自身独到之处，如可以在合并过程中对数据集中的数据进行排序等。merge函数的格式如下：

pandas. merge(left, right, how= 'inner', on=None, left_on=None, right_on=None, left_index=False,right_index=False,sort=False,suffixes=('_x','_y'),copy=True,indicator=False)

左表1

	A	B	Key
1	A1	B1	k1
2	A2	B2	k2
3	A3	B3	k3
4	A4	B4	k4

右表2

	C	D	Key
1	C1	D1	k1
2	C2	D2	k2
3	C3	D3	k3
4	C4	D4	k4

合并后表3

	A	B	Key	C	D
1	A1	B1	k1	C1	D1
2	A2	B2	k2	C2	D2
3	A3	B3	k3	C3	D3
4	A4	B4	k4	C4	D4

图4-15 主键合并数据

根据merge函数中的参数说明，并按照需求修改相关参数，就可以实现主键合并。merge函数常用参数及其说明见表4-63。

表4-63 merge函数常用参数及其说明

参数名称	说明
left	接收DataFrame或Series。表示要添加的新数据。无默认
right	接收DataFrame或Series。表示要添加的新数据。无默认
how	接收inner，outer，left，right。表示数据的连接方式。默认为inner
on	接收string或sequence。表示两个数据合并的主键（必须一致）。默认为None
left_on	接收string或sequence。表示left参数接收数据用于合并的主键。默认为None
right_on	接收string或sequence。表示right参数接收数据用于合并的主键。默认为None
left_index	接收boolean。表示是否将left参数接收数据的index作为连接主键。默认为Flase
right_index	接收boolean。表示是否将right参数接收数据的index作为连接主键。默认为Flase
sort	接收boolean。表示是否根据连接键对合并后的数据进行排序。默认为Flase
suffixes	接收tuple。表示用于追加到left和right参数接收数据重叠列名的尾缀默认为('_x'，'_y')

（2）join方法

join方法也可以实现部分主键合并的功能，但是使用join方法时，两个主键的名字必须相同，其基本语法如下：

```
pandas.DataFrame.join(self,other,on=None,how='left',lsuffix='',rsuffix='',sort=False)
```

join方法常用参数及其说明见表4-64。

表4-64 join方法常用参数及其说明

参数名称	说明
other	接收DataFrame、Series或者包含了多个DataFrame的list。表示参与连接的其他DataFrame。无默认
on	接收列名或者包含列名的list或tuple。表示用于连接的列名。默认为None
how	接收特定string。inner代表内连接；other代表外连接；left和right分别代表左连接和右连接。默认为inner
isuffix	接收string。表示用于追加到左侧重叠列名的末尾。无默认
rsuffix	接收string。表示用于追加到右侧重叠列名的末尾。无默认
sort	根据连接键对合并后的数据进行排序。默认为Ture

3.重叠合并数据

数据分析和处理过程中，当两份数据的内容几乎一致，但是某些特征在其中一张表上是完整的，而在另外一张表上是缺失的时候，可以用combine_first方法重叠合并数据，如图4-16所示。

表1			
	0	1	2
0	NaN	3.0	5.0
1	NaN	4.6	NaN
2	NaN	7.0	NaN

表2			
	0	1	2
1	42	NaN	8.2
2	10	7.0	4.0

合并后表3			
	0	1	2
0	NaN	3.0	5.0
1	42	4.6	8.2
2	10	7.0	4.0

图4-16 重叠合并数据

combine_first的基本语法如下：

pandas.DataFrame.combine_first(other)

combine_first方法常用参数及其说明见表4-65。

表4-65　　　　　　　　　　combine_first方法常用参数及其说明

参数名称	说明
other	接收DataFrame。表示参与重叠合并的另一个DataFrame。无默认

4.任务实现

（1）堆叠不同时间的订单详情表

订单详情表meal_order_detail1、meal_order_detail2、meal_order_detail3具有相同的特征，但数据时间不同，订单编号也不同，在数据分析过程中需要使用全量数据，故需要将几张表做纵向堆叠操作。

（2）主键合并订单详情表、订单信息表和客户信息表

订单详情表、订单信息表和客户信息表两两之间存在相同意义的字段，因此需要通过主键合并的方式将三张表合并为一张宽表。

二、清洗数据

1.检测与处理重复值

（1）记录重复

记录重复，即一个或者多个特征的某几条记录的值完全相同。

方法一：利用列表（list）去重，自定义去重函数如下：

```
def delrep(list1):
    list2=0
    for i in list1:
        if i not in list2:
            list2.append(i)
    return list2
```

方法二：利用集合（set）的元素是唯一的特性去重，如 dish_set = set(dishes)。

比较上述两种方法可以发现，方法一代码冗长；方法二代码简单了许多，但会导致数据的排列发生改变。

Pandas 提供了一个名为 drop_duplicates 的去重方法。该方法只对 DataFrame 或者 Series 类型有效。这种方法不会改变数据原始排列，并且兼具代码简洁和运行稳定的特点。该方法不仅支持单一特征的数据去重，还能够依据 DataFrame 的其中一个或者几个特征进行去重操作。其基本语法如下：

pandas.DataFrame(Series).drop_duplicates(self,subset=None,keep='first',inplace=False)

drop_duplicates 常用参数及其说明见表 4-66。

表 4-66   drop_duplicates 常用参数及其说明

参数名称	说明
subset	接收 string 或 sequence。表示进行去重的列。默认为 None，表示全部列
keep	接收特定的 string。表示重复时保留第几个数据。First：保留第一个。Last：保留最后一个。False：只要有重复都不保留。默认为 First
inplace	接收 boolean。表示是否在原表上进行操作。默认为 False

（2）特征重复

结合相关的数学和统计学知识，去除连续型特征重复，可以利用特征间的相似度将两个相似度为 1 的特征去除一个。在 Pandas 中相似度的计算方法为 corr，使用该方法计算相似度时，默认为 pearson 法，可以通过 method 参数调节，目前还支持 spearman 法和 kendall 法。但是通过相似度矩阵去重存在一个弊端，该方法只能对数值型重复特征去重，类别型特征之间无法通过计算相似系数来衡量相似度。除了使用相似度矩阵，我们还可以通过 DataFrame.equals 方法进行特征去重。

2.检测与处理缺失值

利用 isnull 或 notnull 找到缺失值。数据中的某个或某些特征的值是不完整的，这些值称为缺失值。Pandas 提供了识别缺失值的方法 isnull 以及识别非缺失值的方法 notnull，这两种方法在使用时返回的都是布尔值 True 和 False。结合 sum 函数和 isnull、notnull 函数，可以检测数据中缺失值的分布以及数据中一共含有多少缺失值。isnull 和 notnull 的结果正好相反，因此使用其中任意一个函数都可以判断出数据中缺失值的位置。

（1）删除法

删除法分为删除观测记录和删除特征两种，它属于利用减少样本量来换取信息完整度的一种方法，是一种最简单的缺失值处理方法。Pandas 中提供了简便的删除缺失值的方法 dropna，该方法既可以删除观测记录，亦可以删除特征。其基本语法如下：

pandas.DataFrame.dropna(self,axis=0,how='any',thresh=None,subset=None,inplace=False)

dropna 常用参数及其说明见表 4-67。

表4-67　　　　　　　　　　　　　dropna常用参数及其说明

参数名称	说明
axis	接收0或1。表示轴向，0为删除观测记录（行），1为删除特征（列）。默认为0
how	接收特定string。表示删除的形式。Any表示只要有缺失值存在就执行删除操作。All表示当且仅当全部为缺失值时执行删除操作。默认为any
subset	接收类array数据。表示进行去重的列/行。默认为None，表示所在列/行
inplace	接收boolean。表示是否在原表上进行操作。默认为False

（2）替换法

替换法是指用一个特定的值替换缺失值。其特征可分为数值型和类别型，两者出现缺失值时的处理方法是不同的。缺失值所在特征为数值型时，通常利用其均值、中位数和众数等描述其集中趋势的统计量来代替缺失值。缺失值所在特征为类别型时，则选择使用众数来替换缺失值。Pandas库中提供了缺失值替换的方法名为fillna，其基本语法如下：

pandas.DataFrame.fillna(value=None,method=None,axis=None,inplace=False,limit=None)

fillna常用参数及其说明见表4-68。

表4-68　　　　　　　　　　　　　fillna常用参数及其说明

参数名称	说明
value	接收scalar，dict，Series或者DataFrame。表示用来替换缺失值的值。无默认。
method	接收特定string。Backfill或bfill表示使用下一个非缺失值填补缺失值。Pad或ffill表示使用上一个非缺失值填补缺失值。默认为None
axis	接收0或1。表示轴向。默认为1
inplace	接收boolean。表示是否在原表上进行操作。默认为False
limit	接收int。表示填补缺失值个数上限，超过则不进行填补。默认为None

（3）插值法

删除法简单易行，但是会引起数据结构变动，样本减少；替换法使用难度较低，但是会影响数据的标准差，导致信息量变动。在面对数据缺失问题时，除了上述两种方法之外，还有一种常用的方法——插值法。

插值法有线性插值、多项式插值和样条插值之分。线性插值是一种较为简单的插值方法，它针对已知的值求出线性方程，通过求解线性方程得到缺失值。多项式插值是利用已知的值拟合一个多项式，使得现有的数据满足这个多项式，再利用这个多项式求解缺失值，常见的多项式插值法有拉格朗日插值和牛顿插值等。样条插值是以可变样条来做出一条经过一系列点的光滑曲线的插值方法，插值样条由一些多项式组成，每一个多项式都由相邻两个数据点决定，这样可以保证两个相邻多项式及其导数在连接处连续。

从拟合结果可以看出，多项式插值和样条插值在两种情况下拟合都非常出色，线性插值法只在自变量和因变量为线性关系的情况下拟合才较为出色。而在实际分析过程中，自变量与因变量的关系是线性的情况非常少见，所以在大多数情况下，多项式插值和样条插值是较为合适的选择。

SciPy库中的interpolate模块除了提供常规的插值法外，还提供了在图形学领域具有重要作用的重心坐标插值（Barycentric Interpolator）等。因此在实际应用中，需要根据不同的场景，选择合适的插值方法。

3.检测与处理异常值

异常值是指数据中个别值的数值明显偏离其余的数值，有时也称为离群点，检测异常值就是检验数据中是否有录入错误以及是否含有不合理的数据。在数据分析中有异常值的存在是十分危险的，异常值会对分析结果会产生不良影响，从而导致分析结果产生偏差乃至错误。

异常值检测主要采用3σ原则和箱线图分析两种方法。

①3σ原则。3σ原则又称为拉依达准则。该准则就是先假设一组检测数据只含有随机误差，对原始数据进行计算处理得到标准差，然后按一定的概率确定一个区间，认为误差超过这个区间的就属于异常值。这种判别处理方法仅适用于对正态或近似正态分布的样本数据进行处理，见表4-69。其中，σ代表标准差，μ代表均值，x=μ为图形的对称轴。数据的数值分布几乎全部集中在区间（μ-3σ，μ+3σ）内，超出这个范围的数据仅占不到0.3%。故根据小概率原理，可以认为超出3σ的部分数据为异常数据。

表4-69 3σ原则数值分布说明

数值分布	在数据中的占比
（μ-σ，μ+σ）	0.6827
（μ-2σ，μ+2σ）	0.9545
（μ-3σ，μ+3σ）	0.9973

②箱线图分析。箱线图提供了识别异常值的一个标准，即异常值通常被定义为小于QL-1.5IQR或大于QU+1.5IQR的值。QL称为下四分位数，表示全部观察值中有四分之一的数据取值比它小。QU称为上四分位数，表示全部观察值中有四分之一的数据取值比它大。IQR称为四分位数间距，是上四分位数QU与下四分位数QL之差，其间包含了全部观察值的一半。

箱线图依据实际数据绘制，真实、直观地表现出了数据分布的本来面貌，且没有对数据做任何限制性要求，其判断异常值的标准以四分位数和四分位数间距为基础。四分位数给出了数据分布的中心、散布和形状的某种指示，具有一定的鲁棒性，即25%的数据可以变得任意远而不会很大地扰动四分位数，所以异常值通常不能对这个标准施加影响。鉴于此，箱线图识别异常值的结果比较客观，在识别异常值方面具有一定的优越性。

三、标准化数据

1.离差标准化数据

（1）离差标准化公式

离差标准化是对原始数据的一种线性变换，结果是将原始数据的数值映射到 [0，1] 区间，转换公式为：

$$X^* = \frac{X - min}{max - min}$$

其中，max为样本数据的最大值，min为样本数据的最小值，max-min为极差。离差标准化保留了原始数据值之间的联系，是消除量纲和数据取值范围影响最简单的方法。

（2）离差标准化的特点

数据的整体分布情况并不会随离差标准化而发生改变，原先取值较大的数据，在做完离差标准化后的值依旧较大。当数据和最小值相等的时候，通过离差标准化可以发现数据变为0。若数据极差过大，就会出现数据在离差标准化后数据之间的差值非常小的情况。

同时，离差标准化也有缺点：若数据集中某个数值很大，则离差标准化的值就会接近于0，并且相互之间差别不大。若遇到超过目前属性[min,max]取值范围的情况，则会引起系统出错，这时便需要重新确定min和max。

2.标准差标准化数据

标准差标准化也叫零均值标准化或分数标准化，是当前使用最广泛的数据标准化方法。经过该方法处理的数据均值为0、标准差为1，转化公式如下：

$$X^* = \frac{X - \bar{X}}{d}$$

其中，X为原始数据的均值，d为原始数据的标准差。标准差标准化后的值区间不局限于[0,1]，存在负值也不难发现。标准差标准化和离差标准化一样，不会改变数据的分布情况。

3.小数定标标准化数据

通过移动数据的小数位数，对数据进行标准化映射，转化公式如下：

$$X^* = \frac{X}{10^k}$$

总之，三种标准化方法各有其优势：离差标准化方法简单，便于理解，标准化后的数据限定在[0,1]区间内。标准差标准化受到数据分布的影响较小。小数定标标准化方法的适用范围广，受到数据分布的影响较小，相较于前两种方法适用程度适中。

四、转化数据

1.哑变量处理类别数据

（1）哑变量处理

数据分析模型中有相当一部分算法模型都要求输入的特征为数值型，但实际数据中特征的类型不一定只有数值型，还存在相当一部分类别型，这部分特征需要经过哑变量处理才可以放入模型中。哑变量处理如图4-17所示。

哑变量处理前 哑变量处理后

	城市
1	广州
2	上海
3	杭州
4	北京
5	深圳
6	北京
7	上海
8	杭州
9	广州
10	深圳

	城市_广州	城市_上海	城市_杭州	城市_北京	城市_深圳
1	1	0	0	0	0
2	0	1	0	0	0
3	0	0	1	0	0
4	0	0	0	1	0
5	0	0	0	0	1
6	0	0	0	1	0
7	0	1	0	0	0
8	0	0	1	0	0
9	1	0	0	0	0
10	0	0	0	0	1

图4-17 哑变量处理

（2）get_dummies 函数

Python 中可以利用 Pandas 库中的 get_dummies 函数对类别型特征进行哑变量处理。

pandas. get_dummies(data, prefix=None, prefix_sep= '_', dummy_na=False, columns=None, sparse=False,drop_first=False)

get_dummies 函数参数及其说明见表4-70。

表4-70　　　　　　　　　　　get_dummies 函数参数及其说明

参数名称	说明
data	接收 array、DataFrame 或者 Series。表示需要哑变量处理的数据。无默认
prefix	接收 string、string 的列表或者 string 的 dict。表示哑变量化列名的前缀。默认为 None
prefix_sep	接收 string。表示前缀的连接符。默认为 '_'
dummy_na	接收 boolean。表示是否为 Nan 值添加一列。默认为 False
columns	接收类似 list 的数据。表示 DataFrame 中需要编码的列名。默认为 None，表示对所有 object 和 category 类型进行编码
sparse	接收 boolean。表示虚拟列是否是稀疏的。默认为 False
drop_first	接收 boolean。表示是否通过从 k 个分类级别中删除第一级来获得 k-1 个分类级别。默认为 False

（3）哑变量处理的特点

对于一个类别型特征，若其取值有 m 个，则经过哑变量处理后就变成了 m 个二元特征，并且这些特征互斥，每次只有一个激活，这使得数据变得稀疏。

对类别型特征进行哑变量处理主要解决了部分算法模型无法处理类别型数据的问题，这在一定程度上起到了扩充特征的作用。由于数据变成了稀疏矩阵的形式，因此也提高了算法模型的运算速度。

2.离散化连续型数据

某些模型算法，特别是某些分类算法，如ID3决策树算法和Apriori算法等，要求数据是离散的，此时就需要将连续型特征（数值型）变换成离散型特征（类别型）。连续型特征的离散化就是在数据的取值范围内设定若干个离散的划分点，将取值范围划分为一些离散化的区间，最后用不同的符号或整数值代表落在每个子区间中的数据值。因此离散化涉及两个子任务，即确定分类数以及将连续型数据映射到这些类别型数据上。离散处理前后原理说明见表4-71。

表4-71　　　　　　　　　　　　　离散处理前后原理说明

离散处理前		离散处理后	
序号	年龄	序号	年龄
1	18	1	（17.955，27]
2	23	2	（17.955，27]
3	35	3	（27，36]
4	54	4	（45，54]
5	42	5	（36，45]
6	21	6	（17.955，27]
7	60	7	（54，63]
8	63	8	（54，63]
9	41	9	（36，45]
10	38	10	（36，45]

（1）等宽法

将数据的值域分成具有相同宽度的区间，区间的个数由数据本身的特点决定或者由用户指定，与制作频率分布表类似。Pandas提供了cut函数，可以进行连续型数据的等宽离散化，其基础语法格式如下：

pandas.cut(x,bins,right=True,labels=None,retbins=False,precision=3,include_lowest=False)

cut函数参数及其说明见表4-72。

表4-72　　　　　　　　　　　　　cut函数参数及其说明

参数名称	说明
x	接收数组或Series。代表需要进行离散化处理的数据。无默认
bins	接收int，list，array，tuple。若为int，代表离散化后的类别数目；若为序列类型的数据，则表示进行切分的区间，每两个数间隔为一个区间。无默认
right	接收boolean。代表右侧是否为闭区间。默认为True
labels	接收list，array。代表离散化后各个类别的名称。默认为空
retbins	接收boolean。代表是否返回区间标签。默认为False
precision	接收int。显示标签的精度。默认为3

使用等宽法离散化的缺陷为：等宽法离散化对数据分布具有较高要求，若数据分布不均匀，那么各个类的数目也会变得非常不均匀，有些区间包含许多数据，而另外一些区间的数据极少，这会严重损坏所建立的模型。

（2）等频法

cut 函数虽然不能直接实现等频离散化，但是可以通过定义将相同数量的记录放进每个区间。等频法离散化相较于等宽法离散化，避免了类分布不均匀的问题，但也有可能将数值非常接近的两个值分到不同的区间，以满足每个区间中固定的数据个数。

（3）基于聚类分析的方法

一维聚类的方法包括两个步骤：一是将连续型数据用聚类算法（如 K-Means 算法等）进行聚类；二是处理聚类得到的簇，将合并到一个簇的连续型数据做同一标记。聚类分析的离散化方法需要用户指定簇的个数，以决定产生的区间数。

K-Means 聚类分析的离散化方法可以很好地根据现有特征的数据分布状况进行聚类，但是由于 K-Means 算法本身的缺陷，用该方法进行离散化时依旧需要指定离散化后类别的数目。此时需要配合聚类算法，找出最优的聚类簇数目。

行业视窗4-4

为什么要进行
数据预处理？

价值引领

数据清洗要去除数据集中的噪声数据和无关数据，处理遗漏数据和清洗脏数据、空缺值、识别删除孤立点等。在一个企业中，不同类型的数据通常是分布在若干个独立的信息系统中的。以运营商为例，用户的计费和账单信息由信息化或市场部门的经营分析系统生成和维护，用户在网络中所产生的信令和上网行为记录则由网络运维部门的网络运维系统存储。由于种种历史和现实原因，这些独立的信息系统之间缺少统一的接口，且数据结构差异巨大，造成企业内部的数据融合困难并且无法充分挖掘数据中所包含的经济和社会价值。如何将这些相互关联的分布式异构数据源集成在一起，让上层用户无视不同系统的数据差异，以透明的方式访问这些数据，就是数据集成所要解决的问题。

在接触数据预处理的过程中，我们会使用到 Pandas，它可以协助我们进行数据的预处理，让数据分析结果更加可信。

这也提示我们，在得出数据结果之前，我们需要先思考数据来源的可靠性，并且对数据进行检查。如果直接对数据进行分析，那么我们得到的分析结果就会失真。要用辩证的眼光看待每一份获取到的数据，锻炼我们的辩证思维。

资料来源　佚名. 数据预处理概述［EB/OL］.［2022-09-09］. https://blog.csdn.net/MMOMMO_/article/details/126767574.

思政元素：工匠精神　科学思维

请阅读以上材料并思考：

1.在数据分析之前，我们为什么要重视数据的清洗优化操作？

2.要从海量大数据之中找到有价值的线索和规律，需要具备怎样的思维意识？

任务实训与评价

第一，设置三种标准化的方法处理数据。编写 data =[200,300,400,600,1000]，将数据转换为 series 格式。设置离差标准化、标准差标准化、小数定标规范化，并调用三个函数分别对数据进行标准化操作。

第二，采用 cut 函数对数据进行离散化处理。创建一组数据 price = np.array([5,10, 11,13,15,35,50,55,72,92,204,215])，将数据转换为 series 格式，采用 cut 函数，参数为3。

第三，创建数据处理函数。函数中包含的操作，使用 drop_duplicate 处理重复值，使用 fillna 填充缺失值，采用参数为中位数进行填充。

本任务评价表见表4-73。

表4-73　　　　　　　　　　　　　　　　　**任务评价表**

序号	评价内容	分值	得分
1	设置三种标准化的方法处理数据	30	
2	采用 cut 函数对数据进行离散化处理	30	
3	创建数据处理函数	30	
4	作业规范性	10	
5	合计	100	

任务五　使用 Sklearn 构建模型

【任务要点】

➤ 了解 Sklearn 转换器的用法；
➤ 掌握构建并评价聚类模型的方法；
➤ 掌握构建并评价分类模型的方法；
➤ 掌握构建并评价回归模型的方法。

学习课件4-5

使用Sklearn
构建模型

【学习情境】

当我们对数据进行预处理之后，接下来可以对数据进行分析研究。小张问："Python 里如何选择模型对样本数据进行研究呢？我们又可以调用哪些模型呢？"

小刘说："在分析研究的过程中，Python 可以借助算法模型对数据进行训练。常用的模型里，我们可以对数据进行主成分分析、聚类、分类、回归等建模操作。"

小张问："那么我们该如何对数据进行建模呢？"小刘说："在这个过程里，我们从数据这一步开始，可以用模块包里的原始数据，也可以用一些本地数据源。读取数据之后，对数据进行预处理，比如清洗、标准化数据等，还需要对数据划分训练集和测试集。这之后，就可以调用算法模型进行建模操作，最后可以根据数值或者图表，判断模型的优劣。"

小张说："原来建模还有这么多流程，每一个数据分析的结果都具有科学性，这也让我们得到的研究报告更有信服力。"

【学前思考】

➢ 如何使用转换器处理数据？
➢ 如何构建主成分分析模型？
➢ 如何构建聚类、分类模型？
➢ 如何构建回归模型？

【知识储备】

在线课堂4-5

使用Sklearn
构建模型

一、使用Sklearn转换器处理数据

1.加载datasets模块中数据集

Sklearn库的datasets模块集成了部分数据分析的经典数据集，可以使用这些数据集进行数据预处理、建模等操作，熟悉Sklearn的数据处理流程和建模流程。使用Sklearn进行数据预处理会用到Sklearn提供的统一接口——转换器（transformer）。加载后的数据集可以视为一个字典，几乎所有的Sklearn数据集均可以使用data，target，feature_names，DESCR分别获取数据集的数据、标签、特征名称和描述信息。

datasets模块常用数据集的加载函数说明见表4-74。

表4-74　　　　　　　　　datasets模块常用数据集的加载函数说明

数据集加载函数	数据集任务类型	数据集加载函数	数据集任务类型
load_boston	回归	load_breast_cancer	分类，聚类
fetch_california_housing	回归	load_iris	分类，聚类
load_digits	分类	load_wine	分类

2.将数据集划分为训练集和测试集

在数据分析过程中，为了保证模型在实际系统中能够起到预期作用，一般需要将样本分成独立的三部分。

第一，训练集（train set）：用于估计模型。

第二，验证集（validation set）：用于确定网络结构或者控制模型复杂程度的参数。

第三，测试集（test set）：用于检验最优的模型的性能。

典型的划分方式是训练集占总样本的50%，而验证集和测试集各占25%。

（1）k折交叉验证法

当数据总量较少的时候，使用上面的方法将数据划分为三部分就不合适了。常用的方法是留少部分做测试集，然后对其余n个样本采用k折交叉验证法，基本步骤如下：

第一，将样本打乱，均匀分成k份。第二，轮流选择其中k-1份做训练，剩余的一份做验证。第三，计算预测误差平方和，把K次的预测误差平方和的均值作为选择最优模型结构的依据。

（2）train_test_split函数

Sklearn的model_selection模块提供了train_test_split函数，能够对数据集进行拆分，

其使用格式如下：

sklearn.model_selection.train_test_split(*arrays,**options)

train_test_split函数的参数及其说明见表4-75。

表4-75　　　　　　　　　　train_test_split函数的参数及其说明

参数名称	说明
*arrays	接收一个或多个数据集。代表需要划分的数据集，若为分类回归则分别传入数据和标签，若为聚类则传入数据。无默认
test_size	接收float，int，None类型的数据。代表测试集的大小。如果传入的为float类型的数据则需要限定在0~1，代表测试集在总数中的占比；如果传入的为int类型的数据，则表示测试集记录的绝对数目。该参数与train_size可以只传入一个。在0.21版本前，若test_size和train_size均为默认，则testsize为25%
train_size	接收float，int，None类型的数据。代表训练集的大小。该参数与test_size可以只传入一个
random_state	接收int。代表随机种子编号，相同随机种子编号产生相同的随机结果，不同的随机种子编号产生不同的随机结果。默认为None
shuffle	接收boolean。代表是否进行有放回抽样。若该参数取值为True，则stratify参数必须不能为空
stratify	接收array或者None。如果不为None，则使用传入的标签进行分层抽样

train_test_split函数将传入的数据划分为训练集和测试集。如果传入的是一组数据，那么生成的就是这组数据随机划分后的训练集和测试集，总共两组。如果传入的是两组数据，则生成的训练集和测试集分为两组，总共四组。train_test_split是最常用的数据划分方法，在model_selection模块中还提供了其他数据集划分的函数，如PredefinedSplit、ShuffleSplit等。

3.使用Sklearn转换器进行数据预处理与降维

（1）Sklearn转换器的三个方法

Sklearn把相关的功能封装为转换器（transformer）。使用Sklearn转换器能够实现对传入的NumPy数组的标准化处理、归一化处理、二值化处理、PCA降维等操作。Sklearn转换器主要包括三个方法，见表4-76。.

表4-76　　　　　　　　　　Sklearn转换器三个方法介绍

方法名称	说明
fit	fit方法主要通过分析特征和目标值，提取有价值的信息，这些信息可以是统计量，也可以是权值系数等
transform	transform方法主要用来对特征进行转换。从可利用信息的角度分为无信息转换和有信息转换。无信息转换是指不利用任何其他信息进行转换，如指数和对数函数转换等。有信息转换根据是否利用目标值向量又可分为无监督转换和有监督转换。无监督转换指只利用特征的统计信息的转换，比如标准化和PCA降维等。有监督转换指既利用了特征信息又利用了目标值信息的转换，比如通过模型选择特征和LDA降维等
fit_transform	fit_transform方法即先调用fit方法，然后调用transform方法

（2）Sklearn转换器。

在数据分析过程中，各类特征处理相关的操作都需要对训练集和测试集分开操作，需要将训练集的操作规则和权重系数等应用到测试集中。如果使用Pandas，则应用至测试集的过程相对烦琐，使用sklearn转换器则可以解决这一困扰。

（3）Sklearn部分预处理函数及其说明（见表4-77）

表4-77   Sklearn部分预处理函数及其说明

函数名称	说明
MinMaxScaler	对特征进行离差标准化
StandardScaler	对特征进行标准差标准化
Normalizer	对特征进行归一化
Binarizer	对定量特征进行二值化处理
OneHotEncoder	对定性特征进行独热编码处理
FunctionTransformer	对特征进行自定义函数变换

（4）PCA降维算法函数

Sklearn除了提供基本的特征变换函数外，还提供了降维算法、特征选择算法，这些算法的使用也是通过转换器的方式。PCA降维算法函数常用参数及其说明见表4-78。

表4-78   PCA降维算法函数常用参数及其说明

函数名称	说明
n_components	接收None，int，float或string。未指定时，代表所有特征均会被保留下来；如果为int，则表示将原始数据降低到n个维度；如果为float，同时svd_solver参数等于full；赋值为string，如n_components='mle'，将自动选取特征个数n，使得满足所要求的方差百分比。默认为None
copy	接收bool。代表是否在运行算法时将原始数据赋值一份。如果为True，则运行PCA算法后，原始训练数据的值不会有任何改变；如果为False，则运行PCA算法后，原始训练数据的值会发生改变。默认为True
whiten	接收boolean。表示白化，所谓白化，就是对降维后的数据的每个特征进行归一化，让方差都为1。默认为False
svd_solver	接收string{'auto','full','arpack','randomized'}。代表使用的SVD算法。randomized一般适用于数据量大、数据维度多，同时主成分数目比例较低的PCA降维，它使用了一些加快SVD的随机算法。full是使用SciPy库实现的传统SVD算法。arpack和randomized的适用场景类似，区别是randomized使用的是Sklearn自己的SVD实现，而arpack直接使用了SciPy库的sparse SVD实现。atuto则代表PCA类会自动在上述三种算法中进行权衡，选择一个合适的SVD算法来降维。默认为auto

二、构建并评价聚类模型

1.使用Sklearn估计器构建聚类模型

（1）聚类

聚类的输入是一组未被标记的样本，聚类根据数据自身的距离或相似度将数据划分为若干组，划分的原则是组内样本最小化而组间（外部）距离最大化，如图4-18所示。

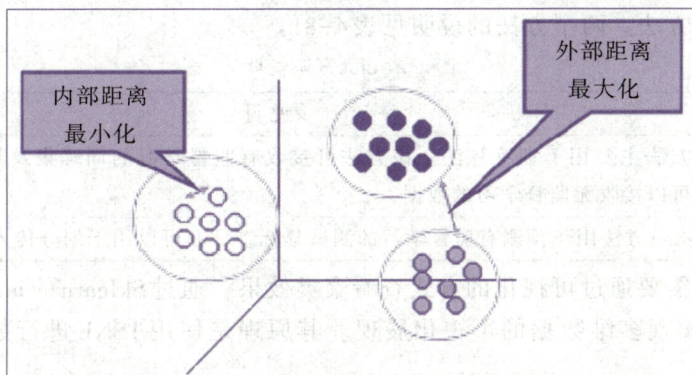

图4-18 聚类分析

聚类方法类别说明见表4-79。

表4-79 聚类方法类别说明

算法类别	包括的主要算法
划分（分裂）方法	K-Meanssuanfa（K-平均），K-Medoids算法（K-中心点）和CLARANS算法（基于选择的算法）
层次分析方法	BIRCH算法（平衡迭代规约和聚类），CURE算法（代表点聚类）和Chameleon算法（动态模型）
基于密度的方法	DBSCAN算法（基于高密度链接区域），DENCLUE算法（密度分布函数）和OPTICS算法（对象排序识别）
基于网络的方法	STING算法（统计信息网络），CLIOUE算法（聚类高位空间）和Wave-Cluster算法（小波变换）

cluster提供的聚类算法及其适用范围说明见表4-80。

表4-80 cluster提供的聚类算法及其适用范围说明

函数名称	参数	适用范围	距离度量
kmeans	簇数	可用于样本数目很大、聚类数目中等的场景	点之间的距离
spwctral clustering	簇数	可用于样本数目中等、聚类数目较小的场景	图距离
ward hierarchical clustering	簇数	可用于样本数目较大、聚类数目较大的场景	点之间的距离
agglomerative clustering	簇数，链接类型，距离	可用于样本数目较大、聚类数目较大的场景	任意成对点线图的距离
dbscan	半径大小，最低成员数目	可用于样本数目很大、聚类数目中等的场景	最近的点之间的距离
birch	分支因子，阈值，可选全局集群	可用于样本数目很大、聚类数目较大的场景	点之间的欧式距离

聚类算法实现需要 Sklearn 估计器（estimator）。Sklearn 估计器和转换器类似，拥有 fit 和 predict 两个方法。两个方法的说明见表 4-81。

表 4-81　　　　　　　　　　　　　　fit 和 predict 方法说明

方法名称	说明
fit	fit 方法主要用于训练算法。该方法可接收有监督学习的训练集及其标签两个参数，也可以接收无监督学习的数据
predict	predict 方法用于预测有监督学习的测试集标签，亦可以用于划分传入数据的类别

聚类完成后需要通过可视化的方式查看聚类效果，通过 Sklearn 的 manifold 模块中的 TSNE 函数可以实现多维数据的可视化展现。其原理是使用 TSNE 进行数据降维，降成两维。

2.评价聚类模型

评价聚类模型的标准是组内对象相互之间是相似的（相关的），而不同组中的对象是不同的（不相关的），即组内的相似性越大，组间差别越大，聚类效果就越好。Sklearn 的 metrics 模块提供的聚类模型评价指标见表 4-82。

表 4-82　　　　　　　　　　　　　　聚类模型评价指标

方法名称	真实值	最佳值	Sklearn 函数
ARI 评价法（兰德系数）	需要	1.0	adjusted_rand_score
AMI 评价法（互信息）	需要	1.0	adjusted_mutual_info_score
V-measure 评分	需要	1.0	completeness_score
FMI 评价法	需要	1.0	fowlkes_mallows_score
轮廓系数评价法	不需要	畸变程度最大	silhouette_score
Calinski-Harabasz 指数评价法	不需要	相较最大	calinski_harabaz_score

表 4-82 共列出了六种评价方法，其中前四种方法均需要真实值的配合才能够评价聚类算法的优劣，后两种方法则不需要真实值的配合。但是前四种方法评价的效果更具有说服力，实际运行的过程中在有真实值做参考的情况下，聚类方法的评价可以等同于分类算法的评价。

除了轮廓系数以外的评价方法，在不考虑业务场景的情况下都是得分越高，其效果越好，最高分值均为 1。轮廓系数评价法则需要判断不同类别数目的情况下其轮廓系数的走势，寻找最优的聚类数目。

在具备真实值作为参考的情况下，几种方法均可以很好地评估聚类模型。在没有真实值作为参考的时候，轮廓系数评价方法和 Calinski-Harabasz 指数评价方法可以结合使用。

三、构建并评价分类模型

1.使用 Sklearn 估计器构建分类模型

（1）分类算法的实现过程

在数据分析领域，分类算法有很多，其原理千差万别，有基于样本距离的最近邻算法，有基于特征信息熵的决策树，有基于bagging的随机森林，有基于boosting的梯度提升分类树，但其实现的过程相差不大。分类算法的实现过程如图4-19所示。

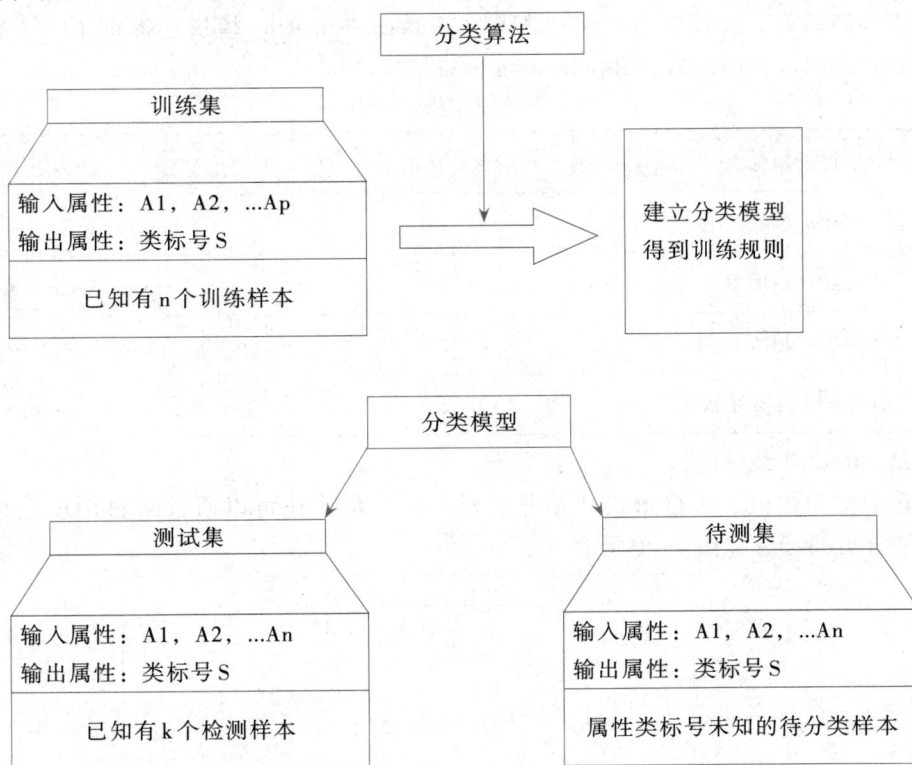

图4-19 分类算法的实现过程

（2）Sklearn库常用分类算法函数

Sklearn库将中提供的分类算法非常多，分别存在于不同的模块中。Sklearn库常用分类算法函数见表4-83。

表4-83 Sklearn库常用分类算法函数

模块名称	函数名称	算法名称
linear_model	LogisticRegression	逻辑斯蒂回归
svm	SVC	支持向量机
neighbors	KNeighborsClassifier	K最近邻分类
naive_bayes	GaussianNB	高斯朴素贝叶斯
tree	DecisionTreeClassifier	分类决策树
ensemble	RandomForestClassifier	随机森林分类
ensemble	GradientBoostingClassifier	梯度提升分类树

2.评价分类模型

（1）分类模型的评价指标

分类模型对测试集进行预测而得出的准确率并不能很好地反映模型的性能，为了有效判断一个预测模型的性能表现，需要结合真实值，计算出精确率、召回率、F1值和Cohen's Kappa系数等指标来衡量。分类模型的评价指标见表4-84。这四种评价指标都是分值越高越好，使用方法也基本相同。Sklearn的metrics模块还提供了一个能够输出分类模型评价报告的函数：classfication_report。

表4-84 分类模型的评价指标

评价指标	最佳值	函数
Precision（精确率）	1.0	metrics.precison_score
Recall（召回率）	1.0	metrics.recall_score
F1值	1.0	metrics.f1_score
Cohen's Kappa系数	1.0	metrics.cohen_kappa_score

（2）ROC曲线

除了使用数值、表格形式评估分类模型的性能，还可以通过绘制ROC曲线的方式来评估分类模型，如图4-20所示。

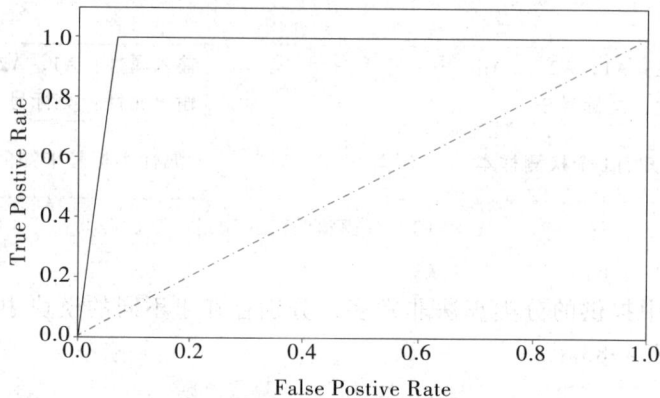

图4-20 ROC曲线

ROC曲线横纵坐标范围为 [0，1]，通常情况下ROC曲线与x轴形成的面积越大，表示模型性能越好。但是当ROC曲线处于图4-20中虚线的位置时，就表明模型的计算结果基本都是随机得来的，在此种情况下模型起到的作用几乎为零。故在实际中，ROC曲线离图4-20中虚线越远，表明模型效果越好。

四、构建并评价回归模型

1.使用Sklearn估计器构建回归模型

（1）回归分析方法

从19世纪初高斯提出最小二乘估计起，回归分析的历史已有200多年。按照研究方法划分，回归分析的研究范围如图4-21所示。

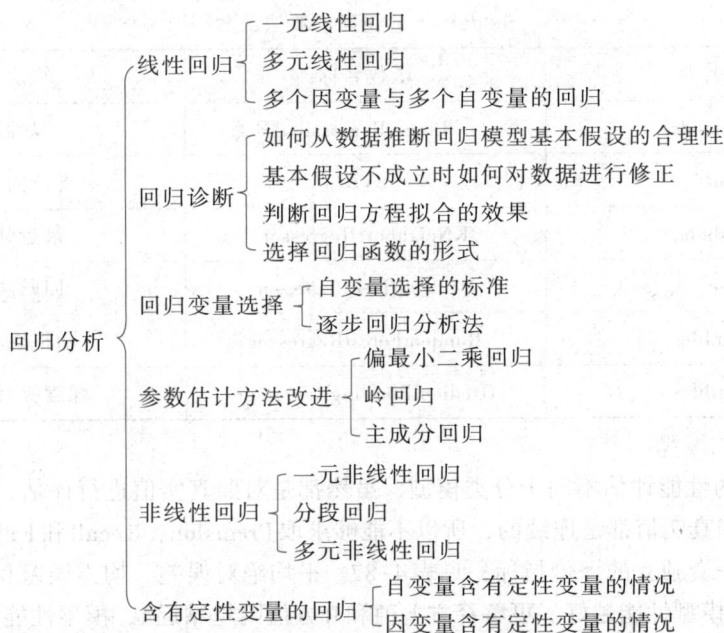

图 4-21 回归分析的研究范围

回归算法的实现步骤和分类算法基本相同，分为学习和预测两个步骤。学习是通过训练样本数据来拟合回归方程；预测则是利用学习过程中拟合出的回归方程，将测试数据放入方程中求出预测值。

（2）常用的回归模型

常用的回归模型见表 4-85。

表 4-85 常用的回归模型

回归模型名称	适用条件	算法描述
线性回归	因变量与自变量是线性关系	对一个或多个自变量和因变量之间的线性关系进行建模，可用最小二乘法求解模型系数
非线性回归	因变量与自变量之间不都是线性关系	对一个或多个自变量和因变量之间的非线性关系进行建模。如果非线性关系可以通过简单的函数变换转化成线性关系，则用线性回归的思想求解；如果不能转化成线性关系，则用非线性最小二乘方法求解
Logistic 回归	因变量一般有 1 和 0（是与否）两种取值	是广义线性回归模型的特例，利用 Logistic 函数将因变量的取值范围控制在 0 和 1 之间，表示取值为 1 的概率
岭回归	参与建模的自变量之间具有多重共线性	是一种改进最小二乘估计的方法
主成分回归	参与建模的自变量之间具有多重共线性	主成分回归是根据主成分分析的思想提出来的，是对最小二乘法的一种改进，它是参数估计的一种有偏估计。可以消除自变量之间的多重共线性

（3）Sklearn 库常用回归算法函数

Sklearn 内部提供了不少回归算法，常用的函数见表 4-86。我们可以利用预测结果和真实结果画出折线图进行对比，以便更直观地看出线性回归模型的效果。

表 4-86   Sklearn库常用回归算法函数

模块名称	函数名称	算法名称
linear_model	LinearRegression	线性回归
svm	SVR	支持向量回归
neighbors	KNeighborsRegressor	最近邻回归
tree	DecisionTreeRegressor	回归决策树
ensemble	RandomForestRegressor	随机森林回归
ensemble	GradientBoostingRegressor	梯度提升回归树

2. 评价回归模型

回归模型的性能评估不同于分类模型，虽然都是对照真实值进行评估，但由于回归模型的预测结果和真实值都是连续的，所以不能够求取 Precision、Recall 和 F1 值等评价指标。回归模型拥有一套独立的评价指标，见表 4-87。平均绝对误差、均方误差和中值绝对误差的值越靠近 0，模型性能越好。可解释方差值和 R 方值则越靠近 1，模型性能越好。

表 4-87   回归模型评价指标

方法名称	最优值	sklearn 函数
平均绝对误差	0.0	metrics.mean_absolute_error
均方误差	0.0	metrics.mean_squared_error
中值绝对误差	0.0	metrics.median_absolute_error
可解释方差值	1.0	metrics.explained_variance_score
R 方值	1.0	metrics.r2_score

行业视窗 4-5

数据模型的含义是什么？为什么要建立数据模型？

价值引领

在有关统计分析的进阶学习过程中，我们会对数据进行建模分析，得到我们需要的模型结果。将模型结果应用在实际场景中，获取其应用价值。

scipy.stats 有两种通用分布类，分别用于封装连续随机分布和离散随机分布。使用这些类已经实现了 80 多个连续随机分布（RV）和 10 个离散随机分布。所有统计函数都被放在子包 scipy.stats 中，且有这些函数的一个几乎完整的列表可以使用 info（stats）获得。利用 scipy.stats 有利于直接处理统计相关函数，避免复杂公式书写的麻烦，能直观便捷地处理数据，检验函数分布。

通过学习经典模型的构建，未来在不同的场景里，我们可以自主更换商业数据，调整参数进行模型修改。

当然，这也考验了我们对模型的掌握情况。初次接触这些模型时，我们可以从熟悉函数方法开始学习，因为这些函数已经封装好，不需要我们进行二次复杂公式编写，可以省去大量的时间。接触函数之后，再灵活处理数据，构建模型。

学无止境，当更多的模型算法产生的时候，我们再根据场景进行调用，这将锻炼我们的分析与应用能力。

思政元素：科学思维

请阅读以上材料并思考：

1.我们该如何应用模型对数据进行分析？

2.你是如何看待模型在数据分析中的作用的？

任务实训与评价

第一，划分训练集与测试集。读取 load_iris 数据，将数据和标签分为训练集和测试集。测试集比例为 0.2，随机种子为 42。

第二，标准化数据并进行主成分分析。采用离差标准化处理 iris 数据，并采取主成分分析法分别处理训练集和测试集数据，维度设置为 3。

第三，建立支持向量积模型，查看结果报告。对主成分分析之后的数据，构建支持向量积模型，对数据进行预测，查看结果分析报告。

本任务评价表见表4-88。

表4-88 任务评价表

序号	评价内容	分值	得分
1	划分训练集与测试集	30	
2	标准化数据并进行主成分分析	30	
3	建立支持向量积模型，查看结果报告	30	
4	作业规范性	10	
5	合计	100	

项目小结

● NumPy（Numerical Python）是 Python 中用来存储和处理大型矩阵的工具库，可以有效支持大量的维度数组与矩阵运算，比自身嵌套列表的运算还要简洁高效，已经成为数据科学领域最基础的工具库之一。

● Pandas 是一个开放源码、BSD 许可的库，提供高性能、易于使用的数据结构和数据分析工具。Pandas 名字衍生自术语 "panel data"（面板数据）和 "Python data analysis"（Python 数据分析）。Pandas 是一个强大的分析结构化数据的工具集，基础是 NumPy（提供高性能的矩阵运算）。Pandas 可以从各种文件格式（如 CSV、JSON、SQL、Microsoft Excel）导入数据。

● Pandas 可以进行数据预处理，如合并数据、清洗数据、标准化数据、转化数据。

● Matplotlib 是 Python 中最受欢迎的数据可视化软件包之一，支持跨平台运行，它是 Python 常用的 2D 绘图库，它也提供了一部分 3D 绘图接口。Matplotlib 通常与 NumPy、Pandas 一起使用，是数据分析中不可或缺的重要工具之一。

● Matplotlib 是 Python 中类似于 MATLAB 的绘图工具。Matplotlib 提供了一套面向对象绘图的

API，它可以轻松地配合 Python GUI 工具包（如 PyQt，WxPython、Tkinter）在应用程序中嵌入图形。与此同时，它也支持以脚本的形式在 Python、IPython Shell、Jupyter Notebook 以及 Web 应用的服务器中使用。可绘制各种图形，如柱状图、饼状图、折线图等。

● Sklearn 是针对 Python 编程语言的免费软件机器学习库。它具有各种分类、回归和聚类算法，包括支持向量机、随机森林、梯度提升、k 均值和 DBSCAN，并且旨在与 Python 数值科学库 NumPy 和 SciPy 联合使用。

项目测试

一、单选题

1. 创建一个 4 行 5 列全为 0 的矩阵，可通过（　　　）选项实现。

A. np.zeros((4,5))

B. np.ones((4,5))

C. np.zeros((5,4))

D. np.ones((5,4))

2. 在 Python3 中，利用 Matplotlib 库绘图，若要定义 x 轴的刻度范围为 6 到 9，下列选项可以实现的是（　　　）。

A.>>>import matplotlib.pyplot as plt

>>> plt.subplot(6,9,1)

B.>>>import matplotlib.pyplot as plt

>>> plt.figure(figsize=(6,9))

C.>>>import matplotlib.pyplot as plt

>>> plt.xlim(6,9)

D.>>>import matplotlib.pyplot as plt

>>> plt.legend(loc=9,fontsize=6)

3. 创建起始值为 2，结束值为 3、间隔为 0.2 的数组为（　　　）。

A. np.zeros((2,3,0.2))　　　　　B. np.diag([2,3,5])

C. np.arange(2,3,0.2)　　　　　D. np.arange(2,0.2,3)

4. 创建范围为（2，20）的随机数，形状为 2 行 5 列，应该为（　　　）。

A. np.random.randint(20,2,size = [2,5])

B. np.random.randint(2,20,size = [2,5])

C. np.random.randint(20,2,size = [5,2])

D. np.random.randint(2,20,size = [5,2])

5.>>> import numpy as np

>>>arr = np.array([[1,2,3],[4,5,6],[7,8,11]])

打印数组中 5 和 6 两个数字，代码应该为（　　　）。

A. print(arr[1,1:3])　　　　　B. print(arr[1,0:3])

C. print(arr[2,1:3])　　　　　D. print(arr[2,0:3])

二、多选题

1. 以下是 NumPy 常用的函数的有（　　　）。

A.Sum　　　　　　　　B.Mean　　　　　　　C.Std　　　　　　　　D.PCA

项目测试4-1

单选题

2.Pandas可以读取不同数据源，包括（　　）。

A.数据库　　　　　　　　B.文本　　　　　　　　C.图片　　　　　　　　D.Excel

3.Matplotlib可以绘制的图形有（　　）。

A.箱型图　　　　　　　　B.饼图　　　　　　　　C.折线图

D.条形图　　　　　　　　E.热力图

4.以下选项是预处理的数据操作的有（　　）。

A.合并数据　　　　　　　B.标准化数据　　　　　C.清洗数据　　　　　　D.转化数据

5.数学建模的常见模型有（　　）。

A.时间序列预测　　　　　B.主成分分析　　　　　C.聚类模型

D.分类模型　　　　　　　E.回归模型

三、判断题

1.聚类的输入是一组未被标记的样本，聚类根据数据自身的距离或相似度将它们划分为若干组，划分的原则是组内样本最小化而组间（外部）距离最大化。（　　）

2.数组中的元素可以是字符等，矩阵中的元素只能是数。（　　）

3.主成分分析能降低所研究的数据空间的维数。（　　）

4. 在 Python3 中，利用 Matplotlib 库中的子模块 pyplot 绘图，函数 scatter 的功能是绘制条形图。（　　）

5.unique函数表示去重。（　　）

项目测试4-2

多选题

项目测试4-3

判断题

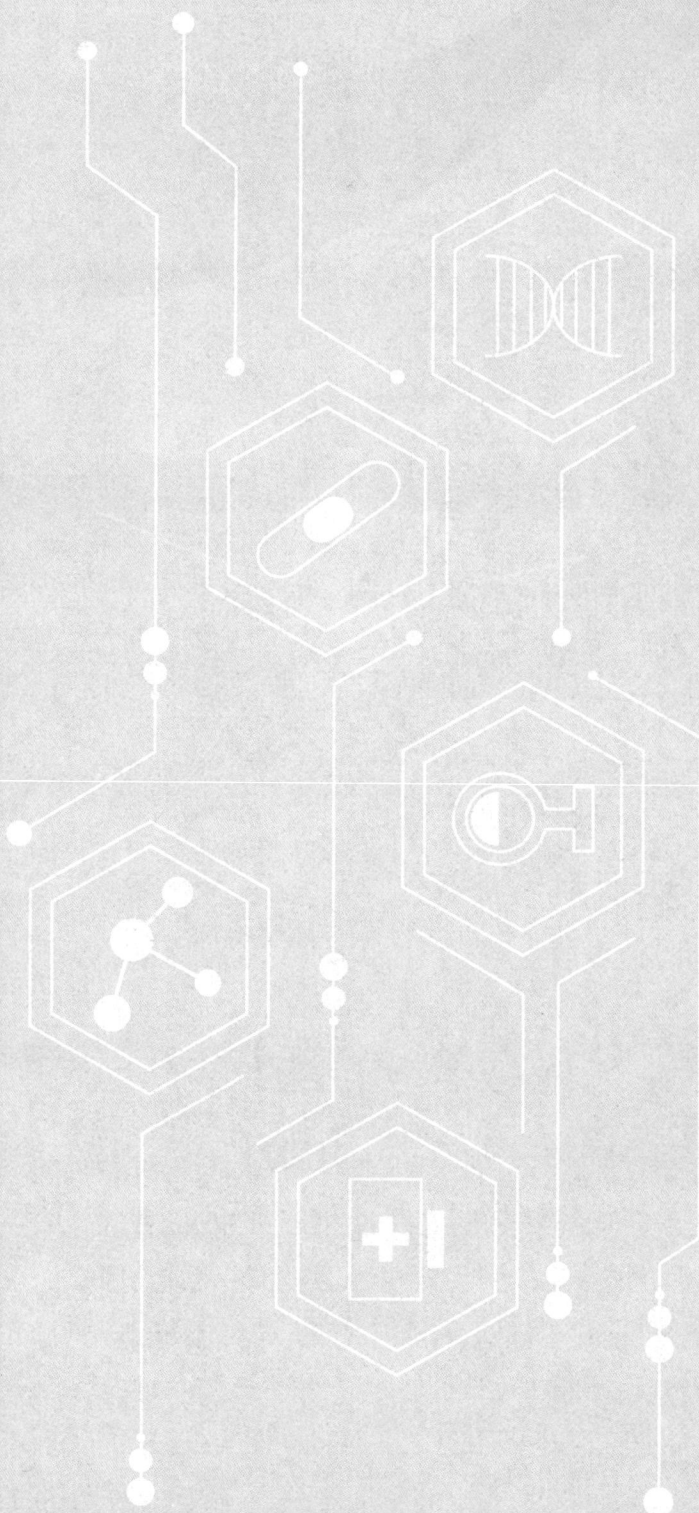

第三篇

实务篇

项目五

基于大数据的金融服务营销

知识目标

● 了解金融客户关系管理的含义和意义；
● 掌握用户画像的概念及原理；
● 掌握客户细分的含义及思路；
● 了解精准营销的含义和常见策略。

能力目标

● 能提出基于大数据的客户关系管理策略；
● 能用 Python 对营销大数据进行用户画像分析；
● 能用 Python 对营销大数据进行聚类；
● 能用 Python 对营销大数据进行回归拟合；
● 能用 Python 对营销大数据进行营销预测。

素养目标

● 通过了解我国金融行业大数据技术前沿应用，开阔学生视野，提升数字经济思维意识；
● 通过了解基于大数据的客户关系管理案例，树立高质量金融服务理念；
● 通过分析基于大数据的金融精准营销案例，树立以客户需求为中心的科学营销理念。

任务一　基于大数据的金融客户关系管理

学习课件 5-1

基于大数据的
金融客户关系
管理

【任务要点】

➤ 解释金融客户关系管理的含义及意义；
➤ 列举用户画像的含义及应用场景；
➤ 阐述客户细分的含义及思路；
➤ 提出客户流失预测的思路。

【学习情境】

在大数据、云计算的背景下，几乎每个行业都在深度挖掘自身留下的数据痕迹，试图从中挖掘到信息并将其转化成价值。营销作为各个行业价值转化的终端环节，是技术、资本、人力等生产要素实现最终产出的变现形式，对于企业的经营和发展具有重要的意义。充分发挥数据的价值，进行产品的精准投放，有利于营销的顺利开展，有助于企业价值的最终实现。此外，企业还可以通过深入的数据分析，严谨的市场调研、市场分析、市场决策，为生产经营提供参考信息。银行、证券、保险等金融机构产品丰富，业务覆盖面广，仅仅依靠传统的柜台营销等方式，难以覆盖长尾端客户，从而影响了市场的占有率，不利于企业利润的提高。因而大数据分析的运用，对金融营销分析、精准刻画客户形象、预测客户行为具有重要意义。

高效的营销一定是以客户为中心的营销。因此，在大数据时代，金融机构为了提升营销效率，一定要借助大数据技术重新优化客户关系管理体系，只有深度、全方位地认知客户，才能为客户提供优质的个性化服务。

对此，小张很好奇，在大数据时代，金融机构的客户关系管理将会变成什么样？我们应该如何借助大数据技术重新认知客户，发现他们的消费行为偏好和风险偏好？

【学前思考】

➤ 金融客户关系管理是什么？
➤ 如何借助大数据技术描述我们的客户？
➤ 怎样借助大数据技术优化我们的金融服务，提高客户的满意度和忠诚度？

【知识储备】

一、金融客户关系管理的含义及意义

1.金融客户关系管理的含义

客户关系管理（customer relationship management，CRM），是指企业为提高核心竞争力，利用相应的信息技术以及互联网技术协调企业与顾客在销售、营销和服务上的交互，从而提升其管理方式，向客户提供创新式的个性化交互和服务的过程。其最终目标

是吸引新客户、保留老客户以及将已有客户转为忠实客户。

客户关系管理有三层含义：一是新常态下企业管理的指导思想和理念；二是创新的企业管理模式和运营机制；三是企业管理中信息技术、软硬件系统集成的管理方法和应用解决方案的总和。

金融客户关系管理是金融机构为保持已有的客户并吸引新的客户而设立的与客户的联系通道，同时通过分析客户需要为自身决策提供支持。金融机构通过客户关系管理来加强与完善和客户之间的关系，了解客户的需求，提供符合客户要求的优质且满意的服务，从而提高金融机构的服务效率。

2.金融客户关系管理的意义

加强客户关系管理有利于金融机构深入挖掘客户需求，满足多样化、个性化的客户需要，改善金融服务，提高客户满意度，从而达到引导客户消费的目的，增加金融机构的利润，使金融机构能在激烈的竞争之中获得长足的发展。具体来说，这项工作的意义有以下四点：

（1）有助于降低运营成本

进行客户关系管理可以准确了解客户的需求，从而减少调查的成本费用，进而减少运营成本。

（2）有助于留住老客户获得新客户

金融机构可以采用各种各样的形式与客户进行合作及交流，这样可以满足客户的个性化需求，让客户感受到企业的高质量服务，在留住老客户同时，将潜在的客户发展成为新客户。

（3）有助于提高企业的市场竞争力

通过客户关系管理，企业能够更加了解客户，从而形成更精准的市场定位。另外，金融机构的服务对象就是客户，良好的客户关系有助于金融机构提高产品的销售额，在市场当中领先于其他企业，而且也更有利于新产品导入市场，被客户所接受。

（4）有助于提高经营效率

金融机构的客户是非常多的，往往需要对这些客户进行分类管理，并且要对客户的信息进行保存，而客户关系管理能够让企业在短时间内掌握每个客户的需求、问题、信息等，这对于企业制定营销策略、服务策略都具有非常重要的意义，有利于金融机构用不同的方式服务不同的客户，用不同的产品满足客户的不同需求，从而有效地解决实际出现的问题，提高客户满意度和忠诚度，进而提高服务效率、客户管理效率和营销效率。

随着大数据技术的深入应用，金融机构开始通过大数据集成、挖掘和分析，为其客户服务、客户关系管理提供自动化解决方案，具体应用包括：对客户进行精准画像、细分和流失预测等。

二、基于大数据的用户画像及其应用

用户画像的概念最早诞生于互联网行业，起初是指电商根据用户的行为数据特征，刻画用户形象的行为。虽然是用"画像"一词，但并不是像绘画一样将人的五官和轮廓画在纸上，而是用一系列的数据标签代替人的五官特征，对用户进行描绘，进而预判用户的样子。这里面的预判更多的是指用户的行为特征，而非相貌特点。通过用户画像，企业可以进行精准营销，提高广告投放和产品销售的成功率，进而获取更加可观的利润。

随着互联网行业的发展，无论是传统的线下实体企业，还是新兴的线上企业，以及线上线下融合发展的企业，都对用户展开了激烈的争夺。更好地了解用户、获取用户成为各个企业的共同诉求，因而用户画像的重要性也越来越高。

1.用户画像的思路

用户画像是通过标签化形式，刻画用户的行为特征。比如 Alen Cooper 的"七步人物角色法"，Lene Nielsen 的"十步人物角色法"等。在互联网时代，描述一个人特征的维度已经远远超出我们的想象。在数据、算力和方法都能够充分支撑的前提下，更多维度的评价往往也能获得更高的精度。

首先，根据用户的行为特征数据，构建起用户的特征指标数据库；其次，筛选出有效的数据指标；然后根据筛选过的指标进行客户聚类，分群分层描述不同的客户群体；最后，验证客户的画像和分特征。

2.用户画像的应用场景

随着数字经济的发展，数据在各行各业的积累也越来越丰富。从传统电商到全域行业，都可以通过用户画像将客户的情况进行精准刻画，并广泛地应用于营销推广。金融行业用户画像的主要应用场景包括客户关系管理、精准营销和风险管理等。

（1）客户关系管理

良好的客户关系管理是企业成功运营的重要保障。传统的客户关系管理受制于企业管理系统的局限性，通常只能涵盖大客户，而难以将客户关系管理进一步下沉至长尾端。随着互联网在经济中的渗透，金融机构拥有了大量的客户，然而在传统的客户关系管理模式下，企业难以兼顾每一个用户，从而导致服务质量降低。

在大数据时代，金融机构可以通过自己所拥有的数据，对所拥有的用户进行精准的画像，从而掌握每一个用户的具体特征，为提高服务质量提供了更多的可能性。良好的服务有利于增加用户的黏性，从而构建更加稳定的企业用户关系。

（2）精准营销

基于用户画像上的精准营销不管对企业还是对客户来说，都是有需求的，这会给双方交易带来极大便捷，也为双方平等沟通搭建了一个畅通平台。客户画像可以帮助金融机构在精准营销上做到以下五点：一是分析原有客户属性，找出忠实客户、核心客户、目标客户与潜在客户；二是利用数据管理平台进行客户行为数据收集，搭建并完善客户画像模型；三是寻找迫切需求信息的匹配人群，精准推送相应的营销广告或服务信息；四是营销信息投放一段时间后，剖析客户反馈行为数据，使营销更加精准；五是不断丰富与优化用户画像模型，最终达到个性化营销与服务推送。

（3）风险管理

精准的用户画像不仅可以提高营销的效率，增加客户的黏性，还可以有效辅助金融机构的风险管理。如银行可以通过对贷款用户进行画像，聚焦违约客户的共同特征，从而在贷款申请中排查出具有相同特征的用户，对已有的贷款用户及时进行预警分析，从而帮助企业更好地进行风险管理。同样，这种风险预警还可以应用于营销中的客户流失分析。

三、基于大数据的客户细分

1.客户细分的含义及意义

（1）客户细分的含义

"客户细分"是美国营销学家温德尔·史密斯（Wender Smith）于1956年提出来的概念，即根据客户的需要与欲望及购买行为和购买习惯等方面的明显差异，把某一种产品或者服务的市场划分成若干个由相似需求构成的消费群（即若干个子市场）的过程。

市场是一个多层次、多元化消费需求的综合体，任何企业都无法满足其所有的需求。市场细分可以帮助企业识别最能赢利的细分市场，找到最有价值的客户，引导企业把主要资源放在这些能产生最大投资回报的客户身上，从而更好地满足这类客户的需要。

但是，到目前为止，还没有对"客户细分"形成一致的定义。Lee等人将客户细分称为"客户区隔"，即将市场分为具有不同需要、特征或行为的不同购买者的过程。胡少东认为，客户细分是指按照一定的标准将企业的现有客户划分为不同的客户群。杨路明等人认为，客户细分是指在明确的战略业务模式和专注的市场中，根据客户的价值、需求和兴趣等综合因素对客户进行分类。

（2）客户细分的意义

第一，客户天生就存在差异，不同的客户有不同的需求，不同的客户其价值也不相同。通过客户细分，金融机构可以更好地识别不同客户群体对企业的需求，以此指导金融机构的客户关系管理，从而达到吸引客户、保持客户，并建立客户忠诚的目的。对金融机构而言，不同的客户群体具有不同的价值，因此，企业要识别每个客户群体的价值，并根据客户群体价值的不同采取有效方法对客户进行细分。通过客户细分，辨别哪些客户能为企业带来盈利，哪些客户不能为企业带来盈利，并锁定那些高价值的客户。只有这样，金融机构才能保证其所投入的资源得到回报，企业的长期利润和持续发展才能得到保证。

第二，客户细分有利于更合理地利用金融机构的有限资源。对企业而言，在现有的客户群体中，并不是所有的客户都会或者都有同企业建立并发展长期合作关系的价值。因此，如果对所有客户不加区别地开展营销活动，势必会造成企业资源的浪费。但是，如果首先通过客户细分，识别具有较高价值的客户，并有区别地对其开展目标营销，就会起到事半功倍的效果，从而大大节约金融机构的资源。

2.客户细分的方式

金融机构客户细分的方式，总体是以客户价值为主线，按客户的属性、消费行为以及价值三个维度进行划分，在划分过程中融入客户的需求与偏好，将之作为客户分层内涵的补充。

（1）按客户属性细分

客户属性包括按客户的组织归属、职业和年龄等，按客户属性细分具体包括：

①按客户的组织归属细分：如企业客户、个人客户、政府客户。这种分类最简单、直观，数据也很容易得到。但这种分类比较粗放，我们依然不知道在每一个客户层面，谁是"好"客户，谁是"差"客户。我们能知道的只是某一类客户（如大企业客户）较之另一类客户（如政府客户）可能消费能力更强。

②按客户的职业细分：部分金融机构会按客户的职业进行分类，主要分为以下四类：第一类是企业主，第二类是通过资本市场实现了个人财富积累的专业投资人，第三类是职业经理人、高管等，第四类是少数中高净值人群（退休人士、家庭主妇等）。

③按客户的年龄细分：由于不同年龄段个体创造财富的能力不同，所以其消费和储蓄的配置比例也会不同，银行根据个体投资偏好及风险承受能力等要素为不同生命周期的客户配置不同的产品与服务。

（2）按消费行为细分

经典营销理论认为，确定目标市场的需求是实现组织目标的关键，企业要比竞争对手更有效、有力地传送给目标市场期望。这一观点是以市场为导向、以客户的消费行为作为市场细分的标准。一是按消费额度划分；二是按消费倾向和资产规模划分。

（3）按客户价值细分

①客户价值的定义。当前研究中对客户价值的定义主要有以下三种：一是指客户带来的利润，即企业投入成本与客户支付价格的差额；二是客户的净现金流；三是客户全面的贡献程度，即客户终生价值理论，将客户生命周期中的所有贡献看成客户价值，分为现有价值和潜在价值。

②客户生命周期理论。客户生命周期是指客户与企业的关系从一个阶段向另一阶段转化的过程中呈现出的总特征。依据生命周期与终身价值管理的理念和方法，客户的生命周期大致可以划分引入期、成长期、成熟期、休眠期和流失期五个阶段，用户价值会随着客户生命周期的演进而呈现周期性变化。

3.基于大数据的客户流失预测

客户流失是指客户终止与金融机构的服务合同或转向其他公司提供的服务。客户流失分析是以客户的历史通话行为数据、客户的基础信息、客户拥有的产品信息为基础，通过数据挖掘手段，综合考虑流失的特点，及与之相关的多种因素，从而发现与流失密切相关的特征。在此基础上，建立可以在一定时间范围预测用户流失倾向的预测模型，为相关业务部门提供有流失倾向的用户名单，以及这些流失客户的行为特征，以便制定恰当的营销策略，采取具有针对性的措施来挽留客户。

如今，金融市场竞争日趋激烈，金融机构在努力通过提供多样化的金融服务吸引更多的新客户，并与原有客户建立良好的关系，以降低客户的流失率，从而使自身获得长期利益。客户流失的发生具有明显的因果关系特征，而这些导致客户流失发生的原因通常可以在客户的账户状态、历史交易信息、服务反馈等相关数据资料中体现出来。在客户关系的维护中，金融机构应用大数据技术从多角度对客户流失的原因进行分析，找到客户相关信息与客户流失的内在联系，构造出客户流失的关键性指标组合，进而构建出客户流失的预警模型，使金融机构在日常运营中能及时预测客户的流失概率。

价值引领

党的二十大报告提出，"支持中小微企业发展""强化企业科技创新主体地位，发挥科技型骨干企业引领支撑作用，营造有利于科技型中小微企业成长的良好环境，推动创新链产业链资金链人才链深度融合"。中国的金融机构正在积极探索，通过大数据技术解决小微企业"融资难、融资贵"的问题。

中国农业银行福建省分行依托大数据技术，梳理福建省小微企业数量、分布领域和融资需求特点，打造小微特色产品，满足不同类型企业的金融服务需求，实现了小微企业金融服务明显"扩面"。

1.打造"链捷贷"产品

借助互联网技术搭建供应链金融福建分行特色接入平台，建立核心企业与农总行数据网贷平台的信息桥梁，引入核心企业的资金流、物流、信息流等数据，为企业上下游客户提供批量、自动、便捷、个性的线上供应链融资业务。截至2020年年末，全省已获批供应链项目16个，成功落地三钢闽光、朴朴超市、三棵树等10个重点项目，合作金额达24亿元。

2.打造"纳税e贷"产品

利用小微企业涉税信息与行内交易结算数据建立授信模型，为小微企业提供自助可循环、纯信用方式的在线融资服务。截至2020年年末，"纳税e贷"授信客户近8 000户，授信金额48亿元，累计发放贷款95亿元。

3.打造"外贸e贷"产品

充分利用区块链技术特点，快速接入福建省商务厅"单一窗口"平台的联盟链，整合客户进出口、出口信保、海关信用、融资需求等信息进行数据建模，通过政务数据刻画企业精准画像，为外贸企业提供定制化金融服务。

4.打造"医保e贷"产品

以医保资金管理部门与医保两定机构的医保结算数据为主，整合利用结算、工商、征信等内外部数据，运用大数据技术计算客户授信额度，生成白名单后送至总行平台，实现对医保两定机构提供在线自助循环融资。

资料来源 佚名.大数据赋能普惠金融服务创新［EB/OL］.［2021-04-15］.https：//new.qq.com/rain/a/20210415A05GOP00.

思政元素：创新发展 金融普惠

请阅读以上材料并思考：

1.在以上案例中，大数据技术是如何帮助金融机构进行产品和服务创新的？

2.基于大数据的金融服务体现了怎样的金融服务理念？

任务实训与评价

以学习小组为单位，通过查阅线上线下资料，搜集整理一个基于大数据的金融客户关系管理案例，以PPT形式向大家分享介绍，并回答老师和同学的相关提问。

本任务评价表见表5-1。

表 5-1　　　　　　　　　　　　　　任务评价表

序号	评价内容	分值	得分
1	仪容仪表	20	
2	PPT美观度	20	
3	案例内容翔实度	20	
4	表达的清晰度和条理性	20	
5	问答环节的表现	20	
6	合计	100	

任务二　基于大数据的金融精准营销

【任务要点】

学习课件 5-2

基于大数据的
金融精准营销

➢ 阐述精准营销的含义和流程；
➢ 列举营销大数据分析的方法；
➢ 列举精准营销的具体策略；
➢ 用 Python 完成用户营销预测。

【学习情境】

精准定位用户既有利于企业营销活动的顺利开展，也有利于企业最终实现产出价值。用户画像本身是一种数据思维，他从数据中提炼出目标客户的典型特征，为营销活动的精准定位提供参考。随着互联网化的发展，人们会在手机和电脑等终端上产生大量的浏览行为、交互行为等，这些痕迹反映着个人的行为偏好，对于判断一个人的行为决策具有重要价值。结合着个人的身份、性别、职业、收入等信息，有利于更精准地识别出金融产品的购买群体。金融机构结合自己所拥有的营销数据，可以较为准确地掌握购买群体的特征，为营销活动的推广提供参考。

根据客户画像可以识别出客户的共同特征，为进一步的营销数据分析提供了基础。在数据和技术的联合推动下，企业已经不仅仅满足于挖掘过去客户的共同特征，而是更多关注未来，预测未来的客户和需求。为了更大程度创造营销空间，金融机构甚至会通过预测行为进行产品设计，实现客户的定制化需求。

小张最近开始思考大数据对金融营销的影响，基于大数据的金融精准营销是怎样的，它和传统营销有什么区别？

【学前思考】

➢ 精准营销的含义和流程是什么？
➢ 哪些方法可以用来进行营销大数据分析？
➢ 你觉得精准营销的具体策略有哪些？
➢ 你知道用户营销预测吗？具体有哪些预测方法？

【知识储备】

一、精准营销的含义

精准营销就是在精准定位的基础上，依托现代信息技术手段建立个性化的顾客沟通服务体系，实现企业可度量的低成本扩张之路。通常的做法是充分利用各种新式媒体，将营销信息推送到比较准确的受众群体中，这样既能节省营销成本，又能最大化实现营销效果。这里的新式媒体，一般意义上指的是除报纸、杂志、广播、电视之外的媒体。

精准营销有三个层面的含义：第一是精准的营销思想，营销的终极追求就是无营销的营销，到达终极思想的过渡就是逐步精准。第二是实施精准营销的手段是可量化、可衡量的。第三是通过精准营销实现低成本触达客户的企业目标。

精准营销也是当今时代企业营销的关键，如何做到精准，这是一项系统化工程。在大数据时代，金融机构借助大数据技术进行相应的营销分析，如市场营销状况分析、定位分析，最主要的是充分挖掘客户对金融产品的诉求点，获得完整的用户画像，为企业精准营销策略的制定和执行打下坚实基础。

二、精准营销的具体策略

精准营销目前包括四个方面的具体策略：第一，利用信息技术开展的智慧营销；第二，根据特定客户当前的个性化需要，向其提供商品或服务的实时营销；第三，基于所发现的客户的多种需求，通过销售多种相关的产品或服务来满足客户需求的交叉营销；第四，利用人们之间传递信息、交流思想的交际往来活动营销的社交化营销。

行业视窗 5-3

消费金融公司
大数据营销
渠道

1.智慧营销

智慧营销是互联网商业智能的一种体现，是以营销技术为基础，针对销售员营销的智慧解决方案，从而达到扩大营销数据入口、挖掘数据价值、提升系统效率、提高营销效率等效果，帮助金融机构实现从陌生客户到购买客户再到忠诚客户的连接、参与、培育和转化的智慧营销闭环。

2.实时营销

实时营销是在传统营销的基础上发展而来的，是指面向特定客户当前的个性化需要，向其提供商品或服务，在客户使用该商品或服务时自动收集客户的使用信息，并对这些信息进行分析以了解客户的行为偏好和具体需求，进而自动对其产品或服务进行调整，实现对客户需求适应的实时性。金融机构利用大数据技术，能够实时地对与客户产品使用和服务体验相关的电子记录进行获取和挖掘，从中获取客户体验的实时信息。

3.交叉营销

交叉营销就是基于所发现的客户的多种需求，通过销售多种相关的产品或服务来满足客户需求的营销方式。基于客户大数据信息，金融机构可以借助大数据分析技术对其所掌握的客户资料进行整合和关联性分析，高效地发掘出客户潜在的且相互关联的需求，进而有针对性地进行交叉销售；同时，金融机构利用大数据技术能够发现产品与服务之间的关联规则，找出最优的产品或服务组合，从而提高交叉营销的成功率。

4.社交化营销

金融机构利用大数据技术可以基于客户在社交媒体的后台直接获取多种多样的数据信息，基于这些数据信息开展客户需求分析、产品与市场间关系把握和具体营销策略制定，提供针对社交化数据信息的产品推荐和营销。

三、用户营销预测

1.用户营销预测的含义

用户营销预测是指企业根据历史营销数据，结合当下的社会经济以及行业环境，对未来一定时期的销量或者其他营销数据进行预测，进而为企业的投入和产出提供相应的依据。营销预测是建立在社会生产和信息化发展到一定水平之上的。

随着社会生产水平的提高，向社会提供的产品和服务质量都已经有了充分的保障，在相对充分的竞争环境下，企业难以通过传统的营销方式获取超额利润。转而需要通过大数据的方式，精准发掘用户群体，对目标群体进行产品和服务的信息化分析，从而提高营销的成功率。这一营销方式的转变也标志着，企业进一步从以产品为中心转向以客户为中心。

2.用户营销预测的方法

（1）营销预测方法概述

在大数据时代，营销理论从传统的4P理论，即product、price、place、promotion，转变为新的4P，即people、performance、process、prediction。在这一思想指导下，企业的营销方法发生了一系列的变化。

营销预测的模型经过迭代和创新，已经有了较为丰富的积累。具体包括以下几种：

第一，参与倾向模型：对调研或者活动的参与情况进行预测，如新产品的预约、营销邮件的点击、推荐页面的点击等，可以相对准确地预测出客户对产品和服务的需求，进而调整产品的价格和生产。

第二，钱包模型：就是为每个客户预测最大可能的支出，定义为单个客户购买产品的最大年度支出，然后看增长模型，如果当前的总目标市场比较小，但未来可能很大，就需要去发现这些市场。

第三，价格优化模型：通过价格优化模型为每个客户定价，这里需要对你想要的产品开发不同的模型，或者开发通用、可预测的客户价格敏感度模型，以达到最大限度提升销量或利润的效果。

第四，关键字推荐模型：关键字推荐模型可以基于一个客户网络行为和购买记录来预测对某个内容的喜爱程度，预测客户对什么热点、爆款感兴趣，营销者使用这种预测结果为特定客户决定内容营销主题。

第五，聚类预测模型：将客户进行聚类，分层和分群地进行客户画像，从而制定不同的营销策略。

随着机器学习的进步，人们又发展了以下两种聚类预测技术：一是无监督学习算法，一般运用在聚类方法中，即将客户群体根据特征标签，自动分成不同类型，使具有更多明显特征的客户成为一个小组，进而为用户营销预测提供参考。二是有监督学习算法，一般是有明确的目标对象，将目标对象作为Y，通过回归等方式进行因素的识别和拟合，进而进行营销预测。

（2）K-Means 聚类算法

K-Means 算法是一种典型的基于划分的聚类算法，也是一种无监督学习算法。K-Means算法的思想很简单，对给定的样本集，用欧氏距离作为衡量数据对象间相似度的指标，相似度与数据对象间的距离成反比，即相似度越大，距离越小。

预先指定初始聚类数以及初始聚类中心，按照样本之间的距离大小，把样本集划分为若干个簇，根据数据对象与聚类中心之间的相似度，不断更新聚类中心的位置，不断降低类簇的误差平方和（Sum of Squared Error，SSE），当SSE不再变化或目标函数收敛时，聚类结束，得到最终结果。

K-Means聚类算法的核心思想：首先从数据集中随机选取k个初始聚类中心C_i（$1 \leqslant i \leqslant k$），计算其余数据对象与聚类中心$C_i$的欧氏距离，找出离目标数据对象最近的聚类中心$C_i$，并将数据对象分配到聚类中心$C_i$所对应的簇中；然后计算每个簇中数据对象的平均值作为新的聚类中心，进行下一次迭代，直到聚类中心不再变化或达到最大的迭代次数时停止。

空间中数据对象与聚类中心间的欧氏距离计算公式为：

$$d(X, C_i) = \sqrt{\sum_{j=1}^{m}(X_j - C_{ij})^2}$$

其中，X为数据对象；C_i为第i个聚类中心；m为数据对象的维度；X_j，C_{ij}为X和C_i的第j个属性值。

整个数据集的误差平方和SSE计算公式为

$$SSE = \sum_{i=1}^{k}\sum_{X \in C_i}|d(C, C_i)|^2$$

其中，SSE的大小表示聚类结果的好坏；k为簇的个数。

K-Means聚类算法的具体操作步骤如下：第一步，随机选择k个样本作为初始簇类的均值向量；第二步，对每个样本数据集划分离它距离最近的簇；第三步，根据每个样本所属的簇，更新簇类的均值向量；第四步，重复第二、三步，当达到设置的迭代次数或簇类的均值向量不再改变时，模型构建完成，输出聚类算法结果。

价值引领

党的二十大报告提出："必须坚持科技是第一生产力、人才是第一资源、创新是第一动力，深入实施科教兴国战略、人才强国战略、创新驱动发展战略，开辟发展新领域新赛道，不断塑造发展新动能新优势。"基于大数据的金融产品精准营销就是金融机构运用科技力量赋能金融创新的一项重要变革，任何创新的推进都需要以人才素质的提升为基础。

近几年，诸如中国平安整合旗下各家公司资源的"SAT"营销系统（社交辅助营销），众安保险的两个数字化用户经营工具X-Man智能营销平台与X-Magnet广告投放平台，慧择（HUIZ.US）"AI计划书"等纷纷面世。

对此，慧择CTO欧阳凯博士接受《财经》记者采访时分析称，"一方面，近几年国民保险意识崛起，然而保险供给同质化现象严重，想要产品得到更多认知，更好触达消费者，就必须在营销侧有更多创新。"

据了解，保险产品，尤其是重疾险、百万医疗险等健康险产品趋于同质化，保障条款相近，营销侧的创新将更容易抢占市场份额，获取知名度。

欧阳凯还表示，"另一方面，用户价值认同需求激发，需要精准洞察客户本身是否需要保险，需要什么类型的保险，这些都进一步促成了精准营销的落地，且用户习惯的变化为数字化精准营销带来了可能。"

事实上，营销是衔接用户和产品的关键桥梁，是保险业中的重中之重。营销插上科技"翅膀"，不仅利于保险机构或第三方保险科技平台主动获取客户拓展业务市场增加营收，而且将有效降低其营业成本，双向增厚利润水平。

2018年，中国平安SAT系统触达人数2.2亿人次，互动13亿次，配送线索10.8亿条。目前，众安保险智能营销平台与生态伙伴无缝对接，让众安保险实现了获客成本降低30%，投放效率提升50%，运营效率提升80%。

数字化精准营销的发展潜力还在于，对中小保险公司来说，在激烈的行业竞争中，这不失为一条突围之道。和泰人寿业务总监胡锋坦言，中小保险公司推进数字化，降本增效，可能是在目前的竞争赛道跑出来的为数不多的路径。而降本增效主要来自两方面收益：一是精准营销，挣信息不对称的钱；二是精准定价和精细化管理，挣风险管理的钱。

资料来源　雷赛兰. 保险精准营销的数字秘籍 [EB/OL]. [2021-08-16]. https://baijiahao.baidu.com/s? id=1708245053366154136&wfr=spider&for=pc.

思政元素：创新发展　科技强国

请阅读以上材料并思考：

1. 金融数字化精准营销与传统金融营销相比，在理念上和做法上有什么不同？
2. 金融数字化精准营销的兴起，对从业者提出了怎样的新挑战和新要求？

【实操演练】

基于大数据的金融精准营销

实操演示5-1

基于大数据的
金融精准营销

一、任务说明

我们考虑这样的营销场景：金融机构有自己的客户，积累了客户数据。现在金融机构推出了某种基金产品，管理层想知道应该向哪些客户群体推荐这款基金。

为此，我们的任务有两个：一是对客户进行画像分析；二是预测客户购买基金产品的可能性。

二、数据描述

我们搜集了Bank.xls，其中包含5 000条客户的数据。这些数据包括客户的人口统计信息（年龄、收入等）、客户与银行的关系（抵押贷款、证券账户等）以及客户对该种基金产品的反应。在这5 000名客户中，只有480名（9.6%）购买了该基金。

三、操作演示

第1步：安装必要的库

输入：

```
# 在 Jupyter 笔记本中启用绘图图形
%matplotlib inline
# 导入相关的库
import pandas as pd
from sklearn.linear_model import LogisticRegression
import matplotlib.pyplot as plt
import seaborn as sns
from sklearn.model_selection import train_test_split #可以对数据集进行划分
import numpy as np
from scipy import stats
from sklearn import metrics #计算精度和混淆矩阵
import os
```

第2步：数据导入

输入：

```
os.chdir("D:/课程/Python营销大数据/项目五 金融营销/5.2 用户画像分析")
```

输入：

```
my_data = pd.read_csv('Bank.csv')
my_data.columns = ["ID","Age","Experience","Income","ZIPCode","Family","CCAvg","Education","Mortgage","Personal_buy","SecuritiesAccount","CDAccount","Online","CreditCard"]
```

第3步：数据查看

输入：

```
my_data.head(10)
```

输出（见表5-2）：

表5-2　　　　　　　　　　　　　　　　输出内容

	ID	Age	Experience	Income	ZIPCode	Family	CCAvg	Education	Mortgage	Personal_buy	SecuritiesAccount	CDAccount	Online	CreditCard
0	1	25	1	49	91107	4	1.6	1	0	0	1	0	0	0
1	2	45	19	34	90089	3	1.5	1	0	0	1	0	0	0
2	3	39	15	11	94720	1	1.0	1	0	0	0	0	0	0
3	4	35	9	100	94112	1	2.7	2	0	0	0	0	0	0
4	5	35	8	45	91330	4	1.0	2	0	0	0	0	0	1
5	6	37	13	29	92121	4	0.4	2	155	0	0	0	1	0
6	7	53	27	72	91711	2	1.5	2	0	0	0	0	1	0
7	8	50	24	22	93943	1	0.3	3	0	0	0	0	0	1
8	9	35	10	81	90089	3	0.6	2	104	0	0	0	1	0
9	10	34	9	180	93023	1	8.9	3	0	1	0	0	0	0

表5-2展示出了数据集的每个变量的前10个数值。

（1）变量ID不添加任何特定信息

（2）2个序号变量

①ID

②Zip Code

（3）7个分类变量

①Family:家庭成员数

②Education:受教育水平

③Personal buy:是否购买此基金

④Securities Account:是否有证券账户

⑤CD Account:是否有存款账户

⑥Online:是否使用网银

⑦Credit Card:是否有信用卡

（4）5个独立变量

①Age:客户年龄

②Experience:客户经验

③Income:客户年收入

④CCAvg:平均消费支出

⑤Mortage:房屋价值

（5）目标变量是：Personal buy

识别出目标变量至关重要，这意味着找到了业务中的最终衡量标准。目标变量即统计中的被解释变量。

①数据规模。

输入：

```
my_data.shape
```

输出：

```
(5000,14)
```

数据集有14个变量，每个变量有5 000个数值。

②查看14个变量的名称。

输入：

```
my_data.columns
```

输出：

```
Index(['ID','Age','Experience','Income','ZIPCode','Family','CCAvg',
      'Education','Mortgage','Personal_buy','SecuritiesAccount',
      'CDAccount','Online','CreditCard'],
    dtype='object')
```

③变量数据类型。

输入：

```
my_data.dtypes
```

输出：

ID	int64
Age	int64
Experience	int64
Income	int64
ZIPCode	int64
Family	int64
CCAvg	float64
Education	int64
Mortgage	int64
Personal_buy	int64
SecuritiesAccount	int64
CDAccount	int64
Online	int64
CreditCard	int64

dtype：object

④缺失值检测。

输入：

```
#null values
my_data.isnull().values.any()
```

输出：

False

说明不存在缺失值。

输入：

```
val=my_data.isnull().values.any()
if val==True:
    print("Missing values present : ",my_data.isnull().values.sum())
    my_data=my_data.dropna()
else:
  print("No missing values present")
```

输出：

No missing values present

通过上述代码，可以将数据集中的空值删除；如果没有空值，可以提示"No missing values present"，以上结果同样可以说明，数据集不存在缺失值。

⑤数据基本描述。

输入：

```
my_data.describe().T
```

输出（见表5-3）：

表 5-3 输出内容

	count	mean	std	min	25%	50%	75%	max
ID	5 000.0	2 500.500000	1 443.520003	1.0	1 250.75	2 500.5	3 750.25	5 000.0
Age	5 000.0	45.338400	11.463166	23.0	35.00	45.0	55.00	67.0
Experience	5 000.0	20.104600	11.467954	−3.0	10.00	20.0	30.00	43.0
Income	5 000.0	73.774200	46.033729	8.0	39.00	64.0	98.00	224.0
ZIPCode	5 000.0	93 152.503000	2 121.852197	9 307.0	91 911.00	93 437.0	94 608.00	9 6651.0
Family	5 000.0	2.396400	1.147663	1.0	1.00	2.0	3.00	4.0
CCAvg	5 000.0	1.937938	1.747659	0.0	0.70	1.5	2.50	10.0
Education	5 000.0	1.881000	0.839869	1.0	1.00	2.0	3.00	3.0
Mortgage	5 000.0	56.498800	101.713802	0.0	0.00	0.0	101.00	635.0
Personal_buy	5 000.0	0.096000	0.294621	0.0	0.00	0.0	0.00	1.0
SecuritiesAccount	5 000.0	0.104400	0.305809	0.0	0.00	0.0	0.00	1.0
CDAccount	5 000.0	0.060400	0.238250	0.0	0.00	0.0	0.00	1.0
Online	5 000.0	0.596800	0.490589	0.0	0.00	1.0	1.00	1.0
CreditCard	5 000.0	0.294000	0.455637	0.0	0.00	0.0	1.00	1.0

凭借对数据的基本描述，可以查看不同变量的均值标准差、最大值、最小值和分位数。

⑥每个变量取值统计。

输入：

```
my_data.apply(lambda x: len(x.unique()))
```

输出：

```
ID                  5000
Age                   45
Experience            47
Income               162
ZIPCode              467
Family                 4
CCAvg                108
Education              3
Mortgage             347
Personal_buy           2
SecuritiesAccount      2
CDAccount              2
Online                 2
CreditCard             2
dtype：int64
```

　　查看每个变量的取值数，可进一步查看变量的属性，尤其对于定性变量，可以知道其取值个数。比如：发现 Personal_buy、SecuritiesAccount、CDAccoun、Online、CreditCard 都为二分变量

　　⑦数据分布描述。

　　输入：

```
my_data.hist(figsize=(10,10),color="blueviolet",grid=False)
plt.show()
```

　　输出（如图 5-1 所示）：

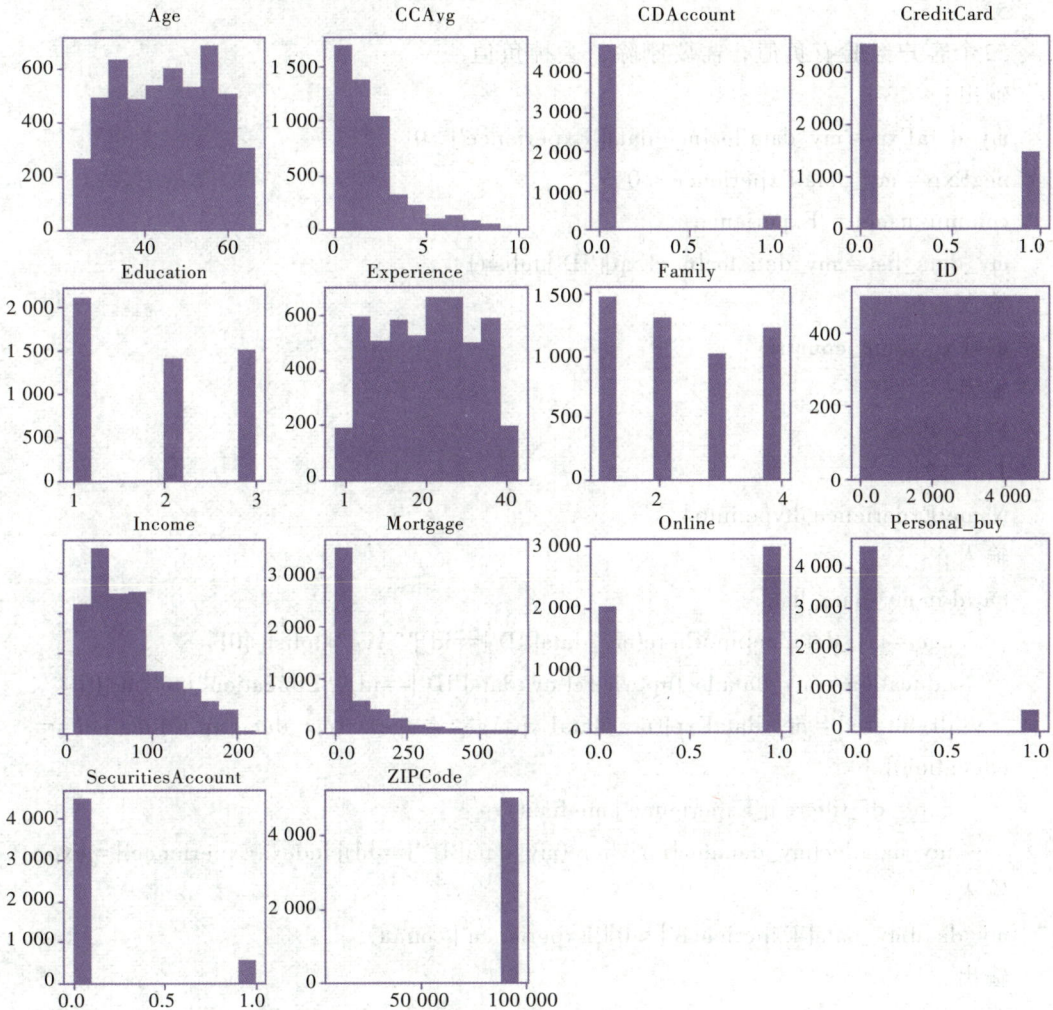

图 5-1　输出内容

　　以此进一步查看数据的分布情况：

　　第一，Age 几乎是正态分布的，大多数客户年龄在 30~60 岁，并且可以发现中位数等于平均数。第二，Experience 也几乎是正态分布，平均值也等于中位数。但是有些负值应该删除，因为 Experience 不能是负值。第三，Income、CCAvg、Mortgage 偏态分布。

第四，Income 平均值大于中位数，并且大多数客户的收入在 4.5 万 ~ 5.5 万元。第五，CCAvg 大多数客户的消费低于 2.5k，平均消费在 0 ~ 10k。第六，Mortage 近 70% 客户的房屋抵押贷款价值低于 4 万元，最高价值为 63.5 万元。第七，Family、Education 近乎平均分布。

第4步：数据清洗

输入：

```
my_data[my_data['Experience'] < 0]['Experience'].count()
```

输出：

52

52个客户经验有负值，需要删除，去掉负值。

输出：

```
my_dataExp = my_data.loc[my_data['Experience'] >0]
negExp = my_data.Experience < 0
column_name = 'Experience'
my_data_list = my_data.loc[negExp]['ID'].tolist()
```

输入：

```
negExp.value_counts()
```

输出：

False 4948

True 52

Name:Experience,dtype:int64

输入：

```
for id in my_data_list:
    age = my_data.loc[np.where(my_data['ID']==id)]["Age"].tolist()[0]
    education = my_data.loc[np.where(my_data['ID']==id)]["Education"].tolist()[0]
    df_filtered = my_dataExp[(my_dataExp.Age == age)& (my_dataExp.Education == education)]
    exp = df_filtered['Experience'].median()
    my_data.loc[my_data.loc[np.where(my_data['ID']==id)].index,'Experience'] = exp
```

输入：

```
my_data[my_data['Experience'] < 0]['Experience'].count()
```

输出：

0

输入：

```
my_data.describe().T
```

输出（见表5-4）：

表5-4　　　　　　　　　　　　　　　　输出内容

	count	mean	std	min	25%	50%	75%	max
ID	5 000.0	2 500.5000	1 443.520003	1.0	1 250.75	2 500.5	3 750.25	5 000.0
Age	5 000.0	45.338400	11.463166	23.0	35.00	45.0	55.00	67.0
Experience	4 971.0	20.243211	11.359189	0.0	10.00	20.0	30.00	43.0
Income	5 000.0	73.774200	46.033729	8.0	39.00	64.0	98.00	224.0
ZIPCode	5 000.0	93 152.5030	2 121.852197	9307.0	91 911.00	93 437.0	94 608.00	96 651.0
Family	5 000.0	2.396400	1.147663	1.0	1.00	2.0	3.00	4.0
CCAvg	5 000.0	1.937938	1.747659	0.0	0.70	1.5	2.50	10.0
Education	5 000.0	1.881000	0.839869	1.0	1.00	2.0	3.00	3.0
Mortgage	5 000.0	56.498800	101.713802	0.0	0.00	0.0	101.00	635.0
Personal_buy	5 000.0	0.096000	0.294621	0.0	0.00	0.0	0.00	1.0
SecuritiesAccount	5 000.0	0.104400	0.305809	0.0	0.00	0.0	0.00	1.0
CDAccount	5 000.0	0.060400	0.238250	0.0	0.00	0.0	0.00	1.0
Online	5 000.0	0.596800	0.490589	0.0	0.00	1.0	1.00	1.0
CreditCard	5 000.0	0.294000	0.455637	0.0	0.00	0.0	1.00	1.0

通过表5-4的结果可以看出变量的数量、均值、标准差、最小值、最大值以及分位数。

输入：

```
my_data.to_csv("my_data.csv",index=False)#数据写出建模用
```

偏度测量

输入：

```
my_data.skew(axis = 0,skipna = True)
```

输出：

ID	0.000000
Age	−0.029341
Experience	−0.013188
Income	0.841339
ZIPCode	−12.500221
Family	0.155221
CCAvg	1.598443
Education	0.227093
Mortgage	2.104002
Personal_buy	2.743607
SecuritiesAccount	2.588268
CDAccount	3.691714
Online	−0.394785
CreditCard	0.904589

dtype:float64

第5步：箱线图描述

输入：

```
sns.boxplot(x='Education',y='Income',hue='Personal_buy',data=my_data)
```

输出（如图5-2所示）：

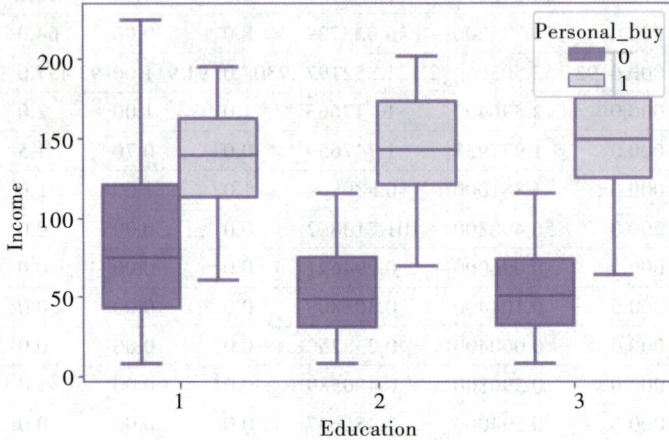

图5-2　输出内容

通过不同受教育水平客户的购买情况可以看出，受教育水平为1的客户比其他客户有更多的收入，购买基金的人收入水平相近。

输入：

```
sns.boxplot(x="Education",y='Mortgage',hue="Personal_buy",data=my_data)
```

输出（如图5-3所示）：

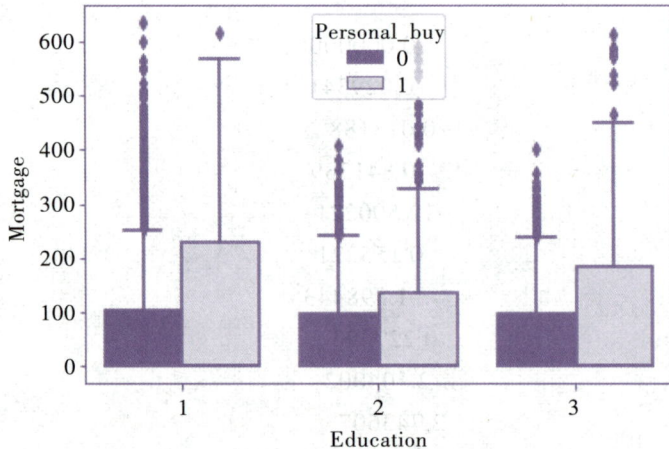

图5-3　输出内容

从图5-3可以看出，不同受教育水平下的Mortagage变量有较多的异常值。

输入：

```
sns.boxplot(x="Family",y="Income",hue="Personal_buy",data=my_data)
```

输出（如图5-4所示）：

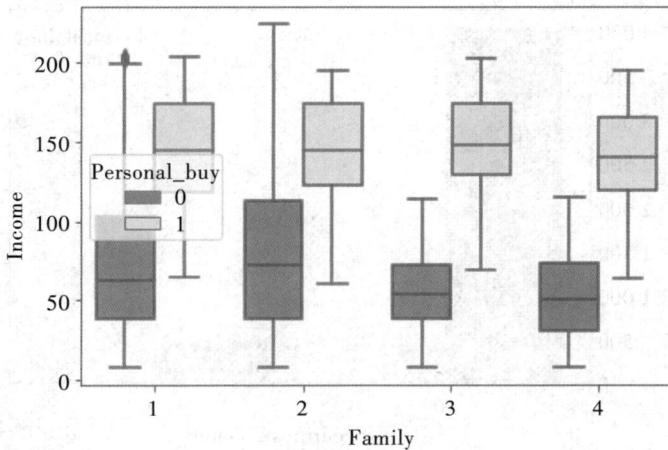

图 5-4　输出内容

从图5-4可以看出，与高收入家庭相比，收入低于10万的家庭更不可能购买基金。

第6步：柱状图描述

输入：

```
sns.countplot(x='Family',data=my_data,hue='Personal_buy')
```

输出（如图5-5所示）：

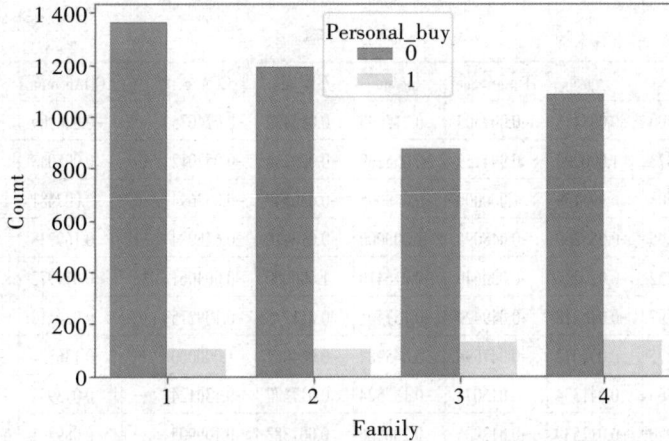

图 5-5　输出内容

从图5-5可以看出，家庭对购买行为的影响不显著。

输入：

```
sns.countplot(x="SecuritiesAccount",data=my_data,hue="Personal_buy")
```

输出（如图5-6所示）：

<matplotlib.axes._subplots.AxesSubplot at 0x18f42832320>

从图5-6可以看出，未购买基金的人大多持有证券账户。

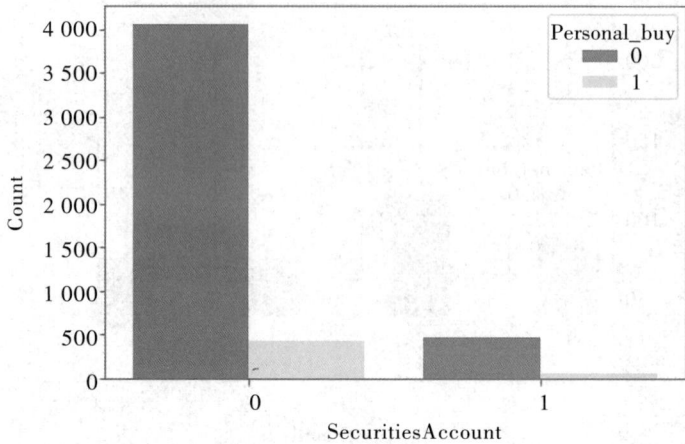

图5-6　输出内容

第7步：变量相关系数图表分析

参考代码：相关系数图

输入：

```
cor=my_data.corr()
cor
```

输出（见表5-5）：

表5-5　　　　　　　　　　　　　　　输出内容

	ID	Age	Experience	Income	ZIPCode	CCAvg	...	CDAccount	Online	CreditCard
ID	1.000000	−0.008473	−0.009308	−0.017695	0.013432	−0.024675	...	−0.006909	−0.002528	0.017028
Age	−0.008473	1.000000	0.994159	−0.055269	−0.029216	−0.052012	...	0.008043	0.013702	0.007681
Experience	−0.009308	0.994159	1.000000	−0.048095	−0.030649	−0.047694	...	0.007381	0.014501	0.007935
Income	−0.017695	−0.055269	−0.048095	1.000000	−0.016410	0.645984	...	0.169738	0.014206	−0.002385
ZIPCode	0.013432	−0.029216	−0.030649	−0.016410	1.000000	−0.004061	...	0.019972	0.016990	0.007691
Family	−0.016797	−0.046418	−0.049420	−0.157501	0.011778	−0.109275	...	0.014110	0.010354	0.011588
CCAvg	−0.024675	−0.052012	−0.047694	0.645984	−0.004061	1.000000	...	0.136534	−0.003611	−0.006689
Education	0.021463	0.041334	0.013075	−0.187524	−0.017377	−0.136124	...	0.013934	−0.015004	−0.011014
Mortgage	−0.013920	−0.012539	−0.012935	0.206806	0.007383	0.109905	...	0.089311	−0.005995	−0.007231
Personal_buy	−0.024801	−0.007726	−0.011498	0.502462	0.000107	0.366889	...	0.316355	0.006278	0.002802
SecuritiesAccount	−0.016972	−0.000436	0.001059	−0.002616	0.004704	0.015086	...	0.317034	0.012627	−0.015028
CDAccount	−0.006909	0.008043	0.007381	0.169738	0.019972	0.136534	...	1.000000	0.175880	0.278644
Online	−0.002528	0.013702	0.014501	0.014206	0.016990	−0.003611	...	0.175880	1.000000	0.004210
CreditCard	0.017028	0.007681	0.007935	−0.002385	0.007691	−0.006689	...	0.278644	0.004210	1.000000

参考代码：相关系数热图

输入：

```
plt.subplots(figsize=(10,8))
sns.heatmap(cor,annot=True)
```

输出（如图5-7所示）：

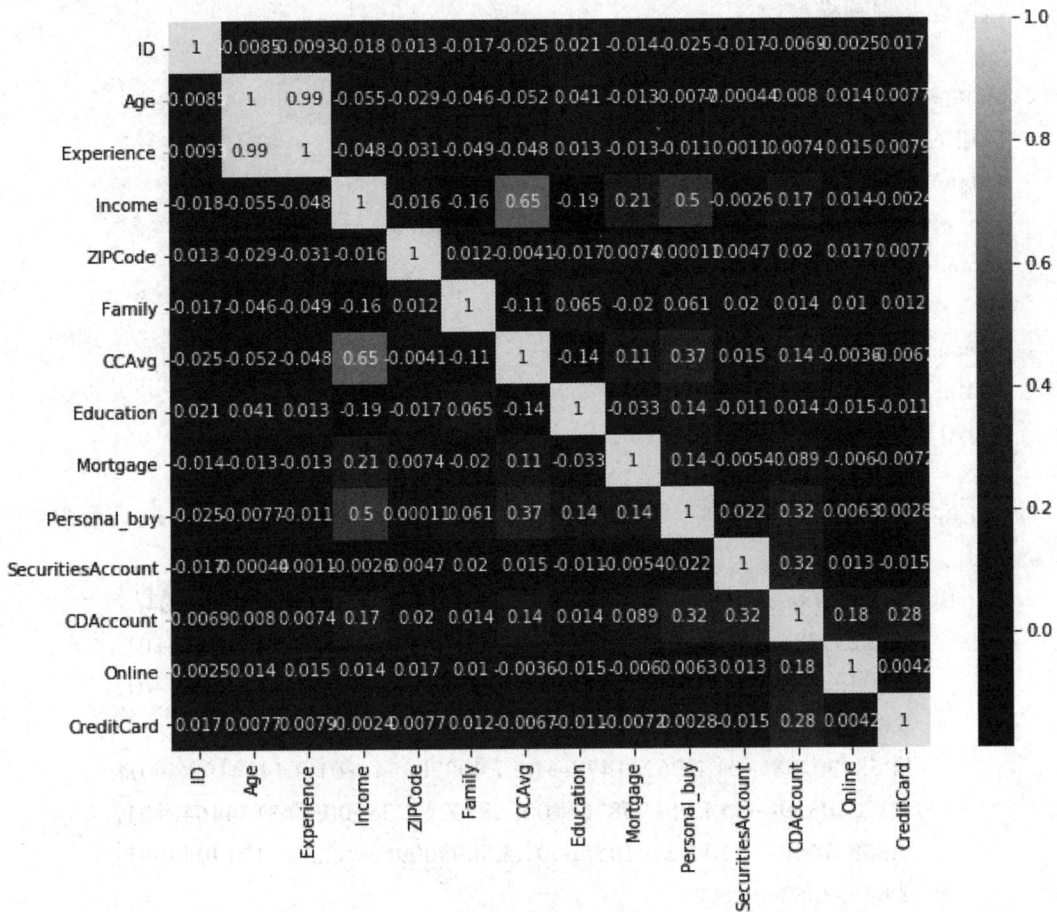

图 5-7 输出内容

从图5-7中可以看出，大多数变量之间的相关程度都不高。只有收入与CCag、Person_buy存在较高的相关关系。

第8步：使用 k-Means 聚类算法进行数据的聚类分析

参考代码：K-Means 聚类

输入：

```
from sklearn.preprocessing import StandardScaler
from sklearn.cluster import KMeans
```

输入：

```
k_data=my_data.iloc[:,1:14]
k_data=k_data.dropna(axis=0,how='any',thresh=None,subset=None,inplace=False)
```

输入：

```
stdScale = StandardScaler().fit(k_data)
seeds_dataScale = stdScale.transform(k_data)
```

输入：

```
##构建并训练模型
kmeans = KMeans(n_clusters = 3,random_state=42).fit(k_data)
print('构建的 K-Means 模型为:\n',kmeans)
```

构建的 K-Means 模型为：

```
KMeans(algorithm='auto',copy_x=True,init='k-means++',max_iter=300,
    n_clusters=3,n_init=10,n_jobs=1,precompute_distances='auto',
    random_state=42,tol=0.0001,verbose=0)
```

输入：

```
kmeans.labels_
```

输出：

```
array([1,1,0,...,1,1,1])
```

输入：

```
kmeans.cluster_centers_
```

输出：

```
array([[4.51412598e+01,1.99150205e+01,7.28360045e+01,9.46011141e+04,
        2.41259784e+00,1.92099515e+00,1.87364890e+00,5.68747671e+01,
        9.50428625e-02,1.04733507e-01,6.55982110e-02,6.07156168e-01,
        3.02273574e-01],
       [4.58430258e+01,2.06261478e+01,7.49370354e+01,9.14941998e+04,
        2.37210319e+00,1.95195890e+00,1.89024923e+00,5.63174464e+01,
        9.83821600e-02,1.03191955e-01,5.50940096e-02,5.84171404e-01,
        2.84652383e-01],
       [5.10000000e+01,2.50000000e+01,2.10000000e+01,9.30700000e+03,
        4.00000000e+00,6.00000000e-01,3.00000000e+00,0.00000000e+00,
        0.00000000e+00,0.00000000e+00,0.00000000e+00,1.00000000e+00,
        1.00000000e+00]])
```

输入：

```
from sklearn.metrics import calinski_harabaz_score
for i in range(2,7):
    ##构建并训练模型
    kmeans = KMeans(n_clusters = i,random_state=12).fit(k_data)
    score = calinski_harabaz_score(k_data,kmeans.labels_)
    print('mydata 数据聚%d类 calinski_harabaz 指数为:%f'%(i,score))
```

mydata 数据聚 2 类 calinski_harabaz 指数为：5889.598748

mydata 数据聚 3 类 calinski_harabaz 指数为：13294.291298

mydata 数据聚 4 类 calinski_harabaz 指数为：21340.664910

mydata 数据聚 5 类 calinski_harabaz 指数为：28761.322152

mydata 数据聚 6 类 calinski_harabaz 指数为：37660.470205

聚成两类比较好。

输入：

kmeans = KMeans(n_clusters = 2,random_state=42).fit(k_data)

print('构建的 K-Means 模型为:\n',kmeans)

构建的 K-Means 模型为：

KMeans(algorithm='auto',copy_x=True,init='k-means++',max_iter=300,

　　n_clusters=2,n_init=10,n_jobs=1,precompute_distances='auto',

　　random_state=42,tol=0.0001,verbose=0)

输入：

kmeans.cluster_centers_

输出：

array([[4.51852801e+01,1.99593555e+01,7.28363237e+01,9.45732699e+04,

　　　　2.41376785e+00,1.92284877e+00,1.87696814e+00,5.65935555e+01,

　　　　9.66678872e-02,1.04723544e-01,6.66422556e-02,6.08202124e-01,

　　　　3.03917979e-01],

　　　　[4.58066964e+01,2.05892857e+01,7.49575893e+01,9.14248799e+04,

　　　　2.37053571e+00,1.94975893e+00,1.88705357e+00,5.66232143e+01,

　　　　9.64285714e-02,1.03125000e-01,5.35714286e-02,5.82589286e-01,

　　　　2.82589286e-01]])

通过以上步骤可以得出聚成两类数据的中心值，即两类客户群体在 13 个变量上的对应中心点。本次数据集中的聚类结果表明，虽然通过聚类，可以将数据集分成两个群体，两个群体在各个指标部分具有差异，但差异化程度并不高。

任务实训与评价

根据所提供数据，参考以上 Python 操作步骤完成实验报告。本任务评价表见表5-6。

表5-6　　　　　　　　　　　　　　　　任务评价表

序号	步骤	细分内容	分值	得分
第1步	组内案例讨论解读分析	营销在金融行业中的应用场景 影响金融营销的维度有哪些	5	
		积极发言	5	
第2步	配置环境并导入数据	导入数据分析需要使用的库	2	
		导入数据，不得有变量的缺失和命名错误	3	
第3步	数据清洗	数据缺失的检验 删除数据中的空值和负值	5	
第4步	数据的描述性统计与可视化展示	对数据进行描述性统计	5	
		运用箱形图进行数据分析	5	
		运用柱状图进行数据分析	5	

续表

序号	步骤	细分内容	分值	得分
第5步	变量相关系数图表分析	计算变量间的相关性系数	10	
		绘制变量的相关性矩阵图	5	
第6步	选择一个方法进行数据的聚类分析	运用 K-Means 或者其他聚类方法，进行数据聚类分析	25	
第7步	撰写实验报告	根据要求，撰写格式规范、步骤翔实、分析到位的实验报告	10	
第8步	分享与展示	根据自己的实验过程，用 PPT 的形式汇报实验过程、体验和收获	15	

项目小结

● 客户关系管理（customer relationship management，CRM），是指企业为提高核心竞争力，利用相应的信息技术以及互联网技术协调企业与顾客间在销售、营销和服务上的交互，从而提升其管理方式，向客户提供创新式的个性化客户交互和服务的过程。其最终目标是吸引新客户、保留老客户以及将已有客户转为忠实客户。

● 用户画像是通过标签化形式，刻画用户的行为特征。比如 Alen Cooper 的"七步人物角色法"，Lene Nielsen 的"十步人物角色法"等。在互联网时代，描述一个人特征的纬度已经远远超出我们的想象。在数据、算力和方法都能够充分支撑的前提下，更高纬度的评价往往也能获得更好的精度。

● "客户细分"是美国营销学家温德尔·史密斯（Wender Smith）于1956年提出来的概念，即根据客户的需要与欲望及购买行为和购买习惯等方面的明显差异，把某一种产品或者服务的市场划分成若干个由相似需求构成的消费群（即若干个子市场）的过程。

● 精准营销就是在精准定位的基础上，依托现代信息技术手段建立个性化的顾客沟通服务体系，实现企业可度量的低成本扩张之路。通常的做法是充分利用各种新式媒体，将营销信息推送到比较准确的受众群体中，这样既能节省营销成本，又能最大化实现营销效果。这里的新式媒体，一般意义上指的是除报纸、杂志、广播、电视之外的媒体。

● 精准营销目前包括四个方面的具体策略：一是利用信息技术开展的智慧营销；二是根据特定客户当前的个性化需要，向其提供商品或服务的实时营销；三是基于所发现的客户的多种需求，通过销售多种相关的产品或服务来满足各户需求的交叉营销；四是利用人们之间传递信息、交流思想的交际往来活动营销的社交化营销。

● 用户营销预测是指企业根据历史数据营销，结合当下的社会经济以及行业环境，对未来一定时期的销量或者其他营销数据进行预测，进而为企业的投入和产出提供相应的依据。营销预测的模型经过迭代和创新，已经有了较为丰富的积累，具体包括以下几种：参与倾向模型、钱包模型、价格优化模型、关键字推荐模型和聚类预测模型等。

项目测试

一、单选题

1.以下对用户画像的含义理解正确的是（　　）。

A.像绘画一样将人的五官和轮廓画在纸上　　　　B.用一系列的数据标签代替人的五官特征

C.画出客户的相貌和衣着特征　　　　D.画出客户的表情和姿态

2.以下不属于精准营销含义的是（　　　）。

A.精准的营销思想　　　　B.精准的营销目标

C.实施精准的体系保证和手段　　　　D.达到低成本可持续发展的企业目标

3.新式媒体是指（　　　）。

A.报纸　　　　B.杂志　　　　C.广播　　　　D.公众号

4.线上可视场景、（　　　）、云、大数据及AI的结合将是营销智慧化的未来。

A.RCM　　　　B.RFM　　　　C.CRM　　　　D.CFM

5.社交网络营销的核心是（　　　）。

A.目标营销　　　　B.关系营销　　　　C.利润营销　　　　D.价值观营销

二、多选题

1.以下属于客户关系管理（CRM）含义的是（　　　）。

A.体现为新常态下企业管理的指导思想和理念

B.创新的企业管理模式和运营机制

C.企业管理中信息技术、软硬件系统集成的管理方法和应用解决方案的总和

D.结合大数据的客户关系维护

2.用户画像的应用场景包括（　　　）。

A.客户关系管理　　　　B.精准营销　　　　C.风险管理　　　　D.数据采集

3.基于大数据的客户流失预测包括（　　　）流程。

A.数据预处理　　　　B.特征选择　　　　C.模型选择　　　　D.模型评估

4.交叉营销是指通过把时间、金钱、（　　　）、（　　　）或（　　　）等资源整合，为企业提供一个低成本的渠道，去接触更多的潜在客户的一种营销方法。

A.活动　　　　B.构想　　　　C.表演　　　　D.演示空间

5.用户营销预测的方法包括（　　　）。

A.RFM模型　　　　B.参与倾向模型　　　　C.钱包模型　　　　D.预测聚集模型

三、判断题

1.用户画像的概念最早诞生于互联网行业，起初是指电商根据用户的行为数据特征，刻画用户形象的行为。　　　　（　　　）

2.利用大数据技术，可以对客户的相关资料和信息进行回归分析，发现各个客户群的客户之间存在的群体性行为，从而将这些具有同一共性特征但具有不同需求的客户组合成一个更大的新客户群。　　　　（　　　）

3.实施精准营销的手段是可量化、可衡量的。　　　　（　　　）

4.实时精准营销所强调的仅仅是客户当前的需求，而传统营销与之相比更加强调客户的动态性需求，包括客户当前的需求和未来的需求。　　　　（　　　）

5.针对用户的支出状况，计算单个用户的年度消费量，然后根据增长趋势判断未来的产品市场状况，属于参与倾向模型。　　　　（　　　）

项目测试5-1
单选题

项目测试5-2
多选题

项目测试5-3
判断题

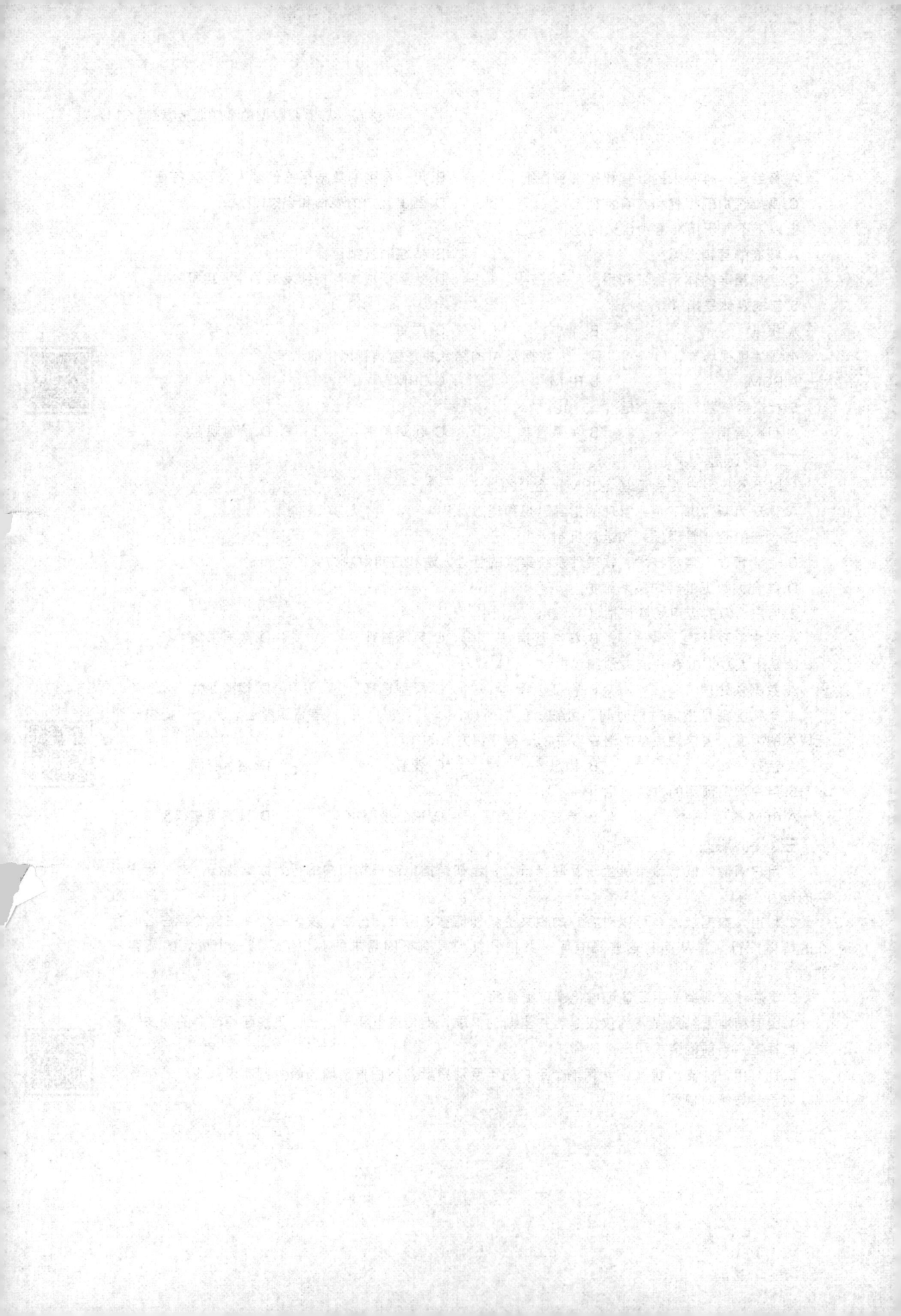

项目六
银行大数据分析与应用

项目目标

知识目标

- 了解银行大数据的概念；
- 掌握银行精准营销的概念和流程；
- 掌握个人征信评估的概念和常见方法；
- 了解银行贷款质量评价的方法和原理。

能力目标

- 能够将银行业务场景转化成数据分析项目；
- 能够用 Python 对银行营销数据进行分析，并形成精准营销方案；
- 能够用 Python 对银行个人客户进行征信评估；
- 能够用 Python 对银行贷款质量数据进行分析。

素养目标

- 了解我国银行业的大数据技术前沿应用，开阔视野，增强民族自豪感；
- 了解我国关于数据保护和隐私保护的法律法规，提升数据法规意识；
- 树立诚实守信、维护个人良好征信的价值理念；
- 强化风险监控、风险防范意识和安全经营理念；
- 通过加强银行业大数据分析应用能力，提升未来进入银行相关岗位的职业素养。

任务一　认知大数据在银行业的应用

【任务要点】

➤ 理解银行大数据的含义；
➤ 理解大数据在银行产品精准营销方面的应用原理；
➤ 理解大数据在个人征信评估过程中的应用原理；
➤ 理解大数据在银行贷款质量评估方面的应用原理；
➤ 列举说明银行大数据的主要应用场景。

【学习情境】

随着社会经济的发展，企业和居民对银行产品和服务的数量和质量的要求也越来越高，为了抢夺市场，银行之间的竞争也越来越激烈。大数据的发展拓展了原有的结构化数据分析方式，非常好地兼容了非结构化数据，有效地拓展了数据的维度，更加具有时效性和经济性。

有效利用大数据技术可以给银行带来诸多竞争优势。例如，多维的数据分析可以使银行及时了解客户对银行的舆情评价，洞察客户和市场需求，更好地进行服务创新、客户评价和风险管理，这一领域的成功应用已经在海外得到多次证明。随着国内银行业对大数据的重视和应用，越来越多的银行在信用卡、贷款业务等领域运用大数据进行客户信用评级和贷款质量监测，对银行的市场占有率和利润率起到了良好的促进作用。

同时我们也要认识到，金融大数据技术的应用跟银行的传统经营管理还有许多需要磨合之处，这项技术在给银行带来机遇的同时，也带来了诸多挑战。

小张在新闻报道以及去银行办业务的经历中已经发现了金融大数据对银行业务的升级重塑。面对这种不可逆转的潮流和趋势，他想知道金融大数据在银行业的具体应用原理，同时也很想知道自己在学校里面应该怎样学习才能掌握相关知识和技能，从而为将来的工作就业打下坚实基础。

【学前思考】

➤ 你觉得哪些银行的业务场景适合运用大数据进行分析？
➤ 你认为银行业在运用大数据开展金融业务时，会遇到哪些机遇和挑战？
➤ 你觉得要学习哪些知识和技能才能更好地应对将来的行业变化？

【知识储备】

一、银行大数据的主要应用场景

1.银行产品精准营销

随着金融科技的发展，银行业基于大数据的客户营销模式也不断升级，主要可归结为以下两种类型：

（1）基于大数据的交叉销售模式

交叉营销是一种发现并满足顾客的多种需求，从横向角度开发产品市场的营销方式。银行交叉营销的核心理念就是向一位顾客销售多种相关的金融服务或产品，具体包括基于银行内部数据的交叉营销和基于银行外部数据的交叉营销。

基于银行内部数据的交叉营销：以建设银行、中信银行等开发的POS贷为例，其基本思路就是通过分析银行POS商户的交易流水数据，结合商户的其他基本信息、征信信息等，筛选出POS交易量高、稳定的商户，以预授信方式给其推送无抵押信用贷款。

基于银行外部数据的交叉营销：例如，建设银行的税易贷等，其基本思路是和税务局合作，根据企业纳税流水数据，筛选出纳税额高、稳定的企业，综合考虑征信等信息，为其发放信用贷款。

（2）基于大数据的个性化产品推荐模式

有了大数据分析技术，银行可以记录客户在网银等入口的选择习惯和产品购买习惯数据，分析客户的产品偏好和风险偏好，将适合客户的产品和服务放在最容易被客户接触的入口，从而为其推送精准的、有针对性的产品或业务。根据客户与客户之间的产品偏好和风险偏好关联性，为其推送个性化产品。银行的AI系统会根据大数据分析：买了A金融产品的用户中有多少还会买B产品，浏览了A金融产品的用户中有多少会购买C产品等，进而为客户自动推送符合其潜在需求的金融产品。

2.银行客户征信评估

银行客户征信评估是指商业银行为有效控制客户信用风险，实现信贷资金的安全性、流动性和收益性，从客户经营能力、盈利能力、偿债能力、发展能力，以及客户素质和信用状况等方面，对客户进行综合评价和信用等级的确定。它是银行内控机制的一个重要环节。借助大数据分析技术，银行开发出了大数据征信评估。与传统的征信评估相比，大数据征信评估具有以下几点优势：

第一，大数据征信模型可以使信用评价更精准：大数据征信模型将海量数据纳入征信体系，并以多个信用模型进行多角度分析。

第二，大数据征信能纳入更为多样性的行为数据：大数据时代，每个相关机构都在最大程度上设法获取行为主体的数据信息，使数据覆盖广泛、实时鲜活。

第三，大数据征信带来了更具时效性的评判标准：传统征信评估的一个缺点就是缺乏实效数据的输入，其评估模型反映的往往是滞后数据的结果。利用滞后数据的评估结果来管理信用风险，本身产生的结构性风险就较大。大数据的数据采集和计算能力，可以帮助银行建立实时的风险管理视图。借助于全面多纬度的数据、AI机器人自我学习能力的风控模型以及实时计算结果，银行可以大幅度提升量化风险评估能力。

3.信贷业务效率提升

（1）客户准入环节的应用

第一，大数据对授信审批流程的优化。20世纪50年代，欧美银行业基于申请贷款客户的基本信息、产品信息、风险缓释信息等数据，开发出了针对零售信贷业务的评分卡和非零售业务的评级模型，对客户信用风险等级进行自动化、定量化评定，并在信用等级和信用评分基础上，将专家经验和自动评分、自动决策规则结合，实现了人工与自动化决策结合的授信审批方式。近年来，随着银行数据采集范围的扩大和建模技术方法的更新，银行已经开始探索采用大数据方式，完善传统的客户评级评分模型，优化自动审批策略。

基于大数据分析的贷款额度和价格（利率）的制定、调整。新客户首次准入时，根据大数据统计出的同类客户风险参数、各项成本参数、市场敏感性参数来设定授信额度。对存量客户，根据客户的风险特征变化情况、贷款支用情况、逾期情况等大数据计算客户行为评分，并计算影子额度，基于影子额度对现有额度进行实时调整。在利率市场化环境下，银行为多类样本客户设定不同利率价格，计算不同客户群对利率定价敏感性系数以及竞争对手对测试利率的反应情况，从而确定最优贷款定价策略。

（2）贷后监控和预警应用

运用大数据进行单客户风险预警、客户群风险预警、风险传染预警等的常见做法有两种：一种是在贷款支用环节，借款客户支用贷款后，银行采用大数据手段采集客户贷款资金流向数据，分析资金流向规律，对客户未按照约定支付或支付规律出现异常的情况进行预警。另一种是建立借款客户大数据信息监测库，动态抓取社交媒体、网站新闻、税务等涉及客户的外部信息，对涉及借款客户的关键词和负面新闻进行识别，将识别后的信息转换成标准分类，建立客户信息索引库，结合客户在银行内部的征信信息、交易流水信息、贷款逾期信息等，部署客户信息预警规则，从而建立完整的预警信息系统。

（3）担保圈风险监测

银行可以根据数万个信贷客户之间互相担保关系的大数据，生成担保圈关系图谱，并建立担保圈风险监测体系。一方面找出担保圈中的关键风险人，一旦担保链中出现崩塌式违约，可以及时切断风险在担保链上的波浪式传导；另一方面找出高危担保圈、良性担保圈，实现担保圈风险分类、监控和处置。

（4）风险传染（关联风险）的监测和预警

银行可根据大数据分析的结果，发现客户在银行不同敞口之间风险梯次传播的规律，实现不同产品／敞口之间的风险预警，及时止损。如可以根据小企业主的法人代表和实际控制人的个人贷款风险特征，监测小企业公司贷款的风险状况，也可以通过企业员工工资发放情况监测企业的资金链变化和经营风险，还可以根据企业贷款风险情况，分析企业主个人贷款风险状况的变化，及时调整有关风险敞口，减弱风险在各贷款产品之间的相互传导。

4.贷款催收应用

（1）失联客户的关系重建

在贷款催收领域，常见问题是客户失联问题。例如，客户借了款之后去了异地工作，如果贷款出现逾期，会出现找不到客户的现象。通过与外部机构合作，银行可以获取客户常用联系人信息、网络购物物流配送信息等大数据，协助重建客户联系渠道。

（2）催收策略和催收评分卡的构建

银行可通过分析客户的人口特征、逾期行为特征、额度使用情况、取现情况、催收行为和响应情况等大数据，设计各种差异化催收策略和催收评分卡，实现催收客群的风险等级分组，并根据分组结果决定客户的催收队列、处置方式和人工催收时间，如对低风险、自愈性高的客群不采取任何行动或延迟行动时间，最终实现将合适的催收工具和风险状况相匹配，从而降低催收成本，提高催收效率。

5.金融反欺诈识别

（1）申请反欺诈

申请反欺诈主要包括客户真实身份识别和申请资料填写内容真实度识别。采用大数据技术对提取的多个信息来源的客户数据进行交叉比对分析，可以判定客户信息的真实性。如采用中文模糊匹配技术，比对申请人填写的单位地址、公司名称、手机号码等中文信息，形成信息相似度概率或得分，结合规则判定其是否存在申请欺诈；将客户手机号码、地址与历史申请数据库比对，分析是否存在重复申请、团体欺诈和中介申请等；查询申请贷款的企业或个人是否在银行欺诈黑名单中；与外部信息渠道合作，判断企业或个人是否和银行现存欺诈黑名单存在密切关系，计算得出其与现存欺诈黑名单的关联度指数，并加以应用。

（2）行为反欺诈

行为反欺诈是在客户经过银行审批准入以后，银行需要在客户交易过程前、中、后识别欺诈行为的过程，如根据客户常用登录地址、用户登录使用的设备、地理位置及交易金额、交易商户、交易频率、交易商品等信息，和客户行为历史数据进行比较，识别是否存在账户盗用情况，识别行为风险的高低。针对部分通过互联网渠道的交易，可以对IP地址、设备IMEI序列号、设备MAC地址、Cookie等信息进行分析，以判定是否存在虚假交易。

（3）信贷业务反欺诈

大数据技术也被广泛应用于银行信贷业务的反欺诈识别。例如，银行可以在个人信贷和公司信贷业务流程系统中，内嵌对企业负责人和历史企业与黑名单数据库比对模块，以识别企业负责人是否存在信贷违约和反欺诈行为；在公司信贷业务流程中内置财务信息反欺诈模块，通过将客户经理提交的财务信息与财务报表内部模块数据的关系比对，以及和同行业、供应链上下游企业的财务大数据交叉比对等，识别是否存在财务报表欺诈；将企业法人信息与上下游企业法人代表信息及上下游企业交易大数据对比，识别是否存在关联交易欺诈等。

6.客户流失分析应用

大数据技术还可以帮助银行分析客户流失的原因，甚至通过对客户交易行为特征的跟踪描述，帮助银行预测客户流失的可能性。例如，在个人住房贷款业务中，有一部分客户会选择提前还贷。这导致银行提前回收的资金面临再投资风险，而提前还贷的优质客户也存在流失的风险。此时银行可根据客户基本信息、工作单位、还款流水、贷款市场利率调整等大数据，准确定位可能发生提前还款的客户群体，找到引发客户提前还款的因素，设计减缓客户提前还款的策略，并为已经提前还款的客户提供其他金融产品的衔接服务，以提高客户在银行的产品覆盖度，增加客户黏性。

行业视窗6-1

中国四大银行的大数据应用已到了哪个阶段？

二、大数据时代银行业的机遇与挑战

1.潜在机遇

（1）大数据有利于银行推进市场营销，加强品牌建设

在互联网大数据的时代环境下，信息传播的方式、渠道、内容、速度都是空前的，商业银行可以利用这一优势，通过品牌联名、节日优惠促销、公益服务等方式来扩大市场、提高品牌的社会影响力。

（2）大数据有助于银行提升服务质量，推动服务方式转型

早在大数据兴起和发展之前，银行就已经拥有和掌握了庞大的客户群体和大量的客户数据，在大数据时代，银行可以更好地利用内外部数据对客户的消费偏好和能力进行用户画像描述分析，明确客户需要、挖掘客户需求，从而提供更加精准、专业、定制、贴心的客户服务。

（3）大数据有利于银行构建风险防范体系，提升外贷资金安全性

银行可以更广泛地借助内外部大数据库，验证客户的过往征信、资产负债收入状况等多维度信息，更好地对客户的还贷能力进行评估，精准识别劣质客户，从而减少不良贷款，提高资金的安全性。

2.面临的挑战

（1）大数据分析处理能力的挑战

在大数据时代，较强的大数据分析处理能力已成为一家银行的核心竞争力。如果银行企业不能够找到对大数据的科学管理模式，最终会影响到银行在市场竞争中的发展地位。以往的数据库分析框架已经不能够满足银行新时代发展的需求，非结构数据不断增多的情况，增加了银行的信息管理风险，给银行发展带来较大的挑战。除此之外，多数大数据都是类型丰富的碎片化数据，没有相对固定的模式，分析环境较为复杂，这些都给银行的数据精细化管理和专业化经营带来了巨大的挑战。

（2）金融大数据人才培养的挑战

借助大数据分析技术，银行可以更好地创新业务发展模式，提高经营效率。但这需要强大的大数据人才队伍作为支撑，只有不断提升银行从业人员的大数据处理技术水平，才能够掌握更加先进的信息管理方式，充分利用大数据对银行业务管理系统进行改造升级。

金融业人员的素质培养不是一蹴而就的，需要银行加大对员工大数据技能的培训，提升员工的大数据管理理念，帮助他们掌握更多大数据分析处理技术，并将这些数据技术与银行业务经营紧密结合，不断创新优化业务流程，才能真正促进银行经营效率的提升。

价值引领

党的二十大报告提出："坚持把发展经济的着力点放在实体经济上，推进新型工业化，加快建设制造强国、质量强国、航天强国、交通强国、网络强国、数字中国。""加快发展数字经济，促进数字经济和实体经济深度融合，打造具有国际竞争力的数字产业集群。"中国的金融行业也需要积极借助金融科技，努力实现行业的数字化转型升级。

麦肯锡发布的《中国银行业CEO季刊（2019年冬季刊）》（以下简称《报告》）中提出，近年来，面对外部经营压力、竞争和监管环境变化，中国银行业收入和利润增长步履维艰，很难突破双位数；但在同样严峻的环境下，全球领先银行通过大数据应用，仍能在公司及零售核心业务上实现10%～15%的增长。此外，针对困扰很多银行的不良率高的问题，领先银行利用大数据和人工智能技术，在宏观经济下行的情况下，仍然实现良好的风险控制。人工成本上升、科技投入增加，令很多银行的成本收入比上升，但数字化、大数据和人工智能可以帮助银行有效实现降本增效。

根据麦肯锡全球数据工作坊的分析，规模化应用大数据和高级分析可显著提升银行业务绩效、降低运营成本、优化风控和决策、改善监管数据效率及提升客户体验。大量银行斥巨资用于大数据和高级分析技术，就是看到了其背后的巨大价值。麦肯锡全球研究院（MGI）测算，高级分析在全球各个行业的价值创造潜力高达9.5万～15.4万亿美元，能推动银行业利润增长10%～15%。

得益于中国银行业迈向高质量发展的内在要求、国家政策扶持以及相关技术能力的日臻成熟，在中国银行业，大数据和高级分析规模化已进入黄金时代，是整个行业未来发展的大势所趋。

资料来源　胡杨.麦肯锡：大数据规模化应用是中国银行业大势所趋［EB/OL］.［2019-12-04］. https：//baijiahao.baidu.com/s？id=1651974262498414876&wfr=spider&for=pc.

思政元素：科技强国　人才强国

请阅读以上材料并思考：

1.你对中国银行业大数据时代的到来有何想法？

2.通过学习大数据在银行业的应用案例和数据，你获得了哪些职业发展启示？

任务实训与评价

以学习小组为单位，通过查阅线上线下资料，搜集整理一个银行业大数据的具体应用案例，以PPT展示形式向大家分享介绍，并回答老师和同学的相关提问。

本任务评价表见表6-1。

表6-1　　　　　　　　　　　　任务评价表

序号	评价内容	分值	得分
1	仪容仪表	20	
2	PPT美观度	20	
3	案例内容翔实度	20	
4	表达的清晰度和条理性	20	
5	问答环节的表现	20	
6	合计	100	

任务二　银行产品精准营销

【任务要点】

学习课件6-2

银行产品精准营销

➤ 理解银行产品精准营销的含义；
➤ 理解银行产品精准营销中不同指标所代表的业务含义；
➤ 将银行产品精准营销对应的大数据进行建模分析；
➤ 根据大数据分析结果提出精准营销思路。

【学习情境】

银行本来就是客户数据、交易数据等积累比较好的行业，随着信息化的发展，银行产生了更多的业务数据。运用大数据和人工智能技术，对银行存储的结构化数据和非结构化数据进行挖掘分析，洞察客户的行为需求和偏好，精准挖掘潜在客户，实现可持续的营销计划，已在国内外银行企业中得到了成功的应用。

小张得到了一份银行理财产品营销的实习工作。每天他都会得到一张长长的客户数据单，需要按照领导的要求，进行理财产品的推销。然而虽然小张每天打电话打得头昏脑涨，他的营销绩效却不见提高。小张在困惑，如果自己懂得大数据分析技术，是否就能更有效地开展营销工作呢？

【学前思考】

➤ 如何将一个银行业务场景转化成金融大数据分析项目？
➤ 哪些模型可以支持银行产品的精准营销呢？
➤ 如何评价银行精准营销模型的优劣呢？
➤ 如何根据自己对客户大数据的分析结果去开展精准营销呢？

【知识储备】

一、银行产品精准营销的含义

银行产品的精准营销就是银行运用所拥有的数据，找到用户的需求，利用合适的渠道，在恰当的时间，精准、高效送达用户，让客户觉得在合适的时间遇到了适合的产品，不会感觉被骚扰。

在这一过程中，运用掌握的数据对客户进行画像显得至关重要。银行可以根据客户的身份特质、金融属性、消费偏好以及产品偏好等信息了解客户的需求，进而与自己的产品进行匹配，然后通过电话、邮件等形式向不同的客户推荐满足其需求的产品和服务，进而提高其营销的成功率，并提高客户的满意度。有了用户画像和特定金融产品的营销应用场景，我们就可以通过建立营销策略实现关联。

通过客群策略的实施，完成对同类人群的划分，并尝试构建和接入相关场景来完成对金融产品的整体营销。无论是柜面、自助终端等银行自有渠道场景，还是外部合作渠道场景，各个营销渠道都利用技术手段将客户信息实时传送到营销活动过程中，经过分析，送达客户，之后由客户作出评价。营销活动必须要有评价，这样才能打造出完整的营销闭环。营销活动的评价主要是通过收集信息的方式获取的，比如客户是否点击了推送的产品，客户在产品信息页面停留的时间，以及是否购买了产品等，最终将这些信息进行分析处理，从而优化营销策略。

二、银行产品精准营销的应用场景

精准营销可用于银行的不同产品和服务上，如银行的负债类产品、信贷类产品和投资类产品，如图6-1所示。

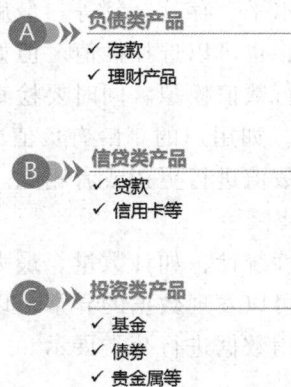

A　负债类产品
✓ 存款
✓ 理财产品

B　信贷类产品
✓ 贷款
✓ 信用卡等

C　投资类产品
✓ 基金
✓ 债券
✓ 贵金属等

图6-1　银行精准营销的产品分类

1.实时营销

实时营销是根据客户的实时状态进行营销的，通常可以根据客户当时的所在地、客户最近一次消费等信息有针对性地进行营销。例如，当某客户采用信用卡采购孕妇用品时，银行可以通过建模推测怀孕的概率，并推荐孕妇喜欢的业务，也可以将客户改变生活状态的事件（换工作、改变婚姻状况、置居等）视为营销机会。

2.交叉营销

交叉营销就是进行不同业务或产品的交叉推荐，例如，银行可以根据客户交易记录进行分析，有效识别小微企业客户，然后用远程银行来实施小微金融产品的交叉销售。

3.个性化推荐

银行可以根据大数据分析客户的金融产品消费喜好，并结合银行产品的特点进行精准推荐。例如，根据客户的年龄、资产规模、理财偏好等，对客户群进行精准定位，分析出其潜在的金融服务需求，进而有针对性地进行营销推广。

4.客户生命周期管理

客户生命周期是指从一个客户欲对企业进行了解或企业欲对某一客户进行开发时起，直到客户与企业的业务关系完全终止且与之相关的事宜完全处理完毕的这段时间。客户生命周期管理包括新客户获取、客户防流失和客户赢回等。例如，招商银行通过构建客户流失预警模型，对流失率等级前20%的客户发售高收益理财产品予以挽留，使得金卡和金葵花卡客户流失率分别降低了15个和7个百分点。

三、银行产品营销预测建模分析流程

1.数据的准备

数据的清洗与整理是处理数据的第一步，而且这一步往往要花费相比建模更多的工作量。对于一个数据集，我们要明确每个变量的角色。首先要明确我们即将分析的问题变量，并将其定义为被解释变量，例如，银行客户是否购买理财产品。然后我们要针对被解释变量，确定哪些变量属于解释变量。所谓解释变量，就是可能会影响到被解释变量的变量，针对银行客户购买理财产品这个被解释变量，解释变量可以包括客户的受教育水平、性别、婚姻状况、收入水平、存款金额等。最后要检查数据集的空值，对于数据量大的数据可以选择删除空值，也可以选择插值。但如果数据量不够，删除数据会导致样本量过小，需要插值或者进行数值模拟。同时要检查数据的重复值，将其删除。另外如果数据中还有错误的离散值，如用户的年龄有负值或者120以上的数值，性别有男和女之外的变量，就要将错误的数值进行更正或者删除。

2.数据的描述性统计与可视化展示

对银行的营销数据进行描述性统计，如计数量、最大值、最小值、平均值以及标准差等，在观察数据分布的同时还可以发现数据的异常，以便于及时进行处理；还可运用柱状图、箱形图等对银行精准营销数据进行分类展示。

3.相关性分析

相关关系是一种非确定性的关系，相关系数是研究变量之间线性相关程度的量。如果变量之间的相关性过高，可能会造成模型的多重共线性，因而要进行相关性检验，删除相关性高的变量。

$$r(X, Y) = \frac{Cov(X, Y)}{\sqrt{Var[X]Var[Y]}}$$

其中，$Cov(X, Y)$为X与Y的协方差，$Var[X]$为X的方差，$Var[Y]$为Y的方差。

4.数据训练集与测试集的拆分

将银行营销数据的解释变量和被解释变量分别拆成训练集和测试集，共四个部分。一般采用二八拆分，即训练集占80%，测试集占20%。在模型拟合时采用训练集数据，对训练集数据进行预测，可以将预测数据和测试数据进行对比运算，从而判断模型的精度。

5.逻辑回归

有别于普通的线性回归，对于"是"或"否"的二分类被解释变量，应该对数据进行逻辑回归分析。在进行逻辑回归的时候，要对传统线性回归模型的估计方程进行演化：

$$Y = \beta_0 + \beta_1 X, \quad Y \in (-\infty, +\infty)$$

在逻辑回归分析时，要对被解释变量概率P进行建模，概率P的取值范围是（0，1），0表示不购买，1表示购买。由于Logit P和$(\beta_0 + \beta_1 X)$都是在$(-\infty, +\infty)$上变化，因此我们可以尝试建立 Logit P 和 $(\beta_0 + \beta_1 X)$ 之间的对应关系，例如：

$$\text{Logit}(P_i)(\beta_0 + \beta_1 X)$$

如果将 β 和 X 看成向量形式，则：

$$\text{Logit}(P_i) = \ln \frac{P_i}{1 - P_i} = \beta_0 + \beta_1 x_{1,i} + \beta_2 x_{2,i} + \cdots + \beta_n x_{n,i}$$

6.模型的精度评价

对二分类模型进行精度评价的时候，我们通常会使用 AUC 评价指标。AUC（area under curve）被定义为 ROC 曲线下与坐标轴围成的面积。所谓 ROC 曲线（receiver operating characteristic curve），它是根据一系列不同的二分类方式（分界值或决定阈），以真阳性率（敏感性）为纵坐标，假阳性率（1-特异性）为横坐标绘制的曲线。

在比较不同的分类模型时，可以将每个模型的 ROC 曲线都画出来，然后比较 ROC 曲线下与坐标轴围成的面积 AUC，将 AUC 作为评价模型优劣的指标。AUC 指标的具体含义是：AUC 必在 0~1 之间，AUC 值越大的分类器（预测模型），正确率越高。

以 AUC 判断分类器优劣的标准：

AUC = 1，是完美分类器。

AUC = [0.85，0.95]，效果很好。

AUC = [0.7，0.85]，效果一般。

AUC = [0.5，0.7]，效果较差，但用于预测股票已经很不错了。

AUC = 0.5，跟随机猜测一样（例如，丢铜板），模型没有预测价值。

AUC < 0.5，比随机猜测还差；但只要总是反预测而行，就优于随机猜测。

行业视窗6-3

《中华人民共和国个人信息保护法》

价值引领

2020年12月，一位"头盔哥"在网上一夜爆红——为避免自己被售楼处的人脸识别系统采集到而受到电话推销的"轰炸"，他索性戴上头盔，把脸挡个严严实实。现实中让人无奈的却是，即便用头盔把脸挡住，却依旧挡不住个人信息被手机里无数个App厂商自在地采集和流通。在数字经济大潮下，许多人都在被迫"裸泳"。

为保护个人信息安全，2021年8月20日，《中华人民共和国个人信息保护法》发布，并于2021年11月1日起正式实施。这部维护个人信息安全的专门法律，明确了"不得过度收集个人信息""不得非法收集、使用、加工、传输他人个人信息"等内容，为个人信息罩上了"金钟罩"。而对于快消、零售、医疗健康、金融、互联网、物流等处理大量个人信息的行业而言，当"隐私"遇上"大数据"，如何平衡商业利益和用户隐私保护的关系，成为企业亟须解决的问题。

资料来源　张天弛. 当大数据遇上个人隐私 [EB/OL]. [2021-09-12]. https：//baijiahao.baidu.com/s？id=1710644284321101133&wfr=spider&for=pc.

思政元素：信息安全　职业道德

请阅读以上材料并思考：

1.为什么客户的个人信息安全如此重要？

2.你觉得金融机构和金融从业者应该怎么做才能更好地保护客户的个人信息安全？

【实操演练】

存款产品的客户购买行为预测

实操演示6-1

一、任务说明

本次任务将基于Python平台，对商业银行的经营数据进行建模分析，需要完成以下子任务：①结合银行经营管理，对数据集的变量进行分析；②对数据的完整性进行检查，并进行描述性统计，通过基本的图表来理解数据、分析业务；③进行变量的虚拟化；④进行数据集的拆分，运用Logit模型进行分析，并进行模型的精度评价和优化。

二、数据描述

本次实验选取UCI机器学习库中的银行营销数据集（Bank Marketing Data Set：http：//archive.ics.uci.edu/ml/datasets/Bank+Marketing）[Moro et al.，2014]。这些数据与葡萄牙银行机构的直接营销活动有关，这些直接营销活动是以电话为基础的。通常来说，银行机构的客服人员至少需要联系一次客户来得知客户是否将认购银行的产品（定期存款）。因此，与该数据集对应的任务是分类任务，而分类目标是预测客户是（yes）否（no）认购定期存款（变量y）。

该数据包括样例（41 188个）和所有的特征输入（20个），根据时间排序（从2008年5月到2010年9月）。对原有数据进行中文字段说明。其中，字段分别为客户ID、年龄、职业、婚姻状况、受教育水平、是否有违约记录、每年账户的平均余额、是否有住房贷款、是否有个人贷款、与客户的沟通方式、最后一次联系的时间（几号、月份）、最后一次联系的时长、在本次活动中与该客户交流的次数、距离上次活动最后一次联系该客户过去了多久（999表示没有联系过）、在本次活动之前与该客户交流的次数、上一次活动的结果、预测客户是否会订购定期存款业务。

本书将原始数据中的连续性数值进行标准化处理，并将样本划分为测试集和训练集两部分，利用训练集的数据制作个人信用评价模型，使用测试集的数据评价模型预测效果，提高模型的精度，如下所示：

客户信息：

Age：年龄

Job：工作，工作类型（分类："行政管理（admin.）""蓝领（blue-collar）""企业家（entrepreneur）""女佣（housemaid）""管理（management）""退休（retired）""个体户（self-employed）""服务（services）""学生（student）""技术员（technician）""失业（unemployed）""未知（unknown）"）

Marital：婚姻，婚姻状况（分类：离婚（divorced），已婚（married），单身（single），未知（unknown)）（注："离婚"指离婚或丧偶）

Education：教育（分类："基础教育4（basic.4y）""基础教育6（basic.6y）""基础教育9（basic.9y）""高中（high.school）""文盲（illiterate）""专业课程（professional.course）""大学学位（university.degree）""未知（unknown）"）

Default：是否存在信用违约（分类："不""是""不知道"）

Housing：是否有住房（分类："不（no）""是（yes）""不知道（unknown）"）

Loan：是否有贷款（分类："不（no）""是（yes）""不知道（unknown）"）

预测相关的其他数据：

Contact：接触方式（分类："蜂窝网络（cellular）""固定电话（telephone）"）

Month：月，最后一个联系月份（分类："三月（MAR）"…"十一月（NOV）""十二月（DEC）"）

Day_of_week：每周的天数，最后一周的联系日（分类："周一（mon）""周二（tue）""周三（wed）""周四（thu）""周五（fri）"）

Duration：联系持续时间，以秒为单位

Campaign：在这次活动和这个客户联系的执行人数量

Pdays：从上次活动联系客户之后过去的天数（数字；999表示以前没有联系过客户）

Previous：本次活动之前和本客户联系的人数（数字）

Proutcome：前一次营销活动的结果（分类：失败，不存在，成功）

社会和经济背景属性：

emp.var.rate：就业变化率–季度指标（数字）

cons.price.idx：消费者价格指数–月度指标（数字）

cons.conf.idx：消费者信心指数–月度指标（数字）

euribor3m：欧元同业拆借利率3个月利率–每日指标（数字）

nr.employed：员工人数–季度指标（数字）

输出变量：

Y–客户是否会定期存款？"是（yes）""否（no）"

三、操作演示

第1步：加载相关的包

输入：

```
import pandas as pd
import numpy as np
import matplotlib
import matplotlib.pyplot as plt
import seaborn as sns
from sklearn.model_selection import train_test_split
from sklearn.model_selection import KFold
from sklearn.metrics import roc_auc_score
```

第2步：读入数据并查看数据的前5行

输入：

```
##读入数据
```

```
data = pd.read_csv("file:///Users/huliusuo/Documents/金融大数据活页教材/项目六:银行产品精准营销/bank-additional-full.csv",sep=';')
data1 = pd.read_csv("file:///Users/huliusuo/Documents/金融大数据活页教材/项目六:银行产品精准营销/bank-additional-full.csv",sep=';')#存储一个带有原始信息的数据,作为备份。
```

查看数据的前5行

输入:

```
data.head()
```

输出（见表6-2）:

表6-2　　　　　　　　　　　　　　　　输出内容

	age	job	marital	education	default	housing	loan	contact	month	...	cons.conf.idx	euribor3m	nr.employed	y
0	56	housemaid	married	basic.4y	no	no	no	telephone	may	...	−36.4	4.857	5191.0	no
1	57	services	married	high.school	unknown	no	no	telephone	may	...	−36.4	4.857	5191.0	no
2	37	services	married	high.school	no	yes	no	telephone	may	...	−36.4	4.857	5191.0	no
3	40	admin.	married	basic.6y	no	no	no	telephone	may	...	−36.4	4.857	5191.0	no
4	56	services	married	high.school	no	no	yes	telephone	may	...	−36.4	4.857	5191.0	no

5 rows × 21 columns

输入:

```
data.shape #数据的行数和列数
```

输出:

(41188, 21)

数据一共有41 188条记录，共计21个变量。

第3步：数据的清洗与整理，查看数据的缺失值

输入:

```
data.isnull().any()
```

输出:

Age	False
Job	False
Marital	False
Education	False
Default	False
Housing	False
Loan	False
Contact	False
Month	False
Day_of_week	False
Duration	False
Campaign	False
Pdays	False

Previous	False
Poutcome	False
emp.var.rate	False
cons.price.idx	False
cons.conf.idx	False
euribor3m	False
nr.employed	False
y	False

dtype：bool

从以上输出内容可以看出，各变量并不存在缺失值。

由于很多的变量是分类变量，因此将分类变量转化为虚拟变量是十分必要的。

输入：

```
# 导入数据并将分类转化为数字
data['job'] = data['job']. replace(['admin. ', 'unknown', 'unemployed', 'management', 'house-
maid','entrepreneur','student','blue-collar','self-employed','retired','technician','services'],
[0,1,2,3,4,5,6,7,8,9,10,11])
data['marital'] = data['marital'].replace(['married','single','divorced','unknown'],value=[0,1,
2,3])
data['education'] = data['education'].replace(['illiterate','basic.4y','basic.6y','basic.9y','high.
school','professional.course','university.degree'],[0,2,1,3,4,5,6])
data['default'] = data['default'].replace(['no','yes','unknown'],[0,1,2])
data['housing'] = data['housing'].replace(['no','yes','unknown'],[0,1,2])
data['loan'] = data['loan'].replace(['no','yes','unknown'],[0,1,2])
data['contact'] = data['contact'].replace(['cellular','telephone'],[0,1])
data['poutcome'] = data['poutcome'].replace(['nonexistent','other','success','failure'],[0,1,2,3])
data['day_of_week'] = data['day_of_week'].replace(['mon','tue','wed','thu','fri'],[0,1,2,3,4])
data['month'] = data['month'].replace(['mar','apr','may','jun','jul','aug','sep','oct','nov','dec'],
[2,3,4,5,6,7,8,9,10,11])
data['y'] = data.y.apply(lambda x: 1 if 'yes' in x else 0)
```

将所有分类变量以数值代替，完成替换。在这一过程中要注意变量的分类与赋值，要一一对应。

```
#导入处理虚拟变量的包
from sklearn.preprocessing import OneHotEncoder,LabelEncoder
#从数据框里提取工作变量转化成虚拟变量
job = pd.get_dummies(data['job'],prefix='job_d' )
#将转化成虚拟变量的工作变量合并进数据框
data=pd.concat([data,job],axis=1)
marital = pd.get_dummies(data['marital'],prefix='marital_d' )
```

```
data=pd.concat([data,marital],axis=1)
education = pd.get_dummies(data['education'],prefix='education_d' )
data=pd.concat([data,education],axis=1)
default = pd.get_dummies(data['default'],prefix='default_d' )
data=pd.concat([data,default],axis=1)
housing = pd.get_dummies(data['housing'],prefix='housing_d' )
data=pd.concat([data,housing],axis=1)
loan = pd.get_dummies(data['loan'],prefix='loan_d' )
data=pd.concat([data,loan],axis=1)
contact = pd.get_dummies(data['contact'],prefix='contact_d' )
data=pd.concat([data,contact],axis=1)
poutcome = pd.get_dummies(data['poutcome'],prefix='poutcome_d' )
data=pd.concat([data,poutcome],axis=1)
day_of_week = pd.get_dummies(data['day_of_week'],prefix='day_of_week_d' )
data=pd.concat([data,day_of_week],axis=1)
month = pd.get_dummies(data['month'],prefix='month_d' )
data=pd.concat([data,month],axis=1)
#print(data)#输出变量,由于结果过长,暂不输出
```

对 Python 而言,变量是何种类型需要有明确的定义,至于虚拟变量是"0/1"还是"Yes/No"则并不重要。前面将相应的标准转化成"0/1"形式,只是为了更加符合我们的认知,对 Python 而言都是一样的。

第4步:数据的描述性统计与可视化展示

(1)数据的描述性统计

输入:

```
data.describe()#对清洗整理过的数据做描述性统计
```

输出(见表6-3):

表6-3   输出内容

	age	job	marital	default	...	month_d_9	month_d_10	month_d_11
count	41 188.00000	41 188.000000	41 188.000000	41 188.000000	...	41 188.000000	41 188.000000	41 188.000000
mean	40.02406	5.599082	0.510634	0.417525	...	0.017432	0.099568	0.004419
std	10.42125	4.010901	0.696779	0.812813	...	0.130877	0.299427	0.066328
min	17.00000	0.000000	0.000000	0.000000	...	0.000000	0.000000	0.000000
25%	32.00000	0.000000	0.000000	0.000000	...	0.000000	0.000000	0.000000
50%	38.00000	7.000000	0.000000	0.000000	...	0.000000	0.000000	0.000000
75%	47.00000	10.000000	1.000000	0.000000	...	0.000000	0.000000	0.000000
max	98.00000	11.000000	3.000000	2.000000	...	1.000000	1.000000	1.000000

8 rows × 69 columns

（2）非平衡违约数据展示

输入：

```
temp = data1["y"].value_counts()#提取目标数据计数
df = pd.DataFrame({'y': temp.index,'values': temp.values}) #按是否违约计算数量
plt.figure(figsize = (6,6)) #定义图片尺寸
plt.title('deposit data unbalance\n (Default = 0,Not Default = 1)')#设定图片题目
sns.set_color_codes("pastel")#设定配色
sns.barplot(x = 'y',y="values",data=df)#设置条形图的x、y轴数据以及数据来源
locs,labels = plt.xticks()#设置刻度
plt.show()#输出图片
```

输出（如图6-2所示）：

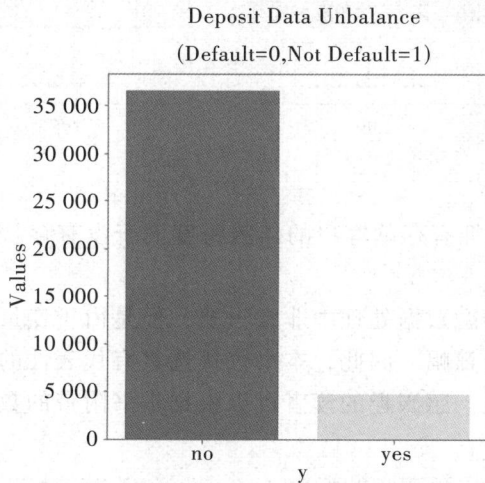

图6-2　非平衡数据展示

从图6-2可以看出，是否进行存款的客户数量具有很大的差别，拒绝存款的客户数量要远多于进行存款的客户数量，该数据属于典型的非平衡数据。

输入：

```
data[data['y']=='yes'].shape[0] #定期存款的客户
```

输出：

4640

输入：

```
data[data['y']=='no'].shape[0] #不会定期存款的客户
```

输出：

36548

从图6-2可以看出，是否进行存款的客户数量具有很大的差别。有4 640个客户接受了定期存款，有36 548个客户并未接受开展定期存款，该数据属于典型的非平衡数据。

（3）分析不同年龄段客户是否有存款

输入：

```
sns.boxplot(x='y',y='age',data=data1)
```

输出（如图6-3所示）：

```
<matplotlib.axes._subplots.AxesSubplot at 0x1a1b097a90>
```

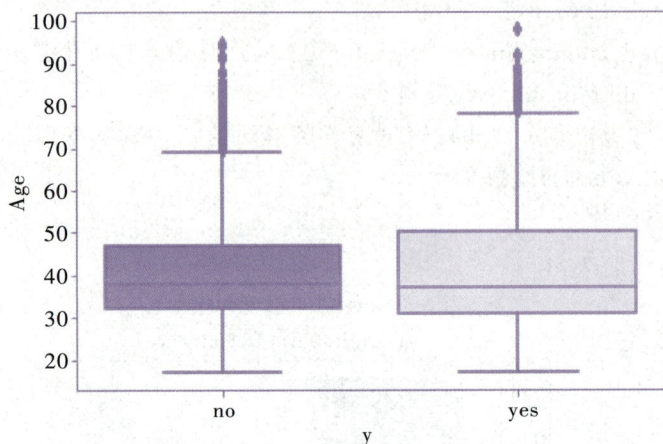

图6-3　基于年龄的分组对比

从图6-3可以看出，拥有存款客户的年龄跨度大于没有存款的客户，不同年龄下的结果并没有显著差异。

虽然描述性统计在金融数据处理中非常重要，但是由于变量较多，对每个变量进行描述性统计会占用大量的篇幅。因此，本书仅挑选具有代表性的变量进行展示，其他变量的描述性统计不再赘述。感兴趣的读者可以根据本书附带的数据进行图形绘制和解释分析。

第5步：数据训练集与预测集的拆分

考虑到前面的数据集已经进行了虚拟化处理，要建模分析首先要删除进行虚拟化之前的变量。

输入：

```
cat_vars=['job','marital','education','default','housing','loan','contact','month','day_of_week',
'poutcome'] #将分类变量生成一个列表
data_vars=data.columns.values.tolist()#获取整个data数据集的变量名称,并生成一个列表
to_keep=[i for i in data_vars if i not in cat_vars] #将在data_vars里,且不在cat_vars里面
的提取出来
data_final=data[to_keep] ##根据提取出来的变量生成新的数据集
data_final.columns.values #查看新的数据集的列名
```

输出：

```
array(['age','duration','campaign','pdays','previous','emp.var.rate',
       'cons.price.idx','cons.conf.idx','euribor3m','nr.employed','y',
```

'job_d_0','job_d_1','job_d_2','job_d_3','job_d_4','job_d_5',
'job_d_6','job_d_7','job_d_8','job_d_9','job_d_10','job_d_11',
'marital_d_0','marital_d_1','marital_d_2','marital_d_3',
'education_d_0','education_d_1','education_d_2','education_d_3',
'education_d_4','education_d_5','default_d_0','default_d_1',
'default_d_2','housing_d_0','housing_d_1','housing_d_2',
'loan_d_0','loan_d_1','loan_d_2','contact_d_0','contact_d_1',
'poutcome_d_0','poutcome_d_2','poutcome_d_3','day_of_week_d_0',
'day_of_week_d_2','day_of_week_d_3','day_of_week_d_4',
'day_of_week_d_5','month_d_2','month_d_3','month_d_4',
'month_d_5','month_d_6','month_d_7','month_d_8','month_d_9',
'month_d_10','month_d_11'],dtype=object）

可以看出，新的数据集中都是新生成的虚拟变量。接下来对新生成的变量进行数据拆分。

先将因变量进行0、1转换。

输入：

```
data_final['y_label'] = pd.Categorical(data_final['y']).codes
data_final = data_final.drop('y',axis=1)
```

然后提取自变量和因变量。

输入：

```
X=data_final..drop('y',axis=1)#去掉因变量,生成自变量的数据集
y=data_final.['y']  #生成因变量的数据集
```

对数据进行训练集和测试集的拆分。

输入：

```
X_train,X_test,y_train,y_test = train_test_split(X,y,test_size=0.2,random_state=42)
```

通过上述命令，可以得到拆分好的4个数据集 X_train、X_test、 y_train、 y_test，后续的操作中将使用 X_train， y_train 来进行模型拟合，然后根据 X_test 数据集进行预测，对比 y_test 数据集进行对比，可以进行模型精度的评价。

第6步：逻辑回归预测与评价

（1）导入相关的包

输入：

```
import statsmodels.api as sm
import pylab as pl
```

（2）逻辑回归的拟合

输入：

```
#逻辑回归
logit = sm.Logit(y_train,X_train)#对训练集的变量进行拟合
result = logit.fit()#拟合结合存储为 result
```

print(result.summary())#输出虚拟变量的逻辑回归结果

输出（见表6-4）：

表6-4 输出内容

	Coef	std err	z	P>|z|	[0.025	0.975]
Dep.Variable：	y			No.Observations：		28 831
Model：	Logit			Df Residuals：		28 780
Method：	MLE			Df Model：		50
Pseudo R-squ.：	0.4204			Log-Likelihood：		-5 846.2
Converged：	False			LL-Null：		-10 087
Covariance Type：	Nonrobust			LLR p-value：		0.000
	Coef	std err	z	P>|z|	[0.025	0.975]
Age	-0.0009	0.003	-0.309	0.757	-0.007	0.005
Duration	0.0048	9.07e-05	52.764	0.000	0.005	0.005
Campaign	-0.0466	0.014	-3.305	0.001	-0.074	-0.019
Pdays	-0.0009	0.000	-3.319	0.001	-0.001	-0.000
⋮	⋮	⋮	⋮	⋮	⋮	⋮
emp.var.rate	-1.9052	0.170	-11.222	0.000	-2.238	-1.572
cons.price.idx	2.3195	0.301	7.710	0.000	1.730	2.909

注：由于变量过多，结果仅做部分展示。

从上述逻辑回归结果可以看出，模型的 R^2 为0.4204，整体拟合优度较好。由于数据进行虚拟化以后增加了太多的虚拟变量，使自变量的数量进一步扩大，因此仅列举部分变量的结果。从所显示的变量显著性上来看，年龄变量的P值为0.757，并不显著，也即该变量并不能影响存款产品营销成功与否。此外，nr.employed 等变量的显著性较差，对因变量的解释性也较差。而 Duration 变量，即对该客户的联系持续时间，则显著正面地影响了存款营销结果，说明在营销活动中做好客户关系管理的重要性，保持客户黏性有利于营销活动的成功。Campaign 是在营销活动和这个客户联系的执行人数量，该变量的结果说明，联系人数量多，会对营销结果产生显著的负面影响。由于涉及的变量过多，仅以上述变量为例进行解释说明，感兴趣的学习者可以参考以上解释说明进行拓展。

（3）进行预测

输入：

```
resu= result.predict(X_test)
#进行虚拟变量下的精度计算
from sklearn.metrics import roc_curve,auc  ###引入计算 roc 和 auc 的包
fpr,tpr,threshold = roc_curve(y_test,resu)#根据预测值和测试数据计算精度数据
rocauc = auc(fpr,tpr)#计算 AUC
plt.figure(figsize = (8,8))#设置图片的大小
plt.plot(fpr,tpr,'b',label='AUC = %0.2f' % rocauc)#生成 ROC 曲线
plt.legend(loc='lower right')#设置图例
plt.plot([0,1],[0,1],'r--')#设置坐标轴数据,对角线为红色虚线
```

```
plt.xlim([0,1])#设定 x 坐标轴的范围
plt.ylim([0,1])#设定 y 坐标轴的范围
plt.ylabel('real rate')#设定 y 轴标签
plt.xlabel('false rete')#设定 x 轴标签
plt.show()#输出图片
```

输出（如图 6-4 所示）：

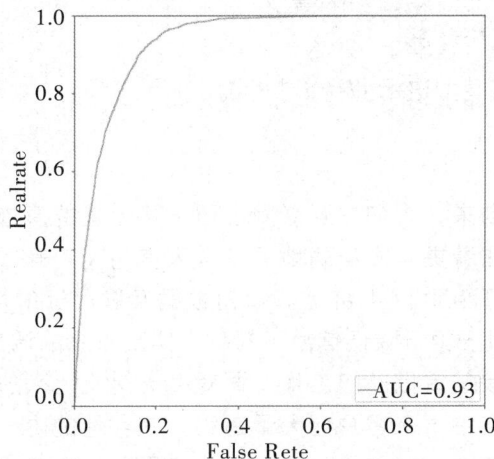

图 6-4　输出内容

从图 6-4 中的 AUC 曲线可以发现，它的阈值为 0.93，模型精度较高，展示出了很好的预测精度，对于预测分析具有很高的参考价值。

任务实训与评价

根据所提供数据，参考以上 Python 操作步骤完成表 6-5 中的实操任务。本任务评价表见表 6-5。

表 6-5　　　　　　　　　　　　　　　　任务评价表

序号	步骤	细分内容	分值	得分
第 1 步	组内案例讨论解读分析	银行产品营销在行业里的应用场景 影响银行营销的维度	5	
		积极发言	5	
第 2 步	搜集并导入数据	随机抽取 30% 的数据	2	
		导入数据，不得有变量的缺失和命名错误	3	
第 3 步	数据的清洗与整理	数据缺失的检验、数据的整理	5	
第 4 步	数据的描述性统计与可视化展示	对数据进行描述性统计 选择合适的图表对指标进行可视化展示	15	
第 5 步	数据训练集与预测集的拆分	删除进行虚拟化之前的变量，再对数据进行训练集和预测集的拆分	15	
第 6 步	选择一个方法进行数据的预测与评价	从逻辑回归、近邻值回归、支持向量机、决策树等众多方法中选择一个方法，进行建模评估	25	
第 7 步	撰写实验报告	撰写格式规范、步骤翔实、分析到位的实验报告	10	
第 8 步	分享与展示	根据自己的实验过程，通过 PPT 的形式汇报实验过程、体验和收获	15	

任务三 评估个人征信水平

学习课件 6-3

评估个人征信水平

【任务要点】

➤ 理解个人征信的含义；
➤ 阐述征信评估对于银行和客户的意义；
➤ 对个人征信评估进行建模；
➤ 结合个人征信评估模型进行业务分析。

【学习情境】

随着互联网时代的到来，人们在互联网上留下了大量的痕迹，很多的生活场景也与互联网融为一体。这意味着更全面准确地评价个人信用离不开互联网数据，个人征信的应用场景也将大量存在于互联网平台上。如何根据互联网上的数据进行深入挖掘分析，评价个人的信用水平，对于银行降低信息不对称，实现资金的调剂余缺具有重要的意义。

小张刚进入银行的信贷审批部门工作，面对每天递交上来的贷款申请，他既希望尽可能多的批准贷款，又害怕未来客户会大量违约。其实他的内心也很困惑，到底怎样才能迅速发现哪些是优质客户，哪些是劣质客户？能否通过大数据分析技术，智能高效地进行贷款审批，以减少客户的贷款审批等待时间呢？

【学前思考】

➤ 个人征信评估的应用场景有哪些？
➤ 哪些指标或因素会影响到个人征信水平？
➤ 哪些方法可以进行个人征信水平的评估？
➤ 如何评价个人征信评估的优劣？

【知识储备】

一、个人征信的含义

征信，英文叫 credit checking 或 credit investigation。根据信用中国的定义，征信是指依法收集、整理、保存、加工自然人、法人及其他组织的信用信息，并对外提供信用报告、信用评估、信用信息咨询等服务，帮助客户判断、控制信用风险，进行信用管理的活动。"征信"在中国是个古老的词汇，最早出自《左传·昭公八年》中的"君子之言，信而有征，故怨远于其身"，"信而有征"就是验证其言为信实。可见，对他人的资信进行调查和评估自古以来就一直存在。

征信按照业务模式可分为个人征信业务和企业征信业务两部分，个人征信业务主要是收集个人信用信息、生产个人信用产品，企业征信业务主要是收集企业信用信息、生产企业信用产品。

个人征信是指依法设立的个人信用征信机构对个人信用信息进行采集和加工，并根据用户要求提供个人信用信息查询和评估服务的活动。个人信用报告是征信机构把依法采集的信息，依法进行加工整理，最后依法向合法的信息查询人提供的个人信用历史记录。

相比传统的金融信贷数据，个人客户在网购、移动支付、互联网信贷以及互联网理财等活动中留下的信用数据越来越多，并且这些信用数据的覆盖范围也越来越广。互联网经济在培育用户金融习惯和消费习惯的同时，也丰富了个人信用数据可采集的维度和广度，具体应用场景如图6-5所示。

图6-5　个人征信产业链

二、个人征信的常见数据

2019年5月，新版个人征信报告启用，征信信息的时长及精细程度进一步提升。2021年9月27日，《征信业务管理办法》发布，自2022年1月1日起施行。

个人征信涉及的数据包括：一是据以识别个人身份以及反映个人家庭、职业等情况的个人基本信息；二是个人与金融机构或者住房公积金管理中心等机构发生信贷关系而形成的个人信贷信息；三是个人与商业机构、公用事业服务机构发生赊购关系而形成的个人赊购、缴费信息；四是行政机关、行政事务执行机构、司法机关在行使职权过程中形成的与个人信用相关的公共记录信息；五是其他与个人信用有关的信息。

三、个人客户征信评估模型

传统的个人征信评估多是以客户信用评分卡为代表的方法模型，虽然在方法上比较成熟，并且简单易操作，但并没有更好应用大数据技术和其他新的工具和方法，在信用评估的精度和拓展性方面也未能有较大突破。

大数据时代，个人征信评估一般从两个方面提升效率：一方面是覆盖更广泛的数据源，通过技术手段从更多平台获取信息，但不可避免会涉及个人隐私。另一方面是方法的优化和应用，针对已有的数据，凭借适当的工具，不断优化方法，提高评估精度。在行业内，两种趋势是并存的。

行业视窗6-4

《征信业务
管理办法》

行业视窗6-5

个人征信查询
方法和流程

面对大数据时代数据量级的迅速增长，Python这种具有处理大规模数据的平台和工具得到了越来越多使用者的认可，机器学习的方法得到了越来越多的应用和推广，但不同的方法具有不同的特点，综合应用多种方法进行数据的评估和预测，进而进行对比和优化显得更为重要。

通过数据清洗、描述性统计、数据的可视化以及数据的挖掘与验证等一系列全流程的工作，能够更快、更准地评估个人的信用水平，便于向真正具有偿还能力以及贷款需求的需求者提供贷款，并在贷款完成后进行持续跟踪与服务，降低违约风险。

四、基于大数据的征信评估模型

常见的征信评估模型有两种：一是信用违约预测模型；二是信用评分卡模型。其中，信用违约预测分析流程与本项目任务二所讲的营销预测建模分析流程是一样的，只不过是将被解释变量变成信用违约概率，解释变量相应有所调整而已，在此不再赘述。下面重点介绍信用评分卡模型。

1.数据的准备
参考本项目任务二营销预测的对应操作。

2.数据的分组
信用评分卡开发的方法主要有等距分段、等深分段、最优分段。等距分段（equal length intervals）是指分段的区间是一致的，比如年龄以十年作为一个分段；等深分段（equal frequency intervals）是先确定分段数量，然后令每个分段中数据的数量大致相等；最优分段（optimal binning）又叫监督离散化（supervised discretization），使用递归划分（recursive partitioning）将连续变量分段，背后是一种基于条件推断查找较佳分组的算法。实际操作时，首先对连续变量进行最优分段，在连续变量的分布不满足最优分段的要求时，再考虑对连续变量进行等距分段。

3.对数据进行WOE离散化处理
WOE（weight of evidence）即证据权重，是对原始自变量的一种编码形式。要对一个变量进行WOE编码，首先要对这个变量进行分组处理（也叫离散化）。假设good为好客户（未违约），bad为坏客户（违约）。

$$\text{WOE}_i = \ln\left(\frac{p_{good}}{p_{bad}}\right) = \ln\left(\frac{good占比}{bad占比}\right) = \ln\left(\frac{\frac{\#good_i}{\#good_T}}{\frac{\#bad_i}{\#bad_T}}\right)$$

其中，$\#good_i$表示每组中标签为good的数量，$\#good_T$为good的总数量；bad的相关指标含义相同。

需要说明的是，有时计算WOE时使用的是$\dfrac{bad占比}{good占比}$，这其实是没有影响的，因为我们计算WOE的目的是通过WOE计算IV，从而达到预测的目的。后面计算IV时，会通过相减后相乘的方式把负号抵消掉。所以不管谁做分子，谁做分母，最终的IV预测结果是不变的。

4.计算IV值选择有效变量

IV（information value）衡量的是某一个变量的信息量，公式如下：

$$IV = \sum_{i=1}^{N}(\text{good占比} - \text{bad占比}) * WOE_i$$

其中，N为分组的组数，IV表示一个变量的预测能力。

IV	预测能力
< 0.03	无预测能力
$0.03 \sim 0.09$	低
$0.1 \sim 0.29$	中
$0.3 \sim 0.49$	高
$>=0.5$	极高

根据IV值来调整分组结构并重新计算WOE和IV，直到IV达到最大值，此时的分组效果最好。

5.构建逻辑回归模型

针对信用违约概率进行逻辑回归建模，具体参考本项目任务二营销预测的对应操作。

6.精度评价

使用AUC指标评估逻辑回归模型的精度，具体参考本项目任务二营销预测的对应操作。

7.通过违约率给客户打分

如果所建的逻辑回归模型精度符合要求，接下来就要将逻辑回归转换为标准评分卡。评分卡中的分数通过以下公式计算：

Score=A-B*log（odds）

其中，A与B是常数，A称为"补偿"，B称为"刻度"，log（odds）代表了一个人违约的可能性。对逻辑回归的结果取对数，大概率会得到 $x \cdot \theta T$ 的形式，即参数*特征矩阵，所以log（odds）其实就是我们的参数。两个常数可以通过两个假设的分值带入公式求出，这两个假设的分值分别是：

H1：某个特定的违约概率下的预期分值；

H2：指定的违约概率翻倍的分值（PDO）。

例如，假设对数概率为1/60时，设定的特定分值为600，PDO=20，那么对数概率为1/30时的分值就是620。带入以上线性表达式，可以得到：

$$600 = A - B * \log\left(\frac{1}{60}\right)$$

$$620 = A - B * \log\left(\frac{1}{30}\right)$$

当然这里是假设，实际上每个银行企业都有自己的分值设定。

价值引领

党的二十大报告提出，我们要"弘扬诚信文化，健全诚信建设长效机制"。对金融行业来说，诚信文化具有更重要的意义。历史和现实都证明，只有将诚信确立为行业的灵魂，企业才能在竞争中立于不败之地。我国的社会主义金融事业要创新和发展，也必须大力加强诚信建设。

当今世界，个人征信已经成为人们的另一个ID，它的作用就好比公民的身份证，在借贷时个人征信记录的好坏，就是借贷人能否顺利拿到贷款的关键。个人如果有良好的征信记录，在申请贷款时会比较容易通过，还能够参与商业银行的快速贷款业务，有机会拿到较低的贷款利率，甚至在还款时间上可以延期，贷款额度也会明显提高。

个人征信出现污点往往是逾期还款所导致的，逾期还款的原因又有两种：一种是粗心大意忘记还款，另一种是确实没有钱全额还款。借款人在发现欠款逾期后应当积极与贷款机构沟通，确定还款计划，尽快还清欠款，维护自身良好的信用记录。如果故意拖着欠款不还成为"老赖"，贷款机构就会按照"诈骗罪"对借款人进行起诉。

资料来源　赵龙. 诚信与金融〔EB/OL〕.〔2021-02-05〕. http://static.nfapp.southcn.com/content/202102/05/c4749514.html.

思政元素：诚实守信　知法守法

请阅读以上材料并思考：

1. 阐述个人征信在当今社会的重要性。

2. 我们应该如何维护好个人征信记录？

【实操演练】

个人信用违约预测

实操演示6-2

个人信用违约预测

一、任务说明

本次数据分析项目将基于一份公开信用卡数据展开，完整地进行数据导入、数据的描述性统计与展示、相关性分析、逻辑回归建模以及验证等任务。首先，要在数据描述性统计环节进行均值、方差、标准差、分位数等基础统计，还要对重要变量进行分析，以便更好地理解业务、理解数据集，发现基础性问题。但考虑到变量过多，因此仅以个别变量为例。其次，通过相关性分析可以识别存在多重共线性的变量，从而保证模型的合理性。再次，逻辑回归作为经典的二分类拟合模型，需要对其原理和操作熟练掌握。最后，要根据以上操作进行充分的理解和解释说明，形成完整的数据分析报告。

二、数据描述

由于个人信用数据的敏感性，因此本次实操演练的数据采用Kaggle上公开的某地区UCI_Credit_Card信用违约数据。该数据包括了2005年4月至2005年9月该地区信用卡用户的默认付款、人口因素、信用数据、支付历史以及账单报表等信息。

该数据包括30 000名贷款者及其相关人口特征和信用记录。其中，人口特征数据包括年龄、受教育程度、婚姻状况、性别，信用记录数据包括信贷金额（包括个人和家庭/补充信贷）、还款情况、账单金额和支付金额。这里将原始数据中的连续性数值进行标准化处理，并将样本划分为测试集和训练集两部分，利用训练集的数据创建信用评价模型，使用测试集数据评价模型的预测效果，提高模型的精度，见表6-6。

表 6-6　　　　　　　　　　　　　　数据说明表

变量类型	变量名称	详细说明	备注
因变量	违约状况	定性变量	1=违约；0=未违约
	信贷金额	连续性数值变量	
	性别	定性变量	1=男；2=女
	受教育程度	分类变量	1=研究生；2=本科；3=高中；4=其他
自变量	婚姻状况	定性变量	1=已婚；2=未婚；3=其他
	年龄	连续性数值变量	
	还款情况	连续性数值变量	连续 6 个月的还款情况
	账单金额	连续性数值变量	连续 6 个月的账单金额
	支付金额	连续性数值变量	连续 6 个月的支付金额

三、操作演示

第 1 步：加载相关的包

输入：

```
import pandas as pd
import numpy as np
import matplotlib
import matplotlib.pyplot as plt
import seaborn as sns

import gc
from datetime import datetime
from sklearn.model_selection import train_test_split
from sklearn.model_selection import KFold
from sklearn.metrics import roc_auc_score
from sklearn.ensemble import RandomForestClassifier
```

第 2 步：读入数据并查看数据的前 5 行

输入：

```
##读入数据
pc_df = pd.read_csv("file:///Users/huliusuo/Documents/金融大数据活页教材/项目六:个人信用违约预测/UCI_Credit_Card.csv")
## 查看数据的前 5 行
pc_df.head()
```

输出（见表 6-7）：

表6-7　　　　　　　　　　　　　　　　　输出内容

	ID	LIMIT_BAL	SEX	EDUCATION	MARRIAGE	AGE	...	BILL_AMT4	BILL_AMT5	BILL_AMT6	PAY_AMT1	...
0	1	20000.0	2	2	1	24	...	0.0	0.0	0.0	0.0	...
1	2	120000.0	2	2	2	26	...	3272.0	3455.0	3261.0	0.0	...
2	3	90000.0	2	2	2	34	...	14331.0	14948.0	15549.0	1518.0	...
3	4	50000.0	2	2	1	37	...	28314.0	28959.0	29547.0	2000.0	...
4	5	50000.0	1	2	1	57	...	20940.0	19146.0	19131.0	2000.0	...

5rows × 25columns

第3步：数据的清洗与整理，查看数据的缺失值

输入：

```
#计算所有缺失值的数量
total = pc_df.isnull().sum().sort_values(ascending = False)
#计算所有缺失值的比例
percent = (pc_df.isnull().sum()/pc_df.isnull().count()*100).sort_values(ascending = False)
#将缺失值的数量和比例合并成一个数据框
pd.concat([total,percent],axis=1,keys=['Total','Percent']).transpose()
```

输出（见表6-8）：

表6-8　　　　　　　　　　　　　　　　　输出内容

	default.payment.next.month	PAY_6	LIMIT_BAL	SEX	EDUCATION	...	BILL_AMT3	BILL_AMT4	BILL_AMT5	...
Total	0.0	0.0	0.0	0.0	0.0	...	0.0	0.0	0.0	...
Percent	0.0	0.0	0.0	0.0	0.0	...	0.0	0.0	0.0	...

2rows ×25columns

从表6-8可以看出，各变量并不存在缺失值。

输入：

```
pc_df=pc_df.dropna()#删除比较少的缺失值
pc_df= pc_df.drop_duplicates()#删除重复项
```

数据集中好客户为0，违约客户为1，考虑到正常的理解，能正常履约并支付利息的客户为1，所以我们将其取反。

输入：

```
#变量SeriousDlqin2yrs取反
pc_df['default.payment.next.month']=1-pc_df['default.payment.next.month']
```

第4步：数据的描述性统计与可视化展示

（1）数据的描述性统计

输入：

```
pc_df.describe()#对清洗整理过的数据做描述性统计
```

输出（见表6-9）：

表 6-9　　　　　　　　　　　　　　　　　　　输出内容

	ID	LIMIT_BAL	SEX	EDUCATION	...	BILL_AMT4	BILL_AMT5	BILL_AMT6	...
count	30 000.000000	30 000.000000	30 000.000000	30 000.000000	...	30 000.000000	30 000.000000	30 000.000000	...
mean	15 000.500000	167 484.322667	1.603733	1.853133	...	43 262.948967	40 311.400967	38 871.760400	...
std	8 660.398374	129 747.661567	0.489129	0.790349	...	64 332.856134	60 797.155770	59 554.107537	...
min	1.000000	10 000.000000	1.000000	0.000000	...	−170 000.000000	−81 334.000000	−339 603.000000	...
25%	7 500.750000	50 000.000000	1.000000	1.000000	...	2 326.750000	1 763.000000	1 256.000000	...
50%	15 000.500000	140 000.000000	2.000000	2.000000	...	19 052.000000	18 104.500000	17 071.000000	...
75%	22 500.250000	240 000.000000	2.000000	2.000000	...	54 506.000000	50 190.500000	49 198.250000	...
max	30 000.000000	1 000 000.000000	2.000000	6.000000	...	891 586.000000	927 171.000000	961 664.000000	...

8 rows × 25 columns

（2）非平衡违约数据展示

输入：

```
temp = pc_df["default.payment.next.month"].value_counts()#提取目标数据计数
df = pd.DataFrame({'default.payment.next.month': temp.index,'values': temp.values}) #按是
否违约计算数量
plt.figure(figsize = (6,6)) #定义图片尺寸
plt.title('Default data unbalance\n (Default = 0,Not Default = 1)')#设定图片题目
sns.set_color_codes("pastel")#设定配色
sns.barplot(x = 'default.payment.next.month',y="values",data=df)#设置条形图的 X、Y 轴
数据以及数据来源
locs,labels = plt.xticks()#设置刻度
plt.show()#输出图片
```

输出（如图 6-7 所示）：

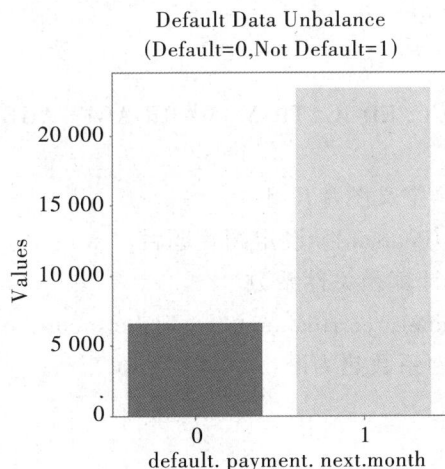

图 6-6　输出内容

从图6-6可以看出，违约数据和非违约数据的数量具有很大的差别。总共30 000条数据中，违约数据有6 636条，非违约数据有23 364条，属于典型的非平衡数据。

（3）信用额度描述密度图

输出：

plt.figure（figsize =（12，6））#定义图片尺寸

plt.title（'Amount of credit – Density Plot'）#设定图片题目

sns.set_color_codes（"pastel"）#设定配色

sns.distplot（pc_df ['LIMIT_BAL']，kde=True，bins=240，color="red"）#设置条形、密度图的X、Y轴数据以及数据来源

plt.show（）#输出图片

输出（如图6-7所示）：

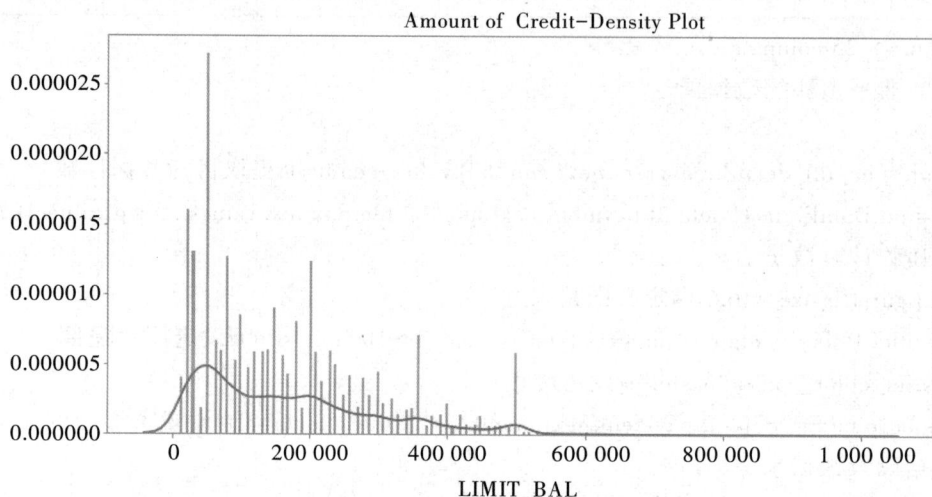

图6-7　输出内容

从图6-7可以看出，信贷额度主要在200 000以下。曲线是一种核密度函数，是直方图的一种抽象性展示，曲线下方到X轴的面积为1。

（4）变量的相关性分析

输入：

```
var = ['LIMIT_BAL','SEX','EDUCATION','MARRIAGE','AGE','PAY_0','default.payment.next.month'] #定义变量
plt.figure(figsize = (8,8))#定义图片尺寸
plt.title('correlation plot (Pearson)')#设定图片题目
corr = pc_df[var].corr()#计算相关性系数
sns.heatmap(corr,xticklabels=corr.columns,yticklabels=corr.columns,linewidths=.1,vmin=-1,vmax=1)#绘制相关性系数热力图
plt.show()#输出图片
```

输出（如图6-8所示）：

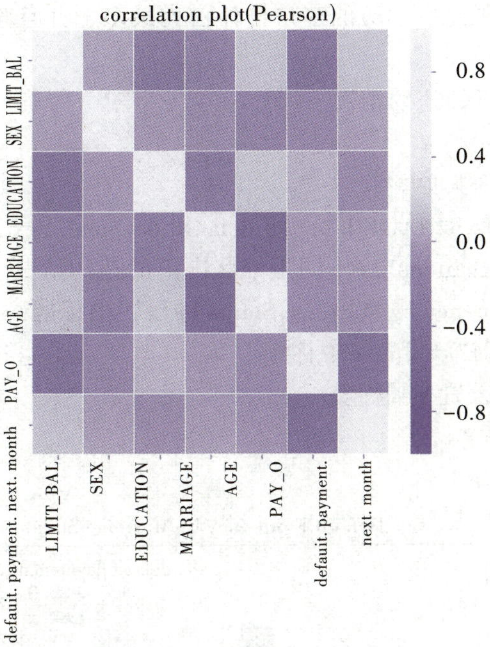

correlation plot(Pearson)

图6-8　输出内容

从以上变量的相关性可以看出，变量之间除对角线外并不存在过高的正相关变量，因此不存在多重共线性。

（5）不同受教育程度下的违约状况

输入：

```
pd. crosstab(pc_df['EDUCATION'], pc_df['default. payment. next. month']). plot(kind= 'bar',
color = ['lightblue','lightgreen'])#不同受教育程度下的违约情况
plt.title('Default Frequency by Educational Level')#图表标题
plt.xlabel('EDUCATION')#X轴标签
plt.ylabel('default')#Y轴标签
plt.show()#输出图片
# 1:研究生、2:本科、3:高中、4:其他
```

输出（如图6-9所示）：

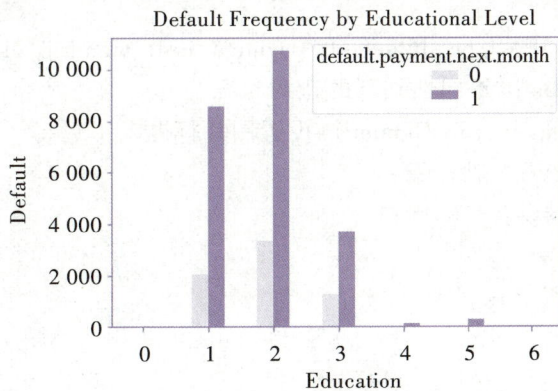

图6-9　输出内容

分析可知，本科与研究生学历的客户群体占比最多，并且学历越高，违约还款的可能性越小。

（6）不同婚姻状况下的违约情况

输入：

```
# 1:已婚、2:未婚、3:其他
pd. crosstab(pc_df['MARRIAGE'], pc_df['default. payment. next. month']). plot(kind= 'bar',
color = ['lightblue','lightgreen']) #不同婚姻状况下的违约情况
plt.title('Default Frequency by Marriage Status') #设置图标题
plt.xlabel('MARRIAGE') #设置 Y 轴标签
plt.ylabel('default') #设置 X 轴标签
plt.show() #输出图片
```

输出（如图 6-10 所示）：

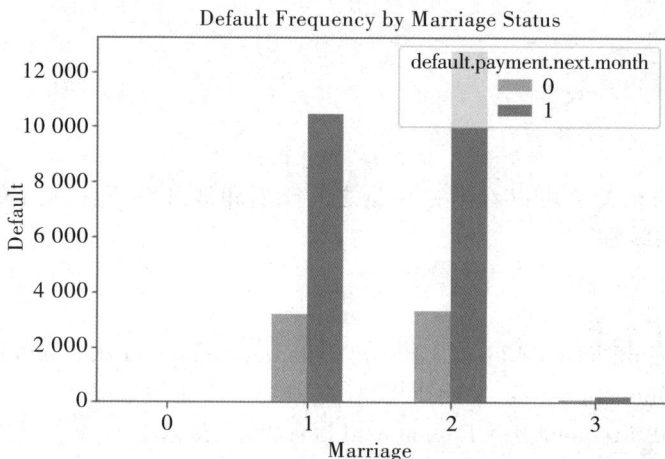

图 6-10　输出内容

分析可知，未婚客户多于已婚客户，并且未婚客户的违约率低于已婚客户。

（7）不同性别下的违约状况

输入：

```
# 1:男、2:女
pd. crosstab(pc_df['SEX'], pc_df['default. payment. next. month']). plot(kind= 'bar', color =
['lightblue','lightgreen'])#不同性别下的违约状况
plt.title('Default Frequency by Gender') #设置图片标题
plt.xlabel('SEX') #设置 X 轴标签
plt.ylabel('default') #设置 Y 轴标签
plt.show() #输出图片
```

输出（如图 6-11 所示）：

Default Frequency by Gender

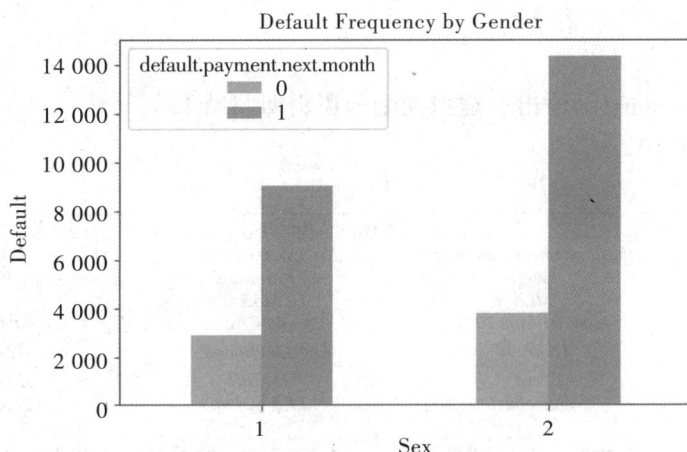

图 6-11　输出内容

男性客户与女性客户的比例约为 2 : 3，但是女性客户的违约率要比男性的违约率低。

第 5 步：数据训练集与预测集的拆分

输入：

```
#从 pc_df 中提出所需要的列,生成新的 X,y
X = pc_df.loc[:,['LIMIT_BAL','SEX','EDUCATION','MARRIAGE','AGE','BILL_AMT1',
'BILL_AMT2', 'BILL_AMT3', 'BILL_AMT4', 'BILL_AMT5', 'PAY_AMT1', 'PAY_AMT2',
'PAY_AMT3','PAY_AMT4','PAY_AMT5']].dropna(axis=1)
y = pc_df["default.payment.next.month"]
X_train,X_test,y_train,y_test = train_test_split(X,y,test_size=0.2,random_state=0) #对数
据进行拆分,test_size 为比例
train= pd.concat([y_train,X_train],axis = 1)
test = pd.concat([y_test,X_test],axis = 1)
```

第 6 步：普通逻辑回归预测与评价

（1）导入逻辑回归所需要的包

输入：

```
import statsmodels.api as sm
import pylab as pl
import pandas as pd
```

（2）执行逻辑回归

输入：

```
#逻辑回归
logit = sm.Logit(y_train,X_train)#对训练集的变量进行拟合
result = logit.fit()#拟合结合存储为 result
Optimization terminated successfully.
         Current function value: 0.505207
         Iterations 7
```

（3）逻辑回归的结果展示

输入：

```
print(result.summary())#输出非虚拟变量的逻辑回归结果
```

输出（见表6-10）：

表6-10　　　　　　　　　　　　　　　　输出内容

Logit Regression Results						
Dep. Variable:	default.payment.next.month		No. Observations:		24000	
Model:	Logit		Df Residuals:		24000	
Method:	MLE		Df Model:		14	
Date:	Mon, 01 Mar 2021		Pseudo R-squ.:		0.04678	
Time:	16:48:34		Log-Likelihood:		-12125.	
converged:	True		LL-Null:		-12720.	
Covariance Type:	nonrobust		LLR p-value:		2.285e-245	
	coef	std err	z	P>|z|	[0.025	0.975]
LIMIT_BAL	2.934e-06	1.62e-07	18.146	0.000	2.62e-06	3.25e-06
SEX	0.2116	0.028	7.494	0.000	0.156	0.267
EDUCATIO	0.0821	0.021	3.907	0.000	0.041	0.123
MARRIAGE	0.2239	0.024	9.318	0.000	0.177	0.271
AGE	-0.0047	0.001	-3.311	0.001	-0.007	-0.002
BILL_AMT1	9.703e-06	1.4e-06	6.917	0.000	6.95e-06	1.25e-05
BILL_AMT2	-5.131e-06	1.77e-06	-2.896	0.004	-8.6e-06	-1.66e-06
BILL_AMT3	-2.857e-06	1.49e-06	-1.912	0.056	-5.79e-06	7.21e-08
BILL_AMT4	-1.967e-06	1.48e-06	-1.332	0.183	-4.86e-06	9.27e-07
BILL_AMT5	-4.476e-06	1.16e-06	-1.332	0.000	-6.75e-06	-2.2e-06
PAY_AMT1	3.111e-05	1.453e-06	9.525	0.000	2.47e-05	3.75e-05
PAY_AMT1	1.918e-05	2.74e-06	7.003	0.000	1.38e-05	2.45e-05
PAY_AMT1	8.479e-06	2.1e-06	4.035	0.000	4.36e-06	1.26e-05
PAY_AMT1	9.07e-06	2.12e-06	4.269	0.000	4.91e-06	1.32e-05
PAY_AMT1	1.453e-06	1.58e-06	0.917	0.359	-1.65e-06	4.56e-06

从以上结果可以看出，模型整体比较显著。信贷金额、性别、受教育程度、婚姻状况、年龄变量都非常显著，但信贷金额、账单金额、支付金额等变量虽然很多且比较显著，但是系数值都很小。从模型优化的角度来看，可以删除不显著的变量后再拟合。这里就不再进行优化了，留作课后习题，供同学们练习提高。

输入：

```
#进行的预测
resu = result.predict(X_test)
```

输入：

```
#进行非虚拟变量下的精度计算
from sklearn.metrics import roc_curve,auc  ###引入计算roc和auc的包
fpr,tpr,threshold = roc_curve(y_test,resu)#根据预测值和测试数据计算精度数据
rocauc = auc(fpr,tpr)#计算
AUCplt.figure(figsize = (8,8))#设置图片的大小
plt.plot(fpr,tpr,'b',label='AUC = %0.2f' % rocauc)#生成ROC曲线
plt.legend(loc='lower right')#设置图例
plt.plot([0,1],[0,1],'r--')#设置坐标轴数据,对角线为红色虚线
plt.xlim([0,1])#设定x坐标轴的范围
plt.ylim([0,1])#设定y坐标轴的范围
```

```
plt.ylabel('real rate')#设定 y 轴标签
plt.xlabel('false rate')#设定 x 轴标签
plt.show()#输出图片
```

输出（如图6-12所示）：

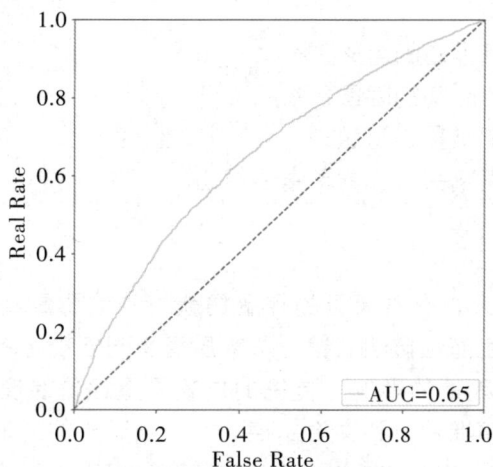

图6-12 输出内容

从图6-12可以发现，AUC=0.65，说明模型精度较低，但可以进行预测分析。

任务实训与评价

根据所提供的数据，参考以上 Python 操作步骤完成表6-11中的实操任务。本任务评价表见表6-11。

表6-11

任务评价表

序号	步骤	细分内容	分值	得分
第1步	组内案例讨论解读分析	个人征信在行业里的应用场景 个人征信应该包括哪些维度	5	
		积极发言	5	
第2步	搜集并导入数据	搜集数据，运用所提供的数据或者其他个人征信数据均可	2	
		导入数据，不得有变量的缺失和命名错误	3	
第3步	数据的清洗与整理	数据缺失的检验、数据的整理	5	
第4步	数据的描述性统计与可视化展示	对数据进行描述性统计 选择合适的图表对指标进行可视化展示	15	
第5步	数据训练集与预测集的拆分	删除进行虚拟化之前的变量，再对数据进行训练集和预测集的拆分	15	
第6步	选择一个方法进行数据的预测与评价	从评分卡法、逻辑回归、近邻值回归、支持向量机、决策树等众多方法中选择某一个方法，进行建模评估	25	
第7步	撰写实验报告	根据要求，撰写格式规范、步骤翔实、分析到位的实验报告	10	
第8步	分享与展示	学生根据自己的实验过程，通过 PPT 的形式汇报实验过程、体验和收获	15	

任务四　评估银行贷款质量

【任务要点】

学习课件6-4

评估银行贷款
质量

> ➤ 理解银行贷款质量评估的含义；
> ➤ 列举影响银行贷款质量的因素；
> ➤ 掌握评价银行贷款质量的方法；
> ➤ 利用相关大数据完成银行贷款质量的评估。

【学习情境】

我国商业银行规模大，有着大量的存量贷款，贷款质量直接关系到银行的健康经营，并将对整个经济产生深远影响。银行贷款质量受到宏观经济、行业轮动周期、企业生产经营、个人收入等因素的影响。传统的贷款质量评价纬度有限，难以做到实时更新，不利于贷款质量的精准评价和实施监控。大数据时代的到来一方面可以尽可能多地覆盖不同维度的数据指标，另一方面可以借助深度学习人工智能等方法提高模型的准确率，为贷款质量的精准评价和实时监控提供了可能性。

小张的理想是进入银行风控部门，从事贷款质量的评价工作，希望能帮助银行准确高效地识别不良贷款，为银行减少损失。他很好奇的是，在大数据时代，银行的信贷风控会变成什么样子，贷款质量的评价技术是否可以进行创新？

【学前思考】

> ➤ 什么是贷款质量？
> ➤ 传统的贷款质量评估方法有哪些？
> ➤ 在大数据时代，我们应该怎样利用银行大数据分析银行的贷款质量？

【知识储备】

一、贷款质量的含义

贷款质量是指贷款资产的优劣程度。它包含三重意义：一是反映贷款资产的安全性大小，即商业银行收回贷款资产本金的可能性；二是反映贷款资产的合法合规性，及时发现商业银行经营贷款业务活动有无违法违规行为；三是贷款资产的效益性，着重反映商业银行经营贷款资产的增值和盈利能力。这三重意义的有机统一，构成了贷款质量概念的完整内涵。

贷款质量作为一个经济范畴，其运动变化具有特殊的规律性。主要表现在：一是复杂性。贷款质量运动变化，不仅深受信贷人员的业务素质、政治素质和具体信贷行为质量的影响，而且在很大程度上受到区域经济社会环境、企业经济状况、国家经济方针和政策、地方政府官员对银行贷款自主权的尊重程度、国家法治建设情况等因素的影响。

二是过程性。贷款质量贯穿贷款从放出到收回的全过程，贷款在这一运动全过程中的每一个时点都存在着质量问题。三是运动性。贷款质量是运动变化的，既有可能变好，也有可能恶化。四是综合性。贷款质量是贷款资产安全性、合法合规性和效益性的综合反映。

二、贷款质量评估方法

行业视窗6-6

商业银行信贷资产质量继续夯实 风险抵补能力提升

贷款质量评估方法有很多，由于篇幅所限，在此介绍两种。

1.五级分类法

1998年，中国人民银行参照国际惯例，结合中国国情，制定了《贷款风险分类指导原则》，要求商业银行依据借款人的实际还款能力进行贷款质量的五级分类。近年来，我国商业银行资产结构发生较大变化，风险分类实践面临诸多新情况和新问题，现行风险分类监管制度存在一些短板与不足。2023年，中国银保监会、中国人民银行在借鉴国际国内良好标准，并结合我国银行业现状及监管实践的基础上，制定了《商业银行金融资产风险分类办法》，自2023年7月1日起施行。

由《商业银行金融资产风险分类办法》可知，金融资产按照风险程度可分为五类，即正常类、关注类、次级类、可疑类、损失类，后三类合称不良资产。

正常类：债务人能够履行合同，没有客观证据表明本金、利息或收益不能按时足额偿付。

关注类：虽然存在一些可能对履行合同产生不利影响的因素，但债务人目前有能力偿付本金、利息或收益。

次级类：债务人无法足额偿付本金、利息或收益，或金融资产已经发生信用减值。

可疑类：债务人已经无法足额偿付本金、利息或收益，金融资产已发生显著信用减值。

损失类：在采取所有可能的措施后，只能收回极少部分金融资产，或损失全部金融资产。

通过对借款人的现金流量、财务实力、抵押品价值等进行评价，进而分类判断不良资产的真实情况，有利于商业银行对贷款进行更加精细化的管理。

2.指标体系法——熵值法

熵是德国物理学家克劳修斯提出的概念，可以用来表示一种能量在空间中的分布状况，引入系统论后，熵的概念发生了变化。在信息论中，熵是对不确定性的一种度量。信息量越大，不确定性越小，熵也越小；信息量越小，不确定性越大，熵也越大。根据熵的特性，我们可以通过计算熵值来判断一个事件的随机性及无序程度，也可以用熵值来判断某个指标的离散程度，指标的离散程度越大，该指标对综合评价的影响越大。

因此，可根据各项指标的变异程度，利用信息熵这个工具，计算出各个指标的权重，为多指标综合评价提供依据。这种用熵值判断某个指标的离散程度的方法就是熵值法。将熵值法引入指标评价体系后，可以有效地对多维指标体系进行评价。其实现步骤如下：

第一步：数据标准化。首先采用极差标准化方法对原始数据进行标准化处理，极差标准化公式为 $x'_{\theta ij} = \dfrac{x_{\theta ij} - \min X_j}{\max X_j - \min X_j} + 0.00001$，若原始数据为负值，则公式为 $x'_{\theta ij} = \dfrac{\max X_j - x_{\theta ij}}{\max X_j - \min X_j} + 0.00001$，$\theta$ 表示银行数（$\theta=1$，2，...，n），i 表示年数（$i = 1$，2，...，r）；j 表示指标个数（$j=1$，2，...，z），$x'_{\theta ij}$ 为 θ 银行第 i 年的 j 类指标的标准化值。

第二步：计算指标比重。

$$p_{ij} = \frac{x_{ij}}{\sum_{i=1}^{n} x_{ij}}, \quad i = 1, ..., n \quad j = 1, ..., m$$

第三步：计算信息熵。计算各个指标的信息熵，$E_{\theta ij} = -\ln(rn)^{-1}\sum_{i=1}^{n} p_{\theta ij} \ln p_{\theta ij}$，其中 $p_{\theta ij} = X'_{\theta ij} / \sum_{i=1}^{n} X'_{\theta ij}$，如果 $p_{\theta ij} = 0$，则定义 $\lim_{p_{\theta ij} \to 0} p_{\theta ij} \ln p_{\theta ij} = 0$，$E_{\theta ij}$ 为 θ 城市第 i 年的 j 类指标的信息熵。

第四步：计算权重。再次确定各指标权重，通过信息熵计算各指标的权重：$W_{\theta ij} = \dfrac{1 - E_{\theta ij}}{z - \sum E_{\theta ij}}$。

计算指标综合权重，$G_{\theta ij} = w_{\theta ij} \cdot x'_{\theta ij}$。

第五步：计算得分。随着数据量的积累和大数据技术的成熟，我们可以用更加全面的维度评价银行贷款质量。例如，可以使用熵值法，选取商业银行的相关数据，从规模水平、盈利能力、安全性和流动性四个维度九个方面进行贷款质量评价，见表6-12。

表6-12　　　　　　　　　　　　商业银行贷款质量评价体系

指标属性	指标名称	变量符号	计算方式	正负向
规模水平	贷款规模	X1	贷款总额	+
	贷款比重	X2	贷款总额 / 资产总额 ×100%	+
盈利能力	贷款利润率	X3	净利润 / 贷款总额 ×100%	+
	资产利润率	X4	净利润 / 生息资产总额 ×100%	+
安全性	不良贷款率	X5	不良贷款余额 / 贷款余额 ×100%	−
	逾期贷款率	X6	逾期贷款余额 / 贷款余额 ×100%	−
	不良贷款拨备覆盖率	X7	贷款损失准备金余额 / 不良贷款余额 ×100%	−
	资本充足率	X8	资本净额 / 表内外风险加权资产总额 ×100%	+
流动性	存贷款比率	X9	贷款总额 / 存款总额 ×100%	−

价值引领

党的二十大报告提出："我们要坚持走中国特色社会主义法治道路，建设中国特色社会主义法治体系、建设社会主义法治国家，围绕保障和促进社会公平正义，坚持依法治国、依法执政、依法行政共同推进，坚持法治国家、法治政府、法治社会一体建设，全面推进科学立法、严格执法、公正司法、全民守法，全面推进国家各方面工作法治化。"对金融机构、金融从业者来说，一定要时时处处坚守法律底线、政策底线和道德底线。

为进一步规范商业银行互联网贷款业务经营行为，促进互联网贷款业务平稳健康发展，2022年7月12日，中国银保监会印发《关于加强商业银行互联网贷款业务管理　提升金融服务质效的通知》（以下简称《通知》）。

银保监会有关部门负责人表示，贷款是商业银行的核心业务，自主风控是实现互联网贷款业务平稳健康发展的生命线。《通知》延续《商业银行互联网贷款管理暂行办法》和《关于进一步规范商业银行互联网贷款业务的通知》一以贯之的监管原则，统筹发展和安全，对商业银行提出如下要求：一是履行贷款管理主体责任，提高互联网贷款风险管控能力，防范贷款管理"空心化"。二是完整准确获取身份验证、贷前调查、风险评估和贷后管理所需要的信息数据，并采取有效措施核实其真实性。三是主动加强贷款资金管理，有效监测资金用途，确保贷款资金安全，防范合作机构截留、挪用。四是分类别签订合作协议并明确各方权责，不得在贷款出资协议中混同其他服务约定。对存在违规行为的合作机构，限制或者拒绝合作。五是切实保障消费者合法权益，充分披露各类信息，严禁不当催收等行为。此外，还应加强对合作机构营销宣传行为的合规管理。

资料来源　张琼斯. 守住"自主风控"生命线 银保监会再次规范商业银行互联网贷款业务〔EB/OL〕. 〔2022-07-26〕. https：//baijiahao.baidu.com/s？id=1738472020308933946&wfr=spider&for=pc.

思政元素：法治意识　职业道德

请阅读以上材料并思考：

1. 近年来国家为什么非常重视对互联网贷款的规范管理？

2. 为什么要对银行的合作机构营销宣传行为进行合规管理？

【实操演练】

银行贷款质量评估

一、任务说明

本次银行贷款质量评估任务需要将银行贷款相关的多维数据进行建模处理，可以分为以下子任务：①获取相关银行在一定时间、区间的数据；②进行数据的正负向定值、非负偏移、标准化等数据预处理；③计算权重和信息熵；④计算综合评价得分。以上操作需要在 Python 环境中完成，并对过程性操作补充解释说明性信息。

实操演示6-3

银行贷款质量评估

二、数据描述

随着数据量的积累和大数据技术的成熟应用,从更加全面的维度评价银行贷款质量具有了可能性。本书选取了我国十五家综合性商业银行2016—2020年间的数据,从规模水平、盈利能力、安全性和流动性四个维度九个方面进行贷款质量的评价。

三、操作演示

第1步:准备工作环境

输入:

```
import pandas as pd
import numpy as np
```

第2步:读入数据并查看前5行以及检查缺失值

输入:

```
data = pd.read_csv("d:/bankdata2.csv",sep=',',engine = 'python',encoding='gbk')##读入数据
data.head()## 查看数据的前5行
```

输出(见表6-13):

表6-13 输出内容

	ID	name	year	X1	X2	X3	X4	X5	X6	X7	X8	X9
0	000001.SZ	平安银行	2020	2.670000e+12	59.668539	1.084950	0.671801	1.18	1.614674	201.40	13.29	99.7448
1	600000.SH	浦发银行	2020	4.530000e+12	57.029543	1.301133	0.772612	1.73	2.137066	152.77	14.64	111.2226
2	600015.SH	华夏银行	2020	2.110000e+12	62.032563	1.022668	0.645501	1.80	1.955768	147.22	13.08	115.9852
3	600016.SH	民生银行	2020	3.850000e+12	55.450386	0.910810	0.731841	1.82	2.026191	139.38	13.04	103.3732
4	600036.SH	招商银行	2020	5.030000e+12	60.146616	1.947833	1.404419	1.07	1.124807	437.68	16.54	89.3537

输入:

```
data.isnull().any()
```

输出:

```
ID      False
name    False
year    False
X1      False
X2      False
X3      False
X4      False
X5      False
X6      False
X7      False
```

X8　　　False

X9　　　False

dtype：bool

可以看出，本数据并无缺失值。不需要插值就可以进行后续的运算与处理。

第3步：设置指标、负向指标、银行数、年数以及非负偏移量

输入：

```
indicators = indicators = ('X1','X2','X3','X4','X5','X6','X7','X8','X9')
ne_indicators = ('X5','X6','X7','X9')
banknum = 15  # 设置银行数量
t = 5  # 设置年份数量
zero_offset=0.0001 # 设置向右偏移量
```

第4步：进行数据的标准化

采用极值法对数据进行标准化，可以消除数据的单位，使得不同数据之间具有可比性。

输入：

```
normal_data = data.copy()
for indicator in indicators:
        # 该部分是固定某指标下的最值,用于标准化处理(2021.12.19)
        normal_data_min = min(normal_data.loc[:,indicator])
        normal_data_max = max(normal_data.loc[:,indicator])
        for year in normal_data['year'].unique():
            if ne_indicators and indicator in ne_indicators:
                temp = normal_data_max − normal_data.loc[normal_data['year'] == year,indicator]
            else:
            temp = normal_data.loc[normal_data['year'] == year,indicator] − normal_data_min
            temp = temp / (normal_data_max − normal_data_min)
normal_data.loc[normal_data['year'] == year,indicator] = temp
```

第5步：对数据进行平移

后面要对数据进行运算，如果有指标为0，那么其作为分母或者取对等运算中，就可能会出现异常。为了避免数据有0值，影响后续的计算，应将数据进行平移。

输入：

```
for indicator in indicators:
    normal_data.loc[normal_data[indicator] == 0,indicator] = zero_offset
```

第6步：计算指标比重

输入：

```
w_data = normal_data.copy()
for indicator in indicators:
    index = w_data.loc[:,indicator] / sum(w_data.loc[:,indicator])
    w_data.loc[:,indicator] = index
```

第7步：计算信息熵

输入：

```
entropy = np.arange(len(indicators)).astype(float) # 注意初始化需要设定为浮点型
for i,indicator in enumerate(indicators):
    entropy[i] = (-1/np.log(banknum*t))* sum(w_data[indicator] * np.log(w_data[indicator]))
```

第8步：计算权重

输入：

```
g = 1 – entropy  # 计算变异系数
w = g / sum(g) # 计算权重
```

第9步：计算综合得分

计算综合得分后，将数据转化为dataframe格式，与原数据进行合并。

输入：

```
sum_score = np.dot(normal_data.loc[:,indicators],w)
score = pd.DataFrame(sum_score,columns=['sumscore'])
data_score = data.join(score)
data_score
```

输出（见表6-14）：

表6-14　　　　　　　　　　　　　　　　输出内容

	ID	name	year	X1	X2	X3	X4	X5	X6	X7	X8	X9	sumscore
0	000001.SZ	平安银行	2020	2.670000e+12	59.668539	1.084950	0.671801	1.18	1.614674	201.40	13.29	99.7448	0.268098
1	600000.SH	浦发银行	2020	4.530000e+12	57.029543	1.301133	0.772612	1.73	2.137066	152.77	14.64	111.2226	0.258635
2	600015.SH	华夏银行	2020	2.110000e+12	62.032563	1.022668	0.645501	1.80	1.955768	147.22	13.08	115.9852	0.172842
3	600016.SH	民生银行	2020	3.850000e+12	55.450386	0.910810	0.731841	1.82	2.026191	139.38	13.04	103.3732	0.192893
4	600036.SH	招商银行	2020	5.030000e+12	60.146616	1.947833	1.404419	1.07	1.124807	437.68	16.54	89.3537	0.701635
...	...	...	...	...	...	...	...	...	...	...	...	...	...
70	601818.SH	光大银行	2016	1.800000e+12	44.658190	1.692663	0.937034	1.60	2.870865	152.02	10.80	84.6475	0.200342
71	601916.SH	浙商银行	2016	4.590000e+11	33.914568	2.209641	1.281637	1.33	1.200299	259.33	11.79	62.4100	0.382848
72	601939.SH	建设银行	2016	1.180000e+13	56.082796	1.976596	1.180195	1.52	1.514830	150.36	14.94	76.3299	0.479317
73	601988.SH	中国银行	2016	9.970000e+12	54.953017	1.845426	1.095773	1.46	2.151642	162.82	14.28	77.0754	0.432981
74	601998.SH	中信银行	2016	2.880000e+12	48.523061	1.451948	0.886552	1.69	3.257657	155.50	11.98	79.0794	0.225585

75 rows × 13 columns

第10步：结果可视化展示与分析

首先导入绘制3D图形要用到的基础库。

```
from mpl_toolkits.mplot3d import Axes3D
import matplotlib.pyplot as plt
import pandas as pd
import seaborn as sns
```

然后设置绘图的大小和质量。由于3D图形中无法在坐标轴中以字符形式引入对应关系，因此将银行以1～15的序数进行排序。

```
plt.figure(figsize=(100,80),dpi=580)
data_score['id2'] = [1,2,3,4,5,6,7,8,9,10,11,12,13,14,15]*5
fig = plt.figure()
ax = fig.gca(projection='3d')
surf=ax.plot_trisurf(data_score['id2'],data_score['year'],data_score['sumscore'],
cmap=plt.cm.viridis,linewidth=1)
ax = fig.gca(projection='3d')
ax.set_xlabel('id')
ax.set_ylabel('y')
ax.set_zlabel('score')
fig.colorbar( surf,shrink=0.8,aspect=8)
plt.savefig('demo.png')
plt.show()
```

输出（如图6-13所示）：

<Figure size 58000x46400 with 0 Axes>

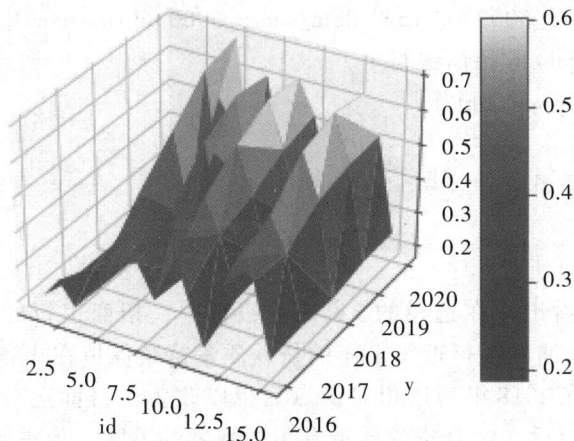

图6-13 输出内容

由于3D图形的X轴无法用字符型银行名称进行展示，本书将银行的名称对应标注为1～15序号，通过3D图形可以直观看到15家银行在2016—2020年的综合评分。从整体趋势上可以看出，15家银行近年来的贷款质量呈上升趋势，银行信贷风险得到了越来越好的控制。其中贷款质量综合评分超过2分的有建设银行、工商银行、招商银行、农业银行、邮储银行，其他银行的评分则都在1分以下。

为进一步详细展示数据，可以通过数据透视的方式，按银行和年份的数据进行汇总，或者通过排序的方式按年份进行排名。本书将介绍一种更加简便的方式，对特定银行2016—2020年的贷款质量进行评价。为了使图片看起来更加清晰直观，我们选择5家银行进行展示。

输入：

```
from pylab import *
mpl.rcParams['font.sans-serif'] = ['SimHei']  # 添加这条可以让图形显示中文
data_score_000001 = data_score.loc[(data_score.name=='平安银行')]
data_score_600015 = data_score.loc[(data_score.name=='华夏银行')]
data_score_600000 = data_score.loc[(data_score.name=='浦发银行')]
data_score_600016 = data_score.loc[(data_score.name=='民生银行')]
data_score_600036 = data_score.loc[(data_score.name=='招商银行')]
# plot中参数的含义分别是横轴值,纵轴值,线的形状,颜色,透明度,线的宽度和标签
plt.plot(data_score_000001['year'], data_score_000001['sumscore'], 'ro-', color= 'b', alpha=
0.8,linewidth=1,label='平安银行')
plt.plot(data_score_600015['year'], data_score_600015['sumscore'], 'r1-', color= 'g', alpha=
0.8,linewidth=1,label='华夏银行')
plt.plot(data_score_600000['year'], data_score_600000['sumscore'], 'rp-', color= 'r', alpha=
0.8,linewidth=1,label='浦发银行')
plt.plot(data_score_600016['year'], data_score_600016['sumscore'], 'rD-', color= 'c', alpha=
0.8,linewidth=1,label='民生银行')
plt.plot(data_score_600036['year'], data_score_600036['sumscore'], 'rs-', color= 'y', alpha=
0.8,linewidth=1,label='招商银行')
plt.legend(loc="upper right")
plt.xlabel('年份')
plt.ylabel('贷款质量')
plt.show()
```

输出（如图6-14所示）。

从图6-14可以看出，在选择的5家商业银行中，招商银行的贷款质量最好，并且呈持续上升的趋势。浦发银行近年来年的贷款质量持续保持在0.35上下，较为稳定。平安银行的贷款质量在2018年到达相对低点后得以改善，目前运行良好。而华夏银行和民生银行在2018年以后，综合贷款质量有不同程度的下降，值得关注。

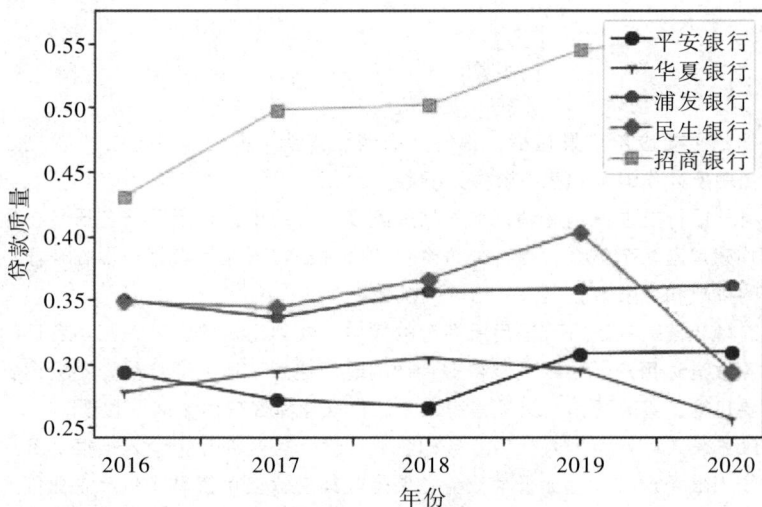

图 6-14　输出内容

任务实训与评价

根据所提供数据，参考以上 Python 操作步骤完成表 6-15 中的实操任务。本任务评价表见表 6-15。

表 6-15　　　　　　　　　　　　　　　　任务评价表

序号	步骤	细分内容	分值	得分
第1步	组内案例讨论解读分析	贷款质量评价应该包括的维度	5	
		积极发言	5	
第2步	搜集并导入数据	搜集数据	2	
		导入数据，不得有变量的缺失和命名错误	3	
第3步	设置指标、负向指标、银行数、年数以及非负偏移量	设置指标、负向指标、银行数、年数以及非负偏移量	5	
第4步	数据标准化	运用合适的函数进行数据标准化	10	
第5步	数据平移	为了避免数据有 0 值，影响后续的计算，将数据进行平移	5	
第6步	计算指标比重	计算指标的比重	15	
第7步	计算信息熵	计算指标的信息熵	20	
第8步	计算权重	计算指标的权重	10	
第9步	计算综合得分	根据信息熵、权重等计算综合得分	10	
第10步	分享与展示	学生根据自己的实验过程，通过 PPT 的形式汇报实验过程、体验和收获	10	

项目小结

● 银行大数据的主要应用场景包括：银行产品精准营销、银行客户征信评估、信贷业务效率提升、贷款催收、金融反欺诈识别和客户流失分析等。

● 大数据有利于银行推进市场营销，加强品牌建设；有助于银行提升服务质量，推动服务方式转型；有利于银行构建风险防范体系，提升外贷资金安全性。银行业大数据也面临一些挑战，包括大数据分析处理能力的挑战和金融大数据人才培养的挑战。

● 银行产品的精准营销就是银行运用所拥有的数据，找到用户的需求，利用合适的渠道，在恰当的时间，精准、高效送达用户，让客户觉得在合适的时间遇到了适合的产品，不会感觉被骚扰。银行产品精准营销主要包括：实时营销、交叉营销、个性化推荐和客户生命周期管理。

● 征信按照业务模式可分为个人征信业务和企业征信业务两部分，个人征信业务主要是收集个人信用信息、生产个人信用产品，企业征信业务主要是收集企业信用信息、生产企业信用产品。个人征信是指依法设立的个人信用征信机构对个人信用信息进行采集和加工，并根据用户要求提供个人信用信息查询和评估服务的活动。

● 征信评估是对企业的偿债能力、履约状况、守信程度的评价。信用评估模型是针对所评估的对象建立起来的一系列因素及其打分标准，其最后结果是用量化的数值来体现所评估对象的信用风险。通过建立一些规则，我们也能对企业进行评估，但评估模型的科学建立，将使评估结果量化，使评估方法更加全面、客观、统一，从而使评估结果更具说服力。

● 贷款质量是指贷款资产的优劣。它包含三重意义：一是反映贷款资产的安全性大小，即商业银行收回贷款资产本金的可能性；二是反映贷款资产的合法合规性，及时发现商业银行经营贷款业务活动有无违法违规行为；三是贷款资产的效益性，着重反映商业银行经营贷款资产的增值和盈利能力。这三重意义的有机统一，构成了贷款质量概念的完整内涵。

● 贷款质量评估方法包括五级分类法和熵值法。五级分类法是指商业银行依据借款人的实际还款能力进行贷款质量的五级分类，即按风险程度将贷款划分为五类：正常类、关注类、次级类、可疑类、损失类。在信息论中，熵是对不确定性的一种度量。信息量越大，不确定性越小，熵也越小；信息量越小，不确定性越大，熵也越大。

项目测试

一、单选题

1.《征信业务管理办法》于2021年9月17日中国人民银行2021年第9次行务会议审议通过，自（　　）起施行。

A.2022年1月1日　　　　　B.2022年3月1日　　C.2022年5月1日　　　　D.2022年6月1日

2.（　　）是指从一个客户欲对企业进行了解或企业欲对某一客户进行开发时起，直到客户与企业的业务关系完全终止且与之相关的事宜完全处理完毕的这段时间。

A.客户生命周期　　　　　B.客户精准营销　　C.客户目标管理　　　　D.客户时间管理

3.申请反欺诈主要包括客户真实身份识别和（　　）。

A.申请材料短缺　　　　　　　　　　　B.申请资料填写不实

C.客户资料涂改　　　　　　　　　　　D.客户资料更新

4.以下不属于不良贷款的是（　　）。

A.次级贷款　　　　　　　B.不良贷款　　　　　　　C.损失贷款　　　　　　　D.关注贷款

5.在学生贷款、个人汽车贷款等贷款催收领域，常见的问题是（　　）。

A.客户失联问题　　　　　B.客户造假问题　　　　　C.客户信息缺失　　　　　D.客户信息更新

二、多选题

1.银行客户信用评估是从（　　）方面对客户进行综合评价和信用等级的确定。

A.经营能力　　　　　　　B.盈利能力　　　　　　　C.偿债能力　　　　　　　D.发展能力

2.银行可通过分析（　　）等大数据，设计各种差异化催收策略和催收评分卡。

A.客户人口特征　　　　　　　　　　　　　　　　B.逾期行为特征

C.额度使用情况、取现情况　　　　　　　　　　　D.催收行为和响应情况

3.客户生命周期管理包括（　　）。

A.新客户获取　　　　　　B.客户防流失　　　　　　C.客户赢回　　　　　　　D.客户流失

4.五级分类法包括正常类贷款、关注类贷款、（　　）、（　　）、（　　）。

A.次级类贷款　　　　　　B.可疑类贷款　　　　　　C.损失类贷款　　　　　　D.坏账贷款

5.征信评估是对企业的偿债能力、（　　）、（　　）的评价。

A.履约状况　　　　　　　B.参与倾向　　　　　　　C.守信程度　　　　　　　D.预测目标

三、判断题

1.利用数据库营销挖掘高端财富客户是指参考POS机的消费记录，结合移动设备的位置数据识别出这些高端财富管理人群，为其提供定制的财富管理方案。（　　）

2.传统的个人信用评估主要有两种：一种是客户信用评分卡模型；另一种是逻辑回归模型。（　　）

3.由于征信数据涉及较多个人隐私，因此公开的个人征信数据多为较旧的模拟数据，方法上也多以评分卡和逻辑回归等经典方法为主。（　　）

4.贷款质量是指贷款资产的数量程度。（　　）

5.贷款质量的评估方法有五级分类法和熵值法。（　　）

项目七

证券大数据分析与应用

项目目标

知识目标

● 了解大数据对于证券业发展的重要意义；
● 熟悉大数据在证券业的主要应用场景；
● 掌握金融舆情的含义；
● 熟悉金融舆情分析的主要应用场景；
● 掌握证券投资中的行业轮动现象和行业轮动策略的含义。

能力目标

● 能利用大数据分析金融舆情与投资者情绪；
● 能利用大数据制定证券行业轮动策略；
● 能利用大数据研判股价趋势。

素养目标

● 通过了解我国证券业的大数据技术前沿应用，开阔视野，增强民族自豪感；
● 了解我国关于数据保护和隐私保护的法律法规，提升数据法规意识；
● 通过大数据探索宏观经济和行业的发展规律，纠正跟风炒作的错误投资心态，形成基于数据理性交易的科学思维；
● 通过加强证券业大数据分析应用能力，提升未来进入证券、基金公司相关岗位的职业素养。

任务一　认知大数据在证券业的应用

【任务要点】

➤ 阐述大数据时代证券行业的变化；
➤ 阐述大数据对证券行业的发展意义；
➤ 列举大数据在证券行业的主要应用场景。

学习课件7-1

认知大数据在
证券业的应用

【学习情境】

　　证券行业作为世界上数据最密集的行业之一，拥有着大量的交易数据、客户数据、监管数据和行情数据等，是结构化数据和非结构化数据储存数量和质量都比较高的行业。随着证券行业的竞争越来越激烈，国内的证券公司逐渐意识到数据分析在公司转型升级中的重要意义，纷纷开始加快在大数据领域的布局。

　　从证券行业的应用场景来看，大数据可以在网络舆情分析、投资者情绪分析、行业轮动转换、股票价格趋势和量化投资等领域发挥重要作用，证券投资者都渴望对证券大数据的分析应用能够为其投资策略优化提供更多支撑和帮助。

　　小张面对证券市场每天纷杂的新闻信息、交替轮换的板块指数、剧烈波动的股票价格，时而踌躇满志、时而不知所措。小张想知道怎样才能够更好地明白证券市场的运行机制，要学习哪些技能才能更好地把握市场信息，作出更好的投资决策。

【学前思考】

➤ 你觉得大数据时代背景下，证券行业发生了哪些变化？
➤ 大数据在证券行业的应用场景有哪些？

【知识储备】

一、大数据对于证券业发展的重要意义

1.大数据推动证券行业数字化战略转型

　　大数据技术是一项可帮助证券公司深入挖掘既有数据、找准市场定位、明确资源配置方向、推动业务创新的重要工具。证券业转型的关键在于创新，创新的关键在于通过大数据挖掘客户内在需求，提供更有价值的服务。

2.大数据有助于降低证券行业的管理和运行成本，提高服务水平和利润

　　通过大数据分析，证券机构能够准确地定位内部管理缺陷，制定有针对性的改进措施，实行符合自身特点的管理模式，进而降低管理和运营成本。特别是，随着大量的线上交易活动的展开，进一步降低了线下活动带来的一系列成本，也使得相关成本更加透明，方便监管的进行。此外，证券数字化还提供了全新的沟通渠道和营销手段，可以更好地了解客户的消费习惯和行为特征，及时、准确地把握市场营销效果，给予用户更高

水平的服务。

3.大数据有助于证券公司增强风险控制能力

证券大数据分析可以帮助证券公司摈弃原来过度依靠客户提供财务报表获取信息的工作方式，转而对其资产价格、账务流水、相关业务活动等流动性数据进行动态和全程的监控、分析，从而有效提升客户信息透明度。目前，通过基于大数据，整合客户的资产负债、交易支付、流动性状况、纳税和信用记录等，对客户行为进行全方位的评价，给证券数字化发展带来了巨大机遇，用户的征信活动相较之前更加及时、有效、详细。

二、大数据在证券业的主要应用场景

证券行业数据资源较丰富，并且在业务发展中对数据的依赖程度也较高。随着业务发展，证券公司逐步意识到大数据在企业战略中的作用和地位，并在大数据应用领域快速布局。作为未来业务发展的重要技术支撑手段，大数据技术、各应用分析模型和算法等将逐渐走进证券公司各项日常运营活动中，凸显"数据驱动业务"的重要地位。

证券行业的主要收入来源于经纪业务、投融资服务、资产管理和自由资金投资等业务，常见的大数据应用场景有以下几种。

1.客户画像，精准营销

证券行业拥有的数据类型有个人属性信息（如用户名称、手机号码、家庭地址、邮件地址等），交易用户的资产和交易记录，用户收益等海量数据。证券公司可以利用这些数据和外部数据来建立业务场景，筛选目标客户，形成较为立体的"客户画像"，根据客户的特点提供适合的证券产品，进行精准营销，实现"千人千面"的跨屏、跨站的个性化产品及资讯的推荐和服务，提高单个客户的收益。

2.网络舆情与客户投资情绪分析

投资者情绪和投资者关注度均可以在一定程度上解释股票收益率波动。投资者情绪变动或投资者关注度变动均是股票收益率波动的重要原因之一。

投资者情绪和股票价格之间存在一定的正相关性，当投资者情绪高昂时，伴随而来的是股票价格的上涨。此外，当股票的价格上涨时，会引起投资者关注度的增加。另外，投资者情绪指标对股票价格有一定的预测能力。相关专家学者分析了股票市场的数据以及投资者情绪的指标分别滞后时二者之间的相关性关系，得出了当股票价格等数据滞后于投资者情绪时二者之间的相关性与同时期的相关性比较有一定的增长的结论，这说明投资者情绪对股价具有一定的前瞻性。

正因如此，证券公司等机构可以通过大数据技术跟踪网络舆情和客户投资情绪，为预测股价的波动提供帮助。

3.量化投资，投前研究

量化投资用区别于传统基本面分析和技术面分析的量化分析方法，从数量化的角度去挖掘存在某种数学关系的投资策略，包括量化选股策略、量化择时策略、市场中性策略、算法交易、套利交易和高频交易等。

量化投资通常包括5个阶段：数据采集阶段、数据清洗加工阶段、构建量化因子库阶段、构建选股模型阶段和交易执行阶段。在迈尔·舍恩伯格及库克耶所著的《大数据时代》中，大数据分析法是指不用随机分析法（抽样调查）这样的捷径，而采用所有数据进行分析处理。我们此前提到大数据具有5V特点：volume（大量）、velocity（高速）、variety（多样）、value（低价值密度）、veracity（真实性）。量化交易正好充分利用了大数据的特征，更有效地把金融市场所有的数据大数据化，从而找出战胜市场的交易策略。

4.客户细分，MOT管理

基于大数据的客户细分是证券市场激烈竞争格局下的一种必然选择。证券机构通过海量大数据，分析客户的账户状态（类型、生命周期、投资时间）、账户价值（资产峰值、资产均值、交易量、佣金贡献和成本等）、交易习惯（周转率、市场关注度、仓位、平均持股市值、平均持股时间、单笔交易均值和日均成交量等）、投资偏好（偏好品种、下单渠道和是否申购）及投资收益，来进行客户聚类和细分，从而发现客户交易模式类型，找出最有价值和盈利潜力的客户群以及他们最需要的服务，从而提高客户的服务满意度和忠诚度。

MOT管理是Management of Technology（技术管理）的缩写。企业技术管理是整个企业管理系统的一个子系统，是对企业的技术开发、产品开发、技术改造、技术合作以及技术转让等进行计划、组织、指挥、协调和控制等一系列管理活动的总称。企业技术管理的目的，是按照科学技术工作的规律性，建立科学的工作程序，有计划地、合理地利用企业技术力量和资源，把最新的科技成果尽快地转化为现实的生产力，以推动企业技术进步和经济效益的实现。基于大数据的MOT管理，能更好地配置资源和政策，改进企业运营效率，抓住最有价值的客户，实现利润最大化的目标。

价值引领

党的二十大报告提出："强化国家安全工作协调机制，完善国家安全法治体系、战略体系、政策体系、风险监测预警体系、国家应急管理体系，完善重点领域安全保障体系和重要专项协调指挥体系，强化经济、重大基础设施、金融、网络、数据、生物、资源、核、太空、海洋等安全保障体系建设。"其中，金融安全、网络安全和数据安全被重点提及。

2021年9月1日，我国数据安全领域的基础性法律《中华人民共和国数据安全法》正式施行。该法建立了数据分级分类、风险评估、应急处置、安全审查、出口管制等基本制度。数字中国正全面加速发展，从建立数据分级分类、风险评估，到国家不断强化"新基建"建设，再到创新政策频出，都给证券行业带来了前所未有的机遇和挑战。

面对证券业数字化转型升级，广发基金互联网金融部总经理刘仁江提出了自己的见解：金融科技的发展可分为信息化、互联网化、数字化、智能化四大阶段，在今天的智能化4.0时代，基于数字化、个性化资产保值、增值的财富管理服务将成为企业与用户互相赋能的必然趋势。如果说财富管理升级是数字化时代以"用户为中心"的重要标志，营销自动化、精细化、多元化则代表了企业对用户的基本服务能力。在财富管理的新商业图景中，来自企业端的商业诉求和消费者端的用户体验之间，亟需搭建全新的业务体系桥梁，运用大数据和大数据分析技术为证券基金业提供最新的市场洞察研究与产品服务支持，正是金融企业需要抢先精耕的重中之重。

资料来源　神策数据.《2021证券业数字新基建趋势洞察报告》助力券商创新发展〔EB/OL〕.〔2021-09-06〕. https：//www.sohu.com/a/488090819_451520.

思政元素：网络安全　信息安全

请阅读以上材料并思考：

1.为什么在数字化时代，国家特别强调数据安全问题，并为之立法？

2.在证券市场数字化转型升级过程中，企业和从业者应该更加注重哪些竞争力的提升？

任务实训与评价

以学习小组为单位，通过查阅线上线下资料，收集整理一个证券大数据的具体应用案例，以PPT形式向大家分享、介绍，并回答老师和同学们的相关提问。本任务评价表见表7-1。

表7-1　　　　　　　　　　　　　任务评价表

序号	评价内容	分值	得分
1	仪容仪表	20	
2	PPT美观度	20	
3	案例内容翔实度	20	
4	表达的清晰度和条理性	20	
5	问答环节的表现	20	
6	合　计	100	

任务二　分析金融舆情与投资者情绪

【任务要点】

➤ 解释金融舆情和投资者情绪的含义；
➤ 列举金融舆情分析的主要应用场景；
➤ 掌握从网上获取舆情信息数据的技能；
➤ 提取舆情信息的关键词并进行可视化展示；
➤ 对舆情信息进行情绪评价。

【学习情境】

随着微博、微信等社交平台的崛起，信息生成和扩散的链条发生了巨大变化。社会热点新闻时常在覆盖整个社会之上的扁平式自媒体网络中随机爆发并迅速传播。2021

学习课件7-2

分析金融舆情
与投资者情绪

年2月3日，中国互联网信息中心发布了第47份《中国互联网发展统计报告》，数据显示，至2020年12月，我国网民规模达到9.89亿，互联网普及率达到70.4%。较高的网络普及率可以敏锐地反映出用户的价值观和兴趣点，随机爆发的新闻热点又时常造成证券价格波动。因此，关注时事新闻成为投资者的一门必修课。与此同时，及时的信息流也成为投资领域必不可少的重要资源。

小张刚刚得到一份证券公司投资助理的工作，每天早上他需要将前一天晚上到当时的新闻进行总结性汇报，以供大家进行投资参考。每次汇报小张都很紧张，因为市场上的新闻太多了，要做到全面阅读、深入理解，还要凝练、概括信息，对他来说是巨大的挑战。于是，小张想到了大数据分析技术，他希望借助编程语言，广泛爬取市场上的投资信息，并进行深度挖掘，最终以友好的方式进行呈现。

【学前思考】

➤ 新闻信息会影响股票价格吗？

➤ 哪些平台可以获得新闻信息和投资者评论？

➤ 如何分词才可以有效提取信息？

➤ 如何判定新闻所包含的情感值？

➤ 如何对新闻的重点词和情感词进行可视化展示？

【知识储备】

一、金融舆情的含义

1.相关概念

金融舆情是指各类金融相关信息发布主体基于各自观点，就某种主题，通过各种信息传播渠道进行信息发布，引起不同主体间信息互动。

金融舆情分析就是根据金融舆情进行深层次的思维加工和分析研究，得到相关结论的过程。金融舆情分析有利于净化网络舆论环境，进一步帮助金融企业或机构树立品牌形象、加强声誉风险管理，同时能够辅助决策与投资管理，对管理研究机构起到帮助与协助作用。

2.金融舆情的主要要素

金融舆情主要包含四大要素：金融舆情的主体、金融舆情的主题、金融舆情的内容和金融舆情的载体。

（1）金融舆情的主体

金融舆情的主体即金融舆情信息的发布或传播者，包括自然人和组织，其发布或传播行为可能有明确的目的或者出于随机的意愿。

金融舆情主体类型包括自然人和组织两大类。金融舆情主体的组织类型又可以分为法人组织、非法人组织；法人组织包括机关法人、企业法人、事业单位法人等。

金融舆情传播主体的舆情信息传播目标各异，可以分为有明确目的的目的性传播与无明确目的的非目的性传播。目的性传播带有较强的主观倾向性，往往有失真实性；无目的传播更有可能保持事实的真实性，但也会受到个人认识水平的影响。

（2）金融舆情的主题

金融舆情的主题是定义特定金融舆情传播的主要特征。金融舆情主题多种多样，可以按照不同的分类标准进行类型划分，如果按照宏微观影响的特征，可以分为事件主题和话题主题两类。

事件主题是以金融机构、金融市场中发生的特定事件为舆情传播主题，表现得更加微观；话题主题则是以影响宏观经济金融运行的因素变化为舆情传播主题，如通货膨胀、物价水平、利率和汇率变化趋势等。

（3）金融舆情的内容

金融舆情传播的具体内容主要体现为观点、事实、逻辑等方面，即，有相应的事实依据、通过特定的逻辑思路、得到相应的观点与看法，所以在金融舆情的内容中，事实是基础、逻辑是框架、观点是总结。

（4）金融舆情的载体

随着计算机、通信、互联网等技术的发展，金融舆情的载体正呈现出多样化的趋势，除了传统的街谈巷议、口口相传等非正式媒体以及报刊、广播、电视等正式媒体外，还出现了基于互联网的论坛、博客、微博等新媒体、自媒体，使得金融舆情传播速度、范围大大提高。

二、金融舆情分析的主要应用场景

1.投资辅助工具

当投资市场上各类交易品种价格出现异常波动时，通过舆情分析找到事件背后可能的驱动因素，因此其成为一种投资决策的辅助工具。以原油期货为例，智能化舆情分析平台能够监控近期与原油相关的重大公告、热点事件等信息，协助投资者等进行趋势分析。

2.声誉风险管理

为更好地净化网络舆论环境，维护金融稳定，进一步帮助金融机构树立品牌形象、加强声誉风险管理，网络舆情技术在金融行业中的应用必不可少。它能有效防止负面信息的肆意传播和舆情失控，协助金融机构提高网络舆论引导能力，营造积极向上的舆论环境，为金融机构提供强有力的舆论保障。

3.辅助决策管理

个别舆情散布者借助网络平台散布一些虚假的信息引导市场情绪并从中获利。智能舆情分析技术可以用于实时监控这部分舆情的传播源和传播路径，从而辅助监管人员及时控制舆情传播，减轻相关舆情对市场造成的负面影响。

三、金融舆情分析的操作流程

1.准备好工作环境

在做金融舆情分析过程中，需要一些特殊的工具包，如获取金融数据的工具包（Tushare）、分词工具（Jieba）、画词云工具和情感分析工具（SnowNLP）。

2.爬取金融数据

借助一些工具包可从互联网上爬取相关数据。Tushare包含了即时财经新闻、个股信息地雷、股票新闻三种，可以爬取新闻的发布时间、内容和标题等内容。

3.数据的清洗与整理

爬取到的新闻数据可能会有较多缺失项，我们将缺失项删除，只留下我们想要分析的项目。另外，数据中可能会有异常的字符或者代码，在读取和保存的时候可采用GBK的格式进行解码。

4.分词

Python的中文分词模块有Jieba、SnowNLP（MIT）、Pynlpir（大数据搜索挖掘实验室（北京市海量语言信息处理与云计算应用工程技术研究中心））、Thulac（清华大学自然语言处理与社会人文计算实验室）等，Jieba和SnowNLP虽有差异，但都是很好的工具。为了更好地让各学员掌握该项技能，本任务将采用Jieba工具进行分词做词云，采用SnowNLP分词做词性标注和情感分析。

5.根据分词的情况做词云图

为了便于程序的识别，请注意选择黑白对比分明的图片。

6.根据词性的标注做情感判别

这里是指根据内容来统计积极词语和消极词语的数量，按词性占总量的比例作为评分标准。

金融舆情分析流程如图7-1所示。

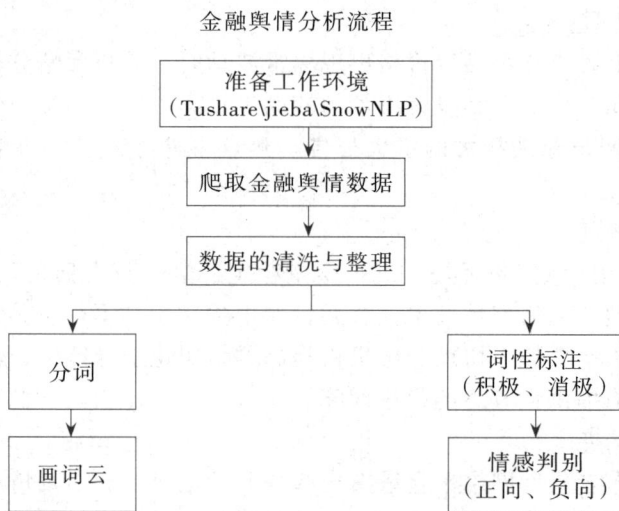

金融舆情分析流程

行业视窗7-1

资管行业大数据规模化应用蓝图和实践

图7-1 金融舆情分析流程图

价值引领

虚假信息是指经过有意、无意地扭曲过的消息，或凭空捏造的消息。易造成不良的负面影响。需要注意的是，虚假消息并不一定是通过恶意篡改或捏造而得，一些消息本身在传播过程中会无意失真，就是不真实的信息。

对于传播虚假信息罪，量刑标准是处五年以下有期徒刑、拘役或者管制；造成严重后果的，处五年以上有期徒刑。编造、故意传播虚假信息罪是指编造虚假的险情、疫情、灾情、警情，在信息网络或者其他媒体上传播，或者明知是上述虚假信息，故意在信息网络或者其他媒体上传播，严重扰乱社会秩序的行为。

传播虚假信息的危害主要包括：（1）网络虚假信息严重损害媒体的公信力。（2）欺骗受众，扰乱社会秩序。虚假信息一旦经过网络进行传播，不仅仅会欺骗大众，严重时还会扰乱社会秩序。虚假信息的传播不仅会造成人们的财产损失，还会引发公众的恐慌，扰乱社会秩序。（3）虚假新闻侵害了受众的知情权，阻碍了受众的参与权和监督权。知情权是受众参与公共事务和发挥舆论监督作用的前提，而虚假新闻为受众提供了虚假的事实，受众基于失之偏颇的信息而产生的情绪，有时会给社会良性运行带来阻碍。（4）虚假信息影响国家安全、社会稳定，一些关于国内负面事件的虚假报道甚至为反华势力抹黑中国提供"佐证"。

编造、故意传播虚假恐怖信息，严重扰乱社会秩序，同时，又构成其他犯罪的，择一重罪处罚。编造虚假的险情、疫情、警情、灾情，在信息网络或者其他媒体上传播，或者明知是虚假信息，故意在信息网络或者其他媒体上传播，严重扰乱社会秩序的，处三年以下有期徒刑、拘役或者管制；造成严重后果的，处三年以上七年以下有期徒刑。

资料来源　佚名. 传播虚假信息犯什么罪［EB/OL］.［2021-12-10］. https://china.findlaw.cn/zhishi/a1655700.html.

思政元素：法治意识　职业道德

请阅读以上材料并思考：

1.你是如何看待虚假信息散播这种行为的？

2.面对市场上真真假假的信息，成熟的交易者应该保持怎样的交易心态和选择什么样的交易策略？

【实操演练】

金融舆情分析

一、任务说明

金融舆情分析任务旨在通过舆情数据的获取和处理，让学习者能够掌握文本数据处理与展示的基本能力。该任务要求完成舆情数据爬取、分词划分、词云绘制和情感判断等环节，学习者需要配置好自己的工作环境，提前在Tushare平台注册获取自己的密钥"token"，将会极大地方便舆情数据获取。在词云绘制环节，学习者可以根据自己的需求，定制自己喜欢的图形。

实操演示7-1

金融舆情分析

二、操作演示

第1步：准备工作环境

输入：

```
# pip install tushare 安装 tushare 包，如果已经安装可不再执行
#print(tushare.__version__)#查看所安装工具包的版本
```

输入：

#pip install SnowNLP 安装情感分析的工具包，如果已经安装可不再执行

输入：

```
#引入需要用到的包
#金融量化分析常用到的有:pandas(数据结构)
#numpy(数组)、matplotlib(可视化)、scipy(统计)
import tushare as ts
import pandas as pd
import matplotlib.pyplot as plt
import jieba
import jieba.analysef
rom wordcloud import WordCloud,STOPWORDS,ImageColorGenerator
```

第2步：爬取金融舆情数据

输入：

```
pro = ts.pro_api()
df = pro.news(src='sina',start_date='2018-11-21 09:00:00',end_date='2021-3-22 10:10:00')
df.head()
```

输出（见表7-2）：

表7-2　　　　　　　　　　　　　　　　　　输出内容

	datetime	content	title
0	2021-03-29 11：18：47	【中国（太原）煤炭交易中心综合交易价格指数止跌回升】中国（太原）煤炭交易中心29日发布的…	
1	2021-03-29 11：16：59	从供应链获悉，小米即将发布的旗舰机小米 MIX，屏幕为 OLED，由 TCL 旗下华星光电独供	
2	2021-03-29 11：16：37	媒体称，"长赐号"在苏伊士运河成功脱浅	
3	2021-03-29 11：16：07	【新疆官员向 H&M 喊话：擦亮眼睛、明辨是非】针对近日 H&M 等品牌抵制新疆棉花问题引发舆论…	
4	2021-03-29 11：15：33	医美概念股集体拉升，悦心健康涨停，昊海生科大涨近10%，朗姿股份涨近8%，览海医疗、爱美…	

从表7-2可以看出，我们爬到的金融舆情数据包括时间（datetime）、内容（content）和新闻的标题（title），但新闻标题是空项。不过，我们主要针对新闻的内容进行分析，因而并不受影响。

第3步：针对爬取的舆情数据进行分词

输入：

#提取新闻标题内容并转化为列表（list）

```
#注意原来是pandas的数据格式
mylist = list(df.content.values)
```

#对标题内容进行分词（即切割为一个个关键词）

```
word_list = [" ".join(jieba.cut(sentence))for sentence in mylist]new_text = ''.join(word_list)
Building prefix dict from the default dictionary…
Loading model from cache C:\Users\huliu\AppData\Local\Temp\jieba.cache
Loading model cost 0.461 seconds.
Prefix dict has been built successfully.
```

第4步：针对分词的内容绘制词云

输入：

#图片可以根据需要更改，这里使用了中国地图.jpg

#读取图片

```
img = plt.imread("C:/Users/huliu/Desktop/实验教材/金融大数据/金融大数据/Chp5txt/
data/panda.jpg")
```

#设置词云格式

```
wc = WordCloud(background_color="white",
mask=img,#设置背景图片
max_font_size=80,#字体最大值
random_state=42, #颜色随机性
font_path="c:\windows\fonts\simsun.ttc")
```

#font_path显示中文字体，这里使用黑体

#生成词云

```
wc.generate(new_text)
image_colors = ImageColorGenerator(img)
```

#设置图片大小

```
plt.figure(figsize=(6,4))
plt.imshow(wc)
plt.title("Sina News Wordclouds\n(2021-3-22)",fontsize=18)
plt.axis("off")
plt.show()
```

#将图片保存到本地

```
#wc.to_file("财经新闻标题词云.jpg")
```

最后，输出内容得到如图7-2所示的词云。

根据该词云图可以发现，出现频率比较高的词汇为新冠、疫苗、中国、国家、市场、公司等，说明财经新闻在一段时期内经常报道有关各个国家的新冠肺炎疫情情况以及疫苗的普及程度。

Sina News Wordclouds
(2021-3-22)

图7-2　输出内容

第5步：根据词性的标注做情感判别

输入：

```
import pandas as pd #加载pandas
text0 = df.iloc[:,1] #提取所有数据
text1=[i.encode('utf-8').decode('utf-8')for i in text0]
#上一步提取数据不是字符而是object，所以在这一步进行转码为字符
```

输入：

```
from snownlp import sentiment #加载情感分析模块
from snownlp import SnowNLP
senti=[SnowNLP(i).sentiments for i in text1] #遍历每条评论进行预测
df['sentiment']=senti #将新生成的情感评分加入表格
df.head()#查看新生成的数据表
```

输出（见表7-3）：

表7-3　　　　　　　　　　　　　输出内容

	datetime	content	title	predict	sentiment
0	2021-03-28 14：03：35	日本东京新增313例新冠肺炎病例；近7天平均日增351例		1	0.792709
1	2021-03-28 14：02：14	【中信建投医药一季报前瞻：医药外包、医疗服务、医疗信息化、IVD行业预计较好】中信建投医药团…		1	0.999961
2	2021-03-28 14：01：28	【澳门轻轨延伸横琴线项目开工 轨道上的大湾区再提速】近日，澳门轻轨延伸横琴线项目开工仪式在澳…		1	1.000000
3	2021-03-28 13：58：15	【海关破获案值11亿元假发走私大案】近日，云南昆明海关联合多地海关打掉走私真人头发团伙10个…		1	0.682658
4	2021-03-28 13：57：29	【小米11青春版率先搭载骁龙780G】小米创办人、董事长兼CEO雷军表示，小米11青…		1	1.000000

从这里我们可以看出，情感分析模型对新闻内容进行了相对正面的评价，其中，sentiment是情绪评价值，predict是其预测值，通常在0~1之间，越接近于1则越正向。值得注意的是，新闻表达都相对理性、客观，含有的情绪、态度性的词汇相对较少，因而进行情感判断的准确性还有待提高。例如，第一条"日本东京新增313例新冠肺炎病例；近7天平均日增351例"。在词性标注中，增加属于积极向上的词义，因而将该新闻定性为积极的新闻。文本分析相对于结构化数据分析难度更高，这里的不足反映了现状，也预示着未来良好的应用前景。

任务实训与评价

根据所提供数据，参考以上 Python 操作步骤完成列表中的实操任务。本任务评价表见表7-4。

表7-4　　　　　　　　　　　　　　任务评价表

序号	步骤	细分内容	分值	得分
第1步	组内案例讨论解读分析	舆情分析在金融投资中的应用场景	5	
		积极发言	5	
第2步	收集并导入数据	爬取金融舆情数据	10	
		导入数据，不得有变量的缺失和命名错误	10	
第3步	舆情数据的分词	运用分词工具，对所爬取的金融舆情数据进行分词	20	
第4步	绘制词云	根据分词结果，运用词云等方式进行可视化展示	10	
第5步	判断新闻的情绪值	对每一个新闻词性的情绪值进行判别	20	
第6步	撰写实验报告	根据要求，撰写格式规范、步骤翔实、分析到位的实验报告	10	
第7步	分享与展示	由学生根据自己的实验过程，通过PPT的形式汇报实验过程、体验和收获	10	

任务三　制定证券行业轮动策略

【任务要点】

➤ 阐述行业轮动的含义；
➤ 阐述行业轮动的原因；
➤ 阐述行业轮动策略的含义及类型；
➤ 运用大数据技术分析行业轮动，并制定对应的量化投资策略。

学习课件7-3

制定证券行业
轮动策略

【学习情境】

我们经常在证券市场上观察到不同板块的行情此起彼伏地轮动着，但行业轮动是个非常复杂的话题，有无数投资机构和投资者对此进行研究，但依然没有定论。从相对宏观的视角来看，行业轮动的背后是经济周期在驱动，在经济周期的不同阶段，不同行业的周期会发生期限错配，其资产的回报率也会有所不同。通常，一个完整的经济周期有4个阶段——萧条、复苏、繁荣、衰退。当经济周期处于衰退阶段，市场也会倾向于投资防御性资产，比如业绩稳定，风险波动比较小的公共事业、医药、白酒等消费领域。经济复苏阶段容易给成长型行业带来更多利好，配置上也就应该倾向于金融、汽车、高端制造等板块。总之，在不同的经济发展阶段，不同板块有着不同的投资机会，正确分析经济周期，掌握行业轮动规律是投资成功的一大关键。

小张的理想是做一名基金经理，进行宏观对冲投资。但是，现在他看着此起彼伏的股票指数，一时难以找到价格波动的内在规律。他突发奇想，能否通过大数据分析方法寻找行业轮动的规律，从而更好地把握不同板块股票的买卖时机呢？

【学前思考】

> ➤ 你觉得行业轮动的驱动因素是什么？
> ➤ 你觉得掌握行业轮动规律对投资有什么样的影响？
> ➤ 你发现了哪些行业轮动的例子呢？
> ➤ 你觉得行业轮动是一种一般规律，还是某一时期的偶然现象？
> ➤ 你觉得有哪些方法可以发掘行业轮动规律？

【知识储备】

一、行业的常见分类

我们对行业有多种分类方式，常见的分类方式包括以下两种：

一是根据国家统计局的行业分类标准进行划分，我国现有以下行业：农、林、牧、渔业；采矿业；制造业；电力、热力、燃气及水生产和供应业；建筑业；批发和零售业；交通运输、仓储和邮政业；住宿和餐饮业；信息传输、软件和信息技术服务业；金融业；房地产业；租赁和商务服务业；科学研究和技术服务业；水利、环境和公共设施管理业；居民服务、修理和其他服务业；教育；卫生和社会工作；文化、体育和娱乐业；公共管理、社会保障和社会组织；国际组织。

二是根据行业发展与经济周期的关系，行业可分为四类：成长型行业、周期型行业、防御型行业和成长周期型行业。

成长型行业：这些行业销售收入和利润的增长速度不受宏观经济周期性变动的影响，特别是经济衰退的消极影响。它们依靠技术进步、推出新产品及更优质的服务和改善经营管理，可实现持续成长。例如，在过去的几十年内，计算机和打印机制造业就是典型的成长型行业。

当通胀率下降，贴现率下降，金融资产表现好，成长型股票战胜市场；当通胀率上升，大宗商品等实物资产和现金表现最好，定价权变强，价值型股票战胜市场。

周期性行业：当经济处于上升时期，这些行业会紧随其扩张；当经济衰退时，这些行业也相应衰落。产生这种现象的原因是，当经济处于上升期时，对这些行业相关产品的购买被延迟到经济改善之后。例如，珠宝业、耐用品制造业及其他依赖于需求的收入弹性的行业就属于典型的周期性行业。当增长加速时，股票和大宗商品表现好，周期性行业，如汽车、房地产、钢铁，会战胜市场；当经济增长放缓，债券、现金和防守型股票战胜市场。

防御型行业：此类行业的运动状态并不受经济周期的影响。也就是说，不论宏观经济处在经济周期的哪个阶段，行业的销售收入和利润均呈缓慢增长态势或变化不大。正是因为这个原因，对其投资便属于收入投资，而非资本利得投资。例如，食品业和公用事业就属于防御型行业，因为需求对其产品的收入弹性较小，所以这些公司的收入相对稳定。

成长周期型行业既包含成长状态，又随经济周期而波动。许多行业均属于这种类型。

二、行业轮动

1.行业轮动的含义

行业轮动指的是行业板块与板块之间出现轮动，推动大盘逐步上扬，比如前一段时间金融板块率领大盘上涨，现在是地产板块推动大盘上涨，这就叫作金融板块与地产板块出现了行业轮动效应。

不同的行业会有不同的运行周期，针对某个特定的经济阶段一定会有欣欣向荣的行业，也会有萧条、衰退的行业，如果我们清楚理解了不同行业在经济周期下的走势，就可以利用这个行业轮动策略进行投资。例如，奢侈品行业就会在经济向好时同步向好，在经济萧条时同步低迷；反之，柴米油盐这类生活必需品就不会因经济的萧条而受太大的影响。同样，也会有些行业会随着经济的萧条而向好，这些具体的行业周期分析就需要投资者根据实际的市场情况来做具体分析。下面以通达信板块（图7-3）为例，作简要介绍。

图7-3 "通达信板块地图"界面

图7-3来自"通达信板块地图"界面，结合近几年我国A股市场行业轮动的基本情况来看，周期循环通常是沿着产业链按一定的顺序依次发生：住房和汽车消费是引领经济周期启动的主要和先导动力，这些行业在经济上升阶段（复苏期）的良好表现，将逐步带动机械设备、化工、建材等中游制造业的兴起，并传导到有色、钢铁、煤炭、石油等上游资源品行业，此时经济进入过热期。衰退也是由下游行业开始，逐步传导到上游行业。在经济景气的最高峰，商业一片繁荣，此时的主角就是非必需的消费品，如轿车、高档服装、奢侈品、消费类电子产品和旅游等行业，享受最后的经济周期盛宴。当经济下滑（滞胀期、衰退期），周期性行业业绩受到影响，而医药、必需消费品等非周期性行业由于需求弹性小，受宏观经济影响不大，表现相对较好；银行相对较稳定，需求波动也较小，且作为利率敏感型的"早周期"表现者，兴起于衰退后期。这样的周期循环具体如图7-4所示。当然，考虑到历史背景不同，行业周期轮动并非简单重复，不能直接套用历史经验判断周期拐点，而应根据经验具体情况具体分析。

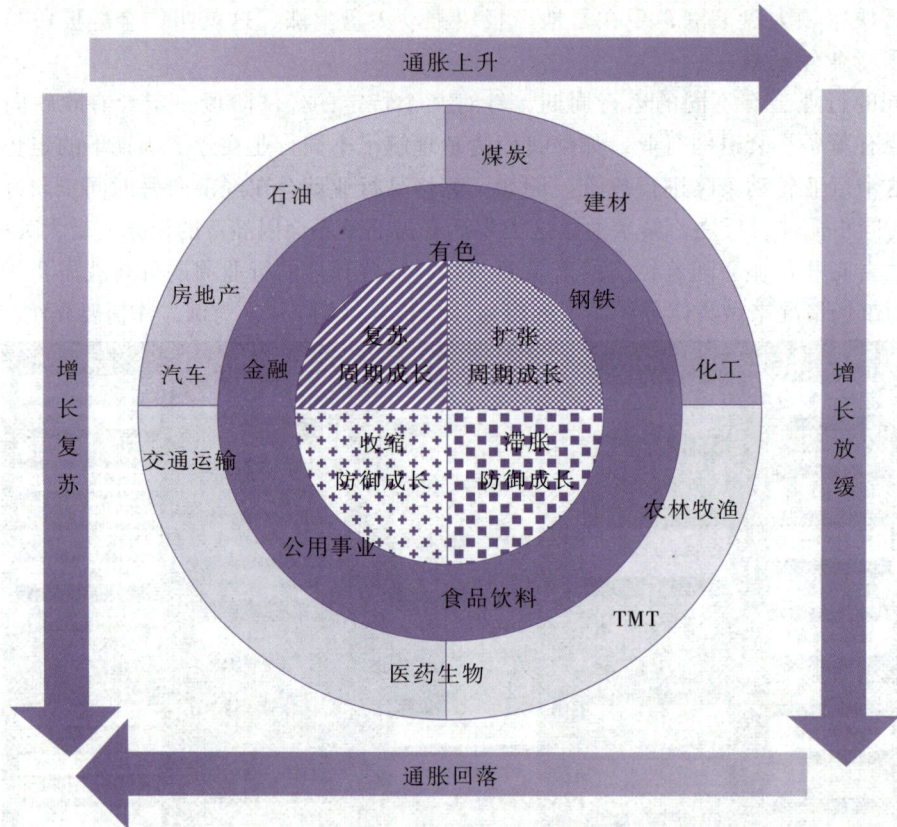

图7-4 周期循环示意图

2.行业轮动的动因

目前，对我国行业轮动现象的理论解释有很多，但主要是以实体经济和行为金融为主。从长期和综合的角度看，应该以实体经济为基础，这样才是有源之水、有本之木。股市里的行业轮动应该是以实体经济的行业轮动为基础，是实体经济的一个映射。当然，这个映射并不仅仅反映现在的情况，更主要是反映将来的情况，同时，这个将来情况也只是投资者主观预期的情况，未必就是将来的实际情况。

（1）从经济周期的角度看行业轮动

根据经济增长和通货膨胀两个变量，经济周期通常被分成四个阶段：衰退—复苏—过热—滞胀，在经济周期的不同阶段，不同行业、不同板块走势相差悬殊，如图7-5所示。美林"投资时钟"理论可以帮助投资者识别经济周期的重要转折点。正确识别经济增长的拐点，投资者可以通过转换资产获利，见表7-5。

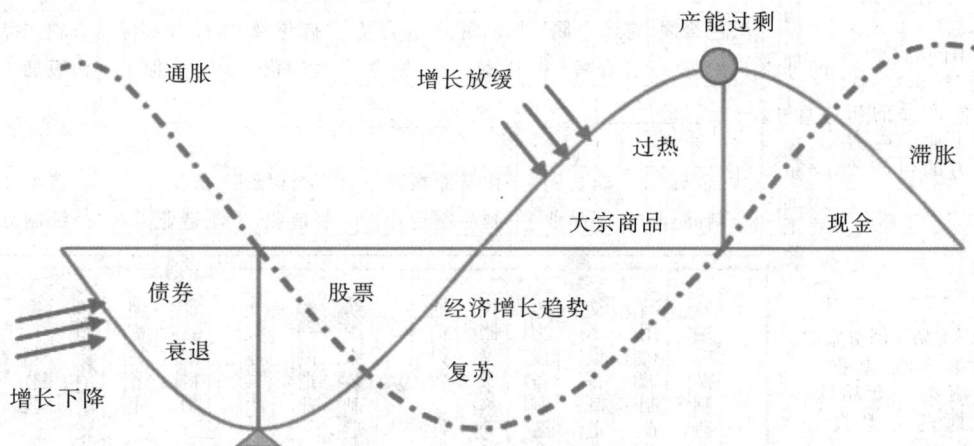

图7-5 经济周期示意图

表7-5　美林投资时钟四个阶段

周期阶段	经济增长	通货膨胀	最优资产类别	最优股票板块	收益率曲线斜率
Ⅰ 衰退	下降	下降	债券	防御成长	陡峭
Ⅱ 复苏	上升	下降	股票	周期成长	
Ⅲ 过热	上升	上升	商品	周期价值	平坦
Ⅳ 滞胀	下降	上升	现金	防御价值	

（2）从产业链的角度来看行业轮动

传统上我们把产业链划为上中下游，上游一般是指资源品，如煤、石油、铁矿石、有色金属；中游行业是指制造业，如化工、电机制造、钢铁等；下游行业主要是指与消费品直接相关的行业。处于不同上下游的行业有着明显不同的盈利周期，更重要的是盈利的弹性不同，导致每个行业表现存在着自己的特性，也就形成了行业轮动的条件，如图7-6所示。

（3）从行为金融学角度来看行业轮动

国外也有一些关于行为金融学结合行业轮动的研究，Moskowitz与Grinblatt（1999）得到了这样的结论，行业指数的惯性（动量）效应解释了市场上的大部分的惯性效应。国内也有许多研究者从投资者行为模式的角度来解释板块（行业）联动：有学者认为，板块现象是一种市场投机，其形成与中国股市投资者行为特征密切相关，也有学者认为，在转轨经济和新兴市场中，投资者容易受政策预期影响，并且决策行为趋同，这样就强化了股价冲击的传导机制，使得股市呈现出齐涨同跌的现象；还有研究者将板块联动现象划分为四种基本类型：基本面变化引致型、概念驱动型、庄家操纵型和无风起浪型，认为噪声投资者的非理性行为是构成板块联动现象的最主要原因。

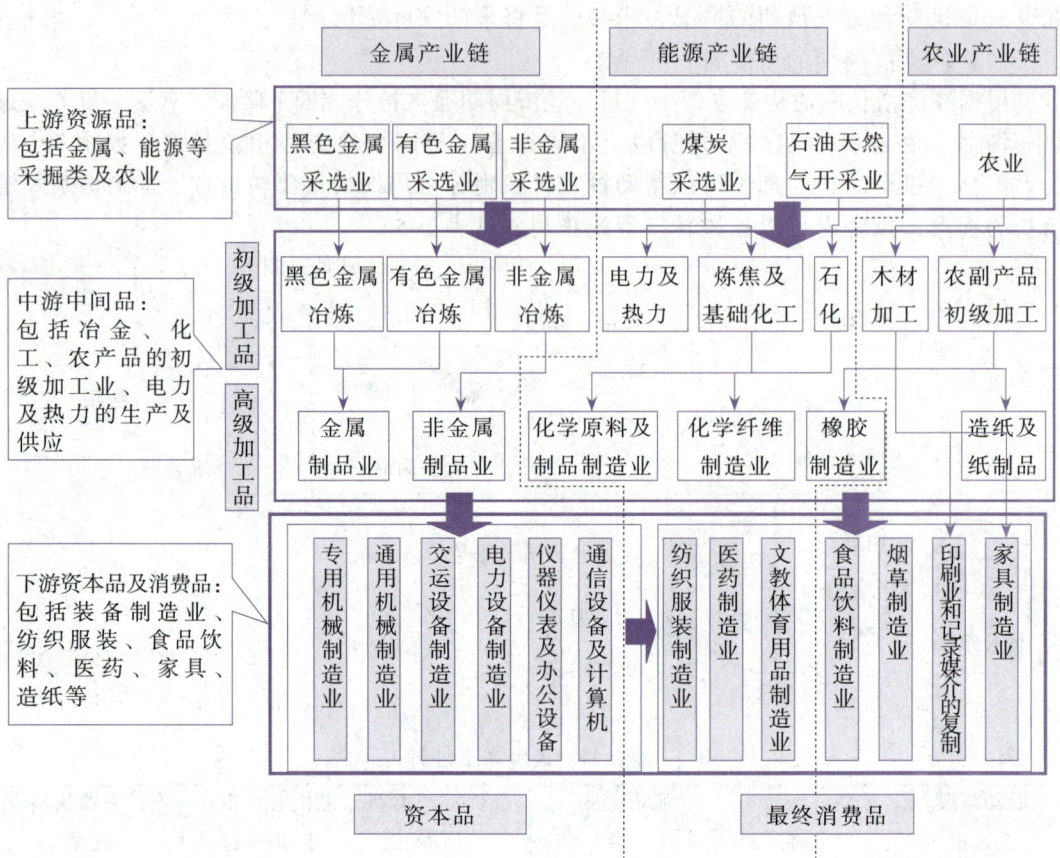

图7-6 工业企业的产业链条

三、行业轮动策略

1.行业轮动策略的含义

行业轮动策略是利用市场趋势获利的一种主动交易策略，其本质是利用不同投资品种强势时间的错位对行业品种进行切换以达到投资收益最大化的目的。该策略根据不同行业的时间区间表现差异性进行轮动配置，在市场行情好的时候，力求能够抓住特定时间区间内表现较好的行业、剔除表现不佳的行业，在判断市场不佳的时候，将权益类仓位降低，提升债券或货币的比例。

2.行业轮动策略的类型

轮动投资策略主要是通过对特定代理变量的观测适时投资强势投资品种，从而获取超额收益。轮动投资策略有主动轮动和被动轮动之分，对于行业轮动来说，主动轮动通过代理变量的预示作用选择未来表现强势的行业进行投资，被动轮动则在轮动趋势确立后进行相关行业的投资，代理变量主要用来刻画轮动趋势确立的程度。按照交易标的不同，行业轮动策略可以分为以下几类：

通过行业指数动量确定交易信号，并买入该行业指数。

通过行业指数动量确定交易信号，并买入代表该行业的ETF基金。

通过行业指数动量确定交易信号，并买入该行业的龙头股。

通过行业指数动量确定交易信号，并买入该行业的优质股。

价值引领

党的二十大报告提出："坚持把发展经济的着力点放在实体经济上，推进新型工业化，加快建设制造强国、质量强国、航天强国、交通强国、网络强国、数字中国。""加快发展数字经济，促进数字经济和实体经济深度融合，打造具有国际竞争力的数字产业集群。"由此可见，数字经济发展的落脚点是与实体经济的深度融合，促进实体经济的高质量发展。

回顾中国互联网行业发展历程，我们会发现，1998年可以说是中国互联网的破局时期，在这一年，张朝阳创办了搜狐，并且得到了很好的发展。腾讯和京东也随后诞生了，第2年，百度开始了搜索业务，市场上也出现了电子商务的萌芽，也就是在这一年中国的互联网行业开始飞速发展，原本属于少数人的互联网也开始进入普通百姓的生活。

1999年可以称作中国电商元年，在这一年创立了第一批电子商务网站，中国电商也就是在这一年迅速进入商业阶段。并且出现了很多电子商务公司，比如说京东、阿里巴巴、当当，最后也发展成为各个行业中的领军企业，在之后20年的竞争当中留下了它们的印记。

进入21世纪之后，中国互联网行业开始蓬勃发展，腾讯推出QQ之后又推出风靡全国的微信，阿里巴巴推出了淘宝网，并且推出了支付宝，京东商城也迅速崛起。百度、美团、苏宁易购、当当等公司也都成为该领域的独角兽或明星公司。可以说，我国只花了二十年左右的时间，在该行业的成果就已经超过了很多发达国家努力了四五十年的成果。

但是2021年之后，迅猛发展的中国互联网行业却迎来了寒冬。其中的原因有很多，例如国家加强了对大型互联网平台公司的反垄断约束，对平台公司的数据安全、云端业务安全的管控，还有新冠肺炎疫情的冲击等。此外，投资者在追捧互联网公司的同时，还要清醒认识到，毕竟互联网行业是虚拟经济，并非实体经济，只有实体经济好了，互联网行业才能够获得发展的根基。

资料来源　原梦聊财. 实体经济不景气，互联网行业也开始下坡〔EB/OL〕.〔2022=05-06〕. https://baijiahao.baidu.com/s？id=1732069843163505740&wfr=spider&for.=pc.

思政元素：金融普惠　实干兴邦

请阅读以上材料并思考：

1.你是如何看待实体经济对一个国家发展的重要性的？

2.你如何看待互联网经济和实体经济之间的关系？

【实操演练】

行业板块轮动策略

实操演示7-2

行业板块轮动策略

一、任务说明

行业板块轮动这一任务的操作将在掘金量化平台中进行，通过Python语言完成标的选取，交易规则的制定以及量化投资策略的执行和回测。首先，在设计行业轮动策略的过程中，首要目标就是选择合适的板块进行趋势判断，任务是选择行业指数作为分析标的。其次，要充分把握所选板块在趋势波动中的"此起彼伏"，从而为轮动的决策提供依据。最后，要将所制定的策略进行回测验证。

二、数据描述

本任务选取了300工业、300材料、300消费、300医药、300金融指数，将这几个行业指数过去近一年交易日的收益率作为分析对象，根据收益率波动中的轮动进行价值发掘和策略制定。

三、操作演示

第1步：构建操作环境

（1）安装并注册掘金量化软件并登录，如图7-7所示。

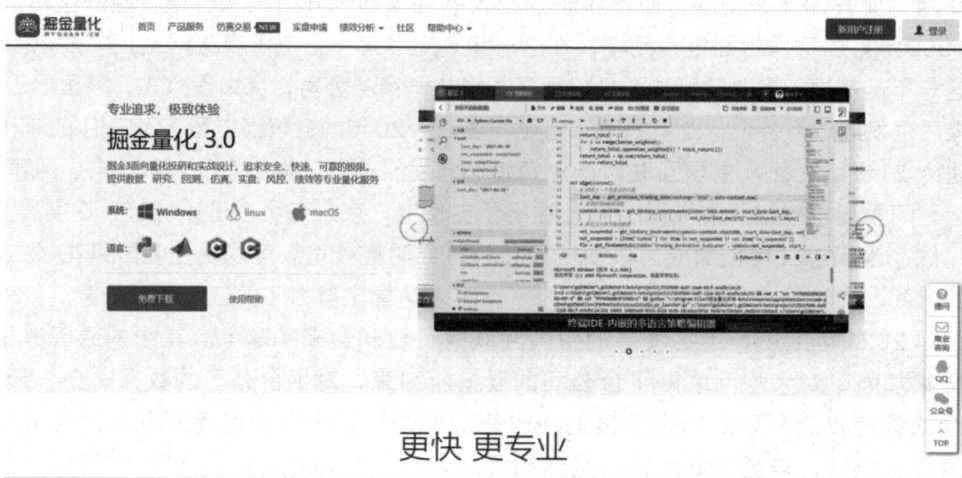

图7-7　软件登录界面

（2）安装Python软件，注意仅是Python软件，然后在掘金量化平台中安装sdk，连接掘金量化平台与Python软件，如图7-8所示。

图7-8　安装Python软件

可手动安装下载 Python 安装包，安装好 Python 软件后，一键安装 sdk，并将 Python 设为默认解释器。注意，如果电脑上安装过 Anaconda，如图 7-8 中的 Python 版本的第二个，是无法正常完成一键安装的，就不能设为默认解释器。

第 2 步：选定具有轮动趋势的标的

具有轮动趋势的板块标的选取可以有以下两种方式：一是定性方式，根据交易经验，如本任务开篇所述，板块之间的异动是从消费端向上游逐渐传递的，因而可以选择证券中具有上、中、下游代表的标的；二是定量方式，证券轮动可以表现为涨跌的传导时滞，在数量上可以表现为一个板块与另一个板块一定的滞后期正相关，通过求不同板块一定滞后期的相关性，可以选出具有轮动趋势的标的。

本 任 务 选 取 了 SHSE. 000910、SHSE. 000909、SHSE. 000911、SHSE. 000912、SHSE.000913、SHSE.000914（300 工业、300 材料、300 可选、300 消费、300 医药、300 金融）这几个行业指数过去近一年交易日的收益率，观察其波动趋势。

输入：

```
from __future__ import print_function,absolute_importfrom gm.api import *# 可以直接提取数据,掘金终端需要打开,接口取数是通过网络请求的方式,效率一般,行情数据可通过subscribe 订阅方式# 设置 token,查看已有 token ID,在用户-密钥管理里获取 set_token('b7d512f1d50e7968977869918440ea57893cd6c1')# 查询历史行情,采用定点复权的方式,adjust指定前复权,adjust_end_time指定复权时间点 data1 = history(symbol='SHSE.000910',frequency='1d',start_time='2020-01-01 09:00:00',end_time='2020-12-31 16:00:00',
          fields= 'open,high,low,close,bob',adjust=ADJUST_PREV,adjust_end_time='2020-12-31',df=True)print(data1)

data2 = history(symbol='SHSE.000911',frequency='1d',start_time='2020-01-01 09:00:00',end_time='2020-12-31 16:00:00',
          fields='open,high,low,close,bob',adjust=ADJUST_PREV,adjust_end_time='2020-12-31',df=True)print(data2)

data3 = history(symbol='SHSE.000912',frequency='1d',start_time='2020-01-01 09:00:00',end_time='2020-12-31 16:00:00',
          fields= 'open,high,low,close,bob',adjust=ADJUST_PREV,adjust_end_time='2020-12-31',df=True)print(data3)

data4 = history(symbol='SHSE.000913',frequency='1d',start_time='2020-01-01 09:00:00',end_time='2020-12-31 16:00:00',
          fields= 'open,high,low,close,bob',adjust=ADJUST_PREV,adjust_end_time='2020-12-31',df=True)print(data4)

data5 = history(symbol='SHSE.000914',frequency='1d',start_time='2020-01-01 09:00:00',end_time='2020-12-31 16:00:00',
          fields= 'open,high,low,close,bob',adjust=ADJUST_PREV,adjust_end_time='2020-12-31',df=True(print(data5)
```

根据所选数据，画出具有轮动趋势的证券的趋势图。

输入：

```
import matplotlib.pyplot as plt
plot(data1['bob'],data1['close'],lw =1,label='SHSE.000910 300gongye')plt.plot(data2['bob'],
data2['close'], lw =2, label= 'SHSE. 000911  300kexuan')plt. plot(data3['bob'], data3['close'],
lw =3, label= 'SHSE. 000912  300xiaofei')plt. plot(data4['bob'], data4['close'], lw =4, label=
'SHSE. 000913  300yiyao')plt. plot(data5['bob'], data5['close'], lw =5, label= 'SHSE. 000914
300jinrong')plt.legend()plt.show()
```

输出（如图 7-9 所示）：

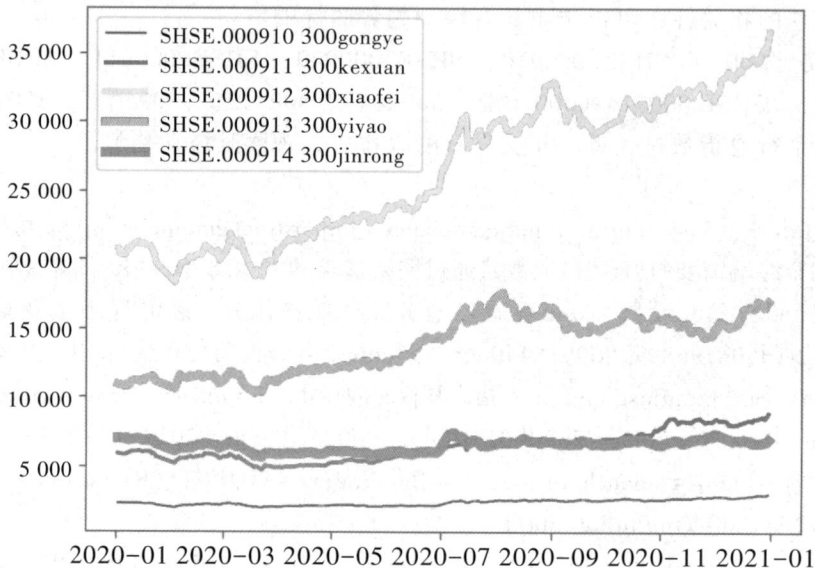

图 7-9　输出内容

从图 7-9 可以看出，在部分板块之间具有一定的轮动特征。如金融与消费以及医药板块之间具有明显的轮动特征，即消费板块和医药板块往往同步先涨，随后才有金融板块的上涨。另外，工业也具有相同的特征。当然这是通过对折线图进行观察而得出的结论，关于更具体的轮动的时滞以及轮动的效应则无法通过观察得出，而需要进一步的计算。为了便于本次任务完成得简洁、高效，本次轮动策略对以上五个板块都进行了选择，大家可以在选择的过程中通过增删板块来进行策略标的优化。

第 3 步：制定交易规则

根据所选证券标的过去二十天的表现，选取收益率最低的板块指数的 5 只股票进行等比购买。如果空仓则直接买入，如果有一定仓位，则清仓后再买入新的股票。

输入：

```
def algo(context):
# 获取当天的日期
today = context.now
# 获取上一个交易日
last_day = get_previous_trading_date(exchange='SHSE',date=today)
```

```
return_index = []
# 获取并计算行业指数收益率
for i in context.index:
    return_index_his = history_n(symbol=i, frequency= '1d', count=context. date, fields=
'close,bob',fill_missing='Last',adjust=ADJUST_PREV,end_time=last_day,df=True)
    return_index_his = return_index_his['close'].values
    return_index.append(return_index_his[-1] / return_index_his[0] - 1)
# 获取指定数内收益率表现最不好的行业
sector = context.index[np.argmin(return_index)]
print('最差行业指数是: ',sector)
# 获取最差行业指数成份股
symbols = get_history_constituents(index=sector, start_date=last_day, end_date=last_day)
[0]['constituents'].keys()
# 获取当天有交易的股票
not_suspended_info = get_history_instruments(symbols=symbols, start_date=today, end_date=
today)
not_suspended_symbols = [item['symbol'] for item in not_suspended_info if not item
['is_suspended']]
# 获取最差行业指数成份股的市值,从大到小排序并选取市值最大的5只股票
fin = get_fundamentals(table='tq_sk_finindic',symbols=not_suspended_symbols,start_date
=last_day,end_date=last_day,limit=5,fields='NEGOTIABLEMV',
order_by='-NEGOTIABLEMV',df=True)fin.index = fin['symbol']
# 计算权重
percent = 1.0 / len(fin.index)* context.ratio
# 获取当前所有仓位
positions = context.account().positions()
# 如标的池有仓位,平不在标的池的仓位
for position in positions:
    symbol = position['symbol']
    if symbol not in fin.index:
        order_target_percent(symbol=symbol,percent=0,order_type=OrderType_Market,
position_side=PositionSide_Long)
        print('市价单平不在标的池的',symbol)
# 对标的池进行操作
for symbol in fin.index:
    order_target_percent(symbol=symbol,percent=percent,order_type=OrderType_Market,
position_side=PositionSide_Long)
    print(symbol,'以市价单调整至仓位',percent)
```

第4步：设置交易参数

初始资金为：1 000万元。

手续费率为：1‰。

策略回测的开始时间为backtest_start_time='2017-07-01 08：00：00'。

策略回测的结束时间为backtest_end_time='2021-05-14 16：00：00'。

股票复权方式：backtest_adjust=ADJUST_PREV；同时还可以考虑不复权：ADJUST_NONE，前复权：ADJUST_PREV，后复权：ADJUST_POST。

回测初始资金：backtest_initial_cash=10000000。

回测佣金比例：backtest_commission_ratio=0.0001。

回测滑点比例：backtest_slippage_ratio=0.0001。

第5步：进行交易回测

收益概览如图7-10所示。

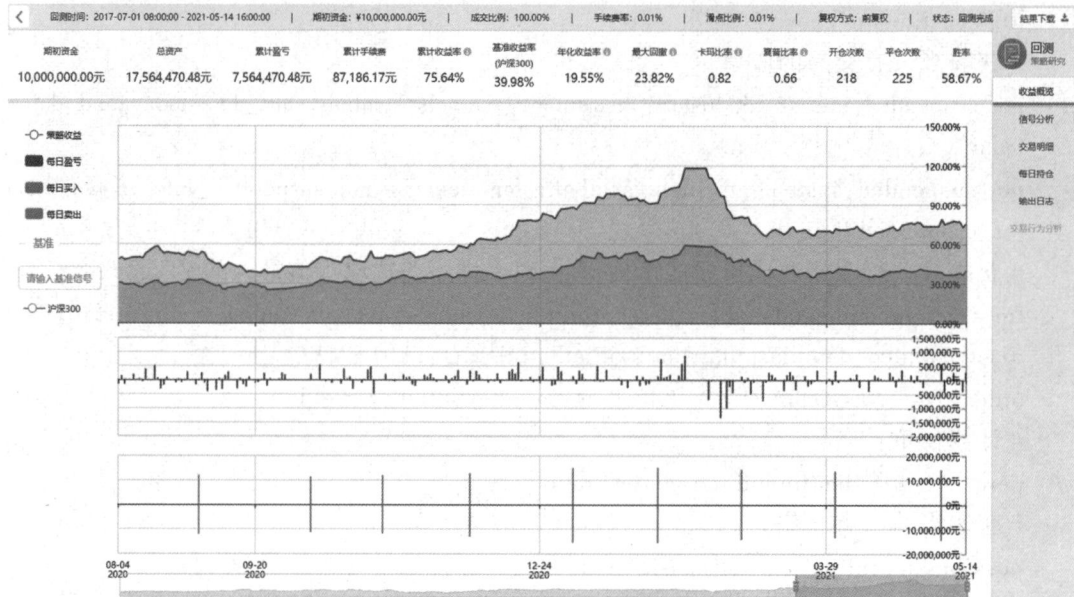

图7-10　收益概览

从以上回测信息可以看出，通过板块轮动策略在2017年7月1日到2021年5月14日的累计收益率达到75.647%，账户资金由期初的1 000万元发展到期末的1 756.47万元，累计盈利756.47万元，回测期内的平均年化收益率为19.55%，最大回撤达到23.82%，展现出策略良好的盈利性，如图7-11所示。

从图7-11可以看出，板块轮动策略在回测的过程中出现了有规律的交易信号，买卖信号基本是一一对应的。但在此过程中，偶尔也会出现并无买入信号只有卖出信号的情况，大家可以思考一下，这是为什么。

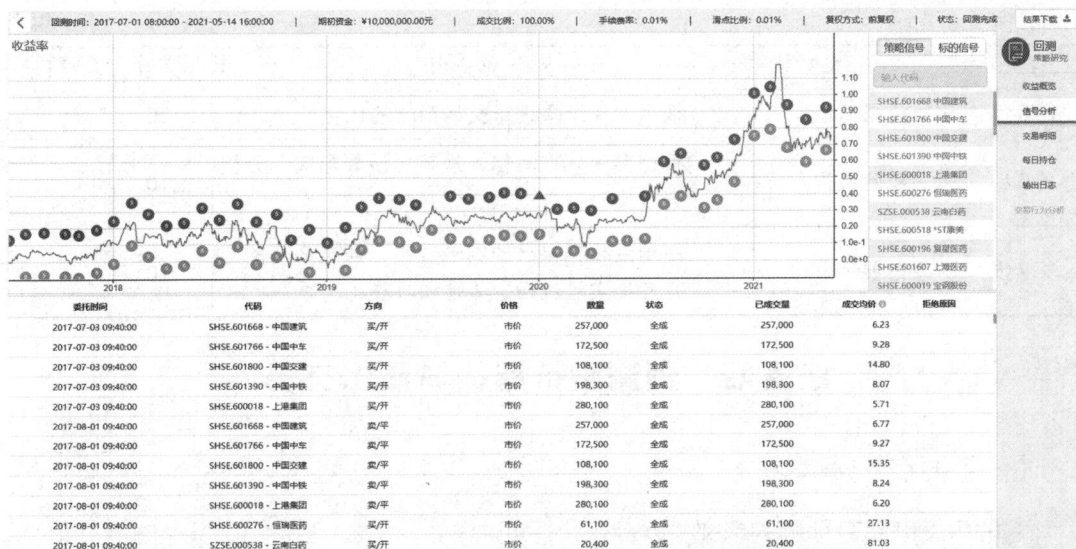

图7-11 信号分析

从交易策略上来看，板块轮动在回测期表现出了良好的盈利性。而且交易策略简单明了，易于理解和调整，可以充分将经验和量化策略进行结合。另外，算法简洁，回测速度快，对于研究和交易都展示出了其富有效率的特性。但是，板块轮动仍然有一定的不足之处，有些是由于量化策略机制本身的缺点，有些属于板块轮动自有的缺陷。首先来说，在大规模的资金回测时，如在本策略中的1 000万元的资金，用80%的资金对所选板块的5只股票进行交易，每只股票的成交金额即160万元，这在现实的股票交易中是很难一次性买入的，成交价也不一定是一笔的价格。通过滑点比率可以让研究策略更加接近于真实的市场交易，但是不同标的和不同的资金规模，这一数值也是不同的。因而策略在回测和实盘中的偏差也是需要优化的。

另外，板块轮动策略中选择目标板块的5只股票进行等比例交易也是值得再思考的，板块的表现与板块中个股的表现未必一致，对目标板块的股票进行二次选择也同样具有重要的意义。

任务实训与评价

根据所提供数据，参考以上Python操作步骤完成实验报告。本任务评价表见表7-6。

表7-6   任务评价表

序号	步骤	细分内容	分值	得分
第1步	组内案例讨论解读分析	讨论选取5只指数	5	
		积极发言	5	
第2步	配置量化投资策略环境	安装量化投资软件平台	5	
		配置语言环境	5	
第3步	编写交易规则	按板块轮动的原理编写交易规则	20	
第4步	设置交易参数	根据交易规则，选择一段时间进行模拟回测	20	

续表

序号	步骤	细分内容	分值	得分
第5步	进行交易回测	根据回测结果进行交易策略的优化	20	
第6步	撰写实验报告	根据要求，撰写格式规范、步骤翔实、分析到位实验报告	10	
第7步	分享与展示	由学生根据自己的实验过程，通过PPT的形式汇报实验过程、体验和收获	10	

任务四　预测股价趋势与量化交易

【任务要点】

学习课件7-4

预测股价趋势与量化交易

➢ 解析股价趋势预测的含义；
➢ 列举股价趋势预测的常见方法；
➢ 阐述量化交易的含义；
➢ 解析时间序列的含义；
➢ 利用股票价格大数据，进行时间序列预测；
➢ 根据股票的价格预测编写量化交易策略。

【学习情境】

　　股票价格的每次波动都敲击着无数投资者的心，每个人都期望从过去的数据中寻找未来变化的规律，这样就可以提前埋伏进去，获取丰厚的回报。为了能够做股票市场上的预言家，人们发现了很多方法，如移动平均值法、自相关法、ARIMA法……随着大数据的发展，复杂的人工神经网络和多元时间序列得到进一步的应用，但依然没有一种方法可以准确预测投资标的的未来价格。即使有这样的方法，它也有一定的缺陷，因为交易痕迹和方法会被同行追随，交易双方的平衡点会发生新的变化。我们在努力寻找市场上的均衡点，然而我们又会对这个均衡点产生影响，推动均衡点发生非预期性的偏移。

　　小张希望可以用电脑程序捕捉市场上的交易机会，让程序自动进行交易，从而避免自身情绪波动对交易产生影响。那么他需要学习哪些知识和技能，才能编写出自己的交易程序呢？

【学前思考】

➢ 你认为股票价格波动可以被预测吗？
➢ 你认为哪些因素会影响股票价格的波动？
➢ 你认为哪些方法可以预测股票价格的波动？

【知识储备】

一、股价趋势预测和量化交易的含义

1.股价趋势预测的含义

股价趋势是指股票价格的波动方向。若确定了一段上涨或下跌的趋势，则股价的波动必然朝着这个方向运动。上涨的行情中，虽然有时也会下跌，但并不影响上涨的大方向；同样，下跌行情中也有可能上涨，但不断出现的新低使下跌趋势不变。一般说来，市场变动不是朝一个方向直来直去，中间肯定要有曲折，从图形上看就是一条曲折蜿蜒的折线，每个折点处就形成一个峰或谷。由这些峰和谷的相对高度，投资者就可以看出趋势的方向。技术分析的三大假设中的第二条明确说明价格的变化是有趋势的，没有特别的理由，价格将沿着这个趋势继续运动，这一点就说明趋势这个概念在技术分析中的重要地位。

股价趋势预测是指对股票市场有深入了解的证券分析师根据股票市场的发展来预测股票市场未来的发展方向和涨跌程度的行为，这种预测行为只是基于假设的因素和既定的前提条件。

2.股价预测的常见方法

股票价格的预测要综合考虑多种因素，比如公司的基本面、日K线、周K线、月K线、成交量、各种技术指标等。股票买了就涨是许多人梦寐以求的事情，其实，盘中判断股价会不会被拉升并不是"可想不可求"的事情，是通过长期看盘、操盘实践可以达到或者部分达到的境界。

（1）分析影响股价的基本因素

股票价格是股票在市场上出售的价格。它的决定及波动受制于各种经济、政治因素，并受投资心理和交易技术等的影响。概括起来，影响股票市场价格及其波动的因素主要分为两大类：一是基本因素；另一种是技术因素。所谓基本因素，是指来自股票市场以外的经济与政治因素以及其他因素，其波动和变化往往会对股票的市场价格趋势产生决定性影响。一般地说，基本因素主要包括经济性因素、政治性因素、人为操纵因素和其他因素等。

（2）分析公司所属行业的性质

公司的成长受制于其所属产业和行业的兴衰，如企业属于电子工业、精细化工产业，则属成长型产业，其发展前景比较好，对投资者的吸引力就大；反之，如果公司属于煤炭与棉纺业，则属夕阳产业，其发展前景欠佳，投资收益就相应要低。因此，公司所属行业的性质对股价影响极大，必须对公司所属的行业性质进行分析。

（3）分析量价关系

简单来说，量价关系犹如水与船的关系，水涨则船高。因而，要是有增量资产，要是增量资产充足，要是增量资产不断变大，则股票价格是可以拉升的。这里边的重要预测公式和方法是：最先预测分析24小时可能的交易，关系式是：240分钟前÷市9时30分到看盘时为止的分钟数×现有成交量（交易股票数）。应用这一关系式时又要注意往往时间越靠前，离9时30分越近，则股价越是偏离于当日具体交易。

3.量化交易的含义

量化交易是指以先进的数学模型替代人的主观判断，利用计算机技术从庞大的历史数据中海选出能带来超额收益的多种"大概率"事件以制定策略，极大地减少投资者情绪波动的影响，避免在市场极度狂热或悲观的情况下作出非理性的投资决策。

量化投资和传统的定性投资本质上来说是相同的，二者都是基于市场非有效或弱有效的理论基础。两者的区别在于量化投资管理是"定性思想的量化应用"，更加强调数据。量化交易具有以下几个方面的特点：

（1）纪律性

根据模型的运行结果进行决策，而不是凭感觉。纪律性既可以克制人性中贪婪、恐惧和侥幸心理等弱点，也可以克服认知偏差，且可跟踪。

（2）系统性

具体表现为"三多"。一是多层次，包括在大类资产配置、行业选择、精选具体资产三个层次上都有模型；二是多角度，定量投资的核心思想包括宏观周期、市场结构、估值、成长、盈利质量、分析师盈利预测、市场情绪等多个角度；三是多数据，即对海量数据的处理。

（3）套利思想

定量投资通过全面、系统性的扫描捕捉错误定价、错误估值带来的机会，从而发现估值洼地，并通过买入低估资产、卖出高估资产而获利。

（4）概率取胜

一是定量投资不断从历史数据中挖掘有望重复的规律并加以利用；二是依靠组合资产，而不是单个资产取胜。

二、时间序列的相关概念

1.时间序列对股价趋势预测的重要性

时间序列分析是一种广泛应用的数量分析方法，它主要用于描述和探索现象随时间发展变化的数量规律。时间序列是指同一种现象在不同时间上的相继观察值排列而成的一组数字序列。时间序列预测方法则是通过时间序列的历史数据揭示现象随时间变化的规律，将这种规律延伸到未来，从而对该现象的未来变化作出预测。

时间序列分析是经济预测领域研究的重要工具之一，它描述历史数据随时间变化的规律并用于预测经济数据。在股票市场上，时间序列预测法常用于对股票价格趋势进行预测，为投资者和股票市场管理方提供决策依据。

2.金融数据的类型

在金融数据分析中，最常见的数据类型有三种，分别是：横截面数据（cross-sectional data）、时间序列数据（time series data）、面板数据（panel data）。下面，我们对三者做一个简单的介绍：

（1）横截面数据

横截面数据是指在同一时间（时期或时点）截面上反映一个总体的一批（或全部）

个体的同一特征变量的观测值，也称静态数据。它对应同一时点上不同空间（对象）所组成的一维数据集合，研究的是某一时点上的某种经济现象，突出空间（对象）的差异。比如，可以从不同公司在同一时间发布的财务报表中，得到同一年度这些公司的一些财务数据。

（2）时间序列数据

时间序列数据是指对同一对象在不同时间连续观察所取得的数据。它着眼于研究对象在时间顺序上的变化，这类数据反映了某一事物、现象等随时间变化的状态或程度。与横截面数据相比较，其区别在于组成数据列的各个数据的排列标准不同。时间序列数据是按时间顺序排列的，横截面数据是按照统计单位排列的。因此，横截面数据不要求统计对象及其范围相同，但要求统计的时间相同，也就是说，必须是同一时间截面上的数据。

在统计研究中，常用按时间顺序排列的一组随机变量 X_1，X_2，$\cdots$，X_t 来表示一个随机事件的时间序列，简记为 X_t，$t \in T$ 或 X_t。

用 x_1，x_2，$\cdots$，x_n 表示该随机序列的 n 个有序观察值，称为序列长度为 n 的观察值序列。

（3）面板数据

面板数据也称平行数据，是截面数据与时间序列数据综合起来的一种数据类型，指在时间序列上取多个截面，在这些截面上同时选取样本观测值所构成的样本数据。或者说它是一个 m×n 的数据矩阵，记载的是 n 个时间节点上 m 个对象的某一数据指标，简而言之就是对上面两个数据的综合。

本任务中，我们重点研究时间序列数据，并用这类数据预测股价的波动趋势。

3.时间序列分析方法

时间序列分析在金融学，尤其在股票价格分析中被广泛使用。常用的时间序列分析方法包括：描述性时序分析和统计时序分析。

描述性时序分析通常是进行时间序列分析的第一步，通过收集数据、绘制时序图，直观地反映出时间序列的波动特征。它具有操作简单、直观有效的特点。

统计时序分析是指利用数理统计学原理分析时间序列。它的研究重心从总结表面现象转移到分析序列值内在的相关关系。

三、时间序列的预处理

1.统计特征量

我们需要借助一些统计工具来描述特定时间序列的统计特征。常见的描述时间序列统计特征的方法主要是研究该序列的低阶矩，特别是均值、方差、自协方差和自相关系数，它们也被称为特征统计量。

尽管这些特征统计量并不能描述出随机序列的所有统计性质，但由于它们概率意义明显，易于被计算，而且往往能代表随机序列的主要概率特征，所以我们对时间序列进行分析，主要就是通过分析这些特征量的统计特性，从而推断出随机序列的性质。

（1）均值

均值是指平均数。平均数，是统计学术语，表示一组数据集中趋势的量数，是指在一组数据中所有数据之和再除以这组数据的个数所得的值。平均数是反映数据集中趋势的一项指标。解答平均数应用题的关键在于确定"总数量"以及和总数量对应的总份数。

在统计工作中，平均数（均值）和标准差是描述数据资料集中趋势和离散程度的两个最重要的测度值。平均数是统计学中最常用的统计量，用来表明资料中各观测值相对集中的中心位置。在畜牧业、水产业生产实践和科学研究中，平均数被广泛用来描述或比较各种技术措施的效果、畜养物某些数量性状的指标等。它反映的是时间序列 X_t，$t \in T$ 每时每刻的平均水平。

（2）方差

方差是衡量源数据和期望值之差的度量值。方差是概率论和统计中衡量随机变量或一组数据时离散程度的度量。概率论中的方差用来度量随机变量和其数学期望值（即均值）之间的偏离程度。统计中的方差（样本方差）是每个样本值与全体样本值的平均数之差的平方值的平均数。在许多实际问题中，研究方差即偏离程度有着重要意义。

（3）自协方差函数和自相关系数

类似于对协方差函数和相关系数的定义，在时间序列分析中我们定义自协方差函数（autocovariance function）和自相关系数（autocorrelation coefficient）的概念。

对于时间序列 X_t，$t \in T$，任取 t，$s \in T$，定义 $\gamma(t, s)$ 为序列 $\{X_t\}$ 的自协方差函数：

$$\gamma(t, s) = E(X_t - \mu_t)(X_s - \mu_y)$$

定义 $p(t, s)$ 为时间序列 $\{X_t\}$ 的自相关系数，简记为 ACF：

$$\rho(t, s) = \frac{\gamma(t, s)}{\sqrt{DX_t \cdot DX}}$$

之所以称它们为自协方差函数和自相关系数，是因为通常的协方差函数和相关系数度量的是两个不同的随机事件的相互影响程度，而自协方差函数和自相关系数度量的是同一事件在两个不同时期的相关程度，形象地讲，就是度量自己过去的行为对现在的影响。

2.时间序列的平稳性

平稳性是时间序列分析的基础，因为只有基于平稳时间序列的预测才是有效的。平稳性有严平稳（strictly stationary）和宽平稳之分（weekly stationary）。

（1）严平稳

所谓严平稳，是一种条件比较苛刻的平稳性定义，认为只有当序列所有的统计性质都不会随着时间的推移而发生变化时，该序列才能被认为平稳。我们知道，随机变量族的统计性质完全由它们的联合概率分布族决定，所以严平稳时间序列的定义如下：

设 $\{X_t\}$ 为一时间序列，对任意正整数 m，任取 t_1，t_2，$\cdots$，$t_m \in T$，对任意整数 τ，有：

$$F_{t_1, t_2, \cdots, t_m}(x_1, x_2, \cdots, x_m) = F_{t_{1+\tau}, t_{2+\tau}, \cdots, t_{m+\tau}}(x_1, x_2, \cdots, x_m)$$

则称时间序列 $\{X_t\}$ 为严平稳时间序列。

在实践中要获得随机序列的联合分布是一件非常困难的事，即使知道随机序列的联合分布，计算和应用也非常不便。所以严平稳时间序列通常只具有理论意义，在实践中用得更多的是条件比较宽松的宽平稳时间序列。

（2）宽平稳

宽平稳是使用序列的特征统计量来定义的一种平稳性。它认为序列的统计性质主要由它的低阶矩决定，所以只要保证序列低阶（二阶）矩平稳，就能保证序列的主要性质近似稳定。

如果 $\{X_t\}$ 满足如下三个条件：

①任取 $t \in T$，有 $EX_t^2 < \infty$；

②任取 $t \in T$，有 $EX_t = \mu$，μ 为常数；

③任取 t，s，$k \in T$，且 $k+s-t \in T$，有 $\gamma(t, s) = \gamma(k, k + s - t)$。

则称 $\{X_t\}$ 为宽平稳时间序列。宽平稳也称为弱平稳或二阶平稳（second-order stationary）。

显然，严平稳比宽平稳的条件严格。严平稳是对序列联合分布的要求，以保证序列所有的统计特征都相同；而宽平稳只要求序列二阶平稳，对高于二阶的矩没有任何要求。所以通常情况下，严平稳序列也满足宽平稳条件，而宽平稳序列不能反推严平稳成立。但这不是绝对的，两种情况都有特例。

（3）平稳性检验

拿到一个观察值序列之后，首先是判断它的平稳性。通过平稳性检验，序列可以分为平稳序列和非平稳序列两大类。

如果序列平稳，情况就简单多了，我们有一套非常成熟的平稳序列建模方法。但是，并不是所有的平稳序列都值得建模。只有那些序列值之间具有密切的相关关系、历史数据对未来的发展有一定影响的序列，才值得我们花时间去挖掘历史数据中的有效信息，用来预测序列未来的发展。

对于非平稳序列，由于它不具有二阶矩平稳的性质，所以对它的统计、分析要费周折一些，通常要进行进一步的检验、变换或处理，才能确定适当的拟合模型。

对序列的平稳性有两种检验方法，一种是根据时序图的特征作出判断的图检验方法，另一种是通过检验统计量进行单位根检验的方法。

①图检验。平稳性的图检验方法依靠的原理是平稳时间序列，具有常数均值和方差。这意味着平稳序列的时序图应该显示出该序列始终在一个常数值附近波动，且波动的范围有界的特点。如果序列的时序图显示出该序列有明显的趋势性或周期性，那么该序列通常就不是平稳序列。根据这个性质，很多非平稳序列通过查看它的时序图就可以直接识别出来。

对于平稳序列来说，时序图不会有明显上升或者下降的趋势，而是处于一个大致的范围内。

②单位根检验。通过时序图来判断时间序列的平稳性时，是以最直观的角度去看的，多少会有一些差异。为了更加客观、准确地检验时间序列的平稳性，我们一

般会使用统计学里的一种统计检验，即单位根检验。单位根检验是构造统计量进行序列平稳性检验的最常用方法。它的理论基础是：如果序列是平稳的，那么该序列的所有特征根都应该在单位圆内。基于这个性质构造的序列平稳性检验方法叫作单位根检验。

单位根检验的统计量有很多种，常见的单位根检验方法有 DF 检验（Dickey-Fuller Test）、ADF 检验（Augmented Dickey-Fuller Test）和 PP 检验（Phillips-Perron Test）。本章我们主要介绍其中最经典、最简单的一种：ADF 检验。

ADF 检验是为了使 DF 检验能适用于任意 p 期确定性信息提取，而对 DF 检验进行了一定的修正，得到了增广 DF 检验（augmented Dickey-Fuller）。ADF 的原假设为序列有单位根（非平稳）H0，备择假设为序列是平稳的 H1。对于一个平稳的时序数据，就需要在给定的置信水平上显著，拒绝原假设。Python 中可使用 Statsmodels 库中的 Adfuller 来实现 ADF 检验。

（4）平稳序列的纯随机性检验

如果序列值彼此之间没有任何相关性，那就意味着该序列是一个没有记忆的序列，过去的行为对将来的发展没有丝毫影响，这种序列称为纯随机序列。从统计分析的角度来说，纯随机序列是没有任何分析价值的序列，因为我们无法从已知数据中推测出未来数据的预测值。

因此，为了确定平稳序列是否值得继续分析下去，我们需要对平稳序列进行纯随机性检验。

①纯随机性序列的定义。如果时间序列 $\{X_t\}$ 满足如下性质：

任取 $t \in T$，$EX_t = \mu$；

任取 t，$s \in T$，有 $\gamma(t, s) = \begin{cases} \sigma^2, & t = s \\ 0, & t \neq s \end{cases}$

则称时间序列 $\{X_t\}$ 为纯随机序列，也称为白噪声（white noise）序列。

之所以称其为白噪声序列，是因为人们最初发现白光具有这种特性。容易证明，白噪声序列一定是平稳序列，而且是最简单的平稳序列。标准正态白噪声时序图如图 7-12 所示。

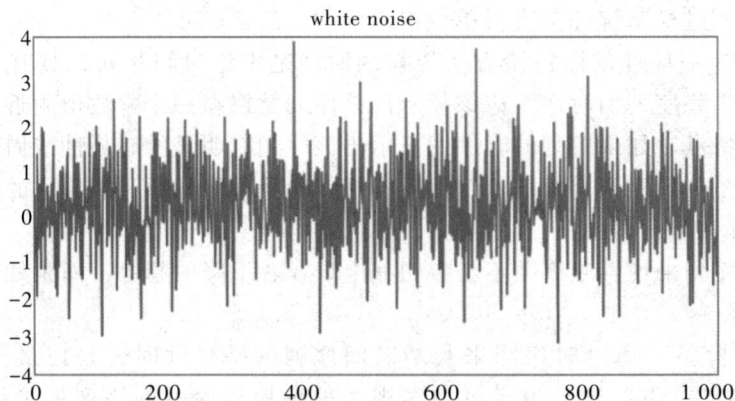

图 7-12 标准正态白噪声时序图

②纯随机性检验。纯随机性检验也称为白噪声检验，是专门用来检验序列是否为纯随机序列的一种方法。我们知道，如果一个序列是纯随机序列，那么它的序列值之间应该没有任何相关关系，即满足序列值的自相关系数 $\gamma(k) = 0$，$\forall k \neq 0$，这是一种理论上才会出现的理想状况。但实际上，由于观察值序列的有限性，纯随机序列的样本自相关系数不会绝对为零。

因此，我们一般要计算 Q 统计量或者 LB 统计量来判断时间序列是否为白噪声序列，由于篇幅所限，在本书中不赘述。

四、时间序列的建模

一个序列经过预处理被判断为平稳非白噪声序列，说明该序列是一个蕴含相关信息的平稳序列。在统计上，我们通常建立一个线性模型来拟合该序列的发展，借此提取该序列中的有用信息。

ARMA 模型实际上是一个模型族，它又可细分为 AR 模型、MA 模型、ARMA 模型、ARIMA 模型四大类。

1.AR 模型

具有如下结构的模型被称为 p 阶自回归模型，简记为 AR（p）：

$$\begin{cases} x_1 = \phi_0 + \phi_1 x_{t-1} + \phi_2 x_{t-1} + \cdots + \phi_p x_{t-p} + \varepsilon_t \\ \phi_p \neq 0 \\ E(\varepsilon_t) = 0,\ Var(\varepsilon_t) = \sigma_\varepsilon^2,\ E(\varepsilon_t \varepsilon_s) = 0,\ s \neq t \\ E(x_s \varepsilon_t) = 0,\ \forall s < t \end{cases}$$

AR（p）模型有三个限制条件：

条件一：$\phi_p \neq 0$。这个限制条件保证了模型的最高阶数为 p。

条件二：$E(\varepsilon_t) = 0$，$Var(\varepsilon_t) = \sigma_\varepsilon^2$，$E(\varepsilon_t \varepsilon_s) = 0$，$s \neq 0$。这个限制条件实际上是要求随机干扰序列 $\{\varepsilon_t\}$ 为零均值白噪声序列。

条件三：$E(x_s \varepsilon_t) = 0$，$\forall s < t$。这个限制条件说明当期的随机干扰与过去的序列值无关。

通常会缺少默认的限制条件，把 AR（p）模型简记为：

$$x_t = \phi_0 + \phi_1 x_{t-1} + \phi_2 x_{t-2} + \cdots + \phi_p x_{t-p} + \varepsilon_t$$

对于一个平稳 AR（p）模型，求出滞后 k 自相关系数 ρ_k 时，实际上得到的并不是 x_t，与 x_{t-k} 之间单纯的相关关系。因为 x_t 同时还会受到中间 k-1 个随机变量 x_{t-1}，x_{t-2}，$\cdots$，$x_t - k + 1$ 的影响，而这 k-1 个随机变量又都和 x_{t-k} 具有相关关系，所以自相关系数 ρ_k 实际上掺杂了其他变量对 x_t 与 x_{t-k} 的相关影响。为了能单纯测度 x_{t-k} 对 x_t 的影响，我们需要引进偏自相关系数（partial autocrrelation coefficient）的概念，简称 PACF。

PACF 是指对于平稳序列 $\{x_t\}$，在给定中间 k-1 个随机变量 x_{t-1}，x_{t-2}，$\cdots$，$x_t - k + 1$ 的条件下，或者说在剔除了中间 k-1 个随机变量的干扰之后，x_{t-k} 对 x_t 相关影响的度量。

在此我们不做详细的数学证明，但希望大家认识到 AR（p）模型具有自相关系数拖尾性，以及偏自相关系数有 p 阶截尾性。这个性质是 AR（p）模型重要的识别依据。

2.MA模型

具有如下结构的模型称为q阶移动平均（moving average）模型，简记为MA（q）：

$$\begin{cases} x_t = \mu + \varepsilon_t - \theta_1 \varepsilon_{t-1} - \theta_2 \varepsilon_{t-2} - \cdots - \theta_q \varepsilon_{t-p} \\ \theta \neq 0 \\ E(\varepsilon_t) = 0, \ Var(\varepsilon_t) = \sigma_\varepsilon^2, \ E(\varepsilon_t \varepsilon_s) = 0, \ s \neq t \end{cases}$$

使用MA（q）模型需要满足两个限制条件：

条件一：$\phi_q \neq 0$。这个限制条件保证了模型的最高阶数为p。

条件二：$E(\varepsilon_t) = 0$，$Var(\varepsilon_t) = \sigma_\varepsilon^2$，$E(\varepsilon_t \varepsilon_s) = 0(s \neq t)$。这个条件保证了随机干扰序列$\{\varepsilon_t\}$为零均值白噪声序列。

通常会缺少默认的限制条件，把AR（p）模型简记为：

$$x_t = \mu + \varepsilon_t - \theta_1 \varepsilon_{t-1} - \theta_2 \varepsilon_{t-2} - \cdots - \theta_q \varepsilon_{t-q}$$

在此我们不做详细的数学证明，但希望大家认识到MA（q）模型具有自相关系数q阶截尾性，以及偏自相关系数拖尾性。这个性质是MA（q）模型重要的识别依据。

3.ARMA模型

把具有如下结构的模型称为自回归移动平均模型，简记为ARMA（p，q）模型：

$$\begin{cases} x_t = \phi_0 + \phi_1 x_{t-1} + \cdots + \phi_p x_{t-p} + \varepsilon_t - \theta_1 \varepsilon_{t-1} - \cdots - \theta_q \varepsilon_{t-p} \\ \phi_p \neq 0, \ \theta_q \neq 0 \\ E(\varepsilon_t) = 0, \ Var(\varepsilon_t) = \sigma_\varepsilon^2, \ E(\varepsilon_t \varepsilon_s) = 0, \ s \neq t \\ E(x_s \varepsilon_t) = 0, \ \forall s < t \end{cases}$$

若$\phi_0 \neq 0$，该模型称为中心化ARMA（p，q）模型，缺少默认条件时，中心化ARMA（p，q）模型可以简写为：

$$x_t = \phi_1 x_{t-1} + \cdots + \phi_p x_{t-p} + \varepsilon_t - \theta_1 \varepsilon_{t-1} - \cdots - \theta_q \varepsilon_{t-p}$$

默认条件与AR模型、MA模型相同。

所以，AR（p）模型和MA（q）模型实际上是ARMA（p，q）模型的特例，它们统称为ARMA模型。ARMA（p，q）模型的统计性质也正是AR（p）模型和MA（q）模型统计性质的有机组合。

综合考察AR（p）模型、MA（q）模型和ARMA（p，q）模型自相关系数和偏自相关系数的性质。我们可以用表7-7所示的规律判断适用模型。

表7-7　　　　　　　　　　建立模型的规律

模型	自相关系数	偏自相关系数
AR（p）	拖尾	p阶截尾
MA（q）	q阶截尾	拖尾
ARMA（p，q）	拖尾	拖尾

4.ARIMA模型

ARMA模型的使用需要建立在序列平稳的前提之下，如果时间序列本身不平稳（经济时间序列的常态），我们需要运用一些方法使它平稳，常见的方法为差分。

展开一阶差分，有：

$$\Delta x_t = x_t - x_{t-1}$$

如果差分1次序列平稳，我们称一阶差分；如果差分2次序列平稳，我们称二阶差分，以此类推。我们对差分后的序列运用ARMA综合模型，统称为ARIMA（p，d，q）模型。其中，d为使序列平稳所需差分的次数。当d=0时，ARIMA（p，d，q）模型实际上就是ARMA（p，q）模型。

通常，我们只需要一阶差分即可达到使时间序列平稳的目的。

最终判定，使用信息准则：

①赤池信息量准则（Akaike information criterion，AIC）：AIC=-2In（L）+2k。

②贝叶斯信息量准则（Bayesianinformation criterion，BIC）：BIC=-2In（L）+kln（n）。

说明：

a.公式中的L表示模型的似然函数，k表示参数个数，n表示样本观测点数；

b.AIC和BIC都可以分为2部分，前一部分衡量模型的拟合优度，后一部分是对参数个数的惩罚以防止过拟合；

c.AIC和BIC的目的都是为了寻找能够最好地解释数据（拟合度高），但包含最少待估参数（越简单越好）的模型，所以AIC值和BIC值总是越小越好；

d.有时AIC和BIC确定的最优阶并不相同，但还没有证据表明哪种方法一定比另一种方法更好，具体选择哪个信息量准则确定的最优阶数取决于具体研究的问题。

5.时间序列的建模步骤

建模的基本步骤如图7-13所示。

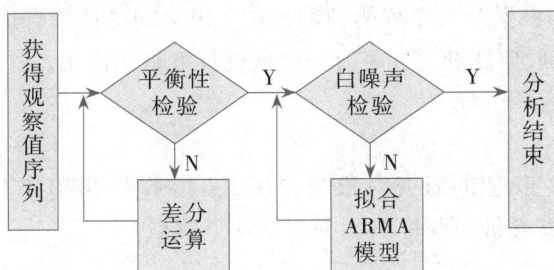

图7-13 建模步骤程序图

行业视窗7-3

善于开发交易系统的交易大师——佩里·考夫曼

价值引领

跟风炒作行为是一种严重非理性的投资行为，其本质是投机行为，过度追逐热点，引发盲目跟风，进而导致股票价格偏离基本面，使得证券市场资源配置功能失效。具体危害如下：

一是严重损害中小投资者利益。炒作带来的赚快钱效应，极易引发中小投资者跟风参与，从而成为游资大户后续抛售获利筹码、转嫁股价虚高风险的接盘侠。由此，只有有效抑制严重投机炒作行为，才能最大限度地避免中小投资者成为投机炒作风险的最终实际承担者。

二是严重扭曲股票价格，影响市场定价效率。炒作行为直接导致证券价格短期内严重背离其真实价值，扭曲了市场真实的供求关系，从而影响了市场定价和资源配置功能的有效发挥。

三是严重影响稳健运行，积聚市场风险。如果任由炒作趋势蔓延，不仅使个股及其相关板块极易暴涨暴跌，还可能快速积聚市场风险，加剧市场短期内大幅波动，从而影响市场的稳健运行。

投资者应回归价值投资，远离跟风炒作。面对个别股票被"热炒"的情形，需要进行必要的"冷"思考，切记不可盲目参与其中，更不要心存侥幸，造成不必要的损失。

资料来源　瑞赢证券．投教：践行价值投资理念，警惕跟风炒作风险！［EB/OL］．［2021-01-29］. http：//edu.bryzq.com/toujiaodongtai/6272.html.

思政元素：科学思维　客观理性

请阅读以上材料并思考：

1. 你认为应该如何避免跟风炒作的行为？
2. 你认为大数据分析技术是否可以帮助我们找到更科学的交易方法？

【实操演练】

预测股价趋势

实操演示7-3

预测股价趋势

一、任务说明

本次任务需要我们进行时间序列的拟合和预测，据此制定相应的投资策略，在以下环节需要注意：①获取数据后要进行数据的平稳性检验，对于金融数据的预处理直接关系到模型拟合的效果和预测的准确性；②判断合适的滞后期和阶数，拟合一个相对较优的模型，并进行数据的预测；③根据时间序列的预测，在一定时间内选择合适的低点买入股票，然后选择合适的高点卖出股票获利。要将时间序列进行策略化转化，并进行回测检验。

二、数据描述

在本实操任务中，我们的研究对象为沪深300指数的2020年1月1日至2021年1月31日所有交易日的日收盘价时间序列，总计263个数据。

三、操作演示

第1步：加载相关的包

输入：

```
import pandas as pd
import numpy as np
import matplotlib.pyplot as plt
import statsmodels.api as sm
import statsmodels.tsa.stattools as sts
```

第2步：读入数据并重采样

输入：

```
#读取数据
HS300_data = pd.read_csv("000300SH.csv")
```

```
#将数据格式变为dataframe便于查看以及后续操作
HS300_price = pd.DataFrame(HS300_data)
#使用date作为索引
HS300_price.index = pd.to_datetime(HS300_price.trade_date)
#删除不需要的日期这一列
HS300_price.drop(HS300_price.columns[0],axis=1,inplace=True)
#查看数据前5行 HS300_price.head()
```

输出（见表7-8）：

表7-8　　　　　　　　　　　　　　　　　输出内容

trade_date	close
2021-01-04	3 189.682
2021-01-05	3 175.662
2021-01-06	3 159.643
2021-01-07	3 166.624
2021-01-10	3 108.187

输入：

```
#按周重采样
HS300_week = HS300_price['close'].resample('W-MON').mean().dropna()
#查看数据后10行
HS300_week.tail(10)
```

输出：

```
trade_date
2020-11-30    4949.118720
2020-12-07    5055.890940
2020-12-14    4943.513300
2020-12-21    4992.650560
2020-12-28    5015.668000
2021-01-04    5158.913300
2021-01-11    5447.283660
2021-01-18    5524.276320
2021-01-25    5534.925100
2021-02-01    5442.519625
Name: close, dtype: float64
```

第3步：划分训练集并绘制收盘价时序图

我们需要将数据集划分为两部分，分别为训练集和测试集，其中训练集是为了找到合适的模型，确定ARIMA（p，d，q）的阶数；而测试集则是为了与预测数据对比，判断模型预测的效果如何，我们将2011年至2020年的数据用作训练集，2021年1月的数据用作测试集。

输入：

```
#划分训练集
train_data = HS300_week['2011':'2020']
#可视化
plt.figure(figsize=(10,6))
plt.plot(train_data,label='Raw')
plt.title('HS300 close price')plt.show()
```

输出（如图7-14所示）：

图7-14　输出内容

从图7-14中我们可以直观看出指数价格有上涨趋势，但根据图像作出的判断不够严谨，我们接下来进行单位根检验以检验平稳性。

第4步：单位根检验

输入：

```
#使用ADF单位根检验法检验时间序列的稳定性
adf_Data = sts.adfuller(train_data)
print(adf_Data)
(−1.7782988905157653, 0.39128766412674637, 16, 399, {'1%': −3.446845912589748, '5%': −2.8688110853002007,'10%': −2.5706432834592747},4604.290150547003)
```

以上输出结果具体解读为：

统计量：−1.7782988905157653

p值：0.41606912010274916

滞后阶数：15

观测值个数：451

1%临界值：−3.457664132155201

5%临界值：−2.8735585105960224

10%临界值：−2.5731749894132916

但我们看到上述结果不直观，我们可以编译一个函数结果阅读器，方便我们阅读检验结果。

输入：

```
import statsmodels.tsa.stattools as ts
#编辑一个结果阅读器
def ADF(data):
    adftest = ts.adfuller(data)
    result = pd.Series(adftest[0:4],index=['Test Statistic','p-value','Lags Used','Number of Observations Used'])
    for key,value in adftest[4].items():
        result['Critical Value (%s)'%key] = value
    return result
adf_Data1 = pd.DataFrame(ADF(train_data))
adf_Data1.columns=['data_close']
adf_Data1
```

输出（见表7-9）：

表7-9　　　　　　　　　　　　　　　　　输出内容

	data_close
Test Statistic	−0.770397
p-value	0.827664
Lags Used	16.000000
Number of Observations Used	502.000000
Critical Value （1%）	−3.443444
Critical Value （5%）	−2.867315
Critical Value （10%）	−2.569846

由于我们的原假设是非平稳性数据，从p-value上我们看出，该数据确实不平稳。所以我们需要利用差分法构建平稳时间序列。

第5步：差分平稳

输入：

```
# 差分处理
diff_data = train_data.diff(1).dropna()
#画图
plt.figure(figsize=(10,6))
plt.plot(diff_data,label='diff_data')
plt.legend(loc=0)
```

输出（如图7-15所示）：

```
<matplotlib.legend.Legend at 0x199ab4217f0>
```

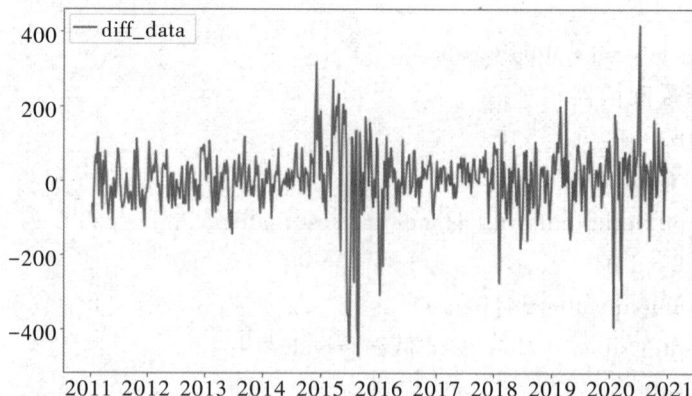

图7-15 输出内容

根据时序图可以发现，数据围绕0上下有界波动，初步判断经1阶差分处理之后的数据展示为平稳性。

第6步：再次检验平稳性

输入：

```
# 再次检验平稳性
adf_Data2 = pd.DataFrame(ADF(diff_data))
adf_Data2.columns=['data_close']
adf_Data2
```

输出（见表7-10）：

表7-10 输出内容

	data_close
Test Statistic	−6.099362e+00
p−value	9.921150e−08
Lags Used	1.500000e+01
Number of Observations Used	5.020000e+02
Critical Value （1%）	−3.443444e+00
Critical Value （5%）	−2.867315e+00
Critical Value （10%）	−2.569846e+00

这里我们不再详细解读每一输出结果，我们可以看到，现在一阶差分之后的p-value足够小，我们有理由拒绝原假设，说明此时一阶差分之后的序列已经平稳。

输入：

```
from statsmodels.stats.diagnostic import
acorr_ljungboxacorr_ljungbox(diff_data,lags = [i for i in range(1,12)],boxpierce=True)
```

输出：

```
(array([50.05599081,50.24785081,50.55626967,51.28905752,52.25924814,
        52.2671776 ,53.98219235,55.19422192,57.11031786,57.47358606,
        65.52159133]),
```

array（[1.49420902e-12，1.22692448e-11，6.08165727e-11，1.94236441e-10，
        4.77305645e-10，1.64778507e-09，2.37104397e-09，4.04733804e-09，
        4.81358551e-09，1.08594453e-08，8.59631500e-10]），

array（[49.76720625，49.9575904 ，50.26304369，50.9873763 ，51.94450666，
        51.95231413，53.63764594，54.82636725，56.70193038，57.05681547，
        64.90362061]），

array（[1.73113363e-12，1.41855794e-11，7.02230028e-11，2.24581683e-10，
        5.53802025e-10，1.90644762e-09，2.77374881e-09，4.77158492e-09，
        5.76291885e-09，1.30057740e-08，1.12355391e-09]））

输出结果中第二行为 P-value。通过观察可得 P<α，拒绝原假设，故差分后的序列是平稳的非白噪声序列，可以进行下一步建模。

第 7 步：绘制 ACF 与 PACF 图像

输入：

```
#查看 acf 与 pacf 确定 q 和 p
from statsmodels.graphics.tsaplots import plot_acf,plot_pacf
acf = plot_acf(diff_data,lags=25)
plt.title('ACF')
acf.show()
pacf = plot_pacf(diff_data,lags=25)
plt.title('PACF')
pacf.show()
plt.show()
```

输出（如图 7-16 所示）：

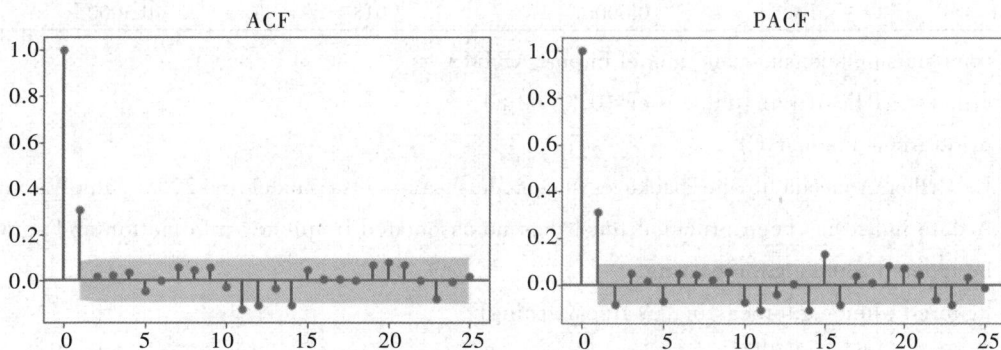

图 7-16 自相关与偏自相关图

E:\Python\Anacoda\lib\site-packages\matplotlib\figure.py:457:UserWarning: matplotlib is currently using a non-GUI backend,so cannot show the figure

"matplotlib is currently using a non-GUI backend,"

E:\Python\Anacoda\lib\site-packages\matplotlib\figure.py:457: UserWarning: matplotlib is currently using a non-GUI backend,so cannot show the figure

"matplotlib is currently using a non-GUI backend，"

根据图7-16我们可以看出ACF与PACF均在二阶之后结尾。

第8步：建立ARIMA函数并进行预测

输入：

#建立ARIMA函数,我们尝试ARIMA(2,1,2);ARIMA(2,1,1);ARIMA(2,1,0);ARIMA(1,1,2);ARIMA(1,1,1);ARIMA(1,1,0);ARIMA(0,1,1)
#在确保滞后阶数参数显著的前提下选择AIC和BIC最小的模型,因此我们选择ARIMA(0,1,1)模型
#读者可参考如下代码自行尝试

输出（见表7-11）：

表7-11　　　　　　　　　　输出内容

ARIMA Model Results						
Dep.Variable：	D.close		No.Observations：		518	
Model：	ARIMA (0, 1, 1)		Log-Likelihood：		−3 038.642	
Method：	css−mle		S.D.of innovations：		85.375	
Date：	Sun，07 Feb 2021		AIC：		6 083.284	
Time：	11：44：06		BIC：		6 096.034	
Sample：	1		HQIC：		6 088.280	
	Coef	std err	z	P>|z|	[0.025	0.975]
Const	3.5561	4.991	0.712	0.477	−6.227	13.339
ma.L1.D.close	0.3313	0.040	8.273	0.000	0.253	0.410
Roots						
	Real	Imaginary		Modulus	Frequency	
MA.1	−3.0187	+0.0000j		3.0187	0.5000	

from statsmodels.tsa.arima_model import ARIMA

arima = ARIMA(train_data,order=(0,1,1)).fit()

print(arima.summary())

E: \Python\Anacoda\lib\site-packages\statsmodels\tsa\base\tsa_model. py: 225: ValueWarning: A date index has been provided,but it has no associated frequency information and so will be ignored when e.g.forecasting.

'ignored when e.g.forecasting.',ValueWarning)

E: \Python\Anacoda\lib\site-packages\statsmodels\tsa\base\tsa_model. py: 225: ValueWarning: A date index has been provided,but it has no associated frequency information and so will be ignored when e.g.forecasting.

'ignored when e.g.forecasting.',ValueWarning)

根据图7-16我们可以看出ACF与PACF均在一阶之后结尾,因此我们确定p=1,q=1。

接下来我们可视化展示该模型的拟合效果。

输入:

```
#绘制真实值与拟合值的对比图
plt.figure(figsize=(20,7))
plt.plot(arima.fittedvalues,'r',label='fitted values')
plt.plot(diff_data,'#407CE2',label='real values')
plt.legend(loc=0)
```

输出(如图7-17所示):

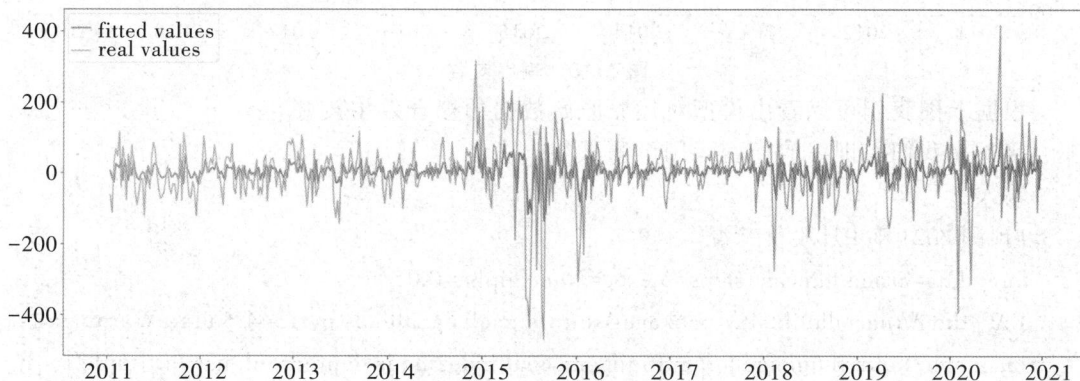

图7-17 输出内容

<matplotlib.legend.Legend at 0x199aaee69e8>

根据图7-17我们可以看出整个模型的解释力度不错,在不同时间均能反映波动趋势。

接下来我们还原数据,可视化展示该模型对训练集的解释效果。

输入:

```
# 绘制原数据和预测数据对比图
#plt.plot(train_data,label='ori')
#plt.plot(predict_data,label='pre')#plt.legend()
#plt.show()
#预测 pre_data = arima.predict()
#一阶差分还原
train_data_shift = train_data.shift(1)
data_recover = pre_data.add(train_data_shift)
#绘图# 过滤没有预测的记录
ts = train_data[data_recover.index]
plt.figure(figsize=(20,7))
plt.plot(data_recover,'r',label='Predict')
plt.plot(ts,'#407CE2',label='Original')
```

```
plt.legend(loc='best')plt.show()
```

输出（如图7-18所示）：

图 7-18 输出内容

根据上图我们可以看出模型对还原原始数据的拟合效果较好。

接下来我们将训练的模型运用至测试集。

输入：

```
#预测2021年1月股价情况
fore_data=arima.forecast(steps=5,exog=None,alpha=0.05)
E:\Python\Anacoda\lib\site-packages\scipy\signal\signaltools.py:1344: FutureWarning: Us-
ing a non-tuple sequence for multidimensional indexing is deprecated; use `arr[tuple(seq)]`
instead of `arr[seq]`.In the future this will be interpreted as an array index,`arr[np.array
(seq)]`,which will result either in an error or a different result.
Out = out_full[ind]
```

输出：

```
(array（ [5015.22579007，5018.78185367，5022.33791728，5025.89398089，
          5029.4500445 ]），
array（ [85.37503801，142.15090271，182.00236583，214.57596136，
          242.81850263]），
array（ [ [4847.89379038，5182.55778975]，
          [4740.17120399，5297.39250336]，
          [4665.61983516，5379.05599941]，
          [4605.33282468，5446.4551371 ]，
          [4553.53452456，5505.36556443] ] ））
```

输入：

```
#可视化展示预测情况
forecast_data = pd.Series(fore_data[0],index=HS300_week[-5:].index)
new_data = train_data.append(forecast_data)
plt.figure(figsize=(20,7))
```

```
plt.plot(HS300_week,'#407CE2',label='Original')

plt.plot(new_data,'r',label='Predict')

plt.legend(loc='best')plt.show()
```

输出（如图7-19所示）：

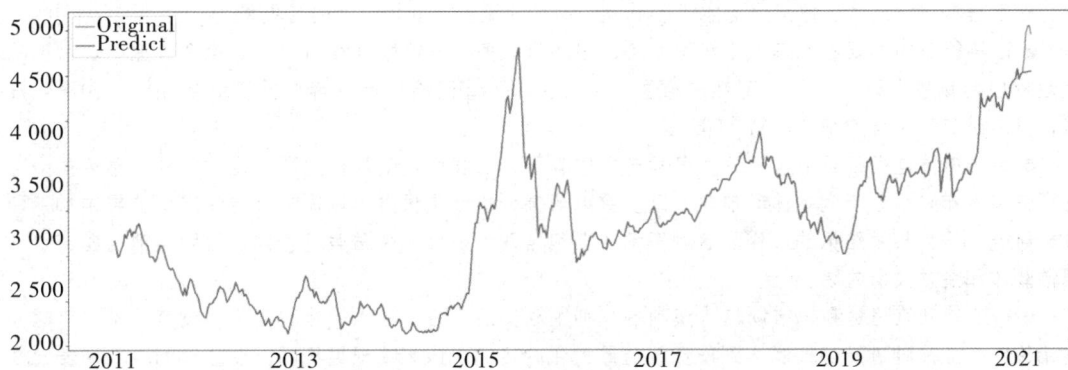

图7-19　输出内容

从图7-19中我们可以看出，模型能预测出股价上涨的趋势，但是上涨的幅度较真实情况小。背后的原因可能有很多，在本章节中我们不再加以详细论述。

其中，最主要的原因是时间序列模型只考虑了自身的影响而没有考虑外生变量的影响，但真实股市情况往往并非如此。

尽管如此，时间序列模型在分析股价波动上仍然有非常大的意义。掌握这种研究方法对我们进行后续研究和学习有非常大的帮助。

任务实训与评价

参考以上 Python 操作步骤完成实验报告。本任务评价表见表7-12。

表 7-12　　　　　　　　　　　　　　　　任务评价表

序号	步骤	细分内容	分值	得分
第1步	组内案例讨论解读分析	时间序列数据在金融投资中的应用价值	5	
		积极发言	5	
第2步	收集并导入数据	爬取目标股票的价格波动数据	2	
		导入数据，进行重采样	3	
第3步	划分训练集并绘制收盘价时序图	划分训练集数据，并绘制收盘价时序图	5	
第4步	单位根检验	使用 ADF 单位根检验法检验时间序列的稳定性	5	
第5步	差分平稳	用差分法构建平稳时间序列	5	
第6步	数据的平稳性检验	再次对数据进行平稳性检验，如果数据不平稳可以通过差分或者取对数将数据转化为平稳数据	10	
第7步	定阶并绘制 ACF 和 PACF 图像	检验股票价格时间序列数据的自相关阶数 ACF 和偏自相关 PACF 阶数	20	
第8步	建立 ARIMA 函数并进行预测	建立 ARIMA 函数并进行预测	20	
第9步	撰写实验报告	根据要求，撰写格式规范、步骤翔实、分析到位实验报告	10	
第10步	分享与展示	由学生根据自己的实验过程，通过 PPT 的形式汇报实验过程、体验和收获	10	

项目小结

● 大数据对于证券业发展的重要意义包括：大数据推动证券行业数字化战略转型；有助于降低证券行业管理和运行成本，提高服务水平和利润；有助于证券公司增强风险控制能力。

● 证券行业的主要收入来源于经纪业务、投融资服务、资产管理和自由资金投资等业务，常见的大数据应用场景有以下几种：①客户画像，精准营销；②网络舆情与客户投资情绪分析；③量化投资，投前研究；④客户细分，MOT 管理。

● 金融舆情是指各类金融相关信息发布主体基于各自观点，就某种主题，通过各种信息传播渠道进行信息发布，引起不同主体间信息互动。金融舆情分析就是根据金融舆情进行深层次的思维加工和分析研究，得到相关结论的过程。金融舆情主要包含四大要素：金融舆情主体、金融舆情主题、金融舆情载体和金融舆情内涵。

● 行业轮动策略是利用市场趋势获利的一种主动交易策略，其本质是利用不同投资品种强势时间的错位对行业品种进行切换以达到投资收益最大化的目的。该策略根据不同行业的时间段表现差异性进行轮动配置，在市场行情好的时候，力求能够抓住特定时间内表现较好的行业、剔除表现不佳的行业，在判断市场不佳的时候，将权益类仓位降低，提升债券或货币的比例。

● 轮动投资策略有主动轮动和被动轮动之分，对于行业轮动来说，主动轮动通过代理变量的预示作用选择未来表现强势的行业进行投资，被动轮动辄在轮动趋势确立后进行相关行业的投资，代理变量主要用来刻画轮动趋势是否确立。

● 股价趋势预测是指对股票市场有深入了解的证券分析师根据股票市场的发展来预测股票市场未来的发展方向和涨跌程度的行为，这种预测行为只是基于假设的因素和既定的前提条件。

● 金融数据分析中，我们最常见的有数据类有三种，分别是：横截面数据（cross sectional data）、时间序列数据（time series data）、面板数据（panel data）。

● 时间序列分析是一种被广泛应用的数量分析方法，它主要用于描述和探索现象随时间发展变化的数量规律。时间序列是指同一种现象在不同时间的相继观察值排列而成的一组数字序列。时间序列预测方法则是通过时间序列的历史数据揭示现象随时间变化的规律，将这种规律延伸到未来，从而对该现象的未来作出预测。

● 一个序列经过预处理被判断为平稳非白噪声序列，说明该序列是一个蕴含相关信息的平稳序列。在统计上，我们通常是建立一个线性模型来拟合该序列的发展，借此提取该序列中的有用信息。ARMA 模型实际上是一个模型族，它又可细分为 AR 模型、MA 模型、ARMA 模型和 ARIMA 模型四大类。

项目测试

一、单选题

1. （　　）是指企业技术管理是整个企业管理系统的一个子系统。

A.NOT　　　　　　　　B.MOT　　　　　　　　C.EOT　　　　　　　　D.FOT

2. 行业轮动策略是利用市场趋势获利的一种（　　）交易策略。

A.主动　　　　　　　　B.被动　　　　　　　　C.趋势　　　　　　　　D.反向

3. （　　）是指股票价格的波动方向。若确定了一段上升或下降的趋势，则股价的波动必然朝着这个方向运动。

A.股票价格　　　　　　　B.股价趋势　　　　　C.股票指数　　　　　　D.股指期货

4.以下不属于股票价格预测要综合考虑因素的是（　　　）。

A.公司的基本面　　　　　B.K线　　　　　　　C.成交量　　　　　　　D.股价

5.金融数据分析中，不属于最常见的有数据类的是（　　　）。

A.纵截面数据　　　　　　B.时间序列数据　　　C.横截面数据　　　　　D.面板数据

二、多选题

1.大数据在证券业的主要应用场景包括（　　　）。

A.客户画像，精准营销　　　　　　　　　B.网络舆情与客户投资情绪分析

C.量化投资，投前研究　　　　　　　　　D.客户细分，MOT管理

2.金融舆情主要包含（　　　）四大要素。

A.金融舆情主体　　　　　B.金融舆情主题　　　C.金融舆情载体　　　　D.金融舆情内涵

3.Python 的中文分词模块包括（　　　）。

A.mIT　　　　　　　　　B.thulac　　　　　　C.pynlpir　　　　　　　D.jieba

4.根据行业发展与经济周期的关系，行业可分为四类：成长型行业、（　　）、（　　）、（　　）。

A.周期型行业　　　　　　B.防御型行业　　　　C.成长周期型行业　　　D.迅速成长型行业

5.在轮动效应策略中，以下说法正确的是（　　　）。

A.通过行业指数动量确定交易信号，并买入该行业指数

B.通过行业指数动量确定交易信号，并卖出该行业指数

C.通过行业指数动量确定交易信号，并买入代表该行业的 ETF 基金

D.通过行业指数动量确定交易信号，并卖出代表该行业的 ETF 基金

三、判断题

1.金融舆情主要包含四大要素：金融舆情主体、金融舆情主题、金融舆情载体和金融舆情内涵。　　　　　　　　　　　　　　　　　　　　　　　　　　　　　　　　（　　）

2.金融舆情分析的操作流程，爬取金融数据文件，就直接进行分词处理。　　（　　）

3.根据周期轮动，我们可以将行业分为：周期性、成长性、利率敏感性、资产类品种。（　　）

4.在金融数据分析中，我们最常见的有数据类有三种，分别是：横截面数据（cross sectional data）、时间序列数据（time series data）、面板数据（panel data）。　　　（　　）

5.描述性时序分析通常是进行时间序列分析的第一步，通过搜集数据、绘制时序图，直观地反映出序列的波动特征。　　　　　　　　　　　　　　　　　　　　　　　　（　　）

项目测试7-1

单选题

项目测试7-2

多选题

项目测试7-3

判断题

项目八

保险大数据分析与应用

项目目标

知识目标

- 掌握保险大数据的概念；
- 熟悉保险大数据的行业应用场景；
- 掌握保险产品精准营销的含义和常见方法；
- 掌握保险客户的风险评估和常见方法；
- 了解保险欺诈和保险欺诈识别的含义。

能力目标

- 能将保险业务场景转化成数据分析项目；
- 能利用大数据制定保险产品精准营销策略；
- 能利用大数据对保险客户风险进行评估；
- 能利用大数据对保险欺诈行为进行识别。

素养目标

- 通过了解我国保险业的大数据技术前沿应用，开阔学生视野，增强学生民族自豪感；
- 树立结合客户需求，运用保险产品惠企利民的思想；
- 强化风险监控、风险防范意识和安全经营理念；
- 树立诚实守信，遵纪守法的价值理念；
- 通过加强保险业大数据分析应用能力，提升未来进入保险相关岗位的职业素养。

任务一 认知大数据在保险业的应用

【任务要点】

学习课件 8-1

> 阐述保险大数据应用的含义与其对保险业的意义；
> 列举保险大数据的主要应用场景；
> 阐述保险大数据的应用价值；
> 阐述保险大数据的行业应用趋势。

认知大数据在
保险业的应用

【学习情境】

随着社会经济环境和客户需求的变化，商业保险行业正从重营销轻体验的粗放型发展模式转变为重体验有创新的精细化专业模式发展。作为精算运用成熟的行业，保险与数据天然契合，每类保险产品其实都是基于保险标的风险数据而研发的，因而保险行业有着良好的数据积累，并且对数据的重视程度也比较高，是适合进行大数据深度挖掘的行业。

近年来，保险机构在大数据的应用领域进行了大量的人力、物力投入，保险头部公司都看到了科技赋能带来的价值，已经跟互联网、大数据人工智能科技公司进行了跨界合作，相互融合从而形成生态。大数据在保险业的应用涵盖产品创新研发到企业的经营管理等多个领域，促进了保险行业的业务多样化、运营智能化和管理精准化，有效提升了保险行业的效率和体验。

从当前阶段来看，保险大数据的应用发展还迫切需要国家和政府相关部门推出更具体的规范或者指导性文件。而且从保险数据来看，拥有数据的主体较多，资源分散，质量参差不齐，统一进行数据对接和处理，成本高、业务难，还需要打通上游数据源和数据挖掘之间的壁垒，由产业关联方组织牵头建设数据分析的共享平台，通力合作，统一标准，建立高效、共享的合作平台。

小张相信未来的保险行业会变得越来越好，也希望自己能够凭借过硬的专业和技术能力进入保险行业，发挥更大的作用。与此同时，他也在思考，在大数据和云计算等先进技术的赋能下，保险行业将会变成什么样子？大数据在保险行业又将得到怎样的应用呢？

【学前思考】

> 大数据可以在保险行业的哪些业务上进行应用？
> 大数据会对保险行业带来哪些影响？
> 保险大数据的应用还存在哪些问题和挑战？

【知识储备】

一、保险大数据应用概述

1. 保险大数据应用的含义

保险行业本身就是基于数据的行业，保险行业的整个基础是大数据定义，把同类业务发生的风险测算出一个概率，基于这个概率进行相应产品的设计，对产品的风险进行评估，整个保险行业的运行一直是基于数据而且是离不开数据的。

保险大数据应用是指基于大数据平台、BI 应用建设等工具，建设统一的保险大数据共享和分析平台，对各类保险业务的前景进行预测，为保险公司提供决策支撑，提升数据共享和流转能力。

如今保险公司将大数据技术广泛应用到各个业务环节，比如在产品开发、产品营销、承保理赔、防灾防损等环节都有相关的应用。举个例子来说，在传统模式下，客户如果得了糖尿病，因为潜在风险隐患较高，保险公司就不愿承保他们的健康险。但是有了大数据技术之后，对糖尿病患者保险公司也可以承保，保险公司还推出和健康管理相结合的产品服务，让客户戴上保险公司提供的运动手环或者其他监测工具，把客户每天的运动信息、饮食信息上传到保险公司的网站上，让保险公司可以及时评估客户的健康风险。

2. 保险大数据平台建设的意义

为了更好地归集、应用大数据，保险公司纷纷加强对大数据平台的投资、建设，该平台对保险公司的业务发展具有以下几个重要意义：

（1）实现数据共享

通过数据平台实现数据集中，确保保险公司各级部门均可在保证数据隐私和安全的前提下使用数据，充分发挥数据作为企业重要资产的价值。

（2）加强业务协作

实现分散在存贷款、理财、信用卡等各个业务系统中的数据在数据平台中的集中和整合，建立单一的产品、客户等数据的企业级视图，有效促进业务的集成和协作，并为企业级分析、交叉销售提供基础。

（3）促进业务创新

保险业务人员可以基于明确、可信的数据，进行多维分析和数据挖掘，为金融业务创新（客户服务创新、产品创新等）创造有利条件。

（4）提升建设效率

通过数据平台对数据进行集中，为管理分析、挖掘预测类等系统提供一致的数据基础，改变现有系统数据来源多、数据处理复杂的现状，实现应用系统建设模式的转变，提升相关 IT 系统的建设和运行效率。

（5）改善数据质量

从中长期看，数据仓库对保险分散在各个业务系统中的数据进行整合、清洗，有助于企业整体数据质量的改善，提高数据的实用性。

保险公司大数据平台如图8-1所示。

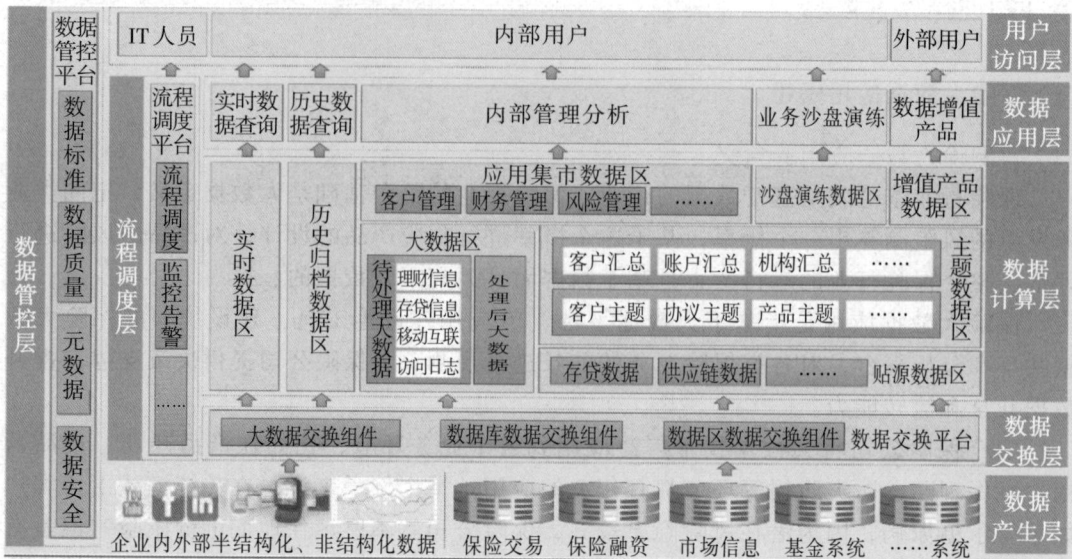

图8-1　保险公司大数据平台示意图

二、保险大数据的行业应用价值

1.大数据有助于保险公司形成精准的市场定位

企业开拓新市场，需要动用巨大的人力、物力和精力，如果市场定位不精准或者出现偏差，其给投资商和企业自身带来后期损失是巨大的甚至有时是毁灭性的，由此看出，市场定位对保险行业市场开拓的重要性。只有定位准确乃至精确，企业才能构建出满足市场需求的产品，使自己在竞争中立于不败之地。但是，要想做到这一点，就必须有足够的信息数据供保险公司分析和判断。

在传统情况下，数据主要来自于统计年鉴、行业管理部门、相关行业报告、行业专家意见及属地市场调查等，这些数据多存在样本量不足、时间滞后和准确度低等缺陷，研究人员能够获得的信息量非常有限，使准确的市场定位存在着数据瓶颈。

随着大数据时代的来临，借助数据挖掘和信息采集技术不仅能给研究人员提供足够的样本量和数据信息，还能够建立基于大数据的数学模型对未来市场进行预测。

2.大数据成为保险行业市场营销、收益管理的利器

在保险行业的市场营销工作中，无论是产品、渠道、价格还是促销、推广，可以说每一项工作都与大数据的采集和分析息息相关。通过获取大数据并加以统计分析来充分了解市场信息，掌握竞争者的商情和动态，知晓产品在竞争群中所处的市场地位，来达到"知己知彼，百战不殆"的目的。此外，保险公司通过积累和挖掘保险行业消费者档案数据，有助于分析顾客的消费行为和价值取向，便于更好地设计自己的保险产品、营销渠道和促销方案，更有效地为消费者服务和发展忠诚顾客。

收益管理作为实现收益最大化的一门理论学科，近年来，受到保险行业人士的普遍关注和推广、运用。收益管理意在把合适的产品或服务，在合适的时间，以合适的价

格，通过合适的销售渠道，出售给合适的顾客，最终实现企业收益最大化的目标。要达到收益管理的目标，需求预测、细分市场和敏感度分析是此项工作的三个重要环节，而这三个环节推进的基础就是大数据分析。

3. 大数据创新保险行业需求开发

随着论坛、博客、微博、微信、电商平台、点评网等媒介在PC端和移动端的创新和发展，公众分享信息变得更加便捷、自由，而公众分享信息的主动性促使了"网络评论"这一新型舆论形式的发展。微博、微信、论坛、评论版上数以亿计的网络评论形成了交互性大数据，其中蕴藏了巨大的保险行业需求开发价值，值得企业管理者重视。

网络评论，最早源自互联网论坛，是供网友闲暇之余相互交流的网络社交平台。在微博、微信、论坛、评论版等平台随处可见网友使用某款产品后的优点点评、缺点吐槽、功能需求点评、质量好坏与否点评、外形美观度点评、款式样式点评等信息，这些都构成了产品需求大数据。作为保险行业企业，如果能对网上保险行业的评论数据进行收集，建立网评大数据库，然后再利用分词、聚类、情感分析了解消费者的消费行为、价值取向、评论中体现的新消费需求和企业产品质量问题，以此来改进和创新产品，量化产品价值，制定合理的价格及提高服务质量，就能从中获取更大的收益。

4. 大数据分析有利于提前识别客户风险

随着以互联网为代表的信息技术迅猛发展，通过大数据技术、知识图谱对数据的分析、建模、挖掘、应用，可以极大地提高保险公司对客群风险状况分析的效率和精准度，从而降低保险业务风险。另外，大数据技术还可以帮助公司规避潜在的高风险客户，提高保单审查的效率和准确性，强化风险监控主体的客观性、前瞻性，并实现对客户的风险预警流程式管理，包括风险信号认定、风险信号排查、风险信号处理、预警等级评定、预警等级审核、风险名单跟踪、任务监控与评价、风险分布统计等。

5. 大数据分析有利于识别保险欺诈

基于大数据技术的反欺诈系统的研发与应用，成功在核保端将欺诈风险拒之门外。传统的规则式核保风控模式仅能使用浅层用户特征，风险判断不够准确。机器学习式的大数据风控平台则可在海量数据中提取15个维度、4 000个以上风险特征，并通过不断学习，更加全面、准确地预测个人欺诈风险。

大数据风控平台通过隐私计算的方式，在保证用户数据隐私安全的情况下，引入海量外部数据，解决了在单一领域内进行数据分析的片面性问题和数据孤岛问题，通过挖掘多领域、多维度、深层次的潜在风险因子，分析客户是否有骗保动机。

此外，大数据风控平台还可以引入图计算技术，即通过投被保关系、手机号、邮箱、IP等10类强关系，以及出险地点、报案地点、就诊医院等12类弱关系，实现各实体间的关联，描绘出人、保单和案件的关系网络，从而更加缜密地挖掘出欺诈团伙、甄别个体欺诈风险。

行业视窗 8-2

互联网保险
拥抱"大数据
时代"

价值引领

党的二十大报告提出："社会保障体系是人民生活的安全网和社会运行的稳定器。健全覆盖全民、统筹城乡、公平统一、安全规范、可持续的多层次社会保障体系。完善基本养老保险全国统筹制度，发展多层次、多支柱养老保险体系。实施渐进式延迟法定退休年龄。扩大社会保险覆盖面，健全基本养老、基本医疗保险筹资和待遇调整机制，推动基本医疗保险、失业保险、工伤保险省级统筹。促进多层次医疗保障有序衔接，完善大病保险和医疗救助制度，落实异地就医结算，建立长期护理保险制度，积极发展商业医疗保险。"我国保险行业的高质量发展，离不开金融科技的助力赋能。

目前，大多数保险企业都已经认识到"大数据"改善决策流程和业务成效的潜能，不少企业在"大数据"的时代浪潮下积极探索，成为先行者。早在2010年，阳光保险集团就建成数据挖掘系统，这在保险行业是第一家。利用该系统，企业开展了许多保险大数据智慧应用的项目，获得了一些成果，同时培养出了国内保险行业的第一批数据挖掘师。

2011年，中国财产再保险有限责任公司全面启动基于大数据的运营系统。通过深度挖掘和开发数据资源，提供可以用作产品定价的、承保口径的逐单数据，系统的行业终极赔付分析以及符合中国本土市场的财产险风险曲线，直保公司可以根据这些数据来分析某类风险的保险费率水平，了解公司与行业合理定价水平的差距，促进理性分析与经营。同时，分析结果还可以应用到营销、业务拓展等方面，为直保公司决策提供参考。2013年，该公司行业数据分析中心正式挂牌成立，这是保险企业追赶"大数据"时代浪潮的一次标志性事件。

随着数字化转型加速及大数据、人工智能等技术的日益精进，越来越多保险企业意识到，不止产品及体验，数智化服务才是关乎未来的关键竞争。

资料来源　佚名．保险产业拥抱"大数据时代"［EB/OL］．［2022-12-20］．https：//www.51sjk.com/b120 b1718 56/.

思政元素：工匠精神　职业素养

请阅读以上材料并思考：

1.你对保险行业数智化服务的理解是怎样的？

2.你认为在数智化服务的行业发展浪潮中，应该具备怎样的素质和能力？

任务实训与评价

以学习小组为单位，通过查阅线上线下资料，选定一个保险大数据案例，以PPT形式向大家分享、介绍，并回答老师和同学的相关提问。本任务评价表见表8-1。

表8-1　　　　　　　　　　　　　　　任务评价表

序号	评价内容	分值	得分
1	仪容仪表	20	
2	PPT美观度	20	
3	案例内容翔实度	20	
4	表达的清晰度和条理性	20	
5	问答环节的表现	20	
6	合　计	100	

任务二　保险产品精准营销

【任务要点】

> 阐述保险产品精准营销的含义和常见场景；
> 阐述保险产品精准营销的模型方法；
> 利用大数据分析结果制定保险产品精准营销策略。

学习课件8-2

保险产品精准
营销

【学习情境】

近年来，保险行业的营销问题逐渐暴露，传统的电话营销、上门拜访等"人海战术式"营销手段虽然为保险公司带来客户，但是目的性不够强的营销活动也让公司承担较高的人力成本，同时也让外界对保险行业的营销行为产生一定的抵触情绪。如何在保险领域实现精准营销这一问题应运而生。

在"互联网+""大数据"的背景下，精准营销作为一种新的营销理念对保险公司来说既是一种挑战，同时也是机遇。保险公司应该如何利用大数据进行用户画像，更加精准地识别不同客户对保险产品的个性化需求，从而帮助保险公司制订更具针对性的产品解决方案和营销方案，构建高效率的保险产品精准营销模式，提升公司的市场竞争力，将成为保险行业营销领域的重要课题。

面对以上问题，小张不禁思考，我们可以运用哪些大数据对保险客户进行用户画像？如何建立保险产品的精准营销分析模型，并根据分析结果制订更高效的营销方案呢？

【学前思考】

> 什么是保险产品的精准营销？
> 为什么保险公司如此重视精准营销？
> 如何运用大数据进行保险产品精准营销？

【知识储备】

一、保险产品精准营销的含义和方法

1.保险产品精准营销的含义

精准营销是指使用大数据工具和关键数据来发起更具数据驱动力的个性化营销活动，从而提高精确度、参与度、转化率和销售额。在保险行业，保险公司利用大数据技术开展一系列精准营销活动，具体包括：

（1）客户细分和差异化服务

风险偏好是确定保险需求的关键。风险喜好者、风险中立者和风险厌恶者对保险需求有不同的态度。一般来讲，风险厌恶者有更大的保险需求。在进行客户细分的时候，除了风险偏好数据外，保险公司还可以结合客户的职业、爱好、习惯、家庭结构、消费

方式偏好数据，利用机器学习算法来对客户进行分类，并针对分类后的客户提供不同的保险产品和服务策略。

（2）潜在客户挖掘及流失用户预测

保险公司可通过大数据整合客户线上和线下的相关行为，通过数据挖掘手段对潜在客户进行分类，细化销售重点。通过大数据进行挖掘，综合考虑客户的信息、险种信息、既往出险情况、销售人员信息等，筛选出影响客户退保或续保的关键因素，并通过这些因素和建立的模型，对客户的退保概率或续保概率进行估计，找出高风险流失客户，及时预警，制定挽留策略，提高保单续保率。

（3）客户关联销售

保险公司可以通过大数据关联规则找出最佳险种销售组合、利用时序规则找出客户生命周期中购买保险的时间顺序，从而把握住保户提高保额的时机、建立既有保户再销售清单与规则，从而促进保单的销售。此外，借助大数据，保险公司可以直接锁定客户的关联需求。以淘宝运费退货险为例。据统计，淘宝用户运费险索赔率在50%以上，该产品给保险公司带来的利润只有5%左右，但是有很多保险公司都有意愿去提供这种保险。因为客户购买运费险后保险公司就可以获得该客户的个人基本信息，包括手机号和银行账户信息等，并能够了解该客户购买的产品信息，从而实现精准推送。假设该客户购买并退货的是婴儿奶粉，我们就可以推断该客户家里有小孩，可以向其推荐儿童疾病险、教育险等利润率更高的产品。

（4）个性化产品推荐

过去，在没有精细化的数据分析和挖掘的情况下，保险公司把很多人都放在同一风险水平之上，客户的保单并没有完全解决客户的各种风险问题。但是，保险公司可以通过自有数据以及客户在社交网络的数据，解决现有的风险控制问题，为客户制定个性化的保单，获得更准确以及更高利润率的保单模型，给每一位客户提供个性化的解决方案。另外，保险公司还可以通过收集互联网用户的各类数据，如地域分布等属性数据，搜索关键词等即时数据，购物行为、浏览行为等行为数据，以及兴趣爱好、人际关系等社交数据，可以在广告推送中实现地域定向、需求定向、偏好定向、关系定向等定向方式，实现精准营销。

2.精准营销的常见分析方法

精准营销项目大数据技术涉及的方法有很多，常见的有以下两种：

一是主成分分析法，它是一种特征提取的方法。这一方法利用正交变换把由线性相关变量表示的观察数据转换为少数几个由线性无关变量表示的数据，线性无关的变量称为主成分。主成分分析主要用于发现数据中的基本结构，即数据中变量之间的关系，是数据分析的有力工具，也用于其他机器学习方法的前处理。

二是机器学习方法，机器学习是一门多学科交叉专业，涵盖概率论知识、统计学知识、近似理论知识和复杂算法知识，使用计算机作为工具并致力于真实、实时地模拟人类的学习方式，并将现有内容进行知识结构划分来有效提高学习效率。通过机器学习方法对数据进行加工，选择精度最高的方法后进而进行数据的预测。通常用到的方法有随机森林、朴素贝叶斯、LASSO回归、逻辑回归等。

二、大数据背景下保险营销模式的创新

在大数据、互联网技术的支持下，保险公司也开展了大量的营销模式创新，进一步提升公司的营销效率。

1.搜索引擎营销

搜索引擎营销即SEM，是一种以搜索引擎平台为基础的网络营销模式，它通过分析客户的网络检索行为大数据，定位保险营销的潜在对象，并利用客户检索信息的间隙进行营销信息推送，展示企业的产品和服务，达到精准拓展客户群体的目的。较之传统营销模式，搜索引擎营销的受众广泛、投送精准，加之受众对搜索引擎的强烈信任感，在信息接收方面往往表现出更强的主动性，因此备受保险公司青睐。

2.微博营销

通过微博发布营销信息，公布保险业务处理进度和理赔进展，不但提高了服务透明度，并且具有不受时空约束的巨大优势。同时，利用大数据对舆情的跟踪分析和微博的社会化媒体特性，可以依托用户聚焦的新闻热点展开事件营销，实现消费者之间、消费者与品牌之间高度互动，从而拉近消费者与企业之间的情感距离，稳固并扩大客户群体。

3.微信营销

现阶段，保险的微信营销主要集中在投保、服务、理赔三个方面。首先，在投保方面，可通过微信公众平台提供产品介绍、促销、报价、投保、续保、支付等多项服务，特别是利用微信支付功能，实现从客户接触、保费拟算、移动支付到生成电子保单的一条龙式服务体验。其次，在客户服务方面，可以设置在线咨询、保单查询变更、预约代办、投诉反馈等服务项目，提高客户黏性与忠诚度。再次，在理赔方面，可以提供理赔引导、车险报案、进展查询、快速赔付等功能，为用户提供优质、便捷的理赔服务。通过鼓励客户在微信上办理业务，一方面可以提高业务办理效率，另一方面也可以帮助保险公司进一步收集客户的业务操作大数据，如产品浏览数据、消费偏好数据、业务反馈数据等，为公司开展精准营销提供重要数据依据。

4.O2O营销

O2O是一种线上线下整合的业务模式，在大数据时代，O2O为保险行业营销创新提供了新的思路，一方面保险公司可以利用线上的云端大数据、AI算法及时了解用户画像，分析客户消费偏好，另一方面又可以发挥线下营销的传统优势。它的好处包括：一是产品有形化。根据消费者所在场景的大数据，利用增强现实等技术及时将保险条款及参保流程生动形象地推送展现在客户移动终端，使产品信息一目了然。二是交叉销售。借助移动互联网IP数据和用户画像数据，寻求与消费者所处场景中其他产品及服务进行交叉销售的有效方式，从而提升营销效率。

价值引领

"车险还有一个多月才到期，却连续接到不同保险公司的推销电话，这样的电话轰炸真是太让人心烦了，有时候一天能接到十几个电话。"近日，家住武汉武昌的胡先生被保险公司的车险推销电话弄得烦恼不堪。

在传统的保险销售中，电销是重要的渠道之一，但同时，保险电销也因骚扰客户屡遭投诉。卖房、办贷款、卖保险已经成为不少人心目中的骚扰电话"重灾区"。胡先生告诉记者，自己的车险还有一个多月才到期，但是近几天却开始接到不同保险公司的电话，推销员都在不停推荐自己公司的产品，并表示可以提供更优惠的价格。"有时候上班时都能连续接到几个保险公司的推销电话，已经开始影响我的工作了，保险推销本身没有错，但也应该注意时间，凡事都应该有个度。"

同样，被保险公司电话骚扰的还有市民柯女士。柯女士表示，接到类似的电话也不止一次了。"有的是推销活动，有的甚至保额都算好了，我都不知道这些公司是如何获取我的信息的，真心感觉个人信息被泄露了。"

资料来源　雷原．一天接到十几个车险推销电话，保险电销有待规范［EB/OL］．［2022-06-23］. https：//baijiahao.baidu.com/s？id=1736384500602911969&wfr=spider&for=pc.

思政元素：创新发展　信息安全

请阅读以上材料并思考：

1.你对传统的保险产品电话营销模式怎么看？

2.大数据时代，我们可以怎样变革保险营销模式以减轻对客户的打扰？

【实操演练】

保险产品精准营销

一、任务说明

根据所提供的保险精准营销数据进行描述性统计、建模分析和分析解读。在操作的过程中，环境配置和数据分析的基本流程是相对固定的，但是不同的分析目标需要按目标情形进行理解和解读。要注意数据的预处理，对缺失值和异常值的查看和处理是必要的过程。在做描述性统计的过程中，要注意变量的基本含义以及与分析目标的逻辑关系。最后，在建模和解读的过程中，要注意模型的精度，以及结合事实进行模型解读能力的培养。

二、数据描述

此次操作采用的保险精准营销数据来自 Kaggle，共计 8 238 个样本，涉及客户年龄、婚姻状况、学历等 24 个变量，比较适合本节的主题。

三、操作演示

第 1 步：导入常用的库和数据

（1）导入常用库

输入：

```
# 设置模块
import numpy as np
import pandas as pd
```

（2）导入数据

输入：

```
# 读入文件
data = pd.read_csv('training (1).csv')
test = pd.read_csv('testingCandidate (1).csv')
data.head()
```

输出（见表8-2）：

表8-2 输出内容

	custAge	profession	marital	schooling	default	housing	...	pmonths	pastEmail	responded	profit	id
0	49.0	self-employed	married	basic.9y	no	yes	...	999.0	0	no	NaN	1
1	NaN	housemaid	married	professional.course	no	no	...	999.0	0	no	NaN	2
2	45.0	management	divorced	university.degree	no	no	...	999.0	0	no	NaN	3
3	44.0	blue-collar	married	basic.4y	unknown	no	...	999.0	0	no	NaN	4
4	38.0	blue-collar	married	NaN	no	no	...	999.0	0	no	NaN	5

5 rows × 24 columns

（3）查看指标数据类型

输入：

```
data.dtypes
```

输出：

```
custAge          float64
professiono      bject
marital          object
schooling        object
default          object
housing          object
loan             object
contact          object
month            object
day_of_week      object
campaign         int64
pdays            int64
previous         int64
poutcome         object
```

emp.var.rate	float64
cons.price.idx	float64
cons.conf.idx	float64
euribor3m	float64
nr.employed	float64
pmonths	float64
pastEmail	int64
responded	object
profit	float64
id	int64

dtype：object

从以上结果可以看出，使用的数据有浮点型（float64）、整数型（int64）以及对象型（object）等。

第 2 步：数据预处理

（1）删除未使用的列

输入：

```
data.drop('id',axis=1,inplace=True)
#如果数据中存在缺失值过多的变量,也可以通过该命令进行删除。
data['responded'].replace(to_replace='yes',value=1,inplace=True)#对二分类变量进行0、
1替换
data['responded'].replace(to_replace='no',value=0,inplace=True)
data
```

（2）查看是否有缺失值

输入：

```
data.isnull().any()
```

输出：

custAge	True
profession	False
marital	False
schooling	True
default	False
housing	False
loan	False
contact	False
month	False
day_of_week	True
campaign	False
pdays	False

```
previous          False
poutcome          False
emp.var.rate      False
cons.price.idx    False
cons.conf.idx     False
euribor3m         False
nr.employed       False
pmonths           False
pastEmail         False
responded         False
profit            True
dtype: bool
```

在 custAge，schooling and day_of_week 列中有缺失值，让我们来进行缺失值处理。

输入：

```
data1=data.dropna() #删除缺失值
data1.reset_index(drop = True,inplace=True) #重新设置索引
data1
```

我们可以通过 drop 命令进行缺失值的删除，这种简单的方法也有着明显的缺点，即会较大地影响到样本的规模，对模型的精确度有一定的影响。

（3）将数据转为分类变量

输入：

```
### 将分类数据的类型转为 'category'
cat = ['profession', 'marital', 'schooling', 'default', 'housing', 'loan', 'contact', 'month', 'day_of_week','poutcome','responded']
for col in cat:
    data[col] = data[col].astype('category')
```

通过上述步骤，将数据的缺失值进行了填充，将数据进行了分类，不同的变量得到了初步的处理，为下一步的分析提供了基础。

因变量的图显示其二进制分布高度不平衡，经济数据之间的关系是非线性的且不是正态分布。为了适应机器学习算法，所有类别变量和因变量都被编码成数字。

第3步：进行数据的标准化处理

（1）数据标准化

输入：

```
from sklearn.preprocessing import StandardScaler #导入标准化处理的库
Y = data1['responded'] #生成因变量
X = data1.drop(['responded'],axis=1) #生成自变量
X_num = X[X.columns.drop(cat[:-1])] #提取自变量的数值型变量
X_cat = X[cat[:-1]] ##提取自变量的分类变量
```

```
X_scaled = pd. DataFrame(StandardScaler(). fit_transform(X_num), columns=X_num. col-
umns)
```

#对数值型变量进行标准化

（2）分类数据转换成数字

输入：

```
X_cat = pd.get_dummies(X_cat)#对分类变量进行虚拟化
```

可以输出一个新的带有虚拟变量的数据表。

（3）数据拼合

输入：

```
X_clean = pd.concat([X_cat,X_scaled],axis=1)#将标准化和虚拟变量
```

如果前文不进行索引的重新设置，这里的合并也将出现一个大于两个数据表长度的新数据。

第4步：数据集的拆分与逻辑回归

（1）数据集拆分

输入：

```
from sklearn.model_selection import train_test_split
X_train,X_test,y_train,y_test = \
    train_test_split(X_clean,Y,test_size=0.33,random_state=42)
```

将数据集进行拆分，其中，测试集占33%，训练集占67%。

（2）逻辑回归

输入：

```
from sklearn.linear_model import LogisticRegression
lr = LogisticRegression()
lr.fit(X_train,y_train)
lr.score(X_test,y_test)
```

输出：

0.903273262222876059

从模型的精准度结果来看，逻辑回归较好地拟合了营销数据的特征变量与营销结果间的关系。但可能有读者仍然会困惑，从环境配置、数据描述性统计、建模分析和模型评价都没有见到如何确定营销的目标。其中，结果就在最后的过程中，就在通过模型拟合出营销变量与结果之间的关系后，可以根据这一拟合关系去判断未来客户被成功营销的概率，越接近于1的成为客户的概率就越大。

总的来看，有关保险精准营销的数据分析与其他金融项目基本相同，一方面是因为数据分析的基础流程如此，另一方面是因为在现实生活中，不同的营销可能面对的是同一个客户群体，客户群体在教育背景、婚姻状况、经济状况等方面是相同的，只是置于不同的目标场景下而已。通常，对已经得出结论的历史数据进行拟合，根据拟合关系去判断未来，这一基本思路适用于多数营销预测。

任务实训与评价

　　参考以上Ppython操作步骤完成实验报告。本任务评价表见表8-3。

表8-3　　　　　　　　　　　　　　　　　**任务评价表**

序号	步骤	细分内容	分值	得分
第1步	组内案例讨论解读分析	大数据在保险产品精准营销中的应用场景	5	
		积极发言	5	
第2步	收集并导入数据	根据提供数据，随机抽取30%作为样本	2	
		导入库和数据	3	
第3步	数据预处理	删除未使用的列、数据缺失的检验、将数据转为分类变量	10	
第4步	数据标准化处理	将数据进行标准化、分类数据转换成数字、数据拼合	10	
第5步	数据集拆分，并选择一个方法进行数据的评估	从评分卡法、逻辑回归、近邻值回归、支持向量机、决策树等众多方法中选择某一个方法，进行建模评估	25	
第6步	撰写实验报告	根据要求，撰写格式规范、步骤翔实、分析到位的实验报告	20	
第7步	分享与展示	由学生根据自己的实验过程，通过PPT的形式汇报实验过程、体验和收获	20	

任务三　评估保险客户风险级别

【任务要点】

➢ 能够理解客户风险评价的含义；
➢ 能够阐述客户风险评价所代表的业务意义；
➢ 能够了解客户风险评价的方法；
➢ 能够根据客户风险评价模型指导业务实践。

学习课件8-3

评估保险客户
风险级别

【学习情境】

　　保险和贷款一样，并不是每个人都可以随便申请获得保险公司的保险服务的，因为保险公司在作出承保决定之前，会对被保险人的投保申请进行审核，评估相关风险，只有审核通过的投保申请才能承保。保险公司对投保申请进行审核的过程叫作核保，根据风险类别，保险公司会提供不同的承保条件。

　　核保的过程其实就是保险公司进行保前风险评估的过程，要进行准确、高效的核保，势必要借助相关数据。由于近年来计算机和软件技术的高速发展，海量大数据被生产并存储在各类数据库中，保险公司和保险行业的历史业务数据中也包含了巨量的有价值的资讯。但这些大数据怎样才能被利用起来，帮助保险公司得出想要的客户风险评估预期，对保险公司而言是个重大的课题。

只有对客户进行客观科学的风险评估，保险公司才能对客户风险水平进行分级，区分优质客户和劣质客户，让优质客户享受个性化的优惠和服务，并将劣质客户及时剔除掉，以免遭受损失。

小张接下来需要探究的是，在大数据时代，保险公司怎样利用大数据和大数据分析技术去精准评估投保客户的风险水平？保险公司的风险评估手段有了怎样的革新？

【学前思考】

➢ 你觉得保险客户风险评价的业务意义是什么呢？
➢ 你觉得哪些因素会影响保险客户的风险高低呢？
➢ 你觉得可能通过哪些方法进行保险客户风险的评定呢？

【知识储备】

一、保险客户风险评估概述

保险客户风险评估的过程其实主要就是核保的过程。所谓核保，是指保险人对投保申请进行审核，决定是否承保，并在接受承保风险的情况下，确定承保条件的过程。

1.投保的主要内容

一是投保人情况：投保人是否具有投保资格，是否对被保险人或保险标的具有保险利益，是否有能力承担保费。二是被保险人情况：实际年龄、职业类别、健康状况、经济情况等，是否符合保险公司的承保要求。三是保险标的：在财产保险中，保险公司会对保险标的的基本情况进行了解，决定是否承保。四是保险金额：产品的保险金额可能会有限制，保险公司会对投保的金额进行审核。

2.保险客户的主要风险评估内容

从核保内容中我们可发现，保险公司非常重视对投保人和被保险人的风险评估，即保险客户风险评估。总体来说，保险公司对保险客户的风险评估可分成两大部分内容，一是健康风险评估，二是非健康风险评估。

健康风险评估主要研究投保人和被保险人的年龄、性别、性格、心理健康情况、身体健康状况、既往病史以及家族病史等。非健康风险评估主要关注投保人和被保险人的职业、生活习惯和喜好、生活以及工作环境、投保人的保险利益、道德风险、投保保额的合理性以及过往投保情况等。

3.保险公司对保险客户的风险分类

按照核保准则，保险公司通常将保险客户分为5个风险级别：优良体、标准体、次标准体、延期体和拒保体，每一个风险级别的客户会有不同的核保结果和费率标准，同一风险级别的被保险人交纳保险费的费率是相同的。

（1）优良体

损失可能性显著低于平均水平的被保险人归类为优良体，对他们采用低于标准费率的优惠费率。个人寿险核保中的优良体的死亡率明显低于平均水平，且风险程度也低于平均水准的被保险人。寿险公司一般将最健康的被保险人归类为优良体，对属于优良体的人收取低于平均水平的保费。

（2）标准体

损失可能性不显著高于平均水平的被保险人归类为标准体，对他们收取保费采用的费率称为标准费率。个人寿险中的标准体是指死亡率为预期平均水平的被保险人，该组成员的死亡率高于优良体成员的死亡率，但低于次标准体风险等级成员的死亡率。因此，标准体被保险人的保费将高于同年龄、同性别优良体中的被保险人，但低于同年龄、同性别次标准体中的被保险人的保费。大多数被保险人都属于标准体风险等级。从核保角度讲，此种承保方式被称为无条件承保。

标准体的死亡率范围根据不同保险种类进行调整，如年金保险的标准体范围最广，生死两全保险的范围次之，死亡责任的保险标准体死亡率范围则限制比较严格。一般而言，寿险公司的客户90%以上是标准体，其比率依年龄、地区不同而有所差异。根据公司经营管理上的差异，其政策有所不同，核保的尺度也存在区别。

（3）次标准体

损失可能性显著高于平均水平，但仍被认为是可保的被保险人被归类为次标准体。在个人寿险中，次标准体是指死亡率明显高于预期平均水准的被保险人。保险公司通常将具有下列三种特征的人归入该风险等级：具有长期医疗损害风险因素的人、正从严重的疾病或事故中康复的人、从事高风险职业或具备不良嗜好的人。例如，某个被保险人已被确诊患有某种疾病，如糖尿病，这种疾病会导致预期寿命缩短。保险公司通常会对次标准体采用高于标准费率的保险费率，这种费率被称为次标准费率或特殊费率。因为次标准体的承保通常通过增收特别保费、限制保险金给付或增加除外责任等条件弥补其增加的风险，所以也叫条件承保。

（4）延期体

当被保险人风险因素的程度不明确，无法给予准确、合理的风险评估时，核保人常暂时不予承保，即延期处理。对于延期承保的投保申请，可在达到延期时间后或资料依据齐备，能够供核保人员准确评估风险时，再重新投保。延期承保通常为一年或者半年，视具体情况而定。延期承保通常有以下几种情况：被保险人预期死亡率较高，但对其死亡率的确切评定极为困难；因缺少被保险人的个人资料，故对其死亡率难以评定；疾病短期内有不确定的高死亡率变化。

（5）拒保体

拒保体由那些要被认为其代表的风险太高，以至保险公司不能承保的被保险人构成。在医学上，拒保的对象多患愈后不良的疾病。较常见的拒保疾病包括精神疾患、重度心脏病、脑血管疾病等。此外，对于投保动机不纯、存在明显逆选择倾向等道德风险的投保者，曾有不良投保记录者（如曾被拒保、解除合同等）、职业风险过高者（如特技演员、试飞员等），通常采取拒保的方式。除了有病史的被保险人以外，那些进行跳伞或登山等极端冒险活动的人，有时也会被归类为拒保体。

行业视窗 8-5

保险公司大数据核保，投保条件都符合，可能买不到保险？

二、大数据在保险客户风险评估中的应用

1.大数据风险评估方法

在大数据时代，越来越多的保险公司开始重视大数据在客户风险评估中的作用，开始运用大数据风控，来评判投保人是否达到了投保标准。所谓大数据风控，指的是通过大数据收集的信息来构建风险模型，从而进行风险控制和风险提示。

保险客户风险评估的方法基本上都是通过模型进行评估，常见的方法包括指标体系法：通过建立指标体系，输入数据，对客户的各指标打分，然后再加总计算，最终对保险风险进行评估。此外还有机器学习方法：将保险风险评估转化为预测变量"是否索赔"的取值问题，根据历史数据，建立机器学习序贯模型，对未来的保险进行风险识别。

2.大数据风险评估的数据类型

大数据风控时代，保险公司在评估客户风险时，一般调用客户的七类大数据以求对他们形成精细的用户画像：

第一类是健康大数据。比如，客户的医保卡使用记录、就诊记录、频率、诊费等；还有一些线上的问诊记录、药店的消费记录，甚至还有一些智能穿戴设备的数据，如客户上传的健康app数据等。

第二类是保险大数据。例如，客户之前买过的保险，因为什么发生过理赔，健康告知情况、有无被拒保、加费、除外的记录等。

第三类是客户的网络行为大数据。比如，客户是否上网搜过一些关键字，比如搜"有某某病如何投保""骗保""治疗疾病"之类。

第四类是客户的生活大数据。比如，客户是否经常大半夜刷抖音、打游戏或者工作，是否长期高频率点外卖等。

第五类是客户的经济大数据。比如，客户的职业、收入、转账数据、信用卡数据、消费地点等。

第六类是客户的征信大数据。比如，客户有没有信用卡、贷款、网贷等方面的信用不良记录，是不是失信人员等。

第七类是违法行为大数据。比如，是否有过酒驾、超速行驶、违章停车等记录。

价值引领

随着社会经济发展，人们的风险意识不断提高，对保险产品的需求也日益增加。现实生活中，大家在投保寿险、健康险等人身类险种时，往往只注意保险金额、保险理赔条件等内容，容易忽视投保人的如实告知义务。

何为如实告知，如何履行如实告知义务？《中华人民共和国保险法》第十六条第一款规定：订立保险合同，保险人就保险标的或者被保险人的有关情况提出询问的，投保人应当如实告知。订立人身保险合同时，保险公司通常会以健康问卷的形式评估被保险人的健康状况，当被保险人身体状况在保险公司可接受的风险范围内时，保险公司才愿意承保。投保人应遵循有问必答、如实作答原则，按照保险公司要求如实且全面地告知被保险人健康状况，不得隐瞒或说明不实。

在王某与保险公司健康保险合同纠纷一案中，2018年10月28日，王某住院治疗，被诊断患有高血压2级。2019年2月24日，投保人张某在线为王某购买了医疗保险，但是其并未在保险公司就被保险人的就医情况提出询问时，告知王某曾被诊断患有高血压一事。保险期间内，王某再次住院，被诊断为脑出血和高血压2级，张某向保险公司提出理赔申请后遭拒，诉至法院，诉讼请求被驳回。驳回的理由是投保人在投保时并未履行如实告知义务。

资料来源　佚名. 广州法院保险纠纷典型案例［EB/OL］.［2022-07-08］. https：//m.the paper.cn/baijiahao_18928995.

思政元素：诚实守信　遵法守法

请阅读以上材料并思考：

1.你认为在大数据时代，大数据技术是否可以帮助公司和客户尽量避免这种纠纷的发生？

2.请结合以上案例，谈谈你对诚信在保险业务中的重要性的认识。

【实操演练】

评估保险客户风险级别

实操演示8-2

评估保险客户
风险级别

一、任务说明

在这个项目中，我们试图分析和探索美国健康保险的医疗成本数据集，以获得有价值的见解，并通过统计假设检验找到问题的答案。

二、数据描述

本项目使用的数据包含了具有某些属性特征的人的医疗费用。具体的信息如下：

age：主要受益人年龄。

sex：承保人的性别，男女。

bmi：身体质量指数，提供对身体的了解，体重相对于身高的高低，客观的体重指数（kg／2）使用身高与体重的比，理想值为18.5到24.9。

children：投保人的儿童人数/家属人数。

smoker：吸烟者/非吸烟者。

region：受益人在美国东北、东南、西南、西北。

charges：个人医疗费用由医疗保险支付。

三、操作演示

第1步：配置环境

输入：

```
import numpy as np    # linear algebra
import pandas as pd
import matplotlib.pyplot as plt
import seaborn as sns
```

第2步：导入数据并介绍

输入：

```
data = pd.read_csv('D:/insurance risk.csv')
data.head()
```

输出（见表8-4）：

表8-4　　　　　　　　　　　　　　　　输出内容

Index	age	sex	bmi	children	smoker	region	charges
0	19	female	27.900	0	yes	southwest	16 884.92400
1	18	male	33.770	1	no	southeast	1 725.55230
2	28	male	33.000	3	no	southeast	4 449.46200
3	33	male	22.705	0	no	northwest	21 984.47061
4	32	male	28.880	0	no	northwest	3 866.85520

我们可以通过describe（）函数得到重要统计数据的概述。

输入：

```
data.describe().transpose()
```

输出（见表8-5）：

表8-5　　　　　　　　　　　　　　　　输出内容

	count	mean	std	min	25%	50%	75%	max
age	1 338.0	39.21	14.05	18.00	27.00	39.00	51.00	64.00
bmi	1 338.0	30.66	6.09	15.96	26.29	30.40	34.69	53.13
children	1 338.0	1.09	1.21	0.00	0.00	1.00	2.00	5.00
charges	1 338.0	13 270.42	12 110.01	1 121.87	4 740.28	9 382.03	16 639.91	63 770.43

从表8-5的描述性统计可以看出，共计四个数值型变量，每个变量都有1 338个数值。其中，年龄的均值为39.21岁，标准差为14.05，最小的人18岁，最大的人64岁。身体质量指数上，平均值为30.66，保险客户群体的身体质量指数普遍超重，仅有1/4的人群保持着相对合理的身体质量。孩子及家属数量上，该保险客户群体家庭成员普遍有两个以上。

值得注意的是，描述性统计函数只能计算数值型变量，对于分类变量则无效，需要采用其他方式来展示。下面我们以是否抽烟变量进行描述性展示。

输入：

```
sns.catplot(x="smoker",y="charges",hue="sex",
            kind="violin",inner="quartiles",split=True,
            palette="pastel",data=data);
```

输出（如图8-2所示）：

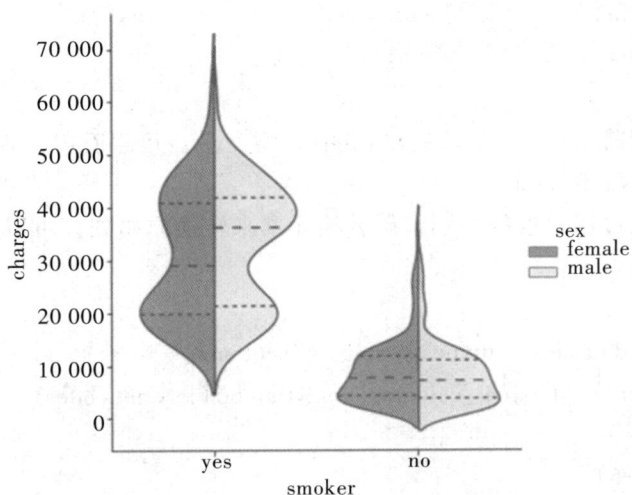

图 8-2　输出内容

输入：

```
data.groupby(['smoker','sex']).agg('count')['age']
```

	smoker	sex
no	female	547
	male	517
yes	female	115
	male	159

Name：age，dtype：int64

依结果图表数据可知：

（1）在总共 1 338 名被保险人中，274 人（20.5%）是吸烟者，其余是非吸烟者。

（2）在 274 名吸烟者中，男性（159 人）的人数高于女性（115 人）。

（3）吸烟者的平均保险费明显高于非吸烟者。

第 3 步：分类变量处理。

为了更好地进行对分类变量的统计分析，我们将分类变量赋值。

输入：

```
for x in ['sex','children','smoker','region']:
    data[x] = data[x].astype('category')
```

data.dtypes

Out[16]:

age	int64
sex	category
bmi	float64
children	category
smoker	category

region   category

charges   float64

dtype: object

通过上述步骤将object变量转变成category型变量。可以看出，现在的数据类型有3种：int64、category、float64。

然后，我们通过用元素的类别代码替换元素来转换原始列，可以将原来的类别转化成数字代表的类别。

输入：

```
cat_columns = data.select_dtypes(['category']).columns
data[cat_columns] = data[cat_columns].apply(lambda x: x.cat.codes)
data.head()
```

输出（见表8-6）：

表8-6   输出内容

	age	sex	bmi	children	smoker	region	charges
0	19	0	27.900	0	1	3	16 884.92400
1	18	1	33.770	1	0	2	1 725.55230
2	28	1	33.000	3	0	2	4 449.46200
3	33	1	22.705	0	0	1	21 984.47061
4	32	1	28.880	0	0	1	3 866.85520

第4步：假设检验分析

输入：

```
smokers = data[data['smoker'] == 0]
nonsmokers = data[data['smoker'] == 1]
charge_smokers = smokers['charges']
charge_nonsmokers = nonsmokers['charges']
print(f'Number of smokers: {smokers.shape[0]}')
print(f'Variance in charges of smokers: {np.var(charge_smokers)}')
print(f'Number of non − smokers: {nonsmokers.shape[0]}')
print（f'Variance in charges of non − smokers：
```

输出：

Number of smokers：1064

Variance in charges of smokers：35891656.00316425

Number of non − smokers：274

Variance in charges of non − smokers：132721153.13625304

使用检验统计量的抽样分布确定与原假设下的检验统计量相关联的概率。

输入：

```
print ("two-sample t-test p-value=",p_value)
```

two-sample t-test p-value= 5.88946444671698e-103

将与检验统计量相关联的概率与指定的显著性水平进行比较。

在5%的显著性水平下，α=0.05。

输入：

```
p_value > 0.05
```

输出：

False

基于上述统计分析我们可以得出以下结论：

拒绝原假设，并指出在5%的显著性水平下，吸烟者和非吸烟者的平均费用不相等。因此，对吸烟者的收费确实与不吸烟者有很大不同。

以上的统计检验法是一个统计学里面的常用的方法，读者可以参考上述方法进行对其他变量的检验分析，不再重复叙述。

任务实训与评价

根据所提供数据，参考以上 Python 操作步骤完成实验报告。本任务评价表见表 8-7。

表8-7　　　　　　　　　　　　　　　　　**任务评价表**

序号	步骤	细分内容	分值	得分
第1步	组内案例讨论解读分析	保险风险评价在行业里的应用场景 保险风险评价应该包括哪些维度	5	
		积极发言	5	
第2步	配置环境	收集数据，运用所提供的数据或者其他保险数据均可	5	
		导入库，配置环境	5	
第3步	导入数据并介绍	导入数据，对数据及常用的统计参数进行描述性统计	15	
第4步	分类变量处理	分类变量处理	40	
第5步	假设检验分析	可以选择以是否吸烟、性别、区域，以孩子和家庭成员数作为分组标准的检验等进行变量与保费间的关系检验		
第6步	撰写实验报告	根据要求，撰写格式规范、步骤翔实、分析到位的实验报告	15	
第7步	分享与展示	由学生根据自己的实验过程，通过PPT的形式汇报实验过程、体验和收获	10	

任务四 识别保险欺诈

【任务要点】

学习课件 8-4

识别保险欺诈

➤ 解析保险欺诈的含义和形式；
➤ 阐述大数据在保险反欺诈过程中的作用；
➤ 描述保险欺诈识别的流程；
➤ 利用大数据完成保险欺诈识别操作。

【学习情境】

"近几年，医保诈骗呈高发、多发态势。"公安部刑事侦查局政委秦运彪表示，"仅2020年，全国公安机关就侦办此类案件1 396起，抓获犯罪嫌疑人1 082名，追缴医保基金4亿多元。"骗保缘何"层出不穷"？归根到底还是利益驱使、"有空可钻"。

中新网2020年12月8日电，据银保监会网站消息，为严厉打击保险领域违法犯罪行为，提升金融风险防范能力，银保监会与公安部加强沟通协作、健全制度机制，连续两年联合开展反保险欺诈专项行动，全国保险业共向公安机关移送欺诈线索28 005条，公安机关立案千余起，涉案金额近6亿元，抓获犯罪嫌疑人近2 000人。

保险欺诈一方面给保险公司带来了大量的损失，另一方面也造成了严重的信任危机。保险公司为了降低欺诈方面的损失，一方面会加大保险审核的复杂度，提高保费，另一方面又会在理赔的过程中更加谨慎，影响正常理赔的效率。因而，保险欺诈不利于整个保险行业的健康发展。

小张在新闻报道中看到形形色色的保险欺诈事件，以及这些事件给保险公司和行业的健康发展带来了诸多不良影响。他想，大数据技术是否可以帮助保险公司提高保险欺诈识别的效率呢？具体应该如何操作？

【学前思考】

➤ 你是否了解保险欺诈行为？
➤ 保险欺诈的形式有哪些？
➤ 你觉得可以从哪些维度，利用哪些大数据进行保险欺诈识别呢？

【知识储备】

一、保险欺诈的含义及形式

1.保险欺诈的含义

根据《反保险欺诈指引》，保险欺诈是指假借保险名义或利用保险合同谋取非法利益的行为，是指保险当事人不遵守诚信原则，故意隐瞒有关保险标的真实情况，违反规定进行承保或者理赔，给保险当事人造成损害的行为。广义的保险欺诈包括保险公司的欺诈行为，如隐瞒或者修改保险条款、虚假陈述和营销、诱使投保人购买保险，也包括投保人、被保险人或者受益人的欺诈行为，狭义的保险欺诈是指投保人、被保险人或者受益人的欺诈行为。在项目中，所涉及的保险欺诈如无特别说明，是指狭义的保险欺诈行为。

2.保险欺诈的形式

在实务中，保险欺诈的表现形式多式多样。总括起来，其主要有三大形式，一是投保时欺诈，二是出险报案时欺诈，三是索赔时欺诈。具体表现如下：

（1）投保时欺诈

投保时欺诈的主要表现包括先出险再保险骗赔，高额投保骗赔，隐情投保骗赔，无标的空投保骗赔，重复投保、一险多赔骗赔等。

①先出险再保险属先险后保，倒签保单，保险人所承担的风险应该是不确定的、或然性的，如果在投保时就已经发生事故或已遭受损失，这就违反了保险合同的基本原理，对保险人极不公平，产生这类保险欺诈的动机多是在受损后后悔没有及时投保，致使损失无法得到赔偿，于是想转嫁给保险人。其具体操作方法主要有两种：一是将投保日期往前推，即倒签单。这种行为常表现为投保人利用特殊关系，与保险公司业务人员内外勾结，补办虚假时间的保险合同。二是将出险日期往后推，常常表现为与鉴定部门合谋，更改出险日期。这种欺诈方法的特点是投保时间与保险公司的报案时间很接近，由此提醒保险公司工作人员在核赔时若发现这种现象，应仔细调查，不可轻易赔款。

②高额投保骗赔。投保人并无保费交费能力，而强求投保高风险保障，受益人为自己，这存在严重的道德风险。

③隐情投保欺诈。其主要表现为人身保险，被保险人已患有严重疾病或财产保险标的处于危险之中而去投保。

④无标的空投保欺诈。其主要表现为保险标的根本就不存在，如：为死人投保，我国某地曾有一妇女已死亡一年，某人谎称是其丈夫，为其投保人身保险，半年后，称其意外跌死，并开具假证明索赔，属死人变活人骗赔。

⑤重复投保，一险多赔骗赔。按我国法律规定，财产保险的重复保险累计保险总额不得超过保险价值，即使超过，对于超过部分不得也不应给予赔偿。然而有的不法分子为了多得保险金，往往故意向多个保险人投保，并隐瞒重复保险的情况，在出险后向多个保险人索赔，以期获得多份赔偿。

（2）出险报案时欺诈

出险报案时的欺诈主要有张冠李戴式骗赔、制造事故、假险骗赔、虚报原因、扩大责任骗赔等。

①张冠李戴式骗赔。其主要采取移花接木，冒名顶替方式。沃保网保险专家表示，保险标的应该是唯一、特定的，实践中有的欺诈者为了骗取保险赔偿金，常用另一想象物顶替，如将一已投保汽车的车牌摘下挂在未投保的出险汽车上，冒名顶替；在医疗保险中，有的医院因患者付不起医药费而与患者串通，写已保险的他人姓名；在财产保险中，甲房屋着火未投保，报案时说是已投保的乙房。

②制造事故，假险骗赔。这是指人为制造事故造成人身或财产损失，以此骗赔。造

成这一欺诈行为的原因有很多，如为了摆脱企业困境或因保险标的遭受了保险责任以外的情况而减值，为了得到补偿而人为制造事故。在人身保险中最典型的就是杀害或伤害被保险人，谎称其遭受了意外事故。如2000年7月22日发生的武昌至广州597次列车爆炸案，共炸伤16人，一人重伤，后经侦查，系一李姓男子，由于婚姻出现问题，本人轻生，后又萌生骗取保险金的念头，遂购买了爆炸物品，乘597次列车引爆装置，除自伤外还伤害了他人，被一审判处无期徒刑。

③虚报原因，扩大责任。并非所有的风险都具有保险价值，只有保险合同中明文规定的风险种类才在保险人的责任范围，根据不同险种的需要，保险合同都会规定一定的除外责任。在实践中，一些不法分子常在事故发生后故意对造成事故的原因作虚假陈述或隐瞒事实真相，使保险公司误以为发生的事故是保险责任范围以内的，这实际上就将保险除外责任转化为保险责任。

（3）索赔时欺诈

索赔时的欺诈主要表现在单证材料的伪造、涂改上，包括夸大损失、低险高赔、伪造事故、谎报险情等。

①夸大损失，低险高赔。出险损失本来很小，被保险人却故意夸大其损失程度，如虚列损失项目，夸大损失数额或伪造、涂改原始费用凭证等方式虚报损失。又如，将损失由小改大，事故时间由前改后，8号肇事，10号投保，索赔时间改为18号，肇事机车本来是开回来的，硬开一张拖车施救费发票数千元要求索赔。夸大损失的另一种做法是消极地放任事故的发生，故意不采取积极的防范措施或补救措施，这也是一种欺诈行为，违反《中华人民共和国保险法》第四十二条的规定，即保险事故发生后，被保险人有责任尽力采取必要的措施，防止或者减少损失。

②伪造事故，谎报险情。例如，采取证人的伪证，制造虚假事故现场证明材料，无中生有，谎称发生险情，如明明是将车辆转让，却谎称被盗，要求赔偿。

3.保险欺诈的相关刑法处罚规定

根据《中华人民共和国刑法》第一百九十八条的规定，有下列情形之一，进行保险诈骗活动，数额较大的，处五年以下有期徒刑或者拘役，并处一万元以上十万元以下罚金；数额巨大或者有其他严重情节的，处五年以上十年以下有期徒刑，并处二万元以上二十万元以下罚金；数额特别巨大或者有其他特别严重情节的，处十年以上有期徒刑，并处二万元以上二十万元以下罚金或者没收财产：①投保人故意虚构保险标的，骗取保险金的；②投保人、被保险人或者受益人对发生的保险事故编造虚假的原因或者夸大损失的程度，骗取保险金的；③投保人、被保险人或者受益人编造未曾发生的保险事故，骗取保险金的。

二、大数据背景下的保险欺诈识别

1.大数据时代的保险欺诈识别

在现实业务中，层出不穷的保险欺诈技术和行为让保险公司倍感压力，并蒙受了不少损失。保险欺诈行为倒逼保险公司在核保端和赔付端加强风险识别能力，利用大数据、人工智能等创新科技，提升数据分析、风险挖掘水平，从源头杜绝恶意骗保行为的发生。

首先，传统的规则式保险欺诈识别模式仅能使用浅层用户特征，风险判断不够准确。基于大数据的机器学习保险欺诈识别模式，则可在海量数据中提取更多维度、数以千计的风险特征数据，并通过不断学习，更加全面、准确地预测个人诈骗风险。

其次，大数据平台还可以通过隐私计算的方式，在保证用户数据隐私安全的情况下，引入海量外部数据，解决了在单一领域内进行数据分析的片面性问题和数据孤岛问题，通过挖掘多领域、多维度、深层次的潜在风险因子，分析客户是否有骗保动机。

基于大数据的图计算技术可帮助保险公司通过投被保关系、手机号、邮箱、IP等10类强关系，及出险地点、报案地点、就诊医院等12类弱关系，实现各实体间的关联，详细描绘出人、保单和案件的关系网络，从而更加缜密地挖掘出欺诈团伙、甄别个体欺诈风险。

事实上，保险公司在运用大数据进行保险欺诈识别的时候，并非孤立地使用大数据技术，而是将大数据技术和其他金融科技结合起来，构成全方位、立体式大数据网和技术网进行欺诈识别。

区块链助力保险反诈骗：通过区块链的应用，可以在没有第三方的情况下实现数据记录保存、价值转移、智能合约等功能，其去中心化、防篡改、可追溯等特点能够有效助力保险行业实现信息共享。通过区块链技术，投保方的就医记录、健康信息以及投保情况等可以通过加密方式得到保护，同时，能够在医疗机构、保险公司以及第三方机构之间实现有条件的信息共享。这打破了各个主体之间的数据壁垒，同时保障了信息安全。

人工智能助力保险反欺诈：人工智能是计算机科学的一个分支，它的研究领域包括机器人、语言识别、图像识别、自然语言处理和专家系统等。人工智能在保险领域的应用可以提高承保、核保、理赔等环节的效率，其图像识别、人脸识别等技术可以有效助力保险反欺诈工作，降低理赔风险。例如，通过语音识别技术判断电话中投保人身份的真实性，并且通过语音、语调、语言逻辑判断其是否存在诈骗行为；通过情绪识别技术，捕捉投保人一闪而过的微表情，判断其真实心理，识别诈骗风险。

物联网助力保险反欺诈：物联网即"万物相连的互联网"，是互联网基础上的延伸和扩展的网络，将各种信息传感设备与网络结合起来而形成的一个巨大网络，实现任何时间、任何地点，人、机、物的互联互通。保险公司可以通过引进智能终端设备记载客户的健康数据，例如体脂秤、智能手环；在医院就医时可以通过录音、录像设备记录就医过程，了解客户情况，防止骗保行为的发生。

2.基于大数据的保险欺诈识别流程

一般来说，保险欺诈风险识别流程包括：

第一步：监测关键的欺诈风险指标，收集风险信息；

第二步：通过欺诈因子筛选、要素分析、风险调查等方法，发现风险因素；

第三步：对识别出的风险因素按照损失事件、业务类别、风险成因、损失形态和后果严重程度等进行合理归类，形成风险清单，为风险分析提供依据。

运用大数据技术，保险公司的保险欺诈识别流程一般包括：

（1）获取海量数据，作为分析的基础

保险公司需要汇总、收集所辖不同层级、不同分支机构在经营中产生的所有相关数据以及外部大数据。

（2）对数据进行加工、清洗

采集到的海量数据包含文本、语音记录、图片等半结构或非结构数据，容易出现数据混杂不清。甚至对于同一问题，由于分属不同的分支机构，涉及地域、人文差异，也会出现多样化的描述。需要利用数据分析工具，对数据、文本、照片格式等内容进行特征抽取、文本或图片的分类、聚类等操作，统一标准和口径，为深入分析做准备。

（3）进行数据分析，构建动态的欺诈风险模型

①对获取的数据，抽取关键风险场景要素。例如，在保险事故中抽取出险时间、出险地点、驾驶人员、报案人电话号码、事故类型、损失部位、赔偿金额、领款人账号、电话等要素，获得基础数据。

②对数据进行多维度分析，发现关联关系。如车祸事故中可以对领款人、损失部位、修理地点、事故地点、同一组照片等进行分析，发现关联关系。

③风险聚合，构建动态的欺诈风险模型。

传统的风险控制体系，由于涉及不同的层级、分支机构，欺诈风险从单独的分支机构所获得的信息来看，可能并无异常。大数据分析方法实现了风险聚合，结合数据分析所发现的关联关系，构建出的欺诈风险模型，及时向分支机构发出欺诈风险预警。同时，结合分支机构的实际运用结果，及时修改、完善欺诈风险模型，真正实现模型的动态调整，使得反欺诈能力大幅提升。

行业视窗 8-7

骗保、薅羊毛防不胜防，保险业需要什么样的反欺诈技术？

价值引领

党的二十大报告提出："法治社会是构筑法治国家的基础。弘扬社会主义法治精神，传承中华优秀传统法律文化，引导全体人民做社会主义法治的忠实崇尚者、自觉遵守者、坚定捍卫者。建设覆盖城乡的现代公共法律服务体系，深入开展法治宣传教育，增强全民法治观念。"在保险行业，保险反欺诈、保险诚信教育任重道远。

武汉市武昌区纪委监委联合该区医疗保障局走进社区，开展打击欺诈骗保宣传教育活动。"医保基金是群众治病钱、救命钱。欺诈骗取医疗保障基金行为，严重损害参保人员的利益，也危害着医保制度的可持续发展。如遇到欺诈骗保行为，请您积极举报。"

据悉，武昌区纪委监委以假病人、假病情、假票据问题专项整治为抓手，坚持防、管、查一体推进，督促职能部门积极履行监督职能，严肃查处医保定点医药机构欺诈骗保等违规违法行为，严厉打击欺诈骗保、强力维护基金安全，织牢织密民生保障网。

该区纪委监委依托医保定点医疗机构自查自纠情况、利用大数据筛查发现问题并向上级移交线索，聚焦基因检测结果造假、血液透析领域诈骗医保基金以及定点医疗机构违规违法使用医保基金等八个重点问题，组建联合检查组，深入医保定点医疗机构，细致核对数据、精准比对账目。截至目前，在纪检监察机关督促下，全区查处违规医保定点医疗机构46家，处罚并收回医保基金109.51万元，暂停医保协议3家，解除医保协议1家，移交司法机关1家，实现线索问题处理和基金处罚收回"双清零"。

资料来源　佚名. 武汉武昌：严肃查处医疗机构欺诈骗保行为［EB/OL］.［2022-07-25］. http://www.whdi.gov.cn/toutiaoguanzhu/20220725/17473.html.

思政元素：诚实守信　遵法守法

请阅读以上材料并思考：

1.大数据技术在保险反欺诈当中发挥了越来越重要的作用，对此你有何想法？

2.请阐述保险欺诈行为的害处，并谈谈你对保险业务初衷的认识。

【实操演练】

识别保险欺诈

实操演示8-3

识别保险欺诈

一、任务说明

本次任务为车险欺诈数据分析，即通过数据分析技术识别出可能存在欺诈行为的客户，为理赔业务提供参考。任务包括以下要点：（1）对车险数据进行解读分析，要准确理解车险数据中不同指标的业务含义；（2）对车险数据进行描述性统计，从基本的图表中发掘相关问题；（3）对车险数据进行建模分析，并结合精度检验不断地优化所选模型；（4）根据模型结果，指导车险欺诈识别的实践业务。

二、数据描述

本次实操所使用的数据集来源于 kaggle，共有 1 000 个具有 39 个特征的观测值。数据集包含有关伊利诺伊州、印第安纳州、俄亥俄州从 2015 年 1 月 1 日至 2015 年 3 月 1 日的欺诈性索赔的信息。给出的数据没有提及保险公司。因此，我们不知道它是来自单个保险公司还是多个保险公司。

该数据包括 1 000 个车险理赔数据，特征包括年龄、受教育程度、婚姻状况、性别等。本次任务将原始数据进行清洗和整理，并将样本划分为测试集和训练集两部分，利用训练集的数据构建车险欺诈模型，使用测试集数据评价模型的预测效果，提高模型的精度。

months_as_customer：作为客户的时长

age：年龄

policy_number：保单编号

policy_bind_date：保单绑定日期

policy_state：保单状态

policy_csl：周期服务水平（cycle service level，CSL）：指在所有的补充周期中，可以满足顾客所有需求的周期所占的比率

policy_deductable：可扣除的政策

policy_annual_premium：政策年保险费

umbrella_limit：最高上限

insured_zip：保险单邮政编码

insured_sex：投保人性别

insured_education_level：投保人受教育水平

insured_occupation：投保人职业

insured_hobbies：投保人爱好

insured_relationship：与投保人关系

capital-gains：资本收益

capital-loss：资本损失

incident_date：事故日期

incident_type：事故类型

collision_type：碰撞类型

incident_severity：事故严重性

authorities_contacted：联系当局部门

incident_state：事故状态

incident_city：事故发生城市

incident_location：事故发生地点

incident_hour_of_the_day：事故发生时间

number_of_vehicles_involved：涉及交通工具数量

property_damage：是否造成财产损失

bodily_injuries：人身伤害

witnesses：目击证人

police_report_available：是否可获得警方报告

total_claim_amount：索赔总额

injury_claim：伤害索赔

property_claim：财产索赔

vehicle_claim：车辆索赔

auto_make：汽车品牌

auto_model：汽车型号

auto_year：汽车生产年份

fraud_reported：欺诈报告

三、操作演示

第1步：加载相关的包

输入：

```
import pandas as pd
import numpy as np
import matplotlib
import matplotlib.pyplot as plt
import seaborn as sns
import gc
from datetime import datetime
from sklearn.model_selection import train_test_split
```

第2步：读入数据并查看数据的前5行

输入：

```
##读入数据
insurance = pd.read_csv("file:///Users/huliusuo/Documents/金融大数据活页教材/项目
十:保险欺诈识别分析/insurance_claims.csv")
## 查看数据的前5行
insurance.head()
```

输出（见表8-8）：

表8-8　　　　　　　　　　　　　　　　　　　　　　输出内容

	months_as_customer	age	policy_number	policy_bind_date	...	auto_make	auto_model	auto_year	fraud_reported
0	328	48	521 585	17-10-2014	...	Saab	92x	2004	Y
1	228	42	342 868	27-06-2006	...	Mercedes	E400	2007	Y
2	134	29	687 698	06-09-2000	...	Dodge	RAM	2007	N
3	256	41	227 811	25-05-1990	...	Chevrolet	Tahoe	2014	Y
4	228	44	367 455	06-06-2014	...	Accura	RSX	2009	N

5rows × 39columns

输入：

```
list(insurance)
```

输出：

```
['months_as_customer',
'age',
'policy_number',
'policy_bind_date',
'policy_state',
......
'fraud_reported']
```

第3步：数据的清洗与整理，查看数据的缺失值

输入：

```
insurance.isnull().any()
```

输出：

```
months_as_customer          False
Age                         False
policy_number               False
policy_bind_date            False
policy_state                False
......                       ......
dtype: bool
```

从以上内容可以看出，各变量并不存在缺失值。

输入：

insurance.shape

输出：

（1000，39）

输入：

insurance.info()

输出：

```
<class 'pandas.core.frame.DataFrame'>
RangeIndex: 1000 entries, 0 to 999
Data columns （total 39 columns）:
months_as_customer        1000 non-null int64
age                       1000 non-null int64
policy_number             1000 non-null int64
policy_bind_date          1000 non-null object
policy_state              1000 non-null object
......
fraud_reported            1000 non-null object
dtypes: float64 （1）, int64 （17）, object （21）
memory usage: 304.8+ KB
```

输入：

insurance['incident_date']=pd.to_datetime(insurance['incident_date'])#将事故时期转化为时间格式

insurance['policy_bind_date']=pd.to_datetime(insurance['policy_bind_date'])#将保单绑定日期转化为时间格式

insurance.info()#再次查看数据信息,注意对比前面的数据类型变化

输出：

```
<class 'pandas.core.frame.DataFrame'>
RangeIndex: 1000 entries, 0 to 999
Data columns （total 39 columns）:
months_as_customer        1000 non-null int64
age                       1000 non-null int64
policy_number             1000 non-null int64
policy_bind_date          1000 non-null datetime64 ［ns］
policy_state              1000 non-null object
......
fraud_reported            1000 non-null object
dtypes: datetime64 ［ns］ （2）, float64 （1）, int64 （17）, object （19）
```

memory usage：304.8+ KB

第4步：数据的描述性统计与可视化展示

（1）数据的描述性统计

输入：

insurance.describe()#对清洗整理过的数据做描述性统计

输出（见表8-9）：

表8-9　　　　　　　　　　　　　　　　　　　　　输出内容

	months_as_customer	age	policy_number	policy_deductable	...	total_claim_amount	injury_claim	property_claim	vehicle_claim	auto_year
count	1000.000000	1000.000000	1000.000000	1000.000000	...	1000.00000	1000.000000	1000.000000	1000.000000	1000.000000
mean	203.954000	38.948000	546238.648000	1136.000000	...	52761.94000	7433.420000	7399.570000	37928.950000	2005.103000
std	115.113174	9.140287	257063.005276	611.864673	...	26401.53319	4880.951853	4824.726179	18886.252893	6.015861
min	0.000000	19.000000	100804.000000	500.000000	...	100.00000	0.000000	0.000000	70.000000	1995.000000
25%	115.750000	32.000000	335980.250000	500.000000	...	41812.50000	4295.000000	4445.000000	30292.500000	2000.000000
50%	199.500000	38.000000	533135.000000	1000.000000	...	58055.00000	6775.000000	6750.000000	42100.000000	2005.000000
75%	276.250000	44.000000	759099.750000	2000.000000	...	70592.50000	11305.000000	10885.000000	50822.500000	2010.000000
max	479.000000	64.000000	999435.000000	2000.000000	...	114920.00000	21450.000000	23670.000000	79560.000000	2015.000000

（2）非平衡违约数据展示

输入：

sns.countplot（insurance［'fraud_reported'］）

输出（如图8-3所示）：

<matplotlib.axes._subplots.AxesSubplot at 0x1a23a5c160>

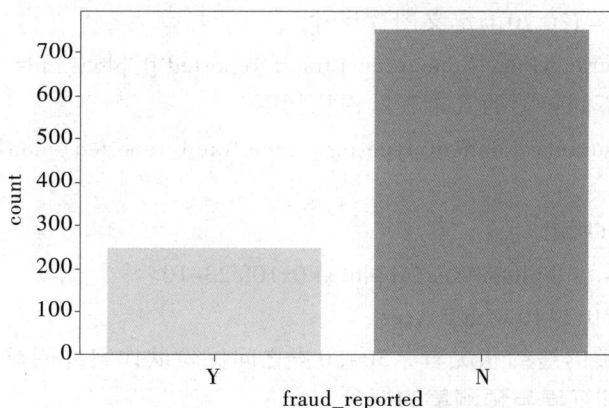

图8-3　违约与否数量图

输入：

display(insurance[insurance['fraud_reported']=='Y'].shape[0])

display(insurance[insurance['fraud_reported']=='N'].shape[0])

输出：

247

753

从图8-3可以看出，欺诈和非欺诈数据的数量具有很大的差别。1 000条数据中，欺诈数据有247条，非欺诈数据有753条，属于典型的非平衡数据。

（3）不同事故状态的欺诈状况

输入：

pd.crosstab(insurance['incident_state'],insurance['fraud_reported'])

输出（见表8-10）：

表8-10　　　　　　　　　　　　　　　　输出内容

fraud_reported	N	Y
incident_state		
NC	76	34
NY	204	58
OH	13	10
PA	22	8
SC	175	73
VA	85	25
WV	178	39

从表8-10可以看出，不同地区的欺诈情况有明显区别，其中SC地区的保险欺诈案件数量明显较多，NY、WV和NC地区的数量次之，PA和OH地区的数量明显较少。

（4）不同年龄下的保险欺诈状况

输入：

plt.figure(figsize = (30,20))#定义图片尺寸

pd. crosstab(insurance['age'], insurance['fraud_reported']). plot(kind= "bar", stacked=True, color=['b','y'])#画出不同年龄的人是否欺诈柱状图

#pd.crosstab(insurance.incident_type,insurance.fraud_reported).plot(kind="bar",stacked= True,color=['b','y'])

输出（如图8-4所示）：

<matplotlib.axes._subplots.AxesSubplot at 0x10fe23e10>

<Figure size 2160x1440 with 0 Axes>

从以上不同年龄的违约状况看，30~50岁之间保险欺诈案件明显较多。

第5步：数据训练集与预测集的拆分

从数据含义分析上可以看出，policy_number（保单编号）、policy_bind_date（保单绑定日期）、insured_zip（保险单邮政编码）、incident_hour_of_the_day、incident_date等变量并无意义，因此予以删除。

另外，变量total_claim_amount（索赔总额）=injury_claim（伤害索赔）+property_claim（财产索赔）+vehicle_claim（车辆索赔）。

auto_make为汽车品牌、auto_model为汽车型号、auto_year为汽车生产年份、fraud_reported为欺诈报告。

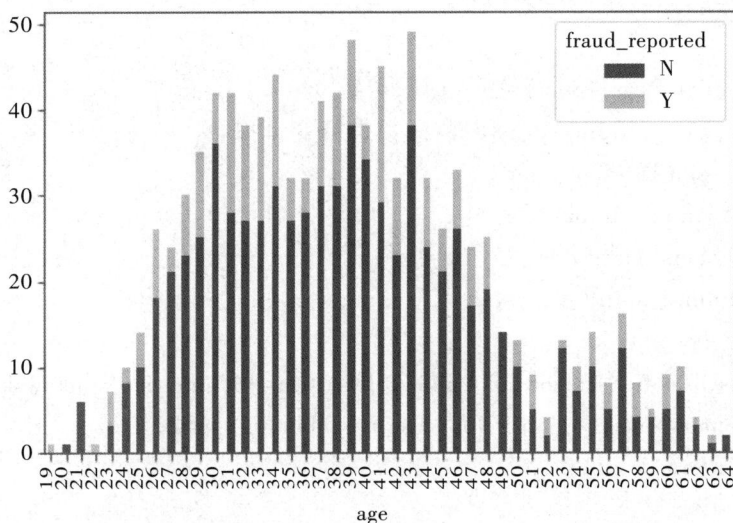

图8-4 不同年龄分布下的违约状况图

输入:

```
insurance. drop(['policy_number', 'policy_bind_date', 'insured_zip', 'incident_hour_of_the_
day','incident_date','injury_claim','property_claim','vehicle_claim'],1,inplace=True)
X=insurance.drop('fraud_reported',axis=1)
y=insurance['fraud_reported']
X=pd.get_dummies(X)
X_train,X_test,y_train,y_test = train_test_split(X,y,test_size=0.2,random_state=42)
```

第6步:机器回归预测与评价。

(1) 导入逻辑回归所需要的包

输入:

```
# Logistic regression
from sklearn.linear_model import LogisticRegression
from sklearn.tree import DecisionTreeClassifier
from sklearn.neighbors import KNeighborsClassifier
from sklearn import metrics
# Confusion Matrix
from sklearn.metrics import confusion_matrix as cm
from sklearn.metrics import plot_confusion_matrix
from sklearn.metrics import roc_auc_score
from sklearn.metrics import accuracy_score
from sklearn.metrics import classification_report
```

（2）机器学习中逻辑回归的拟合

输入：

```
logreg = LogisticRegression() #引入回归函数
logreg.fit(X_train,y_train) #运用回归函数进行变量拟合
distree=DecisionTreeClassifier()
distree.fit(X_train,y_train)
knn=KNeighborsClassifier()
knn.fit(X_train,y_train)
```

输出：

KNeighborsClassifier（algorithm='auto'，leaf_size=30，metric='minkowski'，metric_params=None，n_jobs=None，n_neighbors=5，p=2，weights='uniform'）

（3）进行预测

输入：

```
y_pred_logreg = logreg.predict(X_test) #运用logreg拟合函数进行预测
y_pred_distree = distree.predict(X_test) #运用distree拟合函数进行预测
y_pred_knn = knn.predict(X_test) #运用distree拟合函数进行预测
print(logreg.score(X_test,y_test)) #逻辑回归模型精度
print(distree.score(X_test,y_test)) #决策树模型精度
print(knn.score(X_test,y_test)) #近邻值模型精度
```

输出：

0.725

0.79

0.67

从模型精度上可以看出，决策树的模型精度最高，达到了 0.79，逻辑回归模型的精度次之，为 0.725，近邻值模型的精度相对较差，为 0.67，三个模型都表现出了良好的预测精度。

综合来看，保险欺诈识别是金融数据分析中的典型项目，通过数据描述性分析、建模及验证，拟合了保险客户的行为特征与欺诈表现之间的关系，可以为相关的研究和分析提供参考。从最终结果上看，模型的精度依然还有提升空间。在对模型的解释上，要从拟合模型的解释能力出发，进行对未来数据和情形的预测。

任务实训与评价

根据所提供数据，参考以上 Python 操作步骤完成实验报告。本任务评价表见表 8-11。

表8-11　　　　　　　　　　　　　　　**任务评价表**

序号	步骤	细分内容	分值	得分
第1步	组内案例讨论解读分析	保险欺诈在行业里的应用场景 保险欺诈识别应该包括哪些维度	5	
		积极发言	5	
第2步	收集并导入数据	收集数据，运用所提供的数据或者其他来源的保险欺诈数据均可	2	
		导入数据，查看数据前5行	3	
第3步	数据的清洗与整理	数据缺失的检验、数据的整理	5	
第4步	数据的描述性统计与可视化展示	对数据进行描述性统计 选择合适的图表对指标进行可视化展示	15	
第5步	数据训练集与预测集的拆分	删除掉进行虚拟化之前的变量，再对数据进行训练集和预测集的拆分	15	
第6步	选择一个方法进行建模预测与评价	从评分卡法、逻辑回归、近邻值回归、支持向量机、决策树等众多方法中选择某一个方法，进行建模评估	25	
第7步	撰写实验报告	根据要求，撰写格式规范、步骤翔实、分析到位的实验报告	15	
第8步	分享与展示	由学生根据自己的实验过程，通过PPT的形式汇报实验过程、体验和收获	10	

项目小结

● 保险大数据应用是指基于大数据平台、BI应用建设等工具，建设统一的保险大数据共享和分析平台，对各类保险业务的前情进行预测，为保险公司提供决策支撑，提升数据共享和流转能力的行为。

● 保险大数据的行业应用价值包括：有助于保险公司形成精准的市场定位；大数据成为保险行业市场营销、收益管理的利器；大数据创新保险行业需求开发；有利于提前识别客户风险；有利于识别保险欺诈。

● 精准营销项目大数据技术涉及的方法有很多，常见的有以下两种：一是主成分分析法，它是一种特征提取的方法。这一方法利用正交变换把由线性相关变量表示的观察数据转换为少数几个由线性无关变量表示的数据，线性无关的变量称为主成分。二是机器学习方法，通过机器学习方法对数据进行训练，选择精度最高的方法进行数据的预测。

● 大数据背景下保险营销模式的创新包括搜索引擎营销、微博营销、微信营销、o2o营销等。

● 保险公司对保险客户的风险评估可分成两大部分内容，一是健康风险评估，二是非健康风险评估。健康风险评估主要研究投保人和被保险人的年龄、性别、性格、心理健康情况、身体健康状况、既往病史以及家族病史等。非健康风险评估主要关注投保人和被保险人的职业、生活习惯和喜好、生活以及工作环境、投保人的保险利益、道德风险、投保保额的合理性以及过往投保情况等。

● 按照核保准则，保险公司通常将保险客户分为5个风险级别：优良体、标准体、次标准体、延期体和拒保体，每一个风险级别的客户会有不同的核保结果和费率调整，同一风险级别的被保险人交纳保险费的费率是相同的。

● 在大数据时代，越来越多的保险公司开始重视大数据在客户风险评估中的作用，开始运用大数据风控来评判投保人是否达到了投保标准。所谓大数据风控，指的是通过大数据收集的信息来构建风险模型，从而进行风险控制和风险提示。

● 根据《反保险欺诈指引》，保险欺诈是指假借保险名义或利用保险合同谋取非法利益的行为。是指保险当事人不遵守诚信原则，故意隐瞒有关保险标的真实情况，违反规定进行承保或者理赔，给保险当事人造成损害的行为。这里的保险欺诈包括保险公司的欺诈行为，如隐瞒或者修改保险条款、虚假陈述和营销、诱使投保人购买保险，也包括投保人的欺诈行为。在实务中，保险欺诈的表现形式多种多样。总括起来，主要有三大形式，一是投保时欺诈，二是出险报案时欺诈，三是索赔时欺诈。

● 基于大数据的机器学习保险欺诈识别模式，可在海量数据中提取更多维度、数以千计的风险特征数据，并通过不断学习，更加全面、准确地预测个人诈骗风险。其次，大数据平台还可以通过隐私计算的方式，在保证用户数据隐私安全的情况下，引入海量外部数据，解决在单一领域内进行数据分析的片面性问题和数据孤岛问题，通过挖掘多领域、多维度、深层次的潜在风险因子，分析客户是否有骗保动机。

项目测试

一、单选题

1.根据（　　），保险欺诈是指假借保险名义或利用保险合同谋取非法利益的行为。

A.《反洗钱法》　　　　　　　　　　　　　　B.《保险欺诈指引》

C.《洗钱法》　　　　　　　　　　　　　　　D.《反保险欺诈指引》

2.（　　）是一种以搜索引擎平台为基础的网络营销模式。

A.SEM　　　　　　　B.O2O　　　　　　　C.P2P　　　　　　　D.P2O

3.以下不属于营运能力指标的是（　　）

A.应收款项周转率　　　　　　　　　　　　B.应付款项周转率

C.存货周转率　　　　　　　　　　　　　　D.总资产周转率

4.以下不属于营运能力分析的是（　　）。

A.应收款项周转率　　　B.存货周转率　　　C.总资产周转率　　　D.资产负债率

5.（　　）包括原始的财务数据，以及对财务数据进行加工整理而成的财务指标，能够反映出证券的财务经营状况以及未来的潜力。

A.财务因子　　　　　　B.时间序列　　　　C.横截面数据　　　　D.面板数据

二、多选题

1.根据中国银保监会的相关数据，保险数据主要包括（　　）。

A.保险业经营情况　　　　　　　　　　　　B.全国各地区原保险保费收入情况

C.人身险公司经营情况　　　　　　　　　　D.财产保险公司经营情况

2.保险行业的大数据应用可以分为（　　）。

A.客户细分及精细化营销　　　　　　　　　B.欺诈行为分析

C.精细化运营　　　　　　　　　　　　　　D.现金获取分析

3.精准营销是指使用大数据工具和关键数据来发起更具数据驱动力的个性化营销活动，从而提高（　　）。

A.销售额　　　　　　　B.转化率　　　　　C.参与度　　　　　　D.精确度

项目测试8-1

单选题

项目测试8-2

多选题

4.风险偏好是确定保险需求的关键。风险喜好者、风险中立者和风险厌恶者对于保险需求有不同的态度。一般来讲，（　　）有更大的保险需求。

A.风险喜好者　　　　　　B.风险中立者　　　　C.风险厌恶者　　　　D.以上都不是

5.在传统的个人代理渠道，（　　）及人际关系网是业务开拓最关键的因素。

A.代理人的素质　　　　　B.代理人的人脉　　　　C.代理人的资源　　　　D.代理人的谈吐

三、判断题

1.保险精准营销数据一般不进行描述性统计。　　　　　　　　　　　　　　（　　）

2.保险客户风险评估方法有指标体系法、机器学习法。　　　　　　　　　（　　）

3.索赔时欺诈是指张冠李戴式骗赔、制造事故、假险骗赔、虚报原因、扩大责任骗赔等。　（　　）

4.在核实理赔信息的前提下，对所发生的人身伤害、财产损失进行损失评估，随着定损平台智能化，先进的定损系统已可实现系统自动审核，审核的准确性、有效性都大大提高。这是保险理赔流程里的调查环节欺诈情况。　　　　　　　　　　　　　　　　　　　　　　　（　　）

5.在骗保骗赔事件中，保险代理过程中的恶意代理、恶意串通属于其中的一种。　（　　）

项目测试8-3

判断题

主要参考文献

［1］赵尚梅，张军欢．健康保险与大数据应用［M］．北京：中国财政经济出版社，2018．

［2］张宁．保险科技中的大数据与人工智能［M］．北京：经济科学出版社，2021．

［3］郑琳．大数据背景下个人数据银行发展现状分析及启示［J］．图书馆学研究，2020（5）．

［4］蒋映春．国寿寿险理赔半年报发布，一起来看大数据背后的"保障密码"［N］．光明日报，2022-07-29（8）．

［5］钱箐妮．大数据赋能银行业"量身"助小微［N］．经济日报，2021-01-30．

［6］孙艳艳．优质金融服务"贷"动苹果营销［N］．延安日报，2022-10-13（3）．

［7］王谦．大数据时代下我国互联网保险的发展与问题研究［J］．现代营销，2022（9）．

［8］夏琦．大数据技术在保险公司投资与风险管理中的应用分析［J］．营销界，2022（5）．

［9］鲁鸿．新形势下农商银行金融服务营销模式创新探究［J］．中国市场，2022（10）．

［10］余宣杰，姜欣荣．银行大数据应用［M］．北京：机械工业出版社，2019．

［11］李红云．大数据背景下银行经济预测和金融统计研究［J］．中国商论，2021（23）．

［12］刘传．数据银行助推数据资产化发展的可行性研究［J］．时代金融，2022（4）．

［13］张娓．大数据时代下保险公司的创新之路［M］．重庆：重庆大学出版社，2020．

［14］周冬华，杨彩华．财务大数据分析与决策［M］．北京：高等教育出版社，2022．

［15］汪刚．财务大数据分析与可视化［M］．北京：高等教育出版社，2021．

［16］段婷婷，申红．财务大数据助力政府打好"算盘"［N］．大众日报，2021-11-18．

［17］王睿雯．完善营销模式，创新金融服务［N］．上饶日报，2022-08-18．

［18］中国工商银行陕西省分行．银行大数据应用优秀案例选编［M］．北京：中国金融出版社，2018．

［19］嵩天，黄天羽，礼欣．Python语言：程序设计课程教学改革的理想选择［J］．中国大学教学，2016（2）．

［20］王学军，胡畅霞，韩艳峰．Python程序设计［M］．北京：人民邮电出版社，2018．

［21］闫俊伢，夏玉萍，陈实，等．Python编程基础［M］．北京：人民邮电出版社，2016.

［22］陈颖瑛．金融科技视角下大数据应用型人才培养的模式和路径研究［J］．时代金融，2021（17）.

［23］奚望园，侯菡苕，刘明刚．产教融合下金融大数据人才培养生态体系研究［J］．金融理论与教学，2021（2）.

［24］何大安．金融大数据与大数据金融［J］．学术月刊，2019.

［25］孙国峰．金融大数据应用的风险与监管［J］．清华金融评论，2017（10）.

［26］郑志明，缪绍日，荆丽丽．金融数据挖掘与分析［M］．北京：机械工业出版社，2015.

［27］孙艳华，冯妍，李宏然．基于Python平台的金融数据分析技术研究［J］．信息与电脑（理论版），2020，32（15）.

［28］康俊民．课程思政融入金融专业课程教学的路径探索——以"Python语言应用"为例［J］．科教文汇（中旬刊），2020（2）.

［29］林金．Python语言在编程类课程教学中的应用［J］．电子技术，2022，51（1）.

［30］王霞，谢春丽．Python语言程序设计课程思政的探讨［J］．江苏师范大学学报（自然科学版），2021，39（2）.

［31］王照．Python语言编程特点及应用［J］．电脑编程技巧与维护，2021（3）.

［32］沈乾彦，赵海峰．Python语言课程教学改革探讨［J］．计算机教育，2021（3）.

［33］段悦．Python语言编程特点及应用分析［J］．电脑编程技巧与维护，2020（11）.

［34］冯艳茹．Python语言在大数据分析中的应用［J］．电脑知识与技术，2020，16（24）.

［35］嵩天，黄天羽．Python语言程序设计教学案例新思维［J］．计算机教育，2017（12）.

［36］褚燕．金融大数据思维与典型应用［M］．北京：中国财政经济出版社，2020.

［37］陈云．金融大数据［M］．上海：上海科学技术出版社，2020.

［38］何平平，车云月．大数据金融与征信［M］．北京：清华大学出版社，2020.

［39］张云，韩云．大数据金融［M］．北京：中国财政经济出版社，2020.

［40］刘晓星．大数据金融［M］．北京：清华大学出版社，2020.